<재개정판>

역사 이야기

장 의 식 저

대구대학교출판부

[저자 약력]

장의식

현재 대구대학교 사범대학 역사교육과 교수. 주 전공은 중국근현대사. 1954년 경북 칠곡군 기산에서 농부의 아들로 출생. 경북 중·고등학교를 졸업하고 1973년 계명대학교 사학과에 입학하여 역사학도의 길로 들어서고, 중화민국 국립 대만대학(國立 臺灣大學) 유학을 거쳐 1990년 고려대학교에서 박사 학위를 받았다. 1990년 부임 이래 대구대학교 교양교직부장, 입학처장, 사범대학장, 교육대학원장 겸 특수교육대학원장, 전국대학교 교양과정부장 협의회 회장, 한국중국근현대사학회 회장, 대구사학회 회장, University of Michigan(Ann Arbor) 교환 교수를 역임했다. 교육부 교육과정(사회) 심의의원, 교과용 도서(사회) 심의위원장을 맡았으며, 영남일보·대구신문·일간 리더스경제 고정 칼럼리스트로 활동했다.

1판1쇄 | 2005년 2월 28일
2판1쇄 | 2013년 9월 10일
3판1쇄 | 2014년 9월 05일
4판1쇄 |2017년 9월 01일
저　자 | 장의식
발행자 | 홍덕률
발행처 | 대구대학교출판부
경북 경산시 진량읍 대구대로 201
전화 053) 850-5661~2 | 팩스 053) 850-5669
http://press.daegu.ac.kr/
인쇄소 | 남경기획
ISBN 978-89-7794-628-6-93900
정가 | 16,000원

머리말

2005년 이 책이 처음 출간된 이래 분에 넘치는 사랑을 받았지만, 늘 미안한 마음을 떨칠 수 없었습니다. 수정 보완하고 싶은 부분들이 꽤 있었지만 10여 차례 인쇄를 거듭하면서도 손도 대지 못하였던 것입니다. 천성의 게으름에, 대학의 보직도 이유였습니다. '보직은 학자의 무덤'이라 하신 은사님들의 말씀이 그리 틀리지 않았습니다.

2013년 학장직을 그만 두고서야 거의 수정 보완에 손을 댈 수 있었습니다. 내용을 수정하기도 하고, 새로운 내용(제 12장)을 추가하기도 하였습니다. 조금 마음이 편해지나 했는데, 개정판 출간 후 또 아쉬운 부분들이 꽤 눈에 들어왔습니다. 내친 김에 또다시 수정 보안한 것이 이 책입니다.

이 책은 필자가 사랑하는 제자들에게 강의한 내용이나 강의를 위해 정리한 내용들을 정리한 강의록의 일부입니다. 역사의 본질적 측면, 말하자면 '역사란 무엇인가'라는 본질적 문제에 대해 강의하듯이, 이야기하듯이 풀어 본 안내서입니다.

2005년 어설픈 내용이지만 이 책을 처음 세상에 내놓기로 작정한 데에는 몇 가지 이유가 있었습니다. 무엇보다 기존의 역사 이론서들이 너무 난해하여 좀체 이해하기 어려운 현실 때문이었습니다. 거의 대부분의 이론서들은 사실 전문가들이 읽어도 이해하기 어려운 내용들입니다.

이렇게 어려운 내용을 제자들에게 읽히는 것은 자칫 역사에 대한 공포심만 불러일으켜 역사로부터 멀리 달아나게 만들 듯하여, 교재 없는 강의도 많이 했습니다. 그때마다 늘 미안한 마음을 떨칠 수 없었습니다.

그러한 과정을 반복하면서 역사란 무엇인가라는 본질적 문제를 보다 쉽고 편안하게 사색해 볼 수 있는, 그럼으로써 자기 스스로 더 많은 역사책을 찾아보게 해주는 안내서가 나오기를 소망했습니다. 그러나 아쉽게도 그러한 책을 잘 보지 못했습니다. 그럴 바에야 마냥 기다릴 것이 아니라 내 스스로 그러한 책을 써 보자고 생각한 것입니다.

이 책을 쓰면서 몇 가지 점에 유의했습니다. 우선 기존의 역사 이론서와 달리, 이론에만 치중하지 않고 페이지를 넘기다 보면 구체적인 역사 사실들을 꽤 많이 얻을 수 있도록 하였습니다. 이론에 치중할 경우의 어려움과 따분함을 덜기 위함이기도 하지만, 이론적 맥락에서 역사적 사실을 동시에 음미해 보는 즐거움을 느끼게 해 주기 위함입니다.

다음으로 남의 말을 인용하기보다 내 스스로 역사를 공부하면서 느꼈던 점들을 이야기하려고 하였습니다. 기존의 역사 이론서들이 많은 학자들의 난해한 말들을 그대로 인용하면서 재미도 없고 어렵게 되었다고 보았던 것입니다. 따라서 이 책에는 그러한 부분들을 대폭 축소하는 대신 수필처럼 필자의 개인적 경험들이 상당 부분 들어가게 되었습니다. 정통적 역사가들이 못마땅하게 여기지 않을까 걱정되기도 하지만, 이 같은 글쓰기가 어려운 주제에 보다 쉽게 접근하기 위한 새로운 돌파구일 수도 있음을 확신합니다.

다음으로 기존의 역사 이론서들이 너무 서양 중심으로 서술되었다고 보고, 우리 삶의 공간이자 역사의 현장인 이 땅은 물론 이웃한 중국이나 일본의 사례를 중요하게 다루려고 하였습니다.

마지막으로 우리가 경험한 역사 공부에 대해 다시 한 번 생각해 보고자 하였습니다. 초등학교 입학 이래 우리는 역사를 왜 공부하는지, 무엇을 공부해야 하는지, 어떻게 공부해야 하는지 잘 모르면서 마냥 외우기만 했습니다. 이제 시험을 보기 위해 마냥 '외우는' 역사가 아니라, 보다 본질적 측면에서 역사를 한번 '생각해' 보자는 것입니다. 이 책이 역사의 보다 본질적 측면에 대한 사색과 역사 교육 현장에 대한 성찰에 조금이라도 기여할 수 있다면 다행일 것입니다.

한편 이 책에는 다른 학자들의 말을 인용하거나 그들의 글을 재정리한 부분들이 있지만 출처를 생략했음을 밝힙니다. 이 책이 나올 수 있었던 것은 그 분들의 노고 덕분입니다. 특히 7·8·9장은 '유럽 사회과학 협의회' 의장을 역임한 폴란드 출신의 아담 샤프(Adam Schaff, 1913-2006)가 쓴 『역사와 진실 *History and truth*(1976)』(김택현 역, 1982, 靑史)의 내용에 필자의 생각을 보태 정리한 것입니다.

역사의 본질이라는 꽤나 까다로운 주제에 대해 마치 강의하듯이 이야기하듯이 안내하는 책을 만들어 보려 했지만, 세상을 더럽히는 또 하나의 쓰레기를 배출하는 게 아닌가 하는 두려움이 앞섭니다. 독자 여러분의 기탄없는 비평과 충고를 기대해 봅니다.

차 례

| Chapter 1 | 역사의 개념 • 1

1. '역사'라는 말의 2중적 의미 ······ 1
   1) 역사의 주체 ······ 1
   2) '역사'라는 말의 2가지 의미 ······ 10
2. '과거에 일어난 모든 사실'로서의 역사 ······ 13
3. '그에 대한 서술'로서의 역사 ······ 14
   1) 문자와 기록의 출현 ······ 14
   2) 서술된 사실과 서술되지 않은 사실 ······ 20

| Chapter 2 | 역사를 알면 무엇이 좋은가? • 25

1. 고적답사 ······ 28
2. 왕과 대통령 ······ 32
3. 몽고 침략과 강화도 ······ 41
4. 블랙박스로서의 역사 ······ 48
5. 인간의 자기 발견과 세상 이해 ······ 50

| Chapter 3 | 역사의 발생 • 57

1. '과거에 일어난 모든 사실'로서의 역사의 발생 ······ 57
   1) 인간의 출현 ······ 57
   2) '과거에 일어난 모든 사실'로서의 역사의 발생 ······ 76
2. '서술로서의 역사'의 발생 ······ 87
   1) 문자의 발생 ······ 87
   2) 역사의식 ······ 92
   3) '서술로서의 역사'의 발생 ······ 97

| Chapter 4 | 역사의 현재성 • 111
1. 엄마, 누가 나를 낳았어? ········ 112
2. 살인 사건 ········ 114
3. 맞선 보기 ········ 116
4. '형님, 오빠'와 중국의 봉건제도 ········ 118
5. IMF ········ 128
6. 역사의 현재성 ········ 130

| Chapter 5 | 사회과목으로서의 역사 • 133
1. 교육과정 ········ 133
2. 우리나라 교육과정의 변천 ········ 137
3. 교육과정과 교과용 도서 ········ 141
4. 사회과 교육과정 ········ 144
1) 사회과 교육과정의 변천 ········ 144
2) 사회 교과의 영역과 교과목들 ········ 149
3) 공통 '사회' ········ 155

| Chapter 6 | 인문과학으로서의 역사 • 161
1. 학문의 의미 ········ 161
2. 학문의 발생과 갈래 ········ 164
3. 인문학과 인문과학 ········ 169
4. 문 · 사 · 철(文 · 史 · 哲) ········ 171

| Chapter 7 | 역사와 사실 • 177
1. 사실이 아닌 사실들 ········ 177
2. 역사적 사실 ········ 183
1) 제 1 측면 ········ 183
2) 제 2 측면 ········ 185

3) 제 3 측면 ······ 198
4) 제 4 측면 ······ 199
5) 제 5 측면 ······ 203

| Chapter 8 | 실증주의와 현재주의 • 208
1. 개괄적 이해 ······ 208
2. 실증주의 ······ 212
1) 실증주의 역사학 ······ 212
2) 실증주의 역사학에 대한 비판 ······ 214
3. 현재주의 ······ 217
1) 현재주의 역사학 ······ 217
2) 현재주의 역사학에 대한 비판 ······ 227
4. 실증주의와 현재주의에서 무엇을 취할 것인가? ······ 228

| Chapter 9 | 역사주의와 반(反)역사주의 • 230
1. 역사주의 ······ 230
1) 다양한 의미 ······ 230
2) 역사주의의 주창자들 ······ 238
2. 반(反)역사주의 ······ 241

| Chapter 10 | 역사인식을 위한 구분법 • 247
1. 공간적(지리적) 구분 ······ 247
2. 시간적 구분 ······ 251
1) 시대구분의 효용성과 한계 ······ 251
2) 시대구분의 흐름 ······ 257
3) 시대구분의 실제 ······ 271
3. 주제에 의한 구분 ······ 284

| Chapter 11 | 종교로 본 인간의 역사 • 286

1. 머리말 ········· 286
2. 제 1 단계: 인류 초기의 다신교적 믿음 ········· 288
3. 제 2 단계 : 다신교에 대한 도전과 세계종교의 탄생 ········· 294
    1) 제 2 단계의 발단 ········· 294
    2) 제 2 단계의 전개 ········· 310
4. 제 3 단계: 종교개혁 ········· 327
    1) 선불교의 발흥 ········· 327
    2) 신유학(新儒學)의 전개 ········· 332
    3) 기독교의 종교개혁 ········· 337
5. 맺음말 ········· 339

| Chapter 12 | 중국 역사에서의 분열과 통일: 우리의 통일에 대한 전망 • 342

1. 머리말 ········· 342
2. 진(秦)의 통일과 분열 ········· 344
    1) 진(秦) 통일 이전의 분열 ········· 344
    2) 통일과 진시황(秦始皇)의 통일정책 ········· 349
    3) 진(秦)제국의 단명 원인 ········· 353
3. 한 무제(漢 武帝)의 통일정책 ········· 356
4. 통일에서 분열로: 위진남북조(魏晉南北朝)의 분열 ········· 366
5. 분열에서 재통일로: 수당(隋唐)의 재통일 ········· 368
6. 당의 멸망과 5대10국(五代十國)의 대분열 ········· 373
7. 맺음말 ········· 375

| Chapter **1** |

역사의 개념

당초 계획으로는 제 1장을 '역사를 알면 무엇이 좋은가'라는 주제로 하려고 했습니다. 무슨 좋은 점이 있어야 역사를 공부할 마음이 생길 것이기 때문입니다. 그런데 이에 대해서는 2장에서 이야기하려고 잠시 미루어 두었습니다. 왜냐하면 '역사를 알면 무엇이 좋은가'라고 하는 주제 속에 이미 '역사'라는 말이 들어 있는 이상, 먼저 '역사'란 말에 대한 대강의 정의부터 필요하다고 여겨졌기 때문입니다.

1. '역사'라는 말의 2중적 의미

1) 역사의 주체

'역사란 무엇이라고 생각하는가?' 우리 학과 입시 면접이나 강의 첫 시간에 학생들에게 자주 던져보는 질문입니다. 그러나 사실 이 질문은 다소 황당한 것입니다. 역사라는 말에 대한 정의를 하라는 것인지, 역사를 배우는 목적을 말하라는 것인지, 아니면 역사의 또 다른 어떤 측면을 말하라는 것인지 명확치 않기 때문입니다. 인생이 걸린 면접에서 바짝 긴장하고 있는 학생에게 던지는 질문치고는 꽤 황당한 질문인 셈이지요.

그러나 학생들은 곧잘 대답합니다. 거의 대부분의 학생들은 이렇게 대답하지요. '역사란 과거를 알아서 현재를 알고 미래를 내다보는 것입니다'라고 말입니다. 아주 훌륭한 대답입니다. 사실 역사는 과거를 알아서, 현재를 알고, 미래를 내다보는 것이지요. 그런데 가만히 생각해보면 그 대답은 '역사를 왜 배우는가', 혹은 '역사를 배우는 목적은 무엇인가'라는 질문에 적당한 답이라고 보입니다. 다시 말해 역사를 목적론적 측면에서 설명한 대답입니다. 현재를 알고 미래를 내다보는데 과거가 왜 필요한 지, 과거를 모르면 현재를 알 수 없고 미래를 내다볼 수 없는 것인지, 그 연관 관계까지 생각해서 나온 대답은 아닐 것입니다.

가장 흔한 이 대답이 역사란 말에 대한 목적론적 정의라면, 역사는 또 어떻게 정의할 수 있을까요? 사전(두산백과)에는 '인간이 거쳐 온 모습이나 인간의 행위로 일어난 사실, 또는 그 사실에 대한 기록'이라 하였습니다. 유심히 살펴보면 두 가지 내용으로 구성되어 있는데 하나는 '인간이 거쳐 온 모습이나 인간의 행위로 일어난 사실'이고, 다른 하나는 '그 사실에 대한 기록'입니다.

필자는 이러한 정의가 별로 마음에 들지 않습니다. 우선 문장부터 그러합니다. 앞부분에서는 '인간이 거쳐 온 모습이나 인간의 행위로 일어난 사실'이라 하여 '모습'과 '사실' 2가지를 동격으로 처리하였습니다. 그런데 뒤 부분에서는 '그 사실에 대한 기록'이라고 하여 '사실'만 언급하였습니다. 앞부분에서 '사실'과 동격으로 처리된 '모습'은 사라진 것입니다. '그 사실에 대한 기록'이 아니라 차라리 '그에 대한 기록'이라 하였다면 '모습'과 '사실' 2가지를 다 포괄할 수 있었을 것입니다.

그런데 이렇게 된 이유가 있을 것 같습니다. 이를 정의한 사람조차 역사라는 말의 가장 중요한 두 가지 개념을 '사실'과 '기록'이라고 생각하다 보니 그렇게 되었을 것입니다. 이처럼 역사라는 말은 2중적 의미를 갖습니다. 바로 '사실'과 '기록'으로서, 이는 역사라는 말의 핵심적인 두 가지 개념입니다.

이에 대해서는 필자도 동의하는 바이지만, 위와 같은 사전적 해석을 좋아하지 않는 더 중요한 이유는 이러한 정의가 반드시 적절하다고도 생각하지 않기 때문입니다. 왜냐하면 위의 정의에서 보듯이 '사실'과 '기록'의 주체가 인간으로 되어 있기 때문입니다. 물론 역사의 가장 중요한 주체는 '인간'입니다. 그러나 너무도 당연하게, 아무런 단서도 없이 '인간'을 그 주체로 내세우고 있다는 것입니다.

필자는 이에 대해 회의적입니다. 인간을 역사의 주체로 보는 것이 일반적이지만,

아무런 의심 없이 그렇게 보는 것은 문제일 수 있다는 의문 때문입니다. 가령 인간 이외의 존재, 즉 홍수나 가뭄, 지진이나 화산 폭발과 같은 자연 현상으로 일어난 사실들이나 전염병으로 일어난 사실들, 공룡의 소멸이나 메뚜기 떼의 출현과 같이 또 다른 존재에 의해 일어난 사실들은 역사인가, 아닌가 하는 것입니다.

필자는 기본적으로 우리 인간들이 너무 자기중심적으로 세상을 해석하고 있다는 생각을 가지고 있습니다. 과거 우리 인간들은 이 세상이 창조되었다고 생각하였습니다. 기독교의 천지창조설은 가장 유명하지만, 그것만이 아니라 여러 지역에서 다양한 천지창조설이 존재합니다. 창조설의 유형은 크게 두 가지인데, 창조주가 직접 이 세상을 창조하였다는 유형과 창조주가 해체되면서 이 세상이 창조되었다는 유형입니다.

그러나 이러한 유형에 상관없이 창조주의 모습은 거의 예외 없이 인간의 형상으로 나타납니다. 중국의 경우 창조주는 인간의 형상을 한 반고(盤古)라는 존재였습니다. 하늘과 땅이 갈라지기 전 우주는 다만 어둑한 한 덩어리의 혼돈으로 가득한 알의 모습이었습니다. 인간의 형상을 한 반고는 1만 8천년에 걸쳐 그 알에서 잉태, 탄생, 성장합니다.

어느 날 반고가 잠에서 깨어 보니 어둠과 혼돈뿐이었습니다. 너무나 답답하여 어둠의 혼돈을 향해 주먹을 휘두르자, 알이 깨어지고 맙니다. 그 순간 가볍고 맑은 것은 위로 올라가 하늘이 되고, 무겁고 탁한 것은 아래로 가라앉아 땅이 되었습니다.

반고는 하늘과 땅이 다시 붙어 암흑으로 변할 것을 두려워하여, 그 중간에 서서 머리로 하늘을 받치고 다리로 땅을 눌렀습니다. 하늘은 매일 한길씩 높아지고 땅은 한길 씩 낮아져, 반고의 키도 매일 두길 씩 커졌습니다. 1만 8천년이 지나자 하늘은 더욱 높아지고 땅은 더욱 깊어졌습니다.

이제 하늘과 땅이 다시 붙을 염려가 없다고 느낄 즈음 반고는 너무나 지친 나머지 죽고 맙니다. 이때 죽은 반고의 입에서 새어 나온 숨길은 바람과 구름이 되고, 목소리는 천둥이 되었습니다.

왼쪽 눈은 태양, 오른쪽 눈은 달, 이빨은 별이 되었습니다. 손과 발과 몸은 대지와 산이 되고, 살은 밭이 되었습니다. 피는 물이 되고 핏줄은 강이 되었습니다. 머리카락과 피부와 털은 화초와 풀과 나무, 뼈와 골수는 금속과 돌로 변했습니다. 이렇게 반고의 몸이 해체되면서 천지의 모든 것이 창조되었습니다.

인간은 반고의 몸에 기생하던 이가 반고의 해체로 더 이상 빨아 먹을 것이 없어지게 됨에 따라 지상으로 내려와 변신한 것이라고 합니다. 인간을 신의 형상을 닮은 신성한 존재가 아니라 꽤나 더럽고 하찮은 존재로 보는 게 재미있습니다. 인간을 자연에 달라붙어 그것을 빨아 먹고 사는 존재로 보는데서 말미암은 견해가 아닌지 모르겠습니다.

모든 천지창조설의 창조주는 반고처럼 거의 예외 없이 인간의 형상을 하고 있습니다. 그런데 가만히 생각해 보면, 이는 인간들이 세상을 완전히 자기중심적으로 보고 있는 데서 말미암은 견해일 것입니다.

호랑이에게 사고의 능력이 있는지 없는지 알 수는 없으나, 만약 사고의 능력이 있다면 세상을 창조한 것은 호랑이를 닮은 그 어떤 창조주라고 생각할지 모르기 때문입니다. 이는 다른 생명체들도 마찬가지여서, 자신을 닮은 창조주가 세상을 창조하였다고 할 것입니다.

인간의 형상을 한 창조주가 이 세상을 창조하였다는 생각은 지나치게 인간 중심적인 것으로서, 사색의 능력이 있는 다른 생명체가 들으면 매우 기분 나쁠 해석입니다. 인간이 이 세상을 지배하는 듯이 보이지만, 그렇다고 하여 다른 존재들을 인간과 견주어 형편없는 존재로 치부해도 좋을까요?

이 점을 해명하기 위해서는 인간이 다른 존재와 어떤 측면에서 다른가 하는 점을 생각하지 않을 수 없습니다. 인간이 다른 존재들과 다른 점은 무엇일까요? 다르게 말하면 '이것이 없으면 인간이 아니다'라고 할 수 있는 인간만의 특성(정체성)은 무엇일까요? 인간을 다른 존재와 구별 짓게 하는, 다른 말로 인간을 인간이게 하는 가장 중요한 특성, 그것을 인성(人性)이라고 하는데, 과연 그 무엇을 인성이라 할 수 있을까요?

흔히 이성이나 사고 능력, 지능, 도구사용 능력, 의사소통 능력, 놀이 능력 등등을 거론할 수 있을 것입니다. 다른 어떤 존재들 보다 인간이 이러한 측면에서 뛰어난 능력을 가지고 있는 것은 사실입니다. 그러나 이러한 차이가 인간과 다른 존재들과의 가장 중요한 차이일까요?

이러한 능력의 차이에서 인간과 다른 존재와의 차이를 보는 것은 우선 다른 존재들이라 하여 이러한 능력이 전연 없는 것이 아니라는 점에서 문제가 있습니다. 잘 알다시피 개나 고양이, 돌고래나 새들도 사고 능력이나 의사소통 능력을 가지고 있다고 하지 않습니까?

더 큰 문제는 이러한 능력들 자체가 지나치게 인간을 중심으로 설정되었다는 점입니다. 가령 다른 능력들, 달리기나 헤엄치기, 공중 날기, 냄새 맡기, 자세히 보기와 같은 능력들을 기준으로 보면, 인간은 개나 돌고래나 매와 같은 존재들에 비해 엄청나게 능력이 뒤떨어지는 존재입니다.

우리나라 강물에서 부화된 연어가 태평양 수만리를 헤엄치며 몸집을 불려, 알을 낳기 위해 자신이 부화된 장소로 다시 돌아오는 일이 도대체 인간에게 가능한 일이겠습니까? 또 인간만한 지진아도 없다고 하지 않습니까? 다른 동물들은 태어난 조금 후에 일어나 달리고 날기도 하지만, 인간은 돌이 되어서야 겨우 걷기 시작합니다. 부모님이 3년은 키워야 겨우 홀로서기를 할 수 있지 않을까요? 옛날에 부모님이 돌아가시면 3년 상을 모셨던 것도 이러한 이유에서였습니다.

더구나 그 어떤 동물이 어머니이자 아내이자 딸이 되기도 하는 암컷, 자식을 얻고 성적 쾌락까지 누린 짝에게 그토록 못살게 굴던가요? 오직 인간만이 수천 년간이나 그렇게 하였으니, 나는 그러기에 인간을 무얼 그리 대단한 존재로 보지 않는 한편 여성 해방을 신분제 철폐와 함께 인류 역사의 그 어떤 진보보다 중요한 진보로 보는 것입니다.

따라서 이성이나 사고력과 같은 능력의 차이는 인간을 다른 존재와 구별 짓는 가장 중요한 특성이 아닐 수 있습니다. 성리학자들의 고민도 여기에 있었습니다. 그들이 심혈을 기울여 발견하려 한 것도 바로 인간만의 특성(정체성), 즉 인성이 무엇인가 하는 점이었습니다. 결국 그들은 다른 존재들과 인간의 가장 중요한 차이를 이성이나 사고력과 같은 능력의 차이가 아니라, 윤리 도덕심(양심)을 가지고 있는가 없는가 하는 것으로 보았습니다.

윤리 도덕심을 가지고 있지 못하다면, 인간의 형체를 가지고 있다 하더라도 인간이 아니라 개나 돼지와 같은 존재로 보았던 것이지요. 사람을 보고, "야, 이 개새끼야"라고 하는 것은 꽤 성리학적인 철학이 담긴 욕이었습니다. 개는 부모 형제 자식을 몰라보고 서로 관계하여 새끼를 낳기도 하는, 윤리-도덕이라고는 전혀 없는 패륜의 짐승인데 '너도 그러한 부류'라는 쌍욕인 것이지요.

성리학자들은 윤리 도덕심이야말로 인간의 본성, 인간이 인간인 까닭, 인간의 존재이유, 인간을 인간이게 하는 가장 본질적인 원리라고 보았던 것입니다. 인간이 가진 그 어떤 능력보다 인의예지(仁義禮智, 즉 四性, 줄여서 性)로 대표되는 인간의 윤리-도덕심을 인성(人性)으로 보고, 이 인성을 곧 인간을 인간이게 하는 존재원리인 리(理)라고 보았던 것이지요.

이를 한마디로 '성즉리(性卽理)'라 하였는데, 인의예지(仁義禮智)를 핵심으로 하는 인간의 '성(性)이 곧 인간을 인간이게 하는 이치(理)'라는 것입니다. 그러기에 성리학(性理學)이라 하는 것입니다. 이렇게 볼 경우 윤리-도덕심을 구비하지 못한 인간은 비록 인간의 형체를 가지고 있다 하더라도 개나 돼지와 같은 존재에 불과하게 됩니다.

이는 이성이나 사고 능력 등 인간이 우월할 수밖에 없는 능력이 아니라 또 다른 측면에서 인간을 해석한 점에서, 인간의 본질을 잘 해석한 탁견 중의 하나일 것입니다. 그러나 이 역시 인간의 가장 중요한 특성을 밝힘으로써 다른 존재와의 차별성을 강조하고, 그럼으로써 인간의 우월성을 강조하는 점에서는 여타의 철학과 같이 인간 중심주의에서 별로 벗어나지 못했다고 할 것입니다.

가만히 생각해보면 인간과 다른 존재들은 이러한 차별성만이 아니라, 아주 많은 동질성을 가지고 있습니다. 그 어떤 존재도 시간의 흐름 속에 점차 변화하고 사라지는 법칙에서 자유로울 수 없습니다. 영원해 보이는 그 어떤 것도 언젠가는 이 세상에서 사라지고 마는 것이지요.

인간 역시 다른 존재와 같이 자연의 법칙 내에서만 생존할 수 있는 존재입니다. 자연의 법칙 내에서 실존할 수 있는 존재라는 점에서 자연의 일부인 것이지요. 다른 존재와의 차별성을 강조하며 인간의 우월성을 말하지만, 그 우월성의 상징으로 이야기되는 것들조차 자연의 법칙에서 형성된 것이고 그 점에서는 다른 존재들도 마찬가지입니다. 이렇게 보면 인간의 역사라는 것도 거대한 자연사의 일부에 지나지 않습니다.

이쯤 생각하다보면, 인간도 자연의 일부인 이상 자연계에서 인간이 아닌 다른 존재들에 의해 일어난 일들도 역사에 포함되어야 할 게 아닌가 하는 생각을 하게 됩니다. 특히 역사를 변화라고 하는 관점에서 보면, 자연계에서 일어난 일들도 당연히 역사일 것입니다. 인간이 극히 일부를 차지하고 있는 자연계 역시 끊임없이 변화하기 때문입니다.

우리나라에서도 조금씩 생겨나지만, 미국과 같은 나라에는 대학에도 '자연사 박물관'이 있습니다. 필자가 교환 교수로 간 미국 미시간 대학(University of Michigan, Ann Arbor)에는 역사 박물관만이 아니라 자연사 박물관도 있었습니다.

역사 박물관은 그 전시물이 보잘 것 없어 실망을 감추지 못했습니다. 이는 워싱턴의 역사 박물관도 마찬가지인데, 미국의 역사가 일천하기 때문에 어쩔 수 없는 일이겠지요. 그러나 미시간 대학 자연사 박물관은 건물부터 역사 박물관보다 훨씬 크고 좋았습니다. 전시물이 역사 박물관보다 훨씬 다양하고 풍부하기 때문이겠지만, 인간의 역사는 일천해도 자연의 역사는 유구하기 때문일 것입니다. 인간들이 미국이라는 나라를 건설하기 훨씬 이전부터 자연은 존재했으니까요.

역사 박물관은 당연히 인간이 과거에 이루어 놓은 일들을 중심으로 하였지만, 자연사 박물관은 과거 자연에서 일어난 일들을 중심으로 하였습니다. 이를 '자연사' 박물관이라 한 것은 자연의 변화를 역사로 간주할 수 있다는 의미일 것입니다. 유치원이나 초등학교의 꼬마들이 견학을 많이 하는 곳인데, 신기한 눈망울을 굴리며 관람하는 게 여간 귀여운 게 아니었습니다. 그러한 꼬마들을 역사 박물관에서는 거의 보지 못했습니다.

지금까지 자연에서 일어난 일들도 역사가 될 수 있다는 식으로 말했습니다. 그러나 이는 그리 간단한 문제가 아니어서 이에 대해서는 의견의 대립이 지금도 계속되고 있습니다. 너무 전문적이고 철학적인 문제이므로, 여기서는 견해가 대립되어 있다는 점만 말해두고 그냥 넘어갈까 합니다.

다만 역사를 자연계에까지 적용할 수 있다는 입장은 역사를 변화의 과정으로 보는 것입니다. 역사를 시간적 경과에 따라 일어나는 변화라고 한다면, 인간과 함께 자연도 시간적 경과에 따라 끊임없이 변화하므로 역사라는 개념 속에 포괄할 수 있다는 것입니다.

이에 반해 역사적 현상이 인간에게 국한된다는 입장은 역사 과정에 미치는 인간의 정신적 측면을 중시하는 것입니다. 과거에 일어난 모든 일들에 미친 인간의 동기나 의지와 같은 내면적 지향을 중시한다면, 역사는 곧 인간의 역사라는 것입니다.

역사의 주체를 인간에 국한시킨다고 하더라도, 다음의 경우에는 또 어떻게 보아야 할까요? 자연에서 일어난 일이 인간 세상과 보다 직접적으로 관련된 경우입니다.

흔히 우리는 그리스 문명이라고 하면 아테네(Athens)나 스파르타(Sparta)와 같은 폴리스(Polis)들을 연상하지만, 이 보다 훨씬 앞서 그리스 남쪽 바다에 화려한 문명이 있었습니다. '다도해'라는 의미의 에게(Aegean) 해(海)의 크레타(Crete) 섬을 중심으로 꽃핀 청동기 문명을 바탕으로 기원전 2000년경에 일어난 크레타 문명(미노스 문명)이 그것입니다.

낮에 보는 에게 해의 푸른 바다도 멋지지만, 에게 해 밤하늘의 수많은 별들도 멋지다고 합니다. 필자도 그리스와 터키를 여행하면서, 그 아름다움을 맛보리라 단단히 마음먹었습니다. 터키로 가기 위해 저녁녘에 아테네를 출발한 여객선에서 에게 해를 둘러싼 이름 모를 육지의 불빛과 별들을 하염없이 바라보며 시원한 맥주 몇 깡통을 들이켰습니다. 그러다 여행의 피로와 맥주 탓인지 곯아떨어지고 말았습니다. 터키로 가기 위해 그리스의 조그만 항구에 도착한 새벽에 눈을 뜨자, 아내와 딸들은 에게 해 밤하늘의 별들이 너무 멋졌다고 하면서 나를 놀려댔습니다. 나는 아테네 입구 밤하늘의 별들을 보는데 만족할 수밖에 없었지요.

크레타의 화려한 문명은 기원전 1400년경 크노소스(Knossos) 궁전이 결정적으로 파괴되면서 종말을 고합니다. 이 문명의 종말에 대해 종래 그리스 본토 미케네(Mycenae)인의 침입 탓이라 여겼으나, 1960년의 발굴로 크레타 북쪽 테라(Thera) 섬의 화산폭발로 인한 화재와 해일이 중요한 원인이었다는 것이 밝혀졌습니다. 이러한 사례는 비일비재합니다.

과거에 일어난 일들의 가장 중요한 주체가 인간인 것은 분명합니다. 그러나 우리의 사고를 그렇게 고정해서는 곤란합니다. 인간 중심주의가 내포한 잠재적 위험성 때문입니다. 인간 중심주의는 인간을 위해 이 세상 모든 것은 희생되어도 좋다는 논리로 나아가, 아무런 거리낌 없이 자연을 파괴하고 다른 생명체를 억압하고 희생시키는 행위로 나아갈 수 있다는 것입니다.

거의 모든 천지창조설에서 천지창조의 주체는 인간의 형상을 하고 있습니다. 그 역시 인간 중심주의의 발로라 하였지만, 인간이 천지창조의 주체와 닮은 존재이고 또 천지창조의 주체가 가장 아낀 존재라는 것은 인간이야말로 그 주체로부터 선택된 존재로서 나머지 존재는 그 선택된 존재에 의해 희생되어도 좋다는 논리로 나아갈 수 있습니다. 일종의 선민사상(選民思想)입니다.

인간 중심주의의 더 치명적 위험성은 그것이 자기 종교 중심주의, 자민족 중심주의로 나아갈 수 있다는 데 있습니다. 이러한 사고는 본질적으로 자기 이외의 타자(他者)를 배타적으로, 혹은 적(敵)으로 간주한다는 점에서 맥락을 같이 합니다. 자신만이 옳고 우월하고 선택되었다는 선민사상의 귀결입니다.

이러한 선민사상은 자칫 큰 위험을 불러 올 수 있습니다. 히틀러(Adolf Hitler, 1889-1945)가 유대인 수백만 명을 학살한 것은 셰익스피어(William Shakespeare, 1564-1616)가 『베니스의 상인』에서 묘사하듯이 지나치게 돈만 밝힌다는 등의 여러 이유에서였지만, 게르만 우월주의자였던 히틀러에게 신에 의해 선택된 민족이라는 유대인의 선민사상은 게르만 우월주의에 대한 도전으로 제거되어야 할 대상이었습니다. 히틀러는 '2천여 년 간이나 나라도 없이 떠돌아다니는 주제에 무슨 선민이냐'라고 생각했을지 모릅니다.

인류 역사상 가장 어처구니없는 이 비극에서 선민사상이 갖는 잠재적 위험성을 발견하면서, 그것이 과거 한때 어떤 미치광이에 의해서 우연히 일어난 일이 아니라 미래에도 언제든지 또 일어날 수 있다는 불길한 예감을 떨치기 어렵습니다.

역사에 '신의 섭리'는 몰라도 '자연의 섭리'는 언제든 개입될 수 있으므로 인간 중심주의에 갇혀 있어서는 곤란하다는 것입니다. 무엇보다 그것이 내포한 잠재적 위험성에 대해서도 눈감지 말 것을 주문하고자 하는 것입니다.

2) '역사'라는 말의 2가지 의미

필자는 이러한 점들을 고려하여 '역사'란 말에 대해 인간을 당연한 주체로 설정한 사전적 정의 대신 '과거에 일어난 모든 사실, 혹은 그에 대한 서술'이라고 정의하고자 합니다. 역사의 당연한 주체라고 생각되는 '인간'을 생략한 점에서 큰 차이가 있습니다.

그러나 이 정의 역시 사전적 정의와 같이 2중적 의미를 가진다는 점에서는 동일합니다. 즉 '과거에 일어난 모든 사실'이라는 의미와 '그에 대한 서술'이라는 의미 2가지를 포함하는 것입니다. '과거에 일어난 모든 사실'은 '과거에 일어난 모든 일'이라고 하는 것이 더 좋을 듯하기도 하나, 여타의 정의들이 거의 모두 '사실'이라 하였으므로 그대로 따랐습니다.

그러나 여타의 정의와 달리 '그에 대한 기록'이라 하지 않고, '그에 대한 서술'이라고 하였습니다. 큰 차이가 있는 것은 아니지만, 인류 초기의 극히 단편적 기록만이 아니라 뒷날의 체계적 역사 서술까지 포괄하여 말할 경우 '서술'이라 하는 것이 유리하다는 점을 고려한 것입니다. 더구나 '기록'은 역사 서술의 기초인 사료의 이미지를 준다는 점도 고려하였습니다. 그러나 '기록' 역시 역사 서술을 가리키기도 하므로, 앞으로 이들을 혼용하기도 할 것입니다.

필자의 정의가 사전적 정의와 가장 다른 점은 '과거에 일어난 사실'의 주체가 생략되어 있다는 점입니다. 과거에 일어난 사실의 가장 중요한 주체가 인간인 것은 분명하다고 하더라도 생략한 이유에 대해서는 앞에서 이미 보았습니다. 어떻게 보면 많은 사실들이 일어나게 된 이면에 인간이 아닌 존재의 영향이 더 크게 작용했고, 인간의 영향은 오히려 하찮은 것이었을 수도 있다는 것입니다.

인간을 생략한 또 다른 중요한 이유는 이 세상에서 일어난 무수한 사실들이 인간에 의해 일어난 것처럼 보이지만, 가만히 생각해보면 인간에 의해 일어난 것처럼 보이는 사실 그 어느 것조차 인간 만에 의해 일어나지는 않았다고 보이기 때문입니다.

18세기에는 전 세계적으로 곡물 생산이 늘어나고 인구도 증가하였습니다. 기술이 진보한 덕분이기도 하였지만, 이 시기에 전 세계적으로 따뜻해진 기후 덕분이기도 했습니다. 18세기가 끝날 즈음 중국의 인구는 18세기가 시작될 즈음보다 거의 2배가량 증가하여 3억을 돌파하였는데, 이 역시 기술 진보만이 아니라 기후 변화 덕분이기도 했던 것입니다.

'서양의 충격과 대응론'은 아편전쟁(1840-1842) 이후에 일어난 중국의 여러 변화(반란, 개혁, 혁명 등)를 서양 충격의 결과로 보고, 서양의 충격이 없었다면 중국의 변화 역시 일어나지 않았을 것이라고 보는 '서양 중심론'이라 할 수 있습니다. 중국을 피동적, 수동적, 타율적 사회로 보면서 중국의 전통 속에는 변화를 야기할 근대성(modernity)이 없었다고 보는 것이지요. 반면 서양은 그 전통 속에 근대성으로 충만한 역동적 사회였다고 보는 것입니다.

이와 달리 '내재적 발전론'은 서양의 충격이 아니라 인구의 폭발적 증가와 같은 중국 내부에 존재한 요인이 여러 변화를 야기한 보다 중요한 요인이었다는 '중국 중심론'이라 할 수 있습니다. 이처럼 서양의 충격에 필적할 정도로 여러 변화의 중요한 요인으로 평가되는 인구의 폭발적 증가의 배경에 곡물 생산의 증가, 그 배경에 기후의 변화가 있었던 것이지요. 이러한데도 기후의 변화를 무시해도 될까요?

지중해 연안에 위치한 터키 에페소스(Ephesos)를 여행하면서 크게 두 번 놀랐습니다. 기원전 1100년경 그리스의 식민 도시로 출발하여 페르시아와 알렉산더 대왕을 거쳐 로마의 지배를 받은 고대 도시인데, 그 유명한 셀수스 도서관과 노천강당, 아고라 등 화려하면서도 웅장한 석조 건축물들에 무척이나 놀랐습니다. 그런데 그 나머지 화려했을 여러 석조 건축물들이 무너져 방치되고 있는데서 또 한 번 놀랐습니다.

에페소스는 로마의 5대 도시의 하나였다고 합니다. 그런데 이 도시 앞까지 배들이 왔다 갔다 하던 바다가 토사로 메워지면서 바다가 멀어지고 늪으로 변하면서 모기떼가 출현한 것입니다. 엄청난 모기떼와 말라리아에 시달리던 시민들이 떠나가면서 도시는 텅 비게 되었습니다. 그 후 지진이 일어난 데다 이슬람화되면서 이교도의 유적이란 이유로 방치되면서 폐허로 변해 갔던 것입니다.

이러한 사례는 일일이 거론하기 어려운 정도로 많습니다. 이처럼 인간 이외의 존재가 영향을 미친 엄청난 사실들은 제쳐 두고라도, 사소한 사실들조차 우리가 감지할지 못할 따름이지 인간 이외의 여러 존재가 영향을 미친 결과라는 것이 나의 생각입니다.

이 글을 쓰는 순간에도 나를 둘러싸고 있는 온갖 것들, 대기의 온도와 바람소리, 햇살과 구름의 양과 같은 자연 조건은 물론이고 내 몸 속의 보이지 않는 바이러스나 영양 상태, 세월 호 참사가 주는 정신적 고통 등 수많은 갖가지 요소들이 영향을 미치고 있습니다. 다만 우리 인간이 느끼지 못하고 인지하지 못할 따름이지, 인간의 행위 자체에 엄청나게 많은 인간 이외의 존재가 작용하고 있는 것입니다.

과거에 일어난 사실들의 가장 중요한 주체가 인간인 것은 분명하지만, 나는 오히려 인간만이 아니라 그에 작용하는 수많은 보이지 않는 존재들을 동시에 고려하는 것이야말로 역사가 추구해야 할 바람직한 방향으로 보는 것입니다. 어차피 단순화될 수밖에 없는 것이 역사라고 하더라도, 영향을 미칠 수 있는 보다 많은 존재들을 고려할 때, 역사의 실체적 진실에 좀 더 가까이 갈 수 있다는 것입니다.

그러기에 나는 '모든 진리의 핵심은 내가 없다는 것이다'라는 불교 핵심교리 3법인(三法印)의 하나인 '제법무아(諸法無我)'에 동의합니다. '그 어떤 존재라도 무수한 존재와의 연대 속에서만 존재할 수 있다. 무수한 존재와의 연대 없이도 존재하는 초월적, 절대적 존재는 없다. 따라서 무수한 존재와의 연대가 없으면 나도 존재할 수 없다. 따라서 나는 초월적, 절대적 존재가 아니다. 초월적, 절대적 존재로서의 나는 없다'는 의미입니다.

'과거에 일어난 모든 사실' 또한 마찬가지가 아닐까 합니다. '과거에 일어난 모든 사실'의 가장 중요한 주체가 인간임을 부정할 수 없다고 하더라도, 인간에게 이미 무수한 존재가 영향을 미치고 있다는 사실 역시 부정할 수 없다면, 인간은 '과거에 일어난 모든 사실'의 유일한 절대적 주체는 아니라는 것입니다. 화산이나 지진, 기후나 전염병과 같은 엄청난 존재들에 의해 일어난 사실들은 말할 것도 없고 그 어떤 다른 존재의 영향도 받지 않는 초월적, 절대적 존재로서의 인간 만에 의해 일어난 사실은 없다는 것입니다.

이러한 이유에서 역사의 주체로서 인간을 생략하였지만, 역사를 2중적 의미에서 정의하는 점에서는 동일합니다. 역사라는 말이 2중적 의미를 가진다는 점은 그 누구도 부정할 수 없기 때문입니다.

2. '과거에 일어난 모든 사실'로서의 역사

역사라는 말이 2중적 의미를 갖는다고 하였지만, 이제 보다 구체적으로 그 2중성에 대해 이야기해 볼까요? 우선 '과거에 일어난 모든 사실'이라는 의미의 역사에 대해 먼저 살펴봅시다. 이는 '과거에 일어난 모든 일, 혹은 사건'으로 표현할 수도 있습니다. 과거에 있었던 모든 일이나 모든 사건 그 자체가 곧 역사라는 말입니다.

이러한 의미의 역사를 '과거에 일어난 모든 사실'로서의 역사라고 부르고자 하지만, '원초적 의미의 역사', 혹은 '1차적 의미의 역사', '일어난 그대로의 역사', '본래적 의미의 역사'라고도 부를 수 있을 것입니다. 그러나 이를 어떻게 부를까 하는 것은 그리 중요하지 않습니다. 중요한 것은 어떤 식으로 부르는 것이 역사란 말이 가진 2가지 의미의 차별성을 잘 드러내고, 여러분의 이해에 더 도움이 되는

가 하는 점입니다.

역사의 주체를 인간으로 국한하는 게 옳은가 하는 문제를 보았지만, 만약 역사의 가장 중요한 주체를 인간으로 보고 인간에 의해 '과거에 일어난 모든 사실'을 역사라 하더라도, 그 인간을 무슨 대단한 영웅들로만 한정할 필요는 없습니다. 뛰어난 영웅들을 역사의 주인공으로 보는 시대도 있었지만, 현대 역사학의 추세는 보통의 인간들도 중시합니다.

영웅들이 역사를 이끌고 간 중요한 주체인 것은 사실이나 이름 없는 평범한 사람들 역시 한 시대의 정치와 경제와 사회, 그리고 문화를 만들어 간 중요한 주체였습니다. 따라서 과거에 살았던 사람들 모두가 역사의 주인공인 셈입니다.

그러면 과거의 모든 사람들에 의해 일어난 사실들은 어떻게 분류해 볼 수 있을까요? 그것은 궁전이나 도시, 논과 밭, 그림이나 탑처럼 구체적인 형태를 갖기도 하지만 형태가 없을 수도 있습니다. 예컨대 무엇을 하고자 하는 인간의 동기나 의지, 그것을 실행에 옮기는 과정과 노력 같은 것은 눈에 보이지 않거든요.

인간 내면의 동기나 의지, 실행 과정이나 노력과 같은 것들은 인간의 중요한 특성이자, 인간이 이루어 놓은 많은 사실들을 가능케 하는 매우 중요한 요인이었습니다. 따라서 '과거에 일어난 모든 사실'에는 당연히 눈에 보이는 사실들만이 아니라, 눈에 보이지 않는 사실들도 포함됩니다. 말하자면 인간에 의해 과거에 일어난 유무형의 모든 사실이 역사인 것입니다.

3. '그에 대한 서술'로서의 역사

1) 문자와 기록의 출현

이미 보았듯이 역사는 '과거에 일어난 모든 사실'이기도 하고, '그에 대한 서술'이기도 합니다. 앞으로 우리가 보아야 할 보다 중요한 측면은 바로 '그에 대한 서술'에 관한 것입니다. 이제 '그에 대한 서술'로서의 역사에 대해 살펴봅시다.

'과거에 일어난 모든 사실'과 달리 '그에 대한 서술'은 당연히 문자가 만들어지고 난 이후에야 나타날 것입니다. 인류가 문자를 만들고 기록을 남기는 것은 무척 중요한 순간이었습니다. 그 기록을 통하여 당시 일어난 사실들을 알 수 있기 때문입니다.

문자와 문자에 의한 기록은 인류가 만든 가장 중요한 발명품이었습니다. 인간이 만든 중요한 발명품을 한번 생각해 봅시다. 인간과 동물의 차이를 크게 벌린 도구와 불의 발명을 우선 거론할 수 있습니다. 침팬지와 같은 동물이 먹이를 구하는데 일부 도구를 한정된 범위에서 사용하긴 해도 인간의 도구사용에 비할 바 못됩니다. 도구와 불을 발명하지 못했다면 인간은 아직도 동물의 수준에 머무르고 있을 것입니다.

또 농경과 목축이 떠오르는군요. 초기 인류처럼 수렵과 채취로 먹거리를 마련하는 것은 매우 불안정한 방법이었습니다. 사실 토끼 한 마리 잡기란 무척이나 어려운 일입니다. 토끼는커녕 힘만 빼거나 사나운 야수에게 도로 잡아먹히는 일도 허다하였습니다.

필자도 농촌에서 초등학교를 다닐 때 단체로 토끼 사냥을 나간 적이 있었는데, 얼마나 빠른지 한 마리도 잡지 못했습니다. 아이들은 대신 빨리 달리지 못하는 애꿎은 뱀 몇 마리를 잡아 왔지요. 자기 아버지 드린다고 가져가기도 하였지만, 몇 마리는 가지고 놀다가 죽였지요.

농경이나 목축은 이처럼 매우 불안정하던 먹거리 공급을 보다 안정시켜 주었습니다. 만약 농경과 목축의 발명이 없었다면 지금 우리는 먹고 살기 위해 온 산을 헤매며 사냥이나 채취를 하는데 많은 시간을 빼앗기어, 학교에서 책을 볼 엄두조차 내지 못할 것입니다.

더 정확하게 말하면 농경과 목축이 없었다면 우리는 이 지구상에 존재하지 않을 게 확실합니다. 먹고 살기에 급급한데 종족 번식과 보존이 가능이나 했겠습니까? 설혹 번식이 되었다고 하더라도 굶주려 죽거나 오래 살지 못했을 것입니다. 구석기 시대 사람에게 살을 빼기 위해 죽을 힘을 다하는 다이어트는 꿈도 꾸지 못할 일이었습니다. 이 보다 더 중요한 발명품이 또 어디에 있겠습니까?

국가의 발생도 중요합니다. 사실 국가라는 것은 기묘한 존재입니다. 자기가 무엇인데 세금을 거두어가고, 전쟁터에 내 보내고, 별 것 아닌 것으로 감옥에 가두고 하는 것입니까? 그러나 국가가 없으면 만인에 의한 만인의 투쟁으로 인간 세상은 승자 독식의 '정글의 법칙'이 지배하게 될 것입니다. 폭력이 난무하여 힘없는 자는 마냥 당할 수밖에 없을 것입니다. 따라서 국가는 사실상 폭력에 대한 개인적 응징을 차단하고 폭력을 독점하여 대신 폭력을 행사해 주는, '폭력의 독점자'로서의 성격을 기본으로 합니다.

앞에서 예로 든 여러 발명들도 중요하지만, 문자의 발명과 문자에 의한 기록(서술) 역시 매우 중요합니다. 유네스코는 인류의 중요한 발명 100가지를 선정하면서, 그 첫 번째로 금속활자를 든 적이 있습니다. 활자(活字)란 '살아 있는 글자'라는 의미입니다. 나무판 위에 글자를 새겨 먹물을 묻혀 인쇄하던 목판인쇄와 달리 금속으로 만든 글자 하나하나를 판에 붙여 인쇄하고 다시 떼 내어 여러 번 사용할 수 있도록 한 것이 '금속활자'입니다. 따라서 '금속'으로 된 하나하나의 글자를 '살아있는 글자'라는 의미에서 '금속활자'라 한 것인데, 인류 문화 발전에 지대한 공을 세웠습니다.

그러나 문자가 없었다면 금속활자가 무슨 소용이었겠습니까? 문자가 없었다면 금속활자는 발명되지도 않았을 것입니다. 이런 점들을 생각하다보면 문자 발명의 중요성과 위대성을 느낄 수 있을 것입니다.

문자가 없었다면 문자에 의한 기록도 없었을 것입니다. 그것이 없었다면 인류의 소중한 경험들은 후세로 전해지지 않았을 것입니다. 얼마간 구전되다가 왜곡되거나 사라졌을 것입니다. 문자와 문자에 의한 기록은 인간과 동물의 차이 정도가 아니라 인간과 인간 사이의 차이까지 만들었습니다. 문자를 가지지 못한 집단을 '문명인'이라 할 수는 없을 것입니다. 문자와 문자에 의한 서술로 인류는 비로소 '문명의 단계'로 진입한 것입니다.

인류를 문명의 단계로 진입케 한 문자와 문자에 의한 기록은 이처럼 대단한 일이었습니다. 따라서 통상 역사가들은 '문자에 의한 기록의 발생'을 기준으로 인류의 역사를 크게 둘로 나누어, 선사시대와 역사시대로 구분합니다.

우선 선사시대란 말의 의미는 무엇일까요? '선사(先史)'란 '역사의 앞'이란 의미로, 선사시대는 '역사 앞의 시대'라는 의미입니다. 이럴 때 '역사 앞의 시대'는 역사가 아니란 말이냐 하는 의문이 일어날 것입니다. 그러나 우리가 본 '과거에 일어난 모든 사실'이라는 의미에서 보면, 선사시대도 엄연히 역사입니다. 그때에도 수많은 사실들이 일어났기 때문입니다.

따라서 선사시대-역사시대라고 할 때의 기준은 '과거에 일어난 모든 사실'이라는 의미의 역사가 아니라 '그에 대한 서술'이라는 의미의 역사입니다. '그에 대한 서술(기록)'의 출현이 기준인 것이지요.

그런데 '그에 대한 서술(기록)'의 출현을 기준으로 그 이전을 선사시대, 그 이후를 역사시대라고 하는 이유를 한번 생각해 볼까요? 가령 문자 이전 시대-문자 이후 시대라고 해도 될 텐데, 굳이 선사시대-역사시대라고 하여 '역사'라는 개념을 넣은 이유는 무엇인가 하는 것입니다.

그것은 첫째 문자에 의한 그 어떤 기록도 역사적 자료, 즉 사료가 되어 당시에 일어난 사실, 즉 '역사'를 훨씬 분명하게 보여주기 때문입니다. 역사를 이해하는데 문자에 의한 기록은 그야말로 획기적이었던 것입니다.

둘째, 그때부터 비로소 역사 서술이 나타나기 때문입니다. 극히 엉성하고 단편적이라고 하더라도 문자 출현 이후 역사 서술이 나타나는 것은 말할 필요도 없습니다.

여기서 극히 엉성하고 단편적인 기록을 역사라 할 수 있는가 하는 반론이 가능할 것입니다. 그러나 문자를 발명하고 그것으로 그 무엇을 기록하는 일이 모든 사람에게 가능했던 것은 아니었습니다. 그 가능성은 모든 사람에게 열려 있었지만, 실제 그러한 일을 하는 자체는 자기 나름의 전문가적 작업이었다고 할 수 있을 것입니다.

문자로 그 무엇을 기록할 때 자기 나름의 기준에서 선택의 과정을 거쳐 내용을 선정하고, 또 자기 나름의 체계에서 기록했을 것이기 때문입니다. 따라서 엉성하고 체계도 없는 단순한 기록처럼 보이더라도 그 후의 기준에서 그렇다는 것이고, 당시로서는 자기 나름의 체계적인 작품이었을 것입니다. 그렇다면 오늘날의 역사 서술과 본질적으로는 맥락을 같이 한다고 할 수 있을 것입니다.

문자와 문자에 의한 기록의 출현은 이후의 역사 이해에 획기적인 도움을 주었습니다. 따라서 역사시대라는 것은 '문자로 된 기록 이후의 시대'라는 의미만이 아니라 '문자로 된 기록에 의하여 알 수 있는 시대'를 의미하기도 합니다.

역사연구 방법론의 발달로 이러한 문자 사료만이 아니라 구비(口碑) · 회화 · 유물 · 유적 등도 역사 연구의 중요한 자료가 될 수 있습니다. 이들은 역사시대만이 아니라 선사시대에도 존재했으므로 이들까지 고려할 경우 구태여 문자에 의한 기록의 출현을 선사시대와 역사시대의 기준으로 삼을 필요가 있는가 하는 의문이 일어날 수도 있습니다. 그러나 그러한 것은 어디까지나 보조적인 자료에 불과하고 문자 자료에 비할 바 못됩니다. 따라서 문자에 의한 기록을 기준으로 선사시대와 역사시대로 구분하는 것은 그렇게 부당한 일이 아닙니다.

이미 보았듯이 선사시대에 대해서도 문자에 의한 기록이 없기 때문에 전혀 알 수 없는 것은 아닙니다. 유적 · 유물의 형태와 그 분포 관계를 살펴보거나, 선사시대와 비슷한 상황에서 도구를 제작해 보거나, 현존하는 원시 부족의 생활 자료로부터 선사인의 생활을 유추해 보는 방법 등이 있습니다.

또한 선사시대 인간들의 경우 자연환경에 보다 직접적으로 좌우되었다는 점을 고려하여, 당시의 환경을 다루는 생태학적 연구도 중요한 연구 방법론입니다. 이러한 연구에는 지질학 · 고생물학 등 자연과학적 뒷받침이 매우 필요합니다.

이상에서 왜 문자에 의한 기록의 출현을 기준으로 선사시대와 역사시대로 구분하는지에 대해 보았습니다. 그러면 다음으로 문자와 문자에 의한 기록이 언제 나타나는지 생각해 봅시다. 그것은 대체로 청동기 시대에 처음으로 나타납니다. 따라서 이를 기준으로 청동기 시대 이후를 역사시대라고 하고, 그 이전을 선사시대라고 합니다.

그러면 '청동기 시대'는 어느 시대를 말할까요? 이에 대해서는 잘 알고 있으리라 생각되지만 조금 설명해 볼까요? 역사가들은 기나긴 인류의 역사를 몇 단계로 나누어 설명하려고 합니다. 여러 시도가 있는데, 그 시도가 여러 가지인 것은 가장 중요하게 보는 기준이 서로 다르기 때문입니다. 국가의 존재를 기준으로 국가가 없던 시대→국가가 있는 시대, 다시 국가가 있는 시대를 도시국가→영역국가→고대제국→봉건국가→절대왕정→근대국가 등으로 구분할 수도 있을 것입니다.

경제적 측면을 중시하여 수렵과 채취→농경과 목축, 혹은 농경→상공업 시대로 구분하거나, 물물교환→화폐경제 시대로, 화폐경제 시대를 다시 동전→은화→신용경제 시대로 구분할 수도 있을 것입니다. 사회적 측면에서 모계제→부계제, 혹은 귀족→사대부→민중의 시대로 구분할 수도 있고, 사회경제적 측면에서 노예제→농노제→자본주의 시대로 구분할 수도 있습니다. 여기에 고대→중세→근대와 같은 시간 개념을 넣어, 가령 고대 노예제→중세 봉건제→근대 자본주의 시대로 구분할 수도 있습니다.

그런데 인간이 다른 동물들과 확연히 차이나는 존재가 된 중요한 배경의 하나로 도구 사용이라는 측면을 중시하면 도구 사용, 정확히 말하면 '사용한 도구의 재료'도 매우 중요한 기준이 될 수 있습니다. 역사가들은 통상 이를 가장 중요한 기준으로 삼아 석기→청동기→철기 시대로 구분합니다. 그런데 인류 역사의 대부분은 석기 시대이므로 이를 다시 구석기→중석기→신석기로 구분하고, 또 그 대부분은 구석기 시대이므로 전기 구석기→중기 구석기→후기 구석기로 구분합니다.

이렇게 구분한 후, 이 틀 안에 위에서 거론한 중요한 변화들을 포함시키는 것은 역사가들이 역사인식이나 설명을 위해 애용하는 통상적인 방법입니다. 가령 신석기 시대를 먼저 설정하고 그 안에 농경과 목축, 정착생활, 간석기와 토기 제작, 모계제에서 부계제로의 전환 등 당시에 일어난 중요한 사실들을 담는 것입니다.

이러한 구분에서 볼 때, 문자와 문자에 의한 기록은 청동기 시대에 처음으로 시작됩니다. 그러나 이는 일반적으로 그렇게 볼 수 있다는 것이고, 반드시 그러한 것은 아닙니다. 문자가 가장 먼저 출현한 곳은 메소포타미아 지역으로서 수메르 문명 단계인 기원전 3000년경입니다. 중국은 기원전 1600년대인 상대(商代), 영국은 기원 전후, 신대륙은 16세기에 들어온 유럽인들에 의해 출현하였습니다.

우리의 경우 청동기와 초기 철기 시대까지도 문자가 출현하지 않았습니다. 초기 철기 시대에 대해서는 중국 측 기록에는 나오지만, 우리가 직접 문자로 기록한 것은 없었습니다. 이처럼 문자가 나타난 시기는 지역에 따라 상당한 차이를 보입니다. 따라서 청동기 시대 이후 문자가 나타난다는 것은 일반론일 따름입니다.

보통 교과서나 역사 수업에서는 이처럼 청동기 시대에 문자와 문자에 의한 기록이 나타나므로 역사시대라고 한다는 정도의 설명으로 그칩니다. 그러나 보다 중요한 문제는 왜 문자와 문자에 의한 기록의 출현을 기준으로 선사시대와 역사시대로 구분하는가 하는 점입니다. 지금까지 문자에 의한 기록(서술)의 시작이 역사를 이해하는데 엄청나게 중요하기 때문이라는 점을 살펴보았습니다.

2) 서술된 사실과 서술되지 않은 사실

'역사'라는 말은 '과거에 일어난 모든 사실'로서의 역사와 '그에 대한 서술'로서의 역사라는 2가지 의미를 동시에 가지고 있습니다. '과거에 일어난 모든 사실'로서의 역사는 유구한 반면, '그에 대한 서술'로서의 역사는 얼마 되지 않았습니다. 극히 최근에 시작되었던 것이지요.

'그에 대한 서술'로서의 역사가 시작된 이후에도 무수한 사실들이 일어났습니다. '과거에 일어난 모든 사실'로서의 역사는 문자에 의한 서술 이전이나 이후에도 중단 없이 계속되었던 것이지요. 그런데 그렇게 무수히 많이 일어난 사실들 모두가 다 서술되었을까요? 극히 일부만이 서술되었을 따름입니다. 그렇다고 하여 서술되지 않은 사실들은 역사가 아닐까요? 그것 역시 당연히 역사입니다.

'역사'라는 말이 이처럼 2중적 의미를 가지는 것은 우리에게 꽤 혼란을 주는 문제입니다. 그러나 이러한 혼란에도 불구하고 그럴 수밖에 없는 것이 현실입니다. 왜 그런지를 이야기해 볼까요?

이렇게 비유해 보면 어떨까요? 어린 시절 여러분은 부모님의 손을 잡고 박물관에 가 보았을 것입니다. 박물관의 규모나 전시방법은 서로 다르지만, 대부분의 박물관은 전시실에 무엇인가를 전시해 두었지요. 대개는 전시 공간을 달리하여, 전시하는 유물도 달리합니다. 여러분도 기억하겠지만, 선사시대-삼국시대-고려시대-조선시대로 방을 달리하기도 하고, 또 더러는 도자기실-불상실-회화실-의류실 등으로 방을 달리하여, 방 이름에 걸 맞는 유물들을 전시하지요.

그런데 조선시대실이라고 하더라도 조선시대에 이루어진 모든 유물을 전시하는 것은 아닙니다. 조선시대에 이루어진 유물의 극히 일부를 전시해 두었을 뿐이지요. 조선시대만 하더라도 현재와 가까운 시대이기 때문에 많은 유물이 있을 것입니다.

그러나 그것들을 다 전시할 수도 없고, 또 그럴 필요도 없지요. 조선시대의 그 많은 유물 중에서도 일부만 전시하게 되지요. 그럴 때 무엇을 전시할까요? 박물관 사정에 따라 다르겠지만, 대개 자신들이 가지고 있는 유물 중에서 가장 가치 있고, 의미 있나고 생각되는 것들을 전시하게 마련이지요. 그런데 우리는 그 일부만을 보고, 조선시대에 이루어진 대강을 이해하게 되는 것입니다.

박물관에는 수장고라는 창고가 있습니다. 전시하지 않은 유물들은 여기에 보관합니다. 어느 박물관이고 이 창고에는 전시되지 않은 유물들이 있는 법입니다.

대만 고궁박물원

대만(臺灣)의 고궁박물원(故宮博物院)은 장개석(蔣介石, 1887-1975)의 국민당 정권이 1949년 공산당에 밀려 대만으로 후퇴할 때 북경 고궁박물원의 유물을 무더기로 배에 실어 와 건립하였습니다. 워낙 귀한 보물인지라 후퇴를 하더라도 반드시 가져가야 할 것으로 생각했겠지만, 장개석이 자신을 추격하는 중공군의 폭격을 피하기 위한 수단이었다고도 합니다. 장개석은 그 보물을 실은 배에 승선하였는데, 장개석을 죽이기 위해 그 귀한 보물을 바다에 수장시키면서까지 폭격하지는 않을 것이라고 생각하였다는 것입니다. 현재의 대만 고궁박물원도 폭격이 거의 불가능한 곳에 위치하고 있습니다.

영국의 대영박물관, 프랑스의 루브르박물관, 이집트의 카이로박물관과 함께 세계 4대 박물관 중 하나인 대만의 고궁박물원에는 워낙 유물이 많아 3개월, 혹은 1년 단위로 일부 유물을 바꾸어 전시한다고 합니다. 10년 간 계속 보아도 다 볼 수 없다고 하니, 유물의 규모를 짐작할 만합니다. 따라서 전시되는 것은 그 많은 유물 중 극히 일부에 지나지 않습니다. 나머지는 유물 창고에서 전시되기만을 기다리고 있는 셈이지요.

우리가 박물관에서 구경하는 것은 박물관 창고에 보관된 여러 유물의 일부에 불과합니다. 그러나 박물관 전시실에 전시된 것만이 역사적 유물은 아닙니다. 창고에서 전시를 기다리는 훨씬 더 많은 유물들도 역사적 유물인 점에서 동일합니다.

다만 박물관 전시실을 진열하는 사람의 취향에 따라 하나는 전시실에, 하나는 창고에 있을 뿐이지요. 그러나 누가 압니까? 전시자가 바뀌어 이미 전시되고 있는 것을 창고에 도로 집어넣고, 창고에서 몇 10년간 썩고 있던 것을 전시하게 될 줄을요.

과거에 일어난 모든 사실들도 마찬가지입니다. 과거에 일어난 모든 사실들은 말하자면 우리의 눈에는 보이지 않지만, 과거라는 시간의 창고 속에 계속 쌓이고 쌓입니다. 박물관 창고에는 사람의 눈에 보이는 것만 보관되어 있지만, 이 창고에는 눈에 보이지 않는 것들도 보관됩니다.

이 창고는 끝이 없어 정작 그 크기를 재는 것조차 불가능합니다. 앞으로도 그 창고는 계속 커져 갈 것입니다. 너무나 많은 존재들에 의해 너무나 많은 일들이 일어났기 때문에, 그 창고에 보관된 사실들의 형태나 가짓수를 직접 들어가 살펴보는 것은 불가능합니다. 또 들어가 본다고 한들 그 안에 어떤 것들이 보관되어 있는지를 알 수도 없습니다.

이 창고가 그 누구에게도 자신의 속살을 보여 주려 하지 않는 것은 아닙니다. 그러나 그 누구도 그 속살을 다 보는 것은 불가능합니다. 그러면 그 속살 보기를 포기해야 할까요? 그럴 수는 없습니다. 여기서 우리는 온갖 사실들이 보관된 이 거대한 시간이라는 창고 외에, 따로 조그만 전시실을 만들어 이 거대한 창고에 들어있는 사실들 중 일부를 전시할 필요를 느낍니다.

이 전시실만 보면, 이 거대한 창고에 들어가 보지 않고도 거기에 무엇이 들어있는지를 대충 알 수 있는 조그만 전시실을 만들 필요가 있는 것이지요. 엄청난 분량의 일(사실)들을 다 전시하기 어렵기 때문에 따로 전시실을 만드는 것이니까, 전시품에는 자연히 한계가 있을 수밖에 없겠지요. 그럼 무엇을 전시해야 할까요? 박물관 전시실이 가장 가치 있고 의미 있는 것들만을 전시하듯이, 이 전시실에도 가장 가치 있고 의미 있는 것만을 전시하게 될 것입니다.

지나친 비유일지 모르겠으나, 그 거대한 창고 속에 들어있는 온갖 것들이 '과거에 일어난 모든 사실'로서의 역사이고, 그 창고에서 가장 가치 있고 의미 있는 것들만을 따로 전시한 것이 '서술로서의 역사'인 것입니다.

우리가 역사라고 할 때에는 이 두 가지 중 어느 하나를 가리키기도 하고, 두 가지 모두를 가리킬 수도 있습니다. '새 역사를 창조하자'라고 하면, 전자를 가리킬 것입니다. '역사는 다시 쓰여 지는 것이다'라고 하면, 후자를 가리킬 것입니다. 이처럼 구분되는 경우도 있지만, '역사를 알면 세상이 보인다'라고 하는 경우처럼 그 구분이 명확치 않을 수도 많습니다. 그러나 그렇게 걱정할 필요는 없습니다. 역사에는 이상의 두 가지 의미가 있고 그 의미가 위와 같음을 이해하면, 그때 그때 알아서 이해하면 되기 때문입니다.

지금까지 역사란 말의 개념에 대해 이야기하였지만, 이렇게만 하면 '역사란 이런 것이다'라고 하는 것이 다 설명된 것일까요? 결코 그러하지 않습니다. 과거에 일어난 사실들 중 의미 있고 가치 있는 것의 기준은 무엇이며, 그것을 누가 판별

할 것이며, 그것이 진짜인지 모조품인지 누가 어떻게 가려낼 것이며, 그러한 전시가 언제 누구에 의해 어떻게 시작되어 어떤 과정을 거쳐 왔는지, 그렇게 전시한 목적이 무엇인지, 전시하는 방법은 어떻게 달라져 왔는지, 가장 바람직한 전시 방법은 무엇인지 하는 등등의 많은 문제들이 전혀 설명되지 않았기 때문입니다.

말하자면 역사란 말의 의미에 대한 설명은 코끼리라는 말에 대한 개념적 설명에 불과합니다. 코끼리의 더 근본적 본질에 대해 이야기하려면 그 겉모습이나 속모습은 물론이고, 그 놈이 가지고 있는 형태나 속성 하나 하나까지도 파악해야 할 것입니다.

| Chapter **2** |

역사를 알면 무엇이 좋은가?

이제 역사를 알면 무엇이 좋은가 하는, 역사를 공부하는 목적에 대해 이야기하려고 합니다. 필자는 이 책의 개정판을 쓰던 막바지 무렵인 2013년 8월 말 히틀러가 수백만 명의 유대인과 폴란드 지도자, 히피, 동성연애자 등을 학살한 폴란드의 아우슈비츠 수용소를 방문하였습니다. 수용소를 그대로 개조한 박물관 입구에는 '역사를 기억하지 못하는 자는 역사를 되풀이 하면서 살 수밖에 없다'는 현판이 걸려 있었습니다.

'자신의 과거를 설명할 능력이 없는 자에게는 그 벌로써 과거를 반복하게 한다'는 인도 속담과도 통하는 경구였습니다. 아우슈비츠 수용소를 둘러보면서, 그 속에 갇혀서 죽어갔던 수많은 이들의 절망과 슬픔이 가슴 절절히 느껴졌습니다.

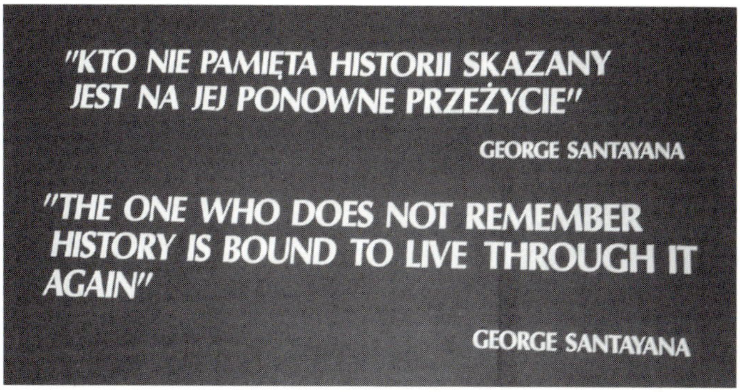

아우슈비츠 수용소 박물관 입구 현판

그곳으로 가는 버스에서 영화 '쉰들러 리스트'를 보았습니다. '피아니스트', '인생은 아름다워'와 함께 '홀로코스트(Holocaust)'의 대표적 영화 속 장면들이 수용소와 오버랩 되었습니다. 이들 영화를 볼 때 마다 필자는 역사가로서의 역할에 대해 회의하였습니다. 역사 논문 수백편이 이러한 영화 1편을 당할 수 있을까 하는 생각 때문이었습니다. 영화 '3색 시리즈', 즉 '레드(Red)', '블루(Blue)', '화이트(White)'를 보면서도 그러했습니다.

사실 이러한 영화 제작에는 유대인의 자금이 대거 투입되었다고 합니다. 수준 높은 영화를 통해 유대인의 슬픔과 아픔을 전 세계에 알리려는 의도라고 합니다. 이러한 영화를 보면서 일제 강점기의 우리 민족의 슬픔과 아픔을 역사 논문이나 책이 아니라 이와 같은 애잔한 영화로 만들어 전 세계인이 볼 수 있었으면 하는 바람을 가졌습니다. 그러기 위해서는 멋진 대본이 있어야 할 것입니다. 아직 그러한 대본과 영화를 보지 못하였는데, 우리 세대에서 안 되면 다음 세대에서도 그러한 대본과 영화가 나오기를 고대해 봅니다.

공자(孔子, 기원전 551-기원전 479)는 사상가, 교육자, 정치가이자 『춘추(春秋)』라는 역사책을 저술한 역사가이기도 하였습니다. 그가 『춘추』를 편찬한 목적은 자신이 이상으로 생각하는 윤리와 도덕을 추상적인 설명이 아니라, 과거에 실제 일어난 사실 속에서 직접 보여 주기 위해서였습니다.

독립운동을 하다 중국의 여순(旅順) 감옥에서 옥사한 대표적인 민족주의 사가 단재(丹齋) 신채호(申采浩, 1880-1936)는 '역사를 잊은 민족에게 미래는 없다'고 하면서, '영토를 잃은 민족은 재생할 수 있어도, 역사를 잃은 민족은 재생할 수 없다'고 하였습니다. 단재와 함께 대표적인 민족주의 사가로서 임시정부 2대 대통령으로 선출된 백암(白巖) 박은식(朴殷植, 1859-1925)은 '국사는 국혼(國魂)'이라 하였습니다.

2차 세계대전이 일어나자 53세의 나이에 프랑스 육군 대위로 출전하였고 패전 후 레지스탕스로 활약하다 나치 비밀경찰 게슈타포에 총살당한 마르크 블로흐(Marc Bloch, 1886-1944)는 『역사를 위한 변명』에서 역사는 '부정할 수 없는 매력'으로 '심미적 기쁨'을 느끼게 해 준다고 '역사를 위해 변명'해 주었습니다. 역사는 제도 따위가 아니라 인간을 이해하기 위한 것으로, 역사 속에 가득한 무수한 인간들의 삶 속에서 엄청난 지혜를 획득할 수 있다고 하였습니다.

마키아벨리(Niccolo Machiavelli, 1469-1527)는 역사를 '인간을 계도(啓導)하는 실물 교육장'이라 하였습니다. 역사는 실제의 사례로써 인간을 바른 길로 인도하는 훈련장과 같다는 것이니, 인도 속담과도 통하는 말입니다.

기원전 30년경 『로마사』를 저술한 그리스 역사가 디오니시오스(Dionysios, ?-?)는 '역사는 실례(實例)로 가르치는 철학'이라고 하였습니다. 역사와 철학의 본질적 차이까지 고려한 탁견입니다. 철학은 실례에 근거하지 않아도 무방하지만 역사는 반드시 실례에 근거하는 것을 본질로 하므로, '심오하지만 실례에 근거하지 않아 황당할 수 있는' 철학과 달리 역사는 '실례에 근거하여 황당하지 않으면서 심오한' 철학이라는 것입니다.

몇 사람의 말을 인용해 보았지만, 역사 공부의 좋은 점에 대한 선인의 말은 정리하기 어려울 정도로 많습니다. 그러나 그만 하려고 합니다. 남의 말을 열심히 살펴봤자 가슴 절절히 새겨지지도 않고 금방 잊어버릴 뿐이라는 걸 잘 알고 있기 때문입니다. 대신 필자의 직접 경험을 이야기하고자 합니다.

인간은 끊임없이 선택을 하면서 살아갑니다. 필자가 가장 잘한 선택 세 가지는 테니스를 한 것, 아내를 만난 것, 역사를 전공한 것입니다. 사람이 살다보면 친구도 사귀어야 하고, 스트레스도 풀어야 하고, 건강을 위한 운동도 해야 하는데 모두 많은 시간을 요합니다. 테니스는 짧은 시간 내에 이 세 가지를 한꺼번에 충족시켜 줄 수 있기 때문에, 대학 입학 이래 40여 년 간 줄곧 해 오고 있습니다.

지금도 오후 5, 6시까지 열심히 강의하고 연구하다 어김없이 테니스장으로 향합니다. 즐거운 일이 기다리고 있으니, 하는 일도 신이 납니다. 거의 매일 꾸준히 한 덕분에 실력도 수준급이어서, 우리대학 대표로 출전한 전국 교수 테니스 대회에서 뛰어난 성적을 거두기도 했습니다. 수많은 통닭과 술을 따먹고 잃기도 했지요. 지금까지 심심찮게 친구들이나 학생들과 술잔을 기울이고, 이렇게 책을 쓸 수 있는 것도 테니스가 가져다 준 건강과 체력 덕분일 것입니다.

아내를 선택한 것을 잘 한 선택이라고 하는 것은 일종의 팔불출입니다. 그러나 친구에, 테니스에, 술에, 연구에 몰두하는 남편 대신 예쁜 딸들 잘 키우고 밥도 잘 해주어 이처럼 책도 쓸 수 있는 건강을 지켜준 것이 다 현명한 아내 덕분인데 어쩌겠습니까?

역사를 전공한 것을 잘 한 선택이라고 하는 이유는 우선 좋아하고 즐기는 것으로서 생업을 삼을 수 있었기 때문입니다. 그러나 무엇보다 '나는 누구이며, 어떻게 살아야 하는가?' 하는 문제만이 아니라 인간과 신, 삶과 죽음, 이승과 저승, 참과 거짓, 윤리와 종교, 자연과 인간 등 살면서 마주친 본질적인 문제들에 대한 회답의 실마리를 역사 공부를 통해 얻을 수 있었기 때문입니다. 이 책 곳곳의 여러 내용들은 역사 공부를 통해 이러한 문제들에 대해 얻은 회답의 일부가 반영된 것입니다.

이러한 개인적 경험을 말하더라도 가슴 절절히 와 닿지 않을 것입니다. 아래에서는 보다 구체적인 사례로써 역사를 공부하는 목적, 역사를 알아야 하는 이유, 혹은 역사를 알아 좋은 점을 이야기해 볼까 합니다. 그렇다고 하더라도 이 역시 역사의 일반적인 목적을 이야기하는데 지나지 않습니다. 이 책 4 · 5 · 6장은 각기 개별 주제를 가지고 있지만, 이러한 점에 대한 또 다른 측면에서의 접근이기도 합니다.

1. 고적답사

필자가 재직하고 있는 역사교육과는 역사 교사를 양성하는 곳으로 사학과(역사학과)와는 그 목적을 약간 달리합니다. 사학과(역사학과)는 과거에 일어난 구체적 사실(역사 내용)을 공부하고, 또 그것을 어떻게 탐구할 것인가를 주로 공부합니다. 그러나 역사교육과는 좋은 역사 교사를 양성하기 위해 그것만이 아니라, 역사를 중등학교 학생들에게 어떻게 가르칠 것인가 하는, 말하자면 교육적 측면도 공부하는 곳입니다.

역사 교사가 되기 위해 구체적인 역사 내용을 알아야 하는 것은 당연하지만, 그렇게 익힌 역사 내용을 어떻게 중등학교 학생들에게 가르칠 것인가도 알아야 하는 것이지요. 전자를 '교과 내용학', 후자를 '교과 교육학'이라 하는데, 이는 우리 학과에서 공부하는 두 가지 큰 영역입니다.

사학과(역사학과)도 마찬가지지만, 우리 학과에서는 여러 지역의 역사 유적을 직접 눈으로 확인하는 답사를 합니다. 책에서 배운 내용을 현장에서 직접 눈으로 확인하는 것도 중요하지만, 직접 본 것을 장래 제자들에게 현장감 있게 이야기해 주어야 하기 때문입니다.

이러한 고적답사를 우리 학생들은 줄여서 '고답'이라고 합니다. 우리 학과에서는 해나나 봄과 가을 2차례 고답을 떠납니다. 봄 답사는 경상남북도 인근, 가을 답사는 전국을 4개 권역으로 나누어 4년간에 다 볼 수 있도록 설계되어 있습니다.

고답은 우리 학과 학생들이 가장 좋아하는 행사지요. 다른 지역의 이색적 풍속과 아름다운 산천을 즐기면서 역사 유적을 답사하는 일이니, 강의실의 따분한 공부보다야 월등 재미있는 일이지요. 학생들에게는 이때가 가장 신나는 시간입니다. 그러나 하나의 유적이라도 더 보기 위해 강행군을 하기 마련이고, 그러다 보면 어느덧 지치게 됩니다. 더러 차에서 내리지 않으려 하는 학생들도 있지만 어김없이 끌어 내립니다.

저녁에는 그날 본 유적들에 대해 각 조별로 소감을 말하고, 내일 보게 될 유적에 대한 사전 보고를 하는 시간을 갖습니다. 이어 각조별 장기자랑을 하는데, 곧잘 우리 교수들 흉내를 내어 배를 잡고 웃게 합니다. 장기자랑이 끝나면, 교수들이 채점한 성적으로 상금과 부상을 시상하지요.

야간의 공식 행사는 이것으로 끝나지만, 학생들이 정작 더 기다리는 것은 그 다음입니다. 무엇일까요? 물론 술판입니다. 옹기종기 모여 앉아, 출발할 때 잔뜩 싣고 온 맥주와 소주를 비우는 것이지요. 학교에 도착할 즈음에는 그 많던 맥주, 소주병들이 모조리 빈병이 된 것에 놀라곤 합니다. 정말이지 많이도 마십니다. 더러 우리가 답사하는 지역에 터를 잡고 살아가는 제자들이 어떻게 알고 찾아와, 금일봉을 후배들에게 전달하거나 우리 교수들에게 한잔 사기도 합니다.

그런데 해마다 어김없이 치러지는 2차례의 고답 과정을 지켜보면서 학생들이 참으로 믿음직하다는 생각을 합니다. 우리가 대학 다닐 때 치렀던 고답보다도 더 잘 기획하고 진행하는 것입니다. 사전 답사를 철저히 하고, 답사 중에도 핸드폰으로 빠르게 연락들을 하지요. 꼼꼼하게 답사 자료집을 준비하는 것도 필수입니다. 요사이는 인터넷의 발달로 자료집도 우리 때 보다 훨씬 충실하게 잘 만듭니다.

그런데 가만히 생각해 보면, 학생들이 우리의 대학시절 때 보다 고답을 더 잘 기획하고 준비하고 진행할 수 있는 것은 비단 교통이나 통신수단의 편리함 때문만은 아닙니다. 그 가장 중요한 비결은 오랫동안 고답이 진행되면서 경험이 축적되어 왔다는 사실 자체라고 생각됩니다. 만약 아무 것도 없는 황무지 상태에서 고적답사를 처음 시행한다면 상당한 시행착오를 겪을 수밖에 없을 것입니다.

나도 대학 3학년 때 학과 회장으로서 고답을 진행한 적이 있었습니다. 우리 학년이 주도할 차례가 된 것이지만, 큰 두려움은 없었습니다. 입학 후 한 번도 거르지 않고 고답에 참가하면서 얻은 경험들이 있었기 때문입니다.

이제는 학생을 지도하는 입장이 되었지만, 사실 지도할 게 별로 없습니다. 따라서 나는 가능한 한 간섭하지 않으려 합니다. 그래도 잘 할 뿐만 아니라, 그래야 학생들이 창의성을 발휘할 수 있다고 믿기 때문입니다. 나는 다만 학생들과 장난치고, 사진 찍고, 짬을 내어 답사하는 낯선 동네의 음식에 술이나 한잔 먹어 보는 게 낙이지요.

고적을 답사하다 보면 물가에 갈 기회가 많은데, 어김없이 학생 몇 명이 나의 은밀한 지시에 의해 물에 내던져지지요. 이런 나의 장난으로 모래범벅이 된 학생들이 젖은 옷차림으로 차에 오르면 운전기사는 나를 무척이나 원망합니다. 그 눈빛이 애처롭고 미안하지만, 다음에도 또 어김없이 장난기가 발동하니 어쩔 수 없지요.

단종이 삼촌 세조에 의해 유배된 강원도 영월의 청령포도 단골 자리입니다. 험

준한 산과 꽤 큰 하천으로 둘러 처진 곳인데, 그 물이 하도 맑아 학생들을 빠트리기에 안성맞춤인 자리지요.

어느 때인가도 그러했습니다. 단종의 유배지는 배를 타고 들어가야 하는데, 배를 타기 위해 물가에 도착한 순간 나의 은밀한 지시에 의해 학생 몇 명이 물에 내던져졌지요.

물에 빠진 학생들은 '나만 당할 수는 없지'하면서 죽기 살기로 다른 학생을 물귀신처럼 물속으로 끌고 들어갑니다. 단종이 울었을 적막강산 청령포에 왁자지껄 웃음소리가 울려 퍼졌습니다.

은밀한 계획이 성공적으로 마무리된 데 대해 난 유쾌한 마음으로 강을 건너 단종의 유배지를 한참 거닐다 다시 배를 타고 돌아 왔습니다. 그런데 아뿔싸! 잠시 방심한 사이 학생 몇 명이 순식간에 나를 둘러메고 물가로 내달렸습니다.

발버둥치는 바람에 몇 명이 나가 떨어졌지만, 몇 명은 악착같이 놓아주지 않으며 나와 같이 물에 투신해 버렸습니다. 나는 머리에서 발끝까지 다 젖어버렸지요. 학생들도 마찬가지였구요. 구경하던 학생들은 죽어라 웃어대더군요. 나는 비 맞은 새앙 쥐 마냥 물을 줄줄 흘리면서 따라 웃을 수밖에 없었지요. 다 나의 업보였으니까요.

여분의 옷가지를 가지고 다니지 않는 나는 학생들이 마련해 준 내의와 츄리닝을 입고, 다음 답사지로 향했지요. 그런 봉변을 당하면서도 요사이도 어김없이 장난기가 발동합니다. 언젠가 울진 앞바다에 한 여학생이 던져졌는데, 핸드폰이 바닷물에 젖어 못쓰게 되는 바람에 가담자들이 돈을 갹출하여 물어준 적도 있었지요. 여하간 신나고 멋진 고답입니다.

내가 이렇게 장난이나 치면서 고답을 즐길 수 있는 것은 학생들이 너무나 잘하기 때문입니다. 나는 여기서 역사의 힘을 느낍니다. 고답의 역사가 반복되고 기록들이 축적되면서, 우리도 모르는 사이에 많은 것을 얻게 된 것입니다. 계속 이어져 온 고답의 역사가 보이지 않는 힘을 발휘한 것이지요. 나와 우리 학생들은 그 힘으로 큰 힘들이지 않고 고답을 즐길 수 있는 것입니다.

2. 왕과 대통령

고적답사와 같은 조그만 일에서도 그러한데, 국가를 경영하는 데 있어 역사가 중요한 것은 말할 필요도 없을 것입니다. 아마도 여러분은 고구려, 백제, 신라의 역사를 배우며 의아해 한 적이 있었을 것입니다. 이들 나라는 모두 기원전에 건국되었지만, 고대국가의 기틀을 잡은 것은 그보다 훨씬 뒤라고 되어 있기 때문입니다. 두 가지를 모두 외워야 하니 여간 불편한 게 아니지요.

기원전 57년에 세워졌다는 신라가 내물왕(奈勿王, 재위 356-402)이나 법흥왕(法興王, 재위 514-540) 때가 되어서야 고대국가의 기틀을 마련했다고 하는 것은 바로 그러한 사정을 잘 말해 줍니다. 『삼국사기(三國史記)』에 의거한 기원전 57년은 과장일 수 있으나, 어찌 되었건 나라가 세워진 지 한참 이후에야 국가다운 국가를 만들 수 있었습니다.

왜 이런 현상이 나타났을까요? 나라를 만드는 일이 처음이다 보니 참고할 전례가 거의 없고, 시행착오도 많았던 게지요. 그러다 보니 국가다운 국가를 만드는데 꽤 많은 시간이 필요했던 것입니다. 300~400년이라는, 지금 생각하면 좀체 이해되지 않는 많은 시간이 흘러서야 겨우 국가다운 국가를 만들 수 있었던 게지요.

중국의 유명한 역사책으로 『자치통감(資治通鑑)』이 있습니다. 송대(宋代)의 대관료이자 저명한 학자인 사마광(司馬光, 1016-1086)이 쓴 이 역사책은 역사를 왜 알아야 하는지를 잘 보여 주고 있습니다. 그가 이 책의 이름을 '자치통감'이라 한 것은 과거의 일들, 즉 역사가 '통치의 밑천으로서 그 길을 비춰주는 거울(鑑)과 같다'는 의미이지요. 역사는 제왕의 통치에 반드시 필요한 제왕학(帝王學)이었던 것입니다.

역사는 고적답사와 같은 조그만 일에서 국가 경영과 같은 거대한 일에 이르기까지 그 길을 비춰주는 거울과 같은 것, 그 방향을 보여주는 영감과 상상력의 보고입니다. 필자가 대학 시절부터 골똘히 생각한 문제의 하나는 왜 우리나라는 정부 수립 후 이승만(李承晩, 1875-1965), 박정희(朴正熙, 1917-1979), 전두환(全斗煥, 1931-) 정권과 같은 독재정권이 계속되는가, 미국은 어떻게 하여 세계 최강의 민주 국가가 되었는가 하는 점이었습니다.

우리는 유신독재 시대에 대학을 다녔습니다. 유신독재에 울분을 느끼며 독재정권이 연속되는 이유에 대해 골똘히 생각을 거듭하였습니다. 해방은 감격 그 자체였습니다. 선조들은 이를 아주 시적으로 '빛을 되찾았다'는 '광복(光復)'이라 하였습니다. 빼앗긴 들도 되찾았습니다. 그러나 나라가 두 동강이 날 위기를 맞았습니다. 이를 어떻게든 막아보려 한 임시정부 주석 백범(白凡) 김구(金九, 1876-1949)가 암살되고 이승만이 국민의 직접 선거가 아닌 국회의원에 의한 간접 선거로 대통령에 선출되면서 '왕의 나라(왕국, 군주국)'가 아닌 '국민의 나라(민국)'인 대한민국이 탄생하였습니다. 우리나라 최초의 공화국이었습니다.

이로써 최초의 근대 국가가 첫 걸음을 내딛게 되었습니다. '근대 국가'란 왕이나 귀족과 같은 소수가 아니라 국민이 주권을 갖는, 국민이 주인인 국가를 말합니다. 따라서 근대 국가를 '국민 국가', 혹은 '근대 국민 국가'라 하기도 합니다. 전제 군주제가 아닌 공화제나 입헌 군주제가 근대 국가의 정치 체제입니다.

그러나 우리나라 최초의 근대 국가는 이승만에 의해 망가지기 시작하였습니다. 그는 국회의원의 간선으로는 2번째 대통령에 당선될 수 없다고 판단하고, 1952년 갓 태어난 아이의 등뼈와 같은 헌법을 대수술하여 국민 직선제로 뜯어 고쳤습니다.

이렇게 하여 2번째로 대통령에 당선된 이승만은 대통령을 2번까지만 할 수 있도록 한 헌법에 불만을 가지고 1954년 사사오입(四捨五入)이라는 말도 안 되는 방법으로 헌법을 또 뜯어 고쳤습니다. '초대 대통령은 중임(重任) 제한을 두지 않는다'고 개정하여 죽을 때까지 대통령을 할 수 있도록 한 것입니다. 헌법은 사람의 등뼈와 같은 것으로서, 겨우 걸음마를 시작한 어린애의 등뼈에 2번이나 칼을 들이댄 꼴이었습니다. 개정된 헌법으로 이승만은 1956년 3번째로 대통령에 당선되었습니다.

이승만 자유당 정권은 4번째 대통령 선거 과정에서 야당인 민주당 정·부통령 후보의 대구 유세에 학생들이 참석하는 것을 방해하기 위해, 1960년 2월 28일 일요일인데도 불구하고 대구의 모든 초중등학교 학생들을 강제로 토끼 사냥 등의 명목으로 등교시켰습니다. 이를 항의하는 과정에서 경북고등학교를 비롯한 중고등학교 학생이 중심이 된 2 · 28사건이 일어났습니다.

이러한 와중에 이승만은 운 좋게도 야당의 조병옥(趙炳玉, 1894-1960) 후보가 선거를 1개월 앞두고 사망하는 바람에 무투표 당선이 확정되었습니다. 3월 15일 이기붕(李起鵬, 1896-1960)이 부통령에 당선되기 위해 온갖 부정선거를 자행했습니다. 마산에서 부정선거를 항의하는 학생과 시민의 자발적 시위가 벌어졌는데, 실종되었던 마산상고 김주열(金朱烈, 1943-1960) 학생이 눈에 최루탄이 박힌 시체로 바다에 떠오르면서 이승만 자유당 정권 12년의 독재에 분노한 학생과 시민의 4 · 19혁명(1960)이 터졌습니다. 이승만은 하와이로 망명하고 자유당 독재정권은 무너졌습니다.

민주당의 장면(張勉, 1899-1966) 정권이 들어서는가 하였으나, 혼란을 빙자한 군인들이 5 · 16 군사 쿠데타(1961)를 일으켰습니다. 군사정권은 경제를 발전시킨 공로는 있었으나, 정권을 연장하기 위해 4년 임기의 대통령직을 2번까지만 할 수 있도록 한 헌법을 1969년에 또 뜯어고쳐 3번까지 할 수 있도록 하는, 이른바 '3선 개헌'을 엄청난 반대를 무릅쓰고 단행했습니다.

개정된 헌법으로 실시된 1971년의 대통령 선거에서 박정희에 맞선 야당 후보는 김대중(金大中, 1926-2009)이었습니다. 당시 고등학교 2학년이던 우리들은 겁도 없이 김대중 후보의 유세를 들으러 갔습니다. 그것도 유세가 있는 대구 종합운동장까지 책가방을 든 채 걸어서 말입니다. 버스가 만원이라 탈 수가 없었던 것입니다.

김대중 후보가 그때 했던 말들이 다 기억나는 것은 아니지만, '이번에 박정희의 3선을 저지하지 못하면, 대통령 직선제는 폐지되고 박정희가 죽을 때 까지 대통령을 하는 총통제로 갈 것입니다'라는 말은 지금도 기억에 생생합니다. 우리들은 '저 사람이 자기가 당선되기 위해 엉뚱한 소리를 다 하네…'라고 생각하였습니다. 그러나 그의 말은 현실로 다가왔습니다.

김대중을 누르고 승리하여 3번째로 대통령에 취임한 박정희는 바로 그 다음해인 1972년 다시 헌법을 대폭 뜯어 고쳤습니다. 대통령 국민 직선제를 폐지하고,

그 대신 '통일주체 국민회의'라는 어용기구에서 선출하는 간선제로 하고, 대통령 임기를 4년에서 6년으로 연장함과 동시에 무제한 연임할 수 있도록 하며, 국회의원의 1/3을 대통령이 사실상 임명하고, 대통령이 국회의 동의 없이 법률과 같은 효력을 가진 긴급조치법을 제정 공포할 수 있도록 한 이른바 '유신헌법'을 91.9% 투표율에 91.5%의 찬성으로 통과시켰습니다.

높은 투표율과 찬성률은 민심을 반영한 것이 아니라, 당시의 극심한 공포 분위기를 반영한 결과였습니다. 그 결과 박정희는 국민 직선이 아닌 간선제로 종신토록 대통령을 할 수 있게 되었습니다.

유신독재 기간 동안 많은 학생들이 유신헌법의 철폐를 주장하다 투옥되거나 강제 징집으로 전방에 끌려갔습니다. 그 때 우리는 박정희가 종신토록 대통령으로 군림할 것으로 생각했습니다.

그러나 그 서슬 퍼런 유신독재도 5번째로 대통령에 취임한 박정희가 1979년 10월 26일 밤 심복인 김재규(金載圭, 1926-1980) 중앙정보부장에게 피살되면서 막을 내렸습니다. 부산과 마산의 대학생들이 유신독재에 항거하는 시위를 벌이고 여기에 시민이 가세한 이른바 '부마사태(釜馬事態)'가 터지자, 궁지에 몰린 정권 내부의 자중지란이었습니다. 1961년의 군사 쿠데타로부터 거의 19년만의 일이었습니다. 국민들은 당연히 잃어버린 대통령 직접 선출권을 되찾고, 이 나라에 다시 민주주의가 올 것으로 생각했습니다.

무려 30여 년 간 지속된 이승만 · 박정희 독재가 막을 내리는가 하였으나, 일이 이상하게 흐르기 시작했습니다. 대통령 피살 사건 조사를 책임진 전두환 육군 소장이 계엄사령관인 정승화 육군 참모총장(육군 대장)을 탱크까지 동원하여 전격적으로 체포하는 이른바 12 · 12 사태가 일어났습니다. 전두환 신군부의 쿠데타였습니다.

방학을 마치고 개학한 대학생들이 전두환의 권력 장악에 격렬히 저항한 이른바 '80년의 봄'은 최루탄 연기로 자욱한 대학에 탱크가 진입하면서 막을 내렸습니다. 몇 대의 탱크가 학교 정문에 버티고 선 모습은 공포 그 자체였습니다.

5월 17일 밤 12시를 기해 계엄이 전국으로 확대되고 이튿날 5월 18일 광주에서 학생들과 대학에 진주한 군인들 사이에 마찰이 일어났습니다. 마찰은 폭행으로 번졌고 급기야 시민들의 가세로 이어져 다수의 무고한 시민이 같은 국민인 군인과 서로 죽이고 죽는 유혈 참사가 벌어졌습니다. 이 소식은 한참 동안 비밀에 붙여졌는데, 약 2주 후 이 소식을 들은 나는 머리를 빡빡 밀어 버렸습니다. 더러운 세상에 대한 무언의 항거였습니다.

이른바 '광주 민주화운동'을 유혈 진압한 전두환은 독재의 상징이었던 유신헌법을 극히 일부 개정하는 선에서 유지시켰습니다. '대통령을 6년 임기에 무제한 연임'할 수 있도록 한 조항을 '7년 임기에 단임'으로 변경하였지만, 국민 직선이 아닌 통일주체 국민회의의 간선으로 선출하도록 한 조항은 그대로 두었습니다. 엄청난 공포 분위기 속에서 그는 국민 직선이 아닌 통일주체 국민회의의 간선으로 대통령에 당선되었습니다. 유신독재의 종식이 아니라 연장이었습니다.

우리는 두 번이나 육군 소장이 국방의 의무 대신 쿠데타로 정권을 잡는 현실에 경악했습니다. 국민들은 또 다시 잃어버린 7년의 시간을 인고의 나날 속에 보내야 했습니다. 다시 많은 학생들이 투옥되었습니다. 그러던 중 1986년 6월 서울대 권인숙 학생의 성고문 사건이 터졌습니다. 그녀의 학생운동을 조사하던 경찰이 성고문을 한 사건이었습니다. 그녀는 여성으로서의 수치를 무릅쓰고 성고문 사실을 폭로하였습니다.

이듬해 1월에는 서울대 박종철 학생의 고문 치사사건이 터졌습니다. 경찰은 '책상을 탁치니 억하고 죽더라'라고 하였지만, 그의 민주화운동을 조사하던 경찰이 물고문을 하다 죽인 사건이었습니다. 박종철 군의 시신을 부검한 의사로부터 그 내막을 은밀히 전달받은 '천주교 정의 구현 사제단' 신부들이 이 사실을 폭로하였습니다.

당시에는 다음 대통령 선거와 관련하여 대통령 국민 직선제로의 개헌을 요구하는 목소리가 높아지고 있었습니다. 그러나 TV를 통해 전두환의 중대 발표 소식을 듣던 국민들은 깜짝 놀랐습니다. 이른바 '4 · 13 호헌(護憲) 조치'였습니다. '호헌'

이란 '현행 헌법을 수호한다'는 의미로, 직선제가 아니라 통일주체 국민회의에서의 대통령 간선제 헌법을 고수하겠다는 선언이었습니다. 대통령 직선제를 바라던 국민들의 열망에 찬물을 끼얹는 사건이었습니다. 국민들의 저항이 심해지는 가운데, 1987년 '6월 항쟁'이 불타올랐습니다. 그 와중에 연세대 이한열 학생이 시위 도중 최루탄에 맞아 숨지면서, 이른바 '넥타이 부대'라고 불린 수만 명의 시민들까지 가세하였습니다.

수많은 시민들이 합세한 시민혁명에 놀란 집권당은 '6 · 29선언'을 발표하였습니다. 이로써 마침내 대통령 직선제를 되찾았지만, 대통령에 당선된 사람은 전두환의 친구 노태우(盧泰愚, 1932-)였습니다. 김영삼(金泳三, 1927-2015)과 김대중이 후보 단일화에 실패하고 모두 출마하여 정권 획득에 실패함으로써 군사정권이 연장되었지만, '6월 항쟁'으로 이 땅의 민주화는 확실하게 자리 잡았습니다.

1987년의 '6월 항쟁'은 이 나라의 가장 위대한, 그리고 진정한 '시민혁명'이었습니다. 이승만 독재정권을 타도한 1960년의 '4 · 19혁명'은 박정희의 5 · 16 군사 쿠데타로, 1980년의 '80년의 봄'은 전두환의 광주 민주화운동 유혈진압으로 꽃을 피우지 못하였습니다. 반면 1987년의 '6월 항쟁'은 '6 · 29 선언'이라는 항복 선언을 받아 내었을 뿐 아니라, '4 · 19혁명'이나 '80년의 봄' 때 보다 훨씬 많은 시민들이 자발적으로 참여하였고, 이후 민주화가 확고한 대세로 자리 잡았기 때문입니다.

필자가 대학과 대학원을 다니던 시절은 그야말로 격동의 시대였습니다. 독재정권의 연속적 탄생과 지속에 울분을 느끼며, 그 원인이 도대체 무엇일까 하는 생각을 자주 하였습니다.

생각을 거듭하면서 결국 지도자의 '사심 없는 헌신'에 주목했습니다. 미국 초기 지도자들의 경우 권력을 더 연장시킬 수 있음에도 불구하고 사심 없이 후임에게 자리를 물려주었고 그것이 전통이 되었습니다. 사심을 버림으로써 권력자라고 하더라도 법을 지켜야한다는 전통이 수립되고, 사회적 합의와 청렴이 그러한 전통에서 뿌리내려 세계 최강의 민주국가 미국을 만든 원동력이 되었던 것입니다.

대한민국 초기 지도자들도 사심을 버리고 평화적으로 정권을 이양하는 아름다운 전통을 수립했더라면, 발전은 조금 더디어졌을지 몰라도 더 깨끗하고 건강하고 정직한 나라가 되었을 것입니다.

유신독재 시대에 대학을 다녔던 필자가 무엇보다 안타깝게 생각한 것은 우리 지도자들의 '사심 없는 헌신'이었습니다. 이승만과 박정희에게서 국가와 민족을 위한 헌신을 부정할 수는 없을 것이나, 그들의 사심 또한 부정할 수 없었던 것입니다.

후일 교환교수로 미국에 갔을 때, 자주 이러한 견해를 미국인 교수들이나 유학생들과 토론하였습니다. 필자의 화두였던 것입니다. 그들 역시 비슷한 생각들이었습니다. 땅덩어리와 자원의 차이 못지않게 지도자의 사심 없는 헌신, 양심의 차이가 무엇보다 중요하다는 점에 별 이의를 달기는 어려웠습니다.

사심 없는 헌신의 차이에서 세계 최강의 민주국가가 된 미국과 달리 우리나라에 독재정권이 연속적으로 탄생하고 지속된 이유의 일단을 볼 수 있었지만, 우리가 식민지가 된 이유까지 설명할 수는 없었습니다. 여기서 가장 주목한 것은 역사적 경험의 차이였습니다. 민주 공화제의 역사 경험을 전혀 갖지 못한 우리와 그리스-로마의 민주제와 공화제 역사 경험을 가진 서구(미국)의 차이를 생각해 본 것입니다.

1642년 영국의 청교도혁명이 절대왕정의 국왕을 죽이고 채택한 것은 공화제였습니다. 그들이 절대왕정의 대안으로 공화제를 채택할 수 있었던 데에는 옛날 그리스-로마의 민주제와 공화제가 영감을 주었을 것입니다. 이때 우리는 임진왜란과 병자호란 후 피폐할 대로 피폐한 상황이었음에도, 공화제와 같은 새로운 정치체제에 대한 그 어떤 구상도 가지지 못한 채 절대왕정(전제 군주제)을 신성불가침의 체제로 신봉하고 있었습니다.

공화제를 채택한다고 하여 다 잘되는 것은 아니었습니다. 영국도 마찬가지로, 처음 시행한 공화제가 잘 될 리 없었습니다. 그것이 왕당파에게 빌미를 제공하였고, 공화파와 왕당파가 일대 내전으로 많은 피를 흘릴 위기에서 극적으로 타협하여 국왕을 두되 통치는 하지 않는 입헌군주제를 채택하였습니다. 1688년의 명예혁명이었습니다.

의회 중심의 정치체제가 이로써 본격화되면서 의회에 진출한 부르주아들은 자신들의 생명과 재산을 자의적 국가권력으로 부터 빼앗기지 않는 법률들을 제정하였습니다. 그러한 토대가 산업혁명을 유인하여 영국을 해가 지지 않은 세계 최강의 나라로 만들었던 것입니다.

1776년 독립한 미국은 처음부터 공화제 국가를 수립했습니다. 절대왕정의 경험이 없었던 탓도 있지만, 그들 역시 그리스-로마의 민주 공화제에서 영감을 얻을 수 있었을 것입니다. 그들은 그만이 아니라 청교도 혁명 후 영국의 공화제에서도 영감을 얻을 수 있었을 것입니다.

프랑스는 영국 청교도혁명 보다 거의 150여년, 미국 독립혁명보다 10여년 늦은 1789년에 국왕의 목을 자르는 대혁명에 성공하고 역사상 처음으로 공화제를 채택하였습니다. 프랑스의 초기 공화제 역시 잘 되지 못하였습니다. 로베스피에르(Robespierre, 1758~1794)의 공포정치로 왕당파에게 빌미를 제공한 것은 영국과 같았습니다. 그 혼란의 와중에 5명의 대통령 중 한명이었던 나폴레옹(Napoléon I, 1769-1821)이 권력을 장악하고 황제체제로 돌아갔습니다. 공화제와 군주제가 엎치락뒤치락하다 결국 공화제로 낙착되었지만, 프랑스는 그리스-로마의 민주 공화제만이 아니라, 청교도혁명 후 영국의 공화제나 독립혁명 후 미국의 공화제에서도 영감을 얻을 수 있었을 것입니다.

그런데 우리는 영감을 얻을 수 있는 민주 공화제의 역사가 전무했습니다. 조지 워싱턴(George Washington, 1732-1799)이 미국의 대통령으로 취임한 1776년에 즉위한 정조(正祖, 재위 1776-1800)는 그 어느 왕들보다 뛰어난 군주였습니다. 그러나 그는 여전히 전제 군주에 불과했습니다. 좋은 통치를 하려 한 개명군주(開明君主)일지는 몰라도 세습제의 군주 전제체제의 한 계승자에 불과했습니다.

그의 머리에는 공화제나 입헌군주제와 같은 근대국가의 새로운 정치체제에 대한 그 어떤 구상도 없었습니다. 이는 그 박학다식한 다산(茶山) 정약용(丁若鏞, 1762-1836)을 비롯한 실학파의 경우에도 마찬가지였습니다. 그 누구도 군주 전제체제 자체를 부정하지 않았습니다. 하물며 회의조차 하지 않았습니다. 그들이 문제 삼은 것은 군주 전체제체 자체가 아니라 전제 권력의 과도한 행사였습니다. 군주

전제체제 자체를 문제 삼지 않은 한, 그 어떤 대안도 떠오를 리 없었던 것입니다.

1776년 국왕에 즉위한 그 뛰어난 정조조차 동 시대의 워싱턴과 제퍼슨(Tomas Jefferson, 1743-1826) 같은 지도자가 국민이 주인이 되는 근대국가를 건설하고 있을 당시 기껏해야 전제 군주체제 내에서의 조그만 개혁에 몰두하고 있었을 따름입니다. 물이 줄줄 새는 소쿠리를 단단한 그릇으로 바꾸지 않는 한, 아무리 좋은 물이라도 그 안에 담을 수는 없었을 것입니다.

영감을 얻을 수 있는 역사의 유무는 이처럼 매우 중요합니다. 사회계약론이나 천부인권론, 자유, 평등, 박애와 같은 근대적 가치와 이를 지향하는 근대 국민국가에 대한 상상력도 이러한 역사에서 영감을 받았을 것입니다. 영감을 얻을 수 있는 역사와 거기에서 영감을 얻은 상상력이 우리와 저들의 중요한 차이였던 것입니다. 우리에게는 영감을 얻을 수 있는 역사가 부재했고, 새로운 정치체제에 대한 상상력도 결핍되었던 것입니다.

영감을 얻을 수 있는 역사의 부재와 거기서 비롯된 상상력의 결핍은 곧 국민이 주권을 행사하는 근대국가 수립의 시간적 격차로 연결되었습니다. 1948년의 대한민국 정부 수립은 영국 공화제로 부터 무려 306년, 미국 공화제로 부터도 172년 늦은 출발이었습니다.

그 시간적 격차가 이후 역사 발전의 격차로 연결되어, 저들은 세계 최강의 국가로 발돋움한 반면 우리는 근대국가 수립의 기회조차 갖지 못한 채 저들의 아류인 일본에 잡아먹히는 신세가 되었습니다. 누가 더 빨리 공화제 혹은 입헌군주제의 근대 국가로 출발하는가 하는 것은 이처럼 중요했는데, 영감을 얻을 수 있는 역사와 거기서 비롯되는 상상력이 그 출발의 방아쇠였던 것입니다.

근대국가로의 출발에서 나타난 시간적 격차는 이상과 같은 역사 발전의 격차만이 아니라 통치 형태에 까지 영향을 미친다는 점에서 중요하였습니다. 근대국가로의 출발이 늦어질 경우 빠른 시간 내에 앞선 나라를 따라잡아야 한다는 시간과의 경쟁에서 오는 조급증에 시달리게 되고, 그 조급증은 국가가 모든 것을 끌고 가야 마음이 놓인다는 국가주의, 전체주의를 낳았던 것입니다. 이른바 위로부터의 개혁이 갖는 폐단과 오류였습니다.

국가 지상의 전체주의에서 개인은 국가를 위해 희생되어야 했습니다. 그 파국적 결과는 독일의 나치즘이나 이태리의 파시즘, 일본의 군국주의와 같은 독재적 전체주의였습니다. 우리의 근대국가 수립은 이들 국가보다도 70여년 뒤늦은 일로서 우리 역시 마찬가지의 상황에 마주쳤고, 그것은 대한민국 초기 독재정권의 연속적 탄생과 지속의 배경으로 작용하였습니다.

식민지로 전락한 것도 모자라, 식민지에서 겨우 독립하여 수립한 대한민국을 독재국가로 만들어 버린 것은 독재자의 탓이기도 하지만 뒤늦은 근대국가로의 출발과 거기서 비롯된, 앞선 나라를 빠른 시간 안에 따라잡아야 한다는 시간과의 경쟁에서 오는 조급증 탓이기도 했습니다.

결국 뒤늦은 근대국가로의 출발이 문제였는데, 그것은 바로 영감을 얻을 수 있는 역사의 부재와 거기서 비롯된 상상력의 빈곤 탓이 컸던 것입니다. 이러한 분석이 이승만·박정희·전두환의 독재에 면죄부를 줄 수도 있을지 모르나, 영감과 상상력을 얻을 수 있는 역사가 존재했던가, 부재했던가 하는 것은 이처럼 중요했던 것입니다.

3. 몽고 침략과 강화도

몽고가 침입했을 때 고려의 무신정권(1170-1258)은 강화도로 피신하였습니다. 그 궁궐이 작은 규모지만 지금도 남아 있는데, 많이 퇴락하여 보는 이를 쓸쓸하게 합니다.

우리 학과의 고적답사에는 4년에 한번 강화도에 들르는 코스가 있는데, 강화도는 여러모로 역사적인 지역입니다. 몽고에 항쟁한 곳이며, 조선왕조실록을 보관한 사고(史庫)가 있었던 곳이며, 성리학에 실망한 양명학이 연구된 곳이지요. 서양 제국주의의 침략으로 병인양요(丙寅洋擾, 1866)와 신미양요(辛未洋擾, 1871)가 일어난 곳이기도 하구요.

강화에서 바다 건너 육지까지는 불과 1킬로 남짓합니다. 몽고는 1킬로 남짓한 이 바다를 건널 엄두를 내지 못했습니다. 바다를 본 적도, 바다에서 싸워본 적도 없었으므로 자신이 없었던 것이지요. 고려가 강화도로 천도하고 삼별초가 강화도와 진도, 제주도로 옮겨 가며 항쟁한 것은 몽고의 이러한 약점을 이용한 전략이었습니다.

몽고는 항복한 우리나라(고려)와 중국(남송) 사람들로 하여금 배를 만들게 하고, 이들의 안내로 일본을 두 차례 침략했지요. 1274년과 1281년의 일이었습니다. 그러나 남의 나라 침략 전쟁에 배를 잘 만들었을 리도 없고, 침략 안내도 성의껏 했을 리 없었겠지요. 이러한 상황에서 감행한 몽고의 일본 침략은 여지없이 실패했습니다. 무적의 몽고가 참패를 당했던 것이지요.

일본이 몽고의 침략을 격퇴한 것은 일본 사무라이들의 높은 전투력이 아니라 바닷길에 무지한, 또 해전을 해 본 적이 없는 몽고병사들의 역사적 경험의 결핍 탓이었습니다. 몽고 병사들에게 바다는 매우 생소한 전장이었던 것이지요. 과거의 사실, 즉 역사라는 것이 얼마나 중요한 지 잘 보여주는 장면입니다.

다른 예를 들어 볼까요? 중국이 무서운 기세로 치고 올라오고 있지만 지금도 서양이 전 세계를 주무르고 있다는 사실을 부정하기 어려울 것입니다. 동양과 서양은 서로 앞서거니 뒤서거니 역사의 진보를 이끌어 왔지만, 어느 순간 서구의 우위가 확정되고 거의 대부분의 나머지 지역은 그 식민지로 전락하였습니다. 오늘날까지 서양 사람들에게 우리가 기를 펴고 살지 못하는 이유도 여기에 있습니다.

그러나 옛날 어느 순간까지는 그러하지 않았습니다. 오늘날 우리가 살고 있는 서구 우위 구조에 대한 이해는 물론이고, 식민 지배를 당한 지역의 인간들이 느끼는 비애에 대한 이해와 관련한 최대의 의문은 언제, 왜 동양이 뒤처지게 되었는가 하는 점입니다.

1800년경이 되면 서양이 우위에 선 것은 확실합니다. 그러나 그 이전 어느 시점까지 동양이 우위에 있었습니다. 그 역전은 언제, 왜 일어났을까요? 이는 여러 측면에서 고려해야 하는 어려운 문제이므로 무어라 말하기 어렵습니다.

그러나 역전의 발판이 마련되는 순간들을 말하는 것은 그리 어렵지 않습니다. 그 하나의 순간이 1492년 콜럼부스(Christopher Columbus, 1451-1506)의 아메리카 발견입니다. 누가 그 광활한 신천지를 발견하여 자기의 땅으로 만드는가 하는 것은 이후 역사 전개에 엄청나게 중요한 순간이었습니다.

만약 이순신(李舜臣,1545-1598) 장군이 거북선에 막강한 조선 수병을 싣고, 달아나는 왜군이 아니라 미지의 세계에 대한 탐험을 계속하여 그 땅을 발견하고 차지하였다면 어떻게 되었을까요? 생각만 해도 신나는 일입니다. 아마도 오늘날의 미국 땅에 뉴욕이 아니라 새서울이나 신대구(新大邱)가 건설되고, 초가나 기와집으로 가득한 조선의 도시들이 곳곳에 세워졌을지 모릅니다. 한글을 읽는 소리가 곳곳에 진동하고 유교 성리학을 공부하는 서원이나 부처를 모신 사찰이 즐비하여 세계 사람늘이 배우기 위해 몰려들고 있을지 모릅니다.

신나긴 하지만 다 부질없는 상상입니다. 미국과 브라질을 비롯한 아메리카 대륙이 서양 사람들 차지가 되고 그 문화가 깊숙이 뿌리 내린 것은 콜럼부스의 아메리카 발견 덕분임을 부정할 수 없습니다. 만약 그러하지 않았다면 영어나 기독교가 세계 언어나 세계종교로 발전하는 데에도 한계가 있었을 것입니다. 서양의 모든 것이 글로벌 스탠더드로 자리 잡기도 어려웠을 것입니다.

아메리카를 누가 차지하느냐 하는 것은 동서양의 우위를 결정하는 가장 중요한 순간의 하나였습니다. 지금도 계속되고 있는 서양 우위의 바탕에 아메리카의 발견과 뒤이은 소유가 중요한 관건이라면, 그 중심에 콜럼부스의 상상력이 있었습니다.

그리고 그 상상력에 콜럼부스 이전에 이미 이루어진 중요한 역사적 성과들이 있었습니다. 마르코 폴로(Marco Polo, 1254-1324)가 1271년부터 1295년까지의 동방 여행을 기록한 『동방견문록』도 그 하나였습니다. '원나라 궁전의 기둥은 모두 황금으로 되어 있다'고 하는 등 과장이 심한 여행기였지만, 서양인들은 이를 통해 아시아와 아프리카가 같은 대양에 둘러싸여 있고 이 대양을 통해 중국까지 항해할 수 있다고 믿게 되었습니다. 콜럼부스도 이를 숙독하였음이 분명합니다.

1400년대 중반 포르투갈 왕자 엔리케(Henrique O Navegador, 1394-1460)의

아프리카 서해안 탐사와 1487년 디아스(Bartolomeu Diaz, 1450?-1500)의 희망봉 발견도 콜럼부스에 영감을 주었을 것입니다.

1492년 8월 3일 100여명의 선원을 나누어 태운 3척의 배가 스페인의 팔로스 항을 출발해 서쪽 인도로 향했습니다. 이탈리아 제노바 출신 콜럼버스가 지휘자였습니다. 그는 에스파냐 이사벨(Isabel I, 1451-1504) 여왕의 후원에 힘입어 항해를 시작하였습니다. 이 항해는 중국 명나라의 성조(成祖, 재위 1402-1424) 영락제(永樂帝)가 자신이 몰아낸 조카 혜제(惠帝, 재위 1398-1402)가 죽지 않고 해상에 숨어들었다고 의심하여 그를 찾으려고 파견한 환관 정화(鄭和, 1371-1433) 함대에 비해 보잘 것 없었습니다.

정화 함대의 대선은 길이가 137미터였다고 합니다. 1405년에 출발한 제 1차 함대는 대선 62척을 포함한 총 317척에, 장병 2만 7천여 명이 분승하였습니다. 어마어마한 대 함대였습니다. 그들은 말라카 해협에서 해적들을 물리치고 인도 서안의 캘커타에 도착해 기념비를 세웠습니다. 1431년 마지막 제 7차 원정에서는 사우디 아라비아의 메카에 들렀다가, 아프리카 동쪽의 마다가스카르까지 항해하였습니다.

정화의 원정은 디아스의 희망봉 발견(1487), 콜럼버스의 아메리카 발견(1492), 바스코 다가마(Vasco da Gama, 1469-1524)의 인도 캘커타 도착(1497)보다 80~90년이나 앞서는 일이었습니다. 그의 함대는 동아시아에서 서아시아를 거쳐 아프리카에 이르는 30여개 국가에 명나라의 존재를 각인시켰습니다. 그러나 그것으로 끝이었습니다.

그 전 몽골 지배로 확산된 몽골 문화 청산을 위해 중국 전통으로 회귀하려는 국수주의 때문이었습니다. 그 후 중국에서 이러한 대규모 선단의 원정은 두 번 다시 일어나지 않았습니다. 해상을 버리고 다시 대륙으로 집중한 것입니다.

그 대가는 혹독했습니다. 해상 세력으로 거듭난 영국이 전 세계를 자신의 땅으로 개척하면서 급부상하는 데에도 중국은 낌새조차 채지 못하였습니다. 영국과의 1차 아편전쟁(1840~1842)에서 맥없이 패배하고, 영불(英佛)과의 제 2차 아편전쟁(1856-1860)에서 수도 북경이 점령당하고 황제가 열하(熱河)로 도망가는 수모를 겪었습니다.

1868년 이래의 명치유신(明治維新)에 성공한 일본이 오키나와 현(縣)으로 슬쩍 편입해 버린 류큐(琉球) 왕국의 어민들이 1874년 폭풍에 길을 잃고 대만에 표류하였습니다. 그런데 대만 사람들이 말이 통하지 않는 이 어민들을 죽여 버렸습니다. 일본은 이들 류큐의 어민을 자국민이라 주장하면서, 중국에 사과와 배상을 요구했습니다. 만약 거부하면 대만을 공격하겠다는 위협도 덧붙였습니다. 이른바 '대만 사건'이었습니다.

중국은 곤경에 빠졌습니다. 2차례의 아편전쟁과 태평천국(太平天國, 1850-1864)의 반란으로 망신창이가 된 마당에 또 다시 일본과 싸운다면 어찌되겠는가? 더구나 중국에 조공을 해 온 류큐 어민의 죽음에 대해 사과와 배상을 할 경우, 류큐를 일본 땅으로 인정하는 셈이 되는 만큼 단순한 문제가 아니었습니다.

중국은 일본 정부에 대해 '무슨 소리냐? 류큐 어민은 너희 일본인이 아니라 우리 중국인이다. 우리나라 사람을 우리나라 사람이 죽였는데 너희가 무슨 상관이냐?'라고 주장하였지만, 몇 년간의 근대화로 약간의 자신을 얻은 일본도 물러설 태세가 아니었습니다. 일본으로서는 류큐가 중국의 속국이 아님을 이 기회에 못박아 두고자 했던 것입니다.

이러한 사정도 있고 하여 청나라 조정에서는 앞으로의 국가 방어 전략을 둘러싸고 일대 논쟁이 벌어졌습니다. 이홍장(李鴻章, 1823-1901)은 해상방어 전략을 주장했습니다. 그는 앞으로의 적은 육지가 아니라 해상으로 올 것이라 전망하고 함대 건설을 주장했지요. 그러나 대부분의 고관들은 전통적인 육지방어 전략을 고수하고 지지했습니다. 아직도 서구 해상세력의 부상을 인정하지 않았던 것입니다.

결국 이홍장의 해상방어론이 패배하고 육지방어론이 승리했습니다. 그 결과 이홍장의 함대 건설은 한참이나 미뤄졌습니다. 뒤늦게 시작된 함대 건설도 서태후(西太后, 1835-1908)의 이화원(頤和園) 건설 자금으로 유용됨으로써 형편없는 함선들로 구성되었습니다.

청불전쟁(1884)에서 패배하며 월남의 프랑스 식민지화를 막아내지 못하고, 10년

후의 청일전쟁에서 이홍장의 북양함대(北洋艦隊)가 황해 바다에 맥없이 수장되면서 패배한 것도 우연이 아니었습니다. 중국이 '늙고 이빨 빠진 호랑이'로 조롱받는 신세가 된 것은 대륙을 중시하면서 해양을 방기한 역사의 죄 값이었습니다.

우리도 마찬가지였습니다. 이순신 장군은 우리 역사에서 해양을 중시한 거의 유일한 장군이었습니다. 장군은 사실 당시 고관들 눈에는 꽤나 문제 있는 인물이었습니다. 북방민족에 시달려 온 우리나라의 전통적인 국방정책은 당연히 육지방어 전략이었습니다. 해상방어 전략은 거의 없는 편이라고 해도 과언이 아닐 지경이었지요. 그러나 그는 해상방어의 중요성을 새삼 강조하면서, 종전보다 훨씬 더 많은 예산을 해상방어에 배분할 것을 주장했습니다.

이러한 그의 주장은 전통적인 육지방어 전략가들에게는 풋내기의 얼간이 전략같이 비쳤습니다. 육지방어에도 모자라는 국방 예산을 해상방어로 돌리는 것은 아무런 적도 보이지 않는 망망대해에 황금을 쏟아 붓는 것처럼 보였던 것이지요. 그런데도 불구하고 눈에 보이지 않는 미래의 적들을 예상하면서 해상방어의 중요성을 강하게 주장하는 장군이었으니, 선조를 비롯한 많은 인물들이 그를 어떻게 보았겠습니까?

원균(元均, 1540-1597)과 이순신의 갈등은 국가 방어를 전망하는 전략의 차이에서도 비롯되었습니다. 결국 역사는 이순신의 전망이 옳았음을 증명하였지만, 기실 이순신이 국가의 운명이 육지가 아니라 해상에 걸린 것임을 얼마나 확신하고 있었는지는 궁금할 따름입니다.

원균 옹호론자들은 이순신의 성공이 우연에 의한 것이었다고 주장할 수도 있을 것입니다. 있을 수도 있고 없을 수도 있는 일본의 침입이 실제 일어났기 때문에 이순신은 시대를 앞서간 통찰력의 민족 구원자가 된 게 아닌가, 만약 일본의 침입이 없었다면 이순신은 아까운 국방 예산을 엉뚱한 곳에 허비한 죄인이 될 수도 있었을 것이란 얘기입니다.

역사는 이순신이 옳았음을 증명하였지만, 우리 역시 중국과 마찬가지로 해상을 중시한 것은 이순신이 마지막이었습니다. 해상이 아니라 다시 대륙 쪽에 눈을 고정하면서, 영국이나 일본 등 해상세력의 부상에 대해 낌새조차 채지 못하였습니다. 우물 안 개구리였습니다.

역사가들은 이순신의 보이지 않는 적에 대한 영감은 정확하였다고 보는 반면 이홍장의 영감은 빗나갔다고 보기도 합니다. 광대한 신강성(新疆省) 위구르 자치구를 중국 땅으로 만든 것은 이홍장의 해상방어 전략이 아니라 전통적 육지방어 전략 덕분이라는 것입니다. 이슬람교도가 다수인 신강성 위구르 자치구가 중국의 영토로 확정된 것은 이 논쟁 이후 이곳을 적극적으로 영토화한 덕분이라는 것입니다. 달라이 라마의 티베트와 함께 오늘날 독립을 요구하는 무장 테러가 빈번한 곳이지요.

광대한 신강성 위구르 자치구를 중국의 영토로 확정한 사실만을 놓고 보면 일리있는 이야기입니다. 그러나 조선을 식민지로 만들고, 만주에 일본 괴뢰국인 만주국을 만들고, 나아가 중일전쟁과 태평양전쟁으로 우리와 중국, 동아시아와 미국까지 유린한 일본이 제국주의 강국으로 부상한 결정적 계기는 청일전쟁의 승리였습니다. 그런데 만약 이홍장의 해상방어론이 승리하여 그때부터 함대 구축에 정성을 쏟았다면, 일본이 청일전쟁에서 중국에 승리하는 일이 일어나지 않았을 수도 있습니다. 우리나 중국의 참극은 해상 중시 역사의 빈곤, 그것에서 비롯된 무지와 상상력의 결핍에도 큰 원인이 있었던 것입니다.

콜럼부스는 1492년 10월 12일 마침내 바하마 제도의 한 섬에 도달하고, 그곳을 '성스러운 구세주'라는 뜻의 '산살바도르'라고 하였습니다. 그는 이곳이 인도의 일부라고 생각하였지만, 인도가 아니라 서양인에게 생소한 신대륙의 일부였습니다. 이듬해 3월 스페인으로 귀항한 이 모험가는 큰 환영을 받았습니다. 이후 그는 대부분 금을 기대하고 지원한 1,500여명을 17척의 배에 싣고 2차 항해를 떠났습니다.

콜럼버스의 상상력은 단순한 공상의 산물이 아니었습니다. 『동방견문록』은 그의 상상력을 자극하였으며 앞서 전개된 엔리케와 디아스의 항해는 말할 것도 없고, 해양과 지구 물리학에 관한 지식이 그의 상상력을 뒷받침하고 있었습니다.

콜럼버스는 신세계를 최초로 발견한 자가 아닐지 모릅니다. 어떤 이는 정화 함대가 아메리카에 도착했다고 합니다. 카르타고의 집정관 하논의 탐험대에서 조난당한 난파선이 아메리카 대륙까지 흘러갔다는 설도 있고, 바이킹이 콜럼버스보다도 몇 세기 전에 아메리카 대륙에 도착했다고도 합니다.

그러나 진정한 발견자는 어쩌다 우연에 의해서 그곳에 다다른 자가 아니라, 불확실성 속에서도 영감과 상상력에 충만한 자였습니다. 그 발견이 우연적 실수의 소산이라 하더라도 영감과 상상력이 없었다면 우연적 실수도 일어나지 않았을 것입니다. 그리고 그 영감과 상상력은 앞서 전개된 역사에서 얻을 수 있었던 것입니다.

이후 서양은 동서 교섭에서 수동적 입장에서 벗어나 주도권을 장악하였습니다. 무역 중심지의 이동으로 전통적인 무역 중심지였던 지중해 지역이 쇠퇴하는 대신 대서양 연안 국가들이 번영하게 되었습니다.

유럽인들의 생활에도 큰 변화가 일어나 동방의 산물이 대량으로 유입되었고, 신대륙에서 담배와 코코아와 감자 등이 유입되었습니다. 새로 생긴 광대한 시장을 토대로 유럽의 상공업과 금융업이 급속히 발전할 수 있었습니다. 바스코 다가마의 인도 항로 개척과 마젤란(Ferdinando Magellan, 1480-1521)의 세계 일주로 이어지는 신항로 개척으로 지구상의 여러 지역과 문명이 밀접한 연관성을 맺는 진정한 의미의 세계사도 이로부터 시작되었습니다. 오늘날까지도 계속되는 서구 우위의 바탕에는 이들의 상상력과 성취가 있었던 것입니다.

4. 블랙박스로서의 역사

조그만 돛단배가 아무도 가보지 않은 바닷길을 가로질러 먼 곳에 가지 않으면 안 되는 상황이라면 죽을 맛일 것입니다. 만약 그것이 조그만 돛단배가 아니라 수많은 승객을 태운 큰 여객선이라면, 끔찍한 사고로 수많은 사람이 죽을 수도 있을 것입니다. 아무도 가보지 않은 길을 가는 것은 그만큼 험하고 위험합니다.

만약 조그만 돛단배이건 큰 여객선이건 그 바닷길을 수없이 왔다 갔다 한 사실(1차적 의미의 역사)이 있거나, 그 일을 반복하면서 그려놓은 해도(2차적 의미의 역사)가 있다면 사정은 많이 달라질 것입니다. 걱정도 줄어들고, 사고의 위험도 그만큼 줄일 수 있을 것입니다. 마젤란이 지구를 한 바퀴 돌아 출발한 지점에 도착한 이후 사람들은 망망대해의 어느 곳에 있는 낭떠러지로 떨어지는 공포에서 벗어나, 보다 마음 편하게 바다로 나갈 수 있었습니다.

역사는 망망대해를 왔다 갔다 한 사실이나 그것을 기록한 해도와 같은 것입니다. 그것은 바닷길에 오른 사람의 생사를 갈라놓을 정도의 보물과 같은 것입니다. 그러기에 역사를 일러 보물 창고, 보고(寶庫)라 하기도 하는 것이지요.

비행기를 타는 것도 마찬가지일 것입니다. 비행기를 탈 때마다 겁이 나지 않는 사람이 없을 것입니다. 누구라도 수만리 창공에서 길을 잃거나 무엇이 잘못되면 어떻게 될 것인가 하는 공포감을 느끼게 마련입니다. 그러나 우리들은 믿고 비행기에 올라 눈을 감고 잠을 질도 사기노 합니다. 매일 같은 일을 되풀이한 승무원들이 모든 걸 잘 알아서 해 줄 것이라고 믿기 때문입니다.

그런데 누군가 어느 날 비행기에 올랐는데, 조종사가 '저의 첫 비행에 동승해 주신 여러분께 진심으로 감사 드립니다'라는 멘트를 하더라는 것입니다. 승객들은 '첫 비행'이라는 말에 겁이 덜컥 났지요. 이미 이륙한 비행기를 내릴 수도 없고… 그러나 조종사는 베테랑이었습니다. 조크였던 것이지요. 여러 번 하늘을 비행한 사실 자체의 위력이 어떠한지, 승객들에게 어떠한 믿음을 주는지를 잘 보여 주는 조크였습니다.

역사는 파란 창공을 수없이 왔다 갔다 한 사실이나 그것을 기록한 블랙박스와 같은 것입니다. 블랙박스에는 비행과 관련한 일체가 기록됩니다. 혹 사고가 발생했을 때 무엇이 문제였는지를 밝혀줄 뿐만 아니라 그에 대한 수정을 통해 이후 비행의 안전을 지켜줄 보물 창고, 즉 보고(寶庫)입니다.

1987년 KAL기가 미얀마 근해에서 갑자기 추락했습니다. 김현희라는 아름다운 북한 공작원의 소행이라 하지만, 일부에서는 우리나라 정보기관의 공작이라고 주장하기도 했습니다. 그럴 리야 없겠지만 이 사건이 당시 여당이었던 민정당의 노태우 대통령 후보에게 유리하게 작용했던 것은 사실이라고 합니다. KAL기를 폭파하는 북한의 노골적 위협에 위기를 느낀 국민들이 정권 교체로 야기될 지도 모를 혼란을 우려해, 여당 후보에게 표를 찍었다는 것입니다.

KAL기 추락은 당시 세계적 미스터리였는데, 추락의 배경과 원인을 밝히는 열쇠로서 찾고자 혈안이 되었던 것이 블랙박스였습니다. 이때 많은 사람들이 처음으로 블랙박스라는 것을 알게 되었지요. 색깔이 검어서 블랙박스라고 하는 줄 알았지만, 실제로는 눈에 잘 띄는 오렌지색 야광 페인트로 칠해져 있다고 합니다. 그때 블랙박스를 찾으려고 혈안이 되었던 것은 그것이 이 세계적 미스터리를 풀어 줄 보고였기 때문입니다.

말하자면 역사는 이 블랙박스와 같은 것입니다. 과거에 일어난 일의 전모를 밝혀줄 열쇠가 그 안에 숨겨져 있는 것입니다. 따라서 역사를 외면하는 것은 바로 이 보고를 버리는 것이요, 역사를 아는 것은 말하자면 이 보고를 손에 넣는 것과 같은 것입니다.

5. 인간의 자기 발견과 세상 이해

이상의 몇 가지 사례는 주로 역사의 현실적인 효용성에 초점을 둔 것이었습니다. 그런데 나는 역사를 알면 무엇이 좋은가라는 물음에서, 인간의 '자기 발견'과 '세상 이해'야말로 그 무엇보다 중요한 측면이라고 감히 말하고 싶습니다.

나는 곧잘 인간은 시계추와 같은 존재가 아닌가라고 생각하곤 합니다. 인간은 예컨대 선과 악 사이, 거짓과 참 사이, 과대망상과 피해망상 사이 등을 끊임없이 왔다 갔다 하는 시계추와 같은 존재라는 생각인 것입니다. 나보다 똑똑하고 부유하고 잘 생기고 능력 있는 사람을 보면 피해망상에 젖어 버립니다. 그러나 나보다 못 생기고 가난하고 무식한 사람을 보면 무시하고 거만하게 구는 과대망상증 환자가 되는 것이지요.

누구나 피해망상증과 과대망상증을 조금씩 가지고 있지만, 이 사이를 계속 왔다 갔다 하는 한 정신병 환자는 아닙니다. 말하자면 정신병 환자는 이 시계추가 어느 쪽에서 고정되어 더 이상 왔다 갔다 하지 않는 사람일 것입니다. 정신 병동에서 빗자루를 들고 골프를 치는 사람이나 의사가 나타나자 자기를 죽이려 한다고 구석에 숨어 나오려 하지 않는 사람이 그러한 부류입니다. 전자는 과대망상에, 후자는 피해망상에서 시계추가 고정되어 더 이상 왔다 갔다 하지 않는 것입니다.

그러나 추가 고정되지 않았다고 해서 정상적인 인간은 아닙니다. 12시에서 6시까지를 과대망상, 6시에서 12시까지를 피해망상이라 합시다. 6시를 기준으로 진폭을 같이 하여 왔다 갔다 하는 사람을 가장 정상적이라 했을 때, 대부분의 사람들은 자신이 6시를 기준으로 정확하게 왔다 갔다 한다고 생각하지만 사실 그러한 사람이 몇이나 될까요? 어떤 사람은 5시가 기준이 되어 있고, 어떤 사람은 그 보다 더해 3시가 기준점이 되어 있기도 할 것입니다.

5시건, 3시건, 8시건 그 기준점을 중심으로 계속 왔다 갔다 하는 한, 미친 사람 취급을 받지는 않을지 모릅니다. 그러나 그렇다고 하여 완전 상식적이고 정상적인 사람이라 보기도 어렵습니다. 무언가 문제가 있긴 있는 사람인 것이죠. 나는 대부분의 사람은 이와 같다고 생각하며, 나도 분명 그러하다고 생각합니다. 나는 가끔 나의 기준점은 어디일까라고 자문해 봅니다.

내가 왜 이런 이야기를 하는가 하면, 모든 사람이 다 자기 자신을 잘 알고 있다고 생각하지만, 사실은 그렇지 못하다는 점을 말하고자 함입니다. 나 역시 마찬가지일 것입니다.

우리는 박정희 대통령 시절에 학교를 다녔습니다. 육군 소장으로 쿠데타를 일으켜 민주당 정권을 뒤엎고 대통령이 된 그는 충무공 이순신 장군을 매우 강조하였습니다. 충무공을 모신 현충사는 성역화되었고, 전국의 초등학교에는 충무공의 동상이 세워졌습니다. 물론 그가 이순신 장군을 존경한 결과였겠지만, 군인이 총칼로써 정권을 잡은 쿠데타를 자신과 같은 무인인 충무공의 구국정신에 연결시켜 정당화하고 자신도 이순신 장군과 같이 문무를 겸비한 인물임을 은연 중 과시하려는 저의가 있다는 의심도 있었습니다.

우리 또래의 학생들이 이순신 장군처럼 문무를 겸비한 인물이 되고자 노력했던 데에도 그 영향이 컸다고 보입니다. 당시 경북중고등학교는 군 단위에서 몇 년에 겨우 한두 명 정도가 입학할까 말까 한 명문이었습니다. 운이 좋아서인지 필자도 이 학교에 입학했는데, 방학 때 성주 고향집으로 가는 버스에 오르면 사람들이 자리를 비켜 주기도 하고 만져보기도 하였습니다. 다들 신동이라고 하는 바람에 그런 줄 알았습니다.

운동도 곧 잘하여 수년간 대구-경북 수영 대표선수로 활약했습니다. 가야산 뒷자락 대가천에서 여름 내내 동네 아이들과 왁자지껄 떠들며 헤엄치던 실력이 밑바탕이었습니다. 당시 경북중학교에는 중학교로서는 유일하게 수영장이 있었습니다. 우리나라 3번째로 설립된 대구 고등보통학교(대구 고보) 학생들이 일제 때 직접 파서 만든 수영장이었습니다.

대구 고보를 이은 경북중학교에서는 이를 기념해 매년 학반 대항 수영대회를 개최하였는데, 이 촌놈 출신이 개헤엄으로 1등을 한 것입니다. 덕분에 수영부에 발탁되어 주장이 되고, 대구-경북 대표선수로 활약하였습니다. 서울에서 열린 제 50회 전국 체육대회에서 전북대표로 출전한 아시아의 물개 조오련과도 맞붙은 적이 있었는데, 한참 앞서 가던 그는 세상도 앞서 갔습니다.

축구도 곧 잘하여 비록 급조된 아마추어 팀이긴 하지만 경북고등학교 축구팀 대표로 활약하며, 특기생으로 구성된 대륜고등학교 축구팀과 맞붙어 유일무이하게 1골을 넣어 전설이 되기도 하였습니다. 이러한 과정에서 신동에 문무를 겸비하며, 성격은 물론 인물도 좋은 멋진 인간이라고 생각하였습니다.

그러나 촌에서 농사를 지으며 7남매를 공부시키셔야 하는 부모님을 생각해 전체 수석을 노리고 지원한 지방대학 입시에서 전체수석을 놓치면서 점차 저의 실상을 보게 되었습니다. 학과 수석으로 전면 장학금을 받으며 다른 형제자매의 진학에 도움을 줄 수는 있었지만, 서울 명문대학에 다니는 친구들을 만나면 왠지 왜소해지는 듯하여 만나기가 싫어졌습니다. 세월이 흐르면서 신동에 문무를 겸비한 멋진 인간이라는 생각은 허물어지고, 콤플렉스만 커져 갔습니다.

강사로 대학 강단에 섰지만 지독한 가난에 직면하면서 신동은커녕 바보라는 생각까지 들었습니다. 후일 아내와 자식들의 돌 직구 비판을 자주 만나면서 '고약한 사람'이란 걸 깨닫게 되었습니다.

부드러운 남자라고 생각했는데, 그것도 아니었습니다. 나의 실상이 마침내 드러난 것입니다. 내 자신을 그렇게 잘못 보고 있었던 것이 몹시 부끄러웠지만, 그러한 착각은 지금 이 순간에도 계속되고 있을 것입니다.

모두 자기 자신을 잘 알고 있다고 생각하지만 그러하지 못함은 바로 옆 사람들을 보면 금방 알 수 있습니다. 여러분도 많이 경험했겠지만, 공주병이나 왕자병에 걸린 친구들이 좀 많던가요. 그런 친구들을 보면서 참으로 한심하다는 생각을 했을 것입니다. 더러 짜증도 났을 것입니다. 나 보다 못난 게 잘난 척 하는 꼴이란 정말 못 봐 줄 지경이죠.

우리를 더욱 화나게 하는 것은 공주병이나 왕자병에 걸린 친구들이 정작 자신들이 그러하다는 사실 자체를 거의 느끼지 못하고 있다는 사실입니다. 그렇습니다. 공주병이나 왕자병에 걸린 친구들의 공통적 특징은 자신이 그러하다는 사실 자체를 잘 모르고 있다는 점입니다. 그러한 사실을 알고 있다면, 그런 몹쓸 병에 걸리지도 않았을 것입니다.

그들이 심각한 공주병이나 왕자병에 걸려 있으면서도, 자신들이 그러하다는 사실을 모르고 있다는 것은 우리에게도 마찬가지로 적용될 수 있습니다. 우리도 남이 보면 심각한 그 어떤 병에 걸려 있는 환자일 가능성이 충분히 있다는 것입니다.

나는 한번 사는 이 세상을 멋지게 잘 사는데 가장 중요한 것이 무엇일까라는 생각을 자주 합니다. 여러분은 그것이 무엇이라고 생각합니까? 돈이 많으면 좋을 것입니다. 돈도 많으면서 지위가 높고, 명예를 얻으면 더욱 좋을 것입니다. 물론 건강은 필수입니다. 그래서 돈을 잃으면 조금 잃는 것이요, 명예를 잃으면 많이 잃는 것이요, 건강을 잃으면 모든 것을 잃는 것이란 말도 있지요.

만약 건강하다는 전제 하에서라면, 나는 그 무엇보다도 자기 자신에 대한 정확한 인식을 가지는 게 중요하다고 생각합니다. 자기 자신에 대한 정확한 인식 없이 돈이 따르겠습니까? 지위나 명예가 따르겠습니까? 그 누가 공주병이나 왕자병에 걸려 있으면서도 그 사실 조차도 모르고 있는 사람과 친구가 되려고 할 것이며, 애인이 되려고 할 것이며, 반려자가 되려고 하겠습니까? 여러분도 물론 싫어할 것입니다.

그러면 그들은 무엇이 될까요? 시쳇말로 왕따가 될 것입니다. 왕따가 어떻게 돈을 벌고, 지위를 얻고, 명예를 얻을 수 있겠습니까? 그러기에 나는 돈이나 지위나 명예와 같은, 인간이 바라는 중요한 목표들을 달성하는 데 가장 중요한 밑천은 자기 자신에 대한 정확한 이해라고 생각하는 것입니다.

물론 뛰어난 지능이나 든든한 집안 배경 등을 거론할 수도 있을 것입니다. 그러나 내가 살아보면서 느낀 바로는 머리 좋다고 다 성공하는 것은 결코 아니었습니다. 머리가 아무리 좋아도 행복한 삶을 살지 못하는 사람이 부지기수인데, 거기에는 여러 이유가 있을 것입니다.

가장 중요한 이유 중의 하나가 자기 자신을 잘 이해하지 못했기 때문이라는 게 나의 생각입니다. 자기 자신에 대한 이해가 잘못되어 있는데, 그 무엇에 대한 이해가 옳게 이루어지겠습니까?

인간은 숙명을 타고 납니다. 어느 집안에서 어떤 부모의 자식으로 태어날 것인가는 우리가 결정하는 일이 아닙니다. 그러나 인간에게 이러한 숙명만 있다면 재미가 없을 것입니다. 인간에게는 자기가 '움직일 수 있는' 운명도 있습니다.

운명은 나도 모르는 사이에 이루어지기도 합니다. 가끔 교사를 추천해 달라는 부탁을 받게 되는데, 그때에는 졸업생 명부를 보면서 그 인물됨을 고려해 1명을 골라 추천합니다. 운명이 나도 모르는 사이에 결정되기도 하는 것이지요. 그러나 이 역시 이미 내가 뿌린 것이었습니다. 평소 대학생활에서 보인 태도나 실력 등에 의해 추천되기도 하고 그렇지 않기도 한 것이지요.

그래서 나는 사랑하는 제자들에게 한 시간의 강의도 소중하게 여길 것을 권합니다. 우리가 건강해지기 위해 하루에 밥을 10그릇 먹으면 배가 터져 죽을 것입니다. 또 갑자기 10시간의 운동을 하면 어딘가에 탈이 날 것입니다. 매끼 한 그릇의 밥과 매일 꾸준히 하는 약간의 운동이 우리의 건강을 지켜 주듯이 강의 한 시간

한 시간이 여러분의 운명을 지켜 줄 것이라는 이야기입니다. 누구라도 성공하고 싶어 할 텐데, 그러려면 매 순간 순간에 충실할 것을 권하는 것이지요.

성공은 얼마나 많은 사람들의 사랑과 신뢰를 얻는가에 달려 있습니다. 나를 신뢰하고 사랑하는 사람이 많으면 많을수록 성공할 가능성이 높아집니다. 나를 싫어하는 사람의 수는 가능한 한 줄여야 합니다. 원수는 만들지 않는 것이 좋구요. 나의 운명이 다른 사람에 의해 결정되기도 하기 때문입니다. 보다 많은 사람의 사랑과 신뢰를 얻으면 얻을수록 숙명을 뛰어 넘어 운명이 나의 편으로 바뀔 것입니다. 그러기 위해서는 자기 자신에 대한 이해가 무엇보다 필요합니다.

지금까지의 나의 말에 동의하는지 모르겠으나, 동의한다고 해도 '자기 자신에 대한 정확한 이해가 행위로 연결되는 것은 아니지 않느냐'라고 반문할 수도 있을 것입니다. 물론 행위가 잘못되면 만사 허사입니다.

우리가 그 누군가를 공주병 환자라고 보는 것은 그녀의 자기 인식만이 아니라 행위를 종합적으로 판단한 결과입니다. 그러나 자기 자신에 대한 이해는 행위의 전제입니다. 올바른 행위는 자신에 대한 정확한 이해를 바탕으로 하여 이루어진다는 말이지요. 자기 자신에 대한 올바른 인식 없이 올바른 행위를 하기는 어려울 것입니다.

만약 그렇다고 하더라도, 자기 자신을 잘 이해하려면 어떻게 해야 하는가 하는 의문이 또 일어날 것입니다. 자기 자신을 잘 이해하기 위해서는 다른 사람의 충고와 비판도 들어야 하고, 자기 자신에 대한 성찰도 필수적입니다.

나는 인간이 자기 자신을 발견하는데 역사 공부가 큰 도움을 줄 수 있다고 생각합니다. 역사를 알면 자기가 보인다는 것입니다. 또 역사를 알면 자기만이 아니라 인간이 보이고, 나아가 사회가 보이고 세상이 보일 것입니다.

나와 인간과 사회와 세상이 지나온 발자취를 회고하는 것이 역사이며, 그 과정을 통해 인간은 자기와 인간과 사회와 세상의 실존적 좌표를 찾아내고, 정체성을 발견해 가는 것입니다. 사실 역사를 알아야 하는 가장 중요한 이유는 여기에 있습니다. 그래야 한번 사는 이 세상을 보다 멋지게 살아 볼 수 있는 것입니다.

이 점은 매우 중요하기 때문에 한 두 마디 말로써 이야기하기는 어렵습니다. 따라서 여기서는 이 정도로 줄이고, 몇 개 장(章)으로 나누어 설명할 것입니다. 이 책 4장 역사의 현재성, 5장 사회과목으로서의 역사, 6장 인문과학으로서의 역사가 바로 역사의 이러한 측면을 설명한 것입니다.

| Chapter **3** |

역사의 발생

제 3장에서는 역사의 본질을 또 다른 측면에서 이야기해 보고자 합니다. 우리는 그 무엇의 본질을 이해하고자 할 때, 그것의 발생과 전개 과정이 어떠했는가를 보는 경향이 있습니다. 어떤 사람의 본질을 파악하려면, 우선 그 사람의 탄생과 성장 과정을 살펴보는 것과 같은 이치이지요. 역사학자들은 특히 그러한데, 자신들의 직업 탓일 것입니다.

역사의 본질을 이해하는 또 하나의 중요한 방법은 역사의 발생과 전개 과정을 살펴보는 것입니다. 그런데 역사란 말의 의미가 두 가지라는 점을 생각하면, 이 역시 두 가지 방향에서 이야기해야 할 것 같군요. 우선 '과거에 일어난 모든 사실'로서의 역사와 '그에 대한 서술'로서의 역사가 언제 어떻게 발생하여 어떠한 전개 과정을 거쳐 왔는가의 두 방향에서 말입니다.

1. '과거에 일어난 모든 사실'로서의 역사의 발생

1) 인간의 출현

(1) 창조설

다양한 창조설들

우선 '과거에 일어난 모든 사실'로서의 역사가 언제 어떻게 발생하여 어떤 전개 과정을 거쳤는가 하는 점에 대해 이야기해 봅시다. 과거에 일어난 모든 사실의 가장 중요한 주체가 인간임을 부정할 수 없다면, 이러한 의미의 역사의 시작에서 인간의 발생은 중요합니다. 인간이 언제, 어떻게 출현하였는가 하는 것은 매우 중요한 문제로서 아직까지도 어떤 합의에 도달한 상태는 아닙니다.

그러나 이를 보는 큰 흐름은 이러합니다. 인간이 신과 같은 존재, 즉 창조주에 의해 어느 날 갑자기 오늘날의 우리와 같은 모습으로 창조되었다고 믿는 것에서, 오랫동안 서서히 진화해 온 것으로 믿는 쪽으로 바뀐 것입니다.

인간이 언제, 어떻게 탄생하였는가 하는 것은 옛날부터 인간들의 중요한 관심사였습니다. 사색하는 존재로서의 인간이 자신의 존재가 처음 어떻게 출현하게 되었는지를 사색한 것은 인간으로서 지극히 당연한 일이었을 것입니다.

이처럼 중요한 문제에 대해 많은 사람들이 오랫동안의 사색을 통해 나름대로의 해석을 내놓았습니다. 고고학적 발굴이 전연 없던 상황에서 나온 그럴듯한 회답은 신과 같은 창조주에 의해 인간이 창조되었다는 것입니다. 이른바 창조설입니다.

고대 오리엔트의 대표적 천지창조설은 이러합니다. 혼돈(混沌)의 힘 '티아마트(용)'와 또 다른 힘 '아푸스'는 수중에서 일체가 되어 있었습니다. 얼마 후 혼돈의 힘 티아마트와 다른 신들 사이에 싸움이 일어났습니다. 최후로 마르두크 신이 티아마트를 쓰러뜨리고 발 하나로 하늘을 만들고, 다른 한 발로는 땅을 만들었습니다. 같은 무렵 수메르 신화에서는 지혜의 신 '엔키'가 창조의 신 '엔리루'의 명령을 받아, 혼돈 속에서 천지와 만물을 만들었다고 합니다.

여호와라는 하느님이 6일간 천지를 창조하고, 마지막으로 인간을 자신의 형상대로 창조하였다는 것은 기독교의 천지창조설입니다. 구약성경 첫 부분에 나오는 이야기입니다. 구약성경이 유대인의 작품이긴 하지만 유대인만이 아니라 메소포타미아 지역 사람들의 오랫동안의 사색이 반영된 결과일 것입니다.

이 구약 성경에 기초하여 신학자들은 천지창조의 시기까지 계산하려 하였습니다. 중세의 유대학자들은 기원전 3760년경에 우주(지구)와 인간이 창조된 것으로 생각하였고, 유대인은 이 해석에 기초하여 달력의 기원을 그 때로 잡았습니다. 17세기 중엽 성공회의 대주교 어셔(James Usher, 1581-1656)는 기원전 4004년을,

그리스 정교회에서는 기원전 5508년을 그 시기로 계산하였습니다.

기독교의 천지창조설은 가장 대표적인 창조설로서 기독교인들은 이를 진실이라고 믿기도 하지만, 사실 이처럼 천지와 인간이 비록 부르는 이름은 다르나 신과 같은 존재에 의해 창조되었다는 이야기는 다른 지역에서도 많이 나왔습니다.

세계 4대 문명 발상지의 하나인 인도에서도 당연히 천지와 인간의 탄생에 대한 신화가 존재합니다. 그것도 몇 종류가 있는데, 그 중 하나가 '생식 창조설'입니다. 남성은 앞으로 태어날 존재를 결정하는 씨앗을 가진 존재이고 여성은 그것을 받아들여 보존하고 길러 밖으로 내어놓는 힘인데, 태초에 이 세계에는 오직 '아트만'만이 인간의 형태로 존재하였습니다.

그는 혼자뿐인 두려움에서 벗어나고 기쁨을 위해 짝을 갈망합니다. 그래서 자신의 몸집을 키워 남녀가 껴안고 있는 크기만큼 커졌을 때 자신을 둘로 나눠, 남자와 여자가 되었습니다. 이들이 결합하여 인간이 탄생하게 되었습니다.

그런데 어느 날 아내는 '어떻게 그가 자신으로부터 나온 나와 결합할 수 있는가'라고 회의하게 됩니다. 아내는 이를 피하기 위해 암소로 변신합니다. 그러자 그는 그녀와 결합하기 위해 숫소로 변신하여 결합하여 소가 탄생합니다. 그녀가 다시 암말로 변하자 숫말이 되어 결합하여 말이 탄생합니다. 계속 다른 존재로 변함에 따라 천지의 만물이 차례로 창조되었다는 것입니다. 참으로 재미있는 신화입니다.

여기서의 '아트만'은 브라만과 같은 '절대적 존재'입니다. 이 절대적 존재에서 인간이 생기고, 차례로 천지의 모든 존재가 창조된 것으로 본 것이 색다릅니다. 아트만은 브라만과 같은 절대적 존재로서 석가가 깨달은 핵심의 하나는 바로 이 절대적 존재에 대한 믿음이 진실이 아닌, 깨트려야 하는 허구라는 것이었습니다. 석가는 아트만이라는 절대적 존재를 부정함으로써 자연스럽게 무신론으로 나아간 것입니다.

인도의 또 하나의 천지창조설은 '자기 해체적 창조설'입니다. '프라자파티' 신이 큰 잘못을 저지르자, 다른 신들이 그를 벌하고자 하였습니다. 그를 벌할 존재로서 '루드라(시바)' 신을 만들어 활로 쏘게 했습니다. 활을 맞는 프라자파티는 자신의 씨앗을 흘렸는데, 그것이 땅에 흘러들어가 호수가 되고 다시 땅에 흘러 들어가 모든 생명체가 탄생하였습니다. 그는 자신을 해체하여 만물을 탄생시킴으로써 사실상 창조주가 되었습니다.

그런데 이렇게 창조된 생명체는 완전 불멸인 신의 씨앗으로 죽지 않았습니다. 이렇게 되자 이 많은 생명체를 떠받치고 있던 대지의 여신(프리티비)이 죽을 지경이었습니다. 이를 견딜 수 없었던 대지의 여신이 최고 신에게 하소연하자, 최고 신 역시 죽지 않은 생명체에 분노하였습니다. 이에 최고 신은 분노의 불길을 불었고, 그 불길에 닿은 생명체는 모두 재가 되어 사라졌습니다.

이를 안타깝게 여긴 루드라(시바)신이 최고신에게 '생명체가 모두 없어지면 누가 우리에게 제물을 바치고 기도를 하겠습니까? 절반은 지상에 두고 절반은 하늘에 두어 서로 순환케 하면, 대지의 여신도 버틸 수 있을 것입니다'라고 하였습니다. 이에 최고신도 동의하여 하늘나라로 올려 보내는 경계를 '죽음'이라 하고, 아름다운 여신을 만들어 육신이라는 옷을 벗겨 죽음을 주는 일을 시켰습니다. 죽음을 이 경계를 넘나드는 순환이라고 보았던 것인데, 윤회와 업(業)사상도 여기서 나왔다고 할 것입니다.

인도에는 이 외에도 '희생제에 의한 창조설', '황금알의 분화에 의한 창조설' 등이 있습니다. 사색이 매우 발달한 지역답게 천지와 인간의 탄생에 대해서도 많은 해석을 남겼던 것입니다.

고대 문명의 또 하나의 발상지인 중국이라고 왜 천지와 인간의 탄생에 대한 사색이 없었겠습니까? 중국에도 하나 만이 아니라 여러 종류의 천지와 인간 창조에 대한 신화가 존재합니다.

가장 유명한 것은 '반고(盤古)'의 천지창조설입니다. 인간의 형상을 한 반고가 해체되면서 만물이 탄생되고, 인간은 반고의 몸에 기생하던 이가 더 이상 빨아 먹고 살 것이 없어짐에 따라 땅으로 내려와 변신한 것이라는 반고의 전설은 이미 앞에서 말한 바 있으므로 생략하고자 합니다.

또 하나는 하늘의 여신 여와(女媧)의 인간창조설입니다. 천지개벽 이래 대지에

복희 여와도

는 산과 내, 새와 짐승, 벌레와 물고기들이 생겨났으나 아직 인간은 없어 황량하고 적막했습니다. 너무 적막하였으므로 여와는 황토를 물과 섞어 인형을 만들고 숨결을 불어 넣어 인간을 창조하였습니다. 인간들이 뛰어 노는 모습에 너무 좋았던 여와는 더 많은 인간을 만들기 위해 황토 물을 나무줄기에 적셔 대지에 뿌리고 숨결을 불어 넣었습니다. 그러자 그 점점이 인간으로 변하여 뛰어 놀았습니다.

너무나 기뻤으나 여와는 신으로 영원히 죽지 않는 자신과 달리, 흙으로 빚어진 인간들은 언젠가 없어진다는 게 가슴 아팠습니다. 그래서 2명씩 들어 올려 결혼이 무엇인지 일러 주었습니다. 그제야 인간이 영원히 자신의 종족을 이어갈 것이라고 확신하고 하늘로 돌아갔다는 것입니다. 흙으로 인간을 빚고 숨결을 불어넣었다는 점에서 기독교의 천지창조설과 유사합니다. 이 중국 신화 속의 여와는 이스라엘의 여호와와 같은 존재였던 셈입니다.

그리스에서도 천지창조의 신화는 당연히 존재하였습니다. 다신교 사회였던 그리스인들은 천지만이 아니라 신 자체가 창조되는 것으로 보았습니다.

최초의 우주상태, 하늘과 땅의 구별도 없는 혼돈과 무질서 상태 그 자체인 '카오스(Chaos)'에서 대지의 여신 '가이아(Gaia)'와 모든 물질을 생성하는 정신적 힘인 '에로스(Eros)'가 생겨납니다. 카오스는 형태가 없는 혼란 덩어리에 불과했으나, 그 속에는 여러 사물들의 씨가 잠자고 있었습니다.

이 점에서 중국 반고의 천지창조설이나 인도의 자기 해체적 천지창조설과 유사합니다. 카오스에서 어둠과 밤이 생겨나고, 이 둘이 어울려 맑은 대기인 창공과

낮이 생겨났습니다. 그 후 형태와 모양을 갖춘 모든 것이 생겨나 질서정연한 우주, '코스모스(Cosmos)'가 되었습니다.

대지의 여신인 '가이아'는 모든 신들의 어머니였습니다. 가이아는 하늘의 신 '우라노스', 바다의 신 '폰토스', 산맥의 신 '오레'를 낳습니다. 가이아는 자신이 낳은 우라노스와 결합하여 손이 백 개 달린 '백수 거인' 아들 3명, '외눈 거인' 아들 3명, '타이탄' 아들과 딸 12명(아들 6명, 딸 6명)을 낳습니다. 타이탄 아들과 딸 12명은 인간과 같은 모습이었습니다. 이들은 원시적인 자연력의 상징으로, 후일 천상을 지배할 올림포스(Olympos) 신들의 선조였습니다.

여기서 12라는 숫자가 의미심장합니다. 12라는 숫자는 유대인에게도 신성한 수였습니다. 유대교는 12지파(支派)로 구성되어 있고, 예수의 제자는 12명이었으며, 예수가 태어난 달은 12월이고, 성탄절로부터 신현 축일까지 12일이 됩니다. 뿐만 아니라 서양의 점성술은 12성좌를 기초로 이루어져 있으며, 동양 역시 십이지(十二支)에 따라 운명을 논하고 있습니다.

12라는 숫자는 1년을 이루고 있는 12달을 상징하는 숫자로 고대 문명에서는 매우 신성하게 여겼습니다. 반면 이 12에 전지전능한 유일신을 합한 숫자가 13이고, 따라서 13은 완전한 존재인 신의 숫자이며 인간세계에 속하는 것이 아니기 때문에 인간이 감당하기 어려운 숫자로 생각한 것입니다.

따라서 신의 세계, 즉 저승이 아닌 이승에 머물고 싶어 하는 인간들은 이 숫자를 싫어하게 되었습니다. 또한 13은 12주기가 끝난 후 새로운 시작을 의미해, 미지에 대한 공포감도 주었기 때문에 서양에서 13이란 숫자를 기피한 것이죠.

12라는 숫자는 1년 안에 달이 12번 차는 데서 발견되었습니다. 1년은 가령 진달래가 피었다가 다시 피는 날까지를 계산하는 식의 방법으로 알아냈지요. 10이라는 숫자는 요사이도 마찬가지지만 수를 헤아리는 손가락의 수에서 발견되었습니다.

옆길로 빠졌습니다만, 우라노스는 아들인 백수거인과 외눈 거인의 모습이 흉하다고 하여 타르타로스의 지옥에 가두어 버립니다. 이에 화가 난 가이아는 또 다른 자식인 타이탄들에게 우라노스를 제거하자고 제안합니다. 그녀의 제안에 응한 건

나이가 가장 어린 '크로노스(Cronos)' 뿐이었습니다.

어머니는 아들에게 살해 계획을 일러주었습니다. 가이아는 우라노스를 침실로 끌어들였고, 얼마 뒤 우라노스의 코고는 소리가 진동했습니다. 크로노스는 잠든 아버지 우라노스의 음낭을 낫으로 잘라 살해했습니다.

아버지 우라노스를 대신하여 지배자가 된 크로노스의 시대는 황금시대로, 싸움이 없고 죄악도 모르며 대지는 절로 열매를 맺었습니다. 그러나 절대자가 된 크로노스는 어머니와의 약속을 어기고 형제이기도 한 백수 거인과 외눈 거인을 지옥에서 꺼내 주지 않았습니다.

크로노스는 자식에게 지배권을 빼앗긴다는 신탁 때문에 태어난 자식들을 차례로 삼켜버렸습니다. 마지막으로 태어난 '제우스(Zeus)'는 어머니 '레아(Leah)'가 남편 크로노스를 속여 돌을 삼키게 하여 살아남았지요.

가이아는 이렇게 살아남은 손자 제우스를 도와 백수거인과 외눈 거인을 지옥에서 구출하였고, 이들의 도움으로 제우스는 아버지 크로노스를 추방하고 최고 자리에 앉아 올림포스 신들의 시대를 열었습니다.

한편 우라노스의 성기가 잘릴 때 흘린 피가 대지의 여신 가이아에게 떨어져 24명의 거인 족 '기간테스'가 태어났습니다. 이들은 올림포스의 신들에게 도전하였으나 모두 정복당하였습니다. 화가 난 가이아는 타르타로스와 관계하여 반인반수(半人半獸)의 거대한 '티폰'을 낳습니다. 티폰은 가이아가 낳은 자식들 가운데 가장 강력한 힘을 가졌지만, 제우스에게 패배하고 맙니다.

이에 가이아는 제우스가 '메티스(Metis)'를 첫 아내로 맞이할 때 그녀에게서 우주의 지배자가 태어날 것이라고 하였습니다. 자신의 폐위를 뜻하는 예언을 들은 제우스는 메티스를 통째로 삼켜 버림으로써 최고 지위를 유지하였습니다. 이처럼 대지의 여신 가이아는 모든 신과 인간의 원초가 되는 신으로서, 고대 그리스인들이 제우스를 제일가는 신으로 받들기 이전에 숭배하던 모신(母神)이었던 것이죠.

단군신화는 천지와 인간의 탄생이 아니라 단군의 탄생에 대한 이야기입니다. 제주도 등지에서 천지창조에 대한 전설이 내려오지만, 우리나라에는 천지와 인간의 창조에 대한 명확한 형태의 신화가 별로 없습니다. 사색의 빈곤 탓이라기보다 어차피 알 수 없는 불가지(不可知)의 세계에 대한 사색을 명확한 형태로 정리하지 않았기 때문으로 보입니다.

창조설의 유형과 공통성

주요 지역의 대표적인 천지창조설을 보았지만, 창조의 주체가 천지를 직접 창조하였다는 유형과 창조의 주체가 해체되면서 천지가 창조되었다는 2가지 유형이 대표적입니다. 그런데 참으로 신기한 것은 2번째 유형이 오늘날의 우주가 초고밀도의 한 점에서 폭발하여 탄생하였다는 빅뱅(big bang) 이론과 너무나 유사하다는 것입니다. 창조주가 해체되면서 천지가 창조되었다는 것은 창조주 안에 천지의 모든 것이 간직되어 있었다는 것이고, 초고밀도의 한 점에서 폭발하여 우주가 탄생하였다는 것은 초고밀도의 한 점 안에 우주의 모든 것이 간직되어 있었다는 것으로, 그 의미가 자못 유사하다는 것입니다.

천지창조설은 그 유형에 상관없이 몇 가지 공통성을 가지고 있습니다. 우선 천지창조의 주체가 예외 없이 인간의 형상을 하고 있다는 점입니다. 그 의미에 대해서는 1장에서 말한 바 있으므로 여기서는 생략합니다.

다음의 공통성은 창조의 주체와 같은 형상으로 창조된 인간이 그 후 자신의 형상을 변화시켜 왔다는 내용이 전혀 없다는 점입니다. 다시 말해 창조의 주체는 인간을 오늘날의 우리 인간과 같은 형상으로 창조하였다는 것입니다. 약 400만 년 전에 처음으로 출현한 최초의 인간 오스트랄로피테쿠스와 같은 고생 인류의 형상으로 창조한 것이 아니라, 바로 4, 5만 년 전에 출현한 현생 인류와 같은 모습으로 창조하였다는 것입니다.

이는 고생 인류의 경우 창조주의 창조물이 아니고 창조주가 창조한 것은 현생 인류에 국한된다는 이야기로 환원될 수 있습니다. 그러면 고생 인류는 누가 창조한 것인가? 창조가 한번이 아니라 몇 번이나 있었던가? 그러면 그것을 '창조'라 할 수 있는가? 그러면 무엇이 창조인가 하는 심각한 모순이 발생합니다. 이 모순을 피하기 위해 오스트랄로피테쿠스와 같은 애초의 인간도 창조주가 창조하였다고 하면, 창조주의 형상은 현재의 인간이 아니라 오스트랄로피테쿠스와 같은 형상이 되어버리는 또 다른 모순이 발생합니다.

또 다른 공통성은 대부분의 천지창조설이 우주와 지구와 모든 생명체와 인간 그 모든 것이 하나의 창조주에 의해 한꺼번에, 다시 말해 동시에 창조되었다는 것입니다. 태양과 달과 지구와 인간과 새와 꽃들이 한꺼번에 거의 동시에 창조되어 존재하게 되었다는 것입니다.

(2) 진화론

우주의 탄생

한때 우주와 지구의 나이를 기독교 성서 해석에 기초해 기원전 3760년, 혹은 기원전 4004년, 기원전 5508년이라고 본 적도 있었습니다. 오늘날 누가 그런 해석을 한다면 웃음거리가 될 것입니다. 그런데도 그런 것을 믿었던 것이니, 인간이 믿는 진리라는 것은 참으로 요상한 것입니다.

오늘날 우주나 생명체, 인간이 어느 한순간 거의 동시에 한꺼번에 신과 같은 창조주에 의해 창조되었다고 한다면 이상하게 생각할 것입니다. 적어도 그것이 한꺼번에 출현한 것이 아님은 명백한 사실입니다. 이렇듯 그 무엇을 절대적 진리라 믿고 이를 부정하는 사람을 죽이기도 했으니, 절대적 진리는 절대 존재하지 않는 것이 아닌가라고 회의하게 됩니다.

오늘날 우주와 지구, 무생물과 생물, 인간이 어느 한 순간 거의 동시에 한꺼번에 출현하였다고 믿는 사람은 거의 없습니다. 우주나 지구, 생명체나 인간은 매우 오랜 동안의 시간적 차이를 두고 출현하였으며, 생명체와 인간은 끊임없이 진화해왔다고 보는 것입니다.

창조주에 의해 천지가 창조되었다고 본 사람들은 창조주가 창조한 태양이 지구를 돈다고 생각하였습니다. 창조주가 원래 그렇게 창조하였다고 믿었던 것이지요.

그런데 코페르니쿠스(Nicolaus Copernicus, 1473-1543)가 반론을 제기하였습니다. 그는 우주에 대한 탐구를 통해 지구가 태양을 돈다고 하였습니다. 이는 태양이 지구를 돈다고 보던 사람들에게 말도 안 되는 소리였습니다. 누구도 의심치 않던 '천동설'을 '지동설'로 바꾸고, '지구 중심론'을 '태양 중심론'으로 바꾼 것은 인간이 우주를 보는 시각에 일대 충격을 주었습니다. 따라서 이를 '코페르니쿠스적 전회(轉回)', 혹은 '코페르니쿠스적 전환'이라 하는데, 획기적인 발상의 전환을 의미하는 말입니다.

엄청난 진실의 발견에도 불구하고 코페르니쿠스는 당시 사람들에게 '왕따'를 당하였습니다. 그로부터 100여년 후 갈릴레오(Galilei Galileo, 1564- 1642)가 이를 다시 주장하였다가 종교재판까지 받아, 파문의 위기에 몰렸습니다. 당시 파문은 사회적 죽음을 의미했습니다.

이러한 위기에서 벗어나기 위해 결국 자신의 지동설을 스스로 부정했습니다. 물론 파문을 피하기 위한 거짓 진술이었죠. 그렇게 거짓말을 하여 풀려난 갈릴레오가 재판을 마치고 나오면서, '그래도 지구는 도는데…'라고 중얼거렸다는 것은 유명한 이야기입니다.

지동설은 갈릴레오와 거의 동시대의 케플러(Johannes Kepler, 1571- 1630)에 의해 다시 증명되고, 뉴턴(Isaac Newton, 1642-1727)이 만유인력의 법칙을 발견하면서 다시 입증됩니다. 뉴턴은 우주가 신이 만들어 놓은 시나리오에 의해 운행하는 것이 아니라, 우주 만물이 서로 밀고 당기는 힘(인력)에 의해 정확한 거리와 각도를 유지하면서 운행한다는 사실을 증명했던 것입니다. 우주가 신의 의지가 아니라 기계적 힘의 원리에 의해 운동한다는 점을 증명했던 것이지요.

그런데 그에게도 오류는 있었습니다. 그는 이 운동법칙으로 우주를 과학적으로 설명하였지만 우주는 끝이 없다고 보았습니다. 우주는 무한한 형태로 더 이상 어떤 변화도 없는 정적인 상태며, 그 속에 있는 천체는 기계적 힘에 의해 정상적으로 운동한다고 보았던 것입니다. 말하자면 그의 관점은 '무한 우주론', '정적 우주론', '정상 우주론'이었습니다.

지동설은 오늘날 누구도 의심치 않는 진실이 되었지만, 뉴턴의 이러한 우주론은 오늘날 과학자들에 의하여 부정되었습니다. 허블의 망원경을 통한 우주 관찰이나 아인슈타인(Albert Einstein, 1879-1955)의 상대성 이론 등에 의해 오늘날 과학자들은 우주가 정적인 것이 아니라 계속 팽창하면서 변화를 계속하고 있다고 봅니다.

우주가 지금도 팽창하고 있다는 것은 우주가 무한한 것이 아니라 일정한 한계가 있다는 말입니다. 이러한 주장을 '유한 우주론', '동적 우주론', '팽창 우주론'이라 합니다.

현대 우주론의 정설은 약 137억 년 전에 초고밀도의 입자가 대폭발, 즉 빅뱅(Big Bang)을 일으켜 광속도로 팽창하면서 만들어졌다는 '빅뱅' 이론과 이를 보완한 '인플레이션' 이론입니다. 빅뱅 이론에 의하면, 137억 년 전 우주가 어떤 한 점에서 탄생하고 팽창하여 지금의 우주에 이르렀고, 대폭발은 공간 안에서 일어난 것이 아니라 오히려 그것을 통해 공간이 창조되었습니다.

대폭발 이전에는 공간도 시간도 물질도 존재하지 않았습니다. 유에서 유가 생긴 것이 아니라 무에서 유가 생겼다는 것입니다. 그렇게 탄생한 우주는 오늘날에도 계속 팽창하고 있다는 것입니다.

지구의 탄생과 생명의 탄생

우주가 무한의 과거가 아니라 137억 년 전에 탄생할 때 지구도 탄생하였을까요? 우리가 본 신화들은 우주와 지구가 동시에 탄생한 것으로 보지만, 우주가 탄생할 때 지구는 만들어지지 않았습니다.

우주와 지구의 나이를 기독교 성서 해석에 기초해 기원전 3760년, 혹은 기원전 4004년, 기원전 5508년이라 한 것은 억측에 불과했습니다. 과학자들은 지구가 이보다 훨씬 전인 46억 년 전쯤에 탄생된 것으로 봅니다. 우주가 만들어지고 난 후에도 90억여 년이 넘는 엄청난 시간이 흐른 후 마침내 지구가 만들어졌다는 것입니다.

뉴턴의 물리학은 우주 운행과 지구 형성의 비밀 일부에 대해 설명해 주었습니다. 지구는 빅뱅으로 탄생한 우주 속의 수소나 산소와 같은 여러 원소들이 서로

뭉쳐 점점 더 복잡하고 무거운 다른 분자를 만들어내면서 탄생하였습니다. 이렇게 탄생한 지구는 만유인력에 의해 다른 분자를 끌어 당겨 점점 커지면서 오늘에 이르렀습니다. 지구도 진화를 거듭해 왔는데, 지구도 해체되면 원소와 같은 상태로 되돌아 갈 것입니다.

지구가 만들어진 순간에 생물이 탄생했을까요? 결코 그렇지 않습니다. 과학자들은 무생물에서 생물이 진화 발전한 것으로 봅니다. 지구가 생성된 지 약 10억 년 후인 약 35억 년 전 쯤 지구상에는 드디어 바다와 대기가 존재하게 되며, 무생물에서 생물이 진화되는 과정도 이 무렵부터 시작된다는 것입니다.

초기 무렵 대기 중에 수소 원자를 많이 가진 단순한 분자가 존재하였습니다. 이들 분자에 번개나 태양의 자외선이 부딪쳐 분자가 분해되고, 분해된 파편은 자연스럽게 재결합하여 더욱 더 복잡한 분자가 형성되었습니다.

이러한 초기 화학 반응으로 만들어진 것이 바다에 녹고, 바다는 유기의 수프가 되며, 이 수프는 점차 복잡한 것으로 되어 가다가 어느 날 자기 자신과 똑같은 것을 만들어 내는 분자가 만들어 집니다. 그것은 수프 안의 다른 분자를 재료로 하여 자기 자신의 조잡한 복제품을 만들어 내는데, 이것이 DNA의 가장 오래된 조상이었습니다. 이 DNA가 지구 생물의 핵심이 되는 분자였다는 것입니다.

최초의 생물은 매우 간단한 단세포로 이루어진 박테리아와 같은 것이었습니다. 이 박테리아는 해조류로, 다시 엽록소와 빛에 의해 이산화탄소를 동화하여 산소를 만들 수 있는 생물, 즉 녹색 식물로 진화하였습니다. 처음에는 무기물에서 단순한 유기물이 발생하고, 이 단순한 유기물이 원시 해양의 밑바닥에 쌓여 서로 반응하는 가운데 보다 복잡한 유기물로 진화하였습니다. 이렇게 하여 단백질이나 핵산이 만들어지고, 마침내 그것이 성장하여 자손을 만들 수 있는 존재, 즉 생물로 진화했다는 것입니다.

인간의 탄생과 힘든 여정

우리의 핵심 의문인 인간은 지구가 만들어지고 생물이 출현하면서 바로 나타났을까요? 결코 그렇지 않습니다. 46억 년 전 지구가 탄생한 지 10억여 년이 지난 35억 년 전에야 겨우 최초의 생물이 탄생합니다. 포유류는 기껏 1억 5천만 년 전에 출현하고, 영장류는 7천만 년 전에야 등장하였습니다. 그때에도 인간과 같은 종은 나타나지 않았습니다.

인간은 원숭이와 같은 영장류가 출현하고도 한참 이후 출현합니다. 인간은 지구상의 수많은 생명체 중에서도 가장 역사가 짧은 생명체인 셈입니다. 어떤 사람은 지구의 탄생에서 인간의 출현까지의 역사를 하루 24시간으로 가정할 때, 23시 59분쯤 겨우 인간이 출현했다고도 비유합니다.

여러 발견들에 의해 지금까지 알려진 바로는 인간과 비슷한 존재가 출현한 것은 약 390만 년 전이라고 합니다. 1925년 다트(R. A. Dart)가 남아프리카에서 유아의 두개골 화석을 출토하고 '남방의 원숭이'란 의미의 오스트랄로피테쿠스(Australopithecus)라 명명하였는데, 390만 년 전쯤 것이라는 추정입니다. '루시'라는 애칭을 붙였는데, 키는 1.07미터 정도이고 두뇌 용량도 적었습니다. 이것이 지금까지 발견된 인류의 가장 오래된 조상입니다. 후일 유사한 인골 화석들이 다수 발견되었는데 이들을 '오스트랄로피테쿠스'로 통칭하게 되었습니다. 이들 부류는 인류 진화상 최초의 인간 단계를 이루고 있는 부류로 간주되고 있습니다.

몇 갈래로 나뉜 오스트랄로피테쿠스 부류는 150만 년 전까지 존재했다고 추정됩니다. '남방의 원숭이'란 말에서 보면, 오스트랄로피테쿠스는 원숭이에 속한다고 보입니다. 여기서 상당히 헷갈리는 문제 하나를 정리할 필요가 있습니다. 교과서 등에 유인원(類人猿), 혹은 원인류(猿人類)라는 표현이 있습니다. 이들이 같은 뜻인가, 아닌가 하는 문제입니다.

유인원(類人猿)은 '사람과 유사한 원숭이'라는 의미로 결국 '원숭이'라는 것입니다. 오랑우탄, 침팬지, 고릴라가 여기에 속합니다. 평균 임신기간의 경우 침팬지 231일, 오랑우탄 275일로 사람의 266일과 비슷하고, 생리주기도 침팬지의 경우 대개 28일로 사람과 비슷하지만, 사람은 아닙니다. 고릴라는 일부다처의 집단을 이루며, 침팬지는 5마리 내외의 수컷과 수컷 수의 2~3배가 넘는 암컷과 새끼들로 구성된 집단을 사회적 단위로 하여 사람과는 차이를 보입니다.

이에 반해 원인류(猿人類)는 '원인(猿人)의 부류(部類)'라는 의미로, 유인원에 대칭하여 세 글자로 되어 있지만 학명은 '원인(猿人)'입니다. 원인(猿人)은 '원숭이 같은 사람'이라는 의미로 결국 '사람'이라는 것입니다. 오스트랄로피테쿠스는 바로 대표적인 원인(猿人)인 것입니다.

오스트랄로피테쿠스는 그 속명만 보면 원인(猿人)이 아니라 유인원(類人猿)으로 보입니다. 그러나 이는 1925년 다트가 남아프리카에서 '루시'의 두개골을 출토하면서 '유인원'의 화석으로 잘못 알고 그렇게 속명을 붙였던 데서 연유합니다. 그 후 그것이 '유인원'이 아니라 '원인(猿人)'으로 인정받게 되었지만, 학명의 경우 최초의 명명을 존중하게 되어 있어 그대로 사용하고 있을 따름입니다.

이참에 원인(猿人)과 헷갈리는 '원인(原人)'에 대해서도 설명해 둘까 합니다. 오스트랄로피테쿠스가 발견되기 전 피테칸트로푸스(Pithecanthropus) 부류가 먼저 발견되어 이를 '원인(猿人)'이라 하였습니다. 그런데 그 뒤에 오스트랄로피테쿠스 부류가 다수 발견되어 피테칸트로푸스 부류 보다 훨씬 오래된 인류임이 밝혀졌습니다. 이에 '원인(猿人)'이란 학명은 오스트랄로피테쿠스 부류에게 넘겨주고, 피테칸트로푸스 부류는 '원인(原人)'으로 부르게 된 것입니다. 대표적인 원인(原人)으로 자바 원인(인도네시아)과 북경 원인(北京 原人, 중국 북경 周口店) 등이 있습니다.

오스트랄로피테쿠스는 직립 보행하여 다른 동물과 크게 달랐습니다. 그러나 아직 앞발을 들어 걸어 다니긴 하였으나 완전 직립 보행하지는 못했습니다. 엉거주춤하게 직립 보행하였지만 이는 참으로 중요한 일이었습니다. 다른 동물과 이로써 확연히 달라지게 되었던 것입니다.

'서서 걷는 게 뭐 그리 대단한가?'라고 할지 모르지만, 대단한 일이었습니다. 오늘날에도 네 발로 걷는 동물은 수없이 많지만, 서서 걷는 동물은 거의 없습니다. 원숭이나 침팬지가 어느 정도 서기도 하지만 인간에 비할 바는 아닙니다.

이렇게 이야기해도 이해가 되지 않는다면, 만약 개가 서서 걷는 상황을 연상해 보면 서서 걷는 것이 얼마나 대단한 일인지 이해될 것입니다. 또 모든 쥐새끼가 서서 뛰어 다니고, 돼지가 서서 걷는다면 참으로 우스운 풍경이 연출될 것입니다. 문제는 우스운 풍경이 아닙니다. 그들도 인간처럼 되어 마치 인간과 같은 동물의 종류가 수없이 많게 될 수도 있을 테니까요.

서서 걸으면서 인간은 두 앞발이 자유롭게 되어, 몇 가지 일을 동시에 할 수 있게 되었습니다. 두 발로 달리며 두 손으로 도구를 사용해 먹잇감을 포획할 수 있었습니다. 한 팔로 새끼에게 젖을 먹이며 다른 한 팔로 일을 할 수 있었습니다. 그뿐 아니라 새끼를 두 팔로 품에 안게 됨으로써 보다 안전하게 보호할 수 있게 되었습니다. 지금도 갓난애를 등에 업기도 하지만, 품에 안는 것만큼 안전한 폼은 없습니다. 다른 동물들은 입으로 물어 새끼를 옮기거나 등에 업고 이동합니다. 캥거루가 가슴에 달린 주머니에 새끼를 넣고 이동하는 것은 대단한 일로 보입니다.

만약 인간이 서지 못하였다면 어떻게 되었을까요? 우리의 입은 지상 50센티 정도에서 온통 흙먼지를 들이 마실 것입니다. 또 고개를 들어 하늘을 보고 별을 헤아리기도 힘들 것입니다. 더 큰 문제는 머리 무게 때문에 두뇌 용량이 확대될 수 없었습니다. 인간이 머리 무게에서 벗어나 머리를 자유롭게 움직일 수 있게 됨으로써 두뇌를 확장시키게 된 것은 서서 걷게 된 덕분이었습니다. 도구를 사용하고 직립보행하고 지혜를 갖게 됨으로써 인간은 그 어떤 동물들과도 다른 존재가 되어 갔던 것입니다.

오스트랄로피테쿠스는 주변의 식물을 채집하거나 육식동물들이 먹다 남긴 찌꺼기를 먹으면서 작은 무리를 이루어 생활하였다고 합니다. 유인원에서는 찾아볼 수 없는 인간다운 특징을 지니고 있어 생활 근거지의 확보, 성에 따른 노동의 분담, 의사소통, 친족 관계 유지 등의 문화적 요소를 지니고 생활하였습니다.

특히 도구를 만들어 사용했는데, 이들의 도구는 돌 끝을 간단하게 가공한 석기가 주종을 이루었습니다. 전문화된 도구 제작은 뚜렷하지 않고 필요에 따라 그때 그때 만든 것으로 보입니다. 구체적인 진화 과정에는 논란이 있지만 오스트랄로피테쿠스가 인류의 조상임에는 많은 학자들이 동의하고 있습니다.

통상 오스트랄로피테쿠스는 호모 하빌리스→호모 에렉투스→호모 사피엔스→호모 사피엔스 사피엔스로 진화한다고 합니다. 그러나 그 진화 단계가 확실한 것은 아닙니다.

'호모 하빌리스(Homo habilis)'는 '손재주 있는 사람' 혹은 '능력 있는 사람'이란 의미로 약 250만 년 전, 아프리카 동부에서 오스트랄로피테쿠스의 일파인 아프리카누스의 후손 중에서 진화하여 출현하였습니다. 키는 1.5미터 이하였고 두뇌의 용량은 조상보다 커지고, 초식과 육식을 하면서 50만년 이상 생존하였습니다. 도구를 제작하고 사용했다고 하여 '손재주 있는 사람'이라 하는 것입니다. 여기까지 보면 인간과 동물의 갈림길이자 인간의 중요한 특성이 직립보행과 도구의 사용임이 드러납니다.

이제 지루한가요? 사실 나 역시 역사책을 보다가 이 부분을 건너뛰기도 하였습니다. 그러나 인간이란 어떤 존재이며, 나는 누구인가라는 영원한 화두에 마주치면서 큰 흥미를 가지게 되었습니다. 나와 같은 인간이 최초에 어디에서 어떻게 왔는지를 아는 것이 그에 대한 회답의 실마리일 수 있다고 보였기 때문입니다. 인내를 갖고 한번 살펴봅시다.

'직립인'이란 의미의 '호모 에렉투스'(Homo erectus)는 약 200만 년 전 호모 하빌리스 중의 일부가 진화한 고생 인류입니다. 원숭이에 가까우나 목 아래는 현생 인류와 유사하였습니다. 키는 1.7미터를 초과하고 두뇌는 오늘날의 4세 어린애 정도였다고 합니다. 엉거주춤한 직립이 아니라 오늘날의 인간처럼 바로 서게 되어 직립인이라 부릅니다.

이들은 사냥을 하고 불을 사용하는 진보를 이룩했습니다. 아프리카 원주지에서 중동 · 유럽 · 아시아 · 태평양 방면으로 이동하였는데, 앞서 본 자바 원인(인도네시아) · 북경 원인(北京 原人, 중국 북경 周口店)이 이 부류에 속합니다. 이들 외에 원모 원인(元謀 原人, 중국 운남성) · 남전 원인(藍田 原人, 중국 섬서성) · 하이델베르크인(독일)도 여기에 속합니다.

'지혜인'이라는 의미의 '호모 사피엔스(Homo sapiens)'는 현생 인류는 아니고 현생 인류의 직접 조상입니다. 약 20만 년 전 출현하여 3만 년 전까지 광범한 지역에서 생존하였습니다. 독일의 '네안데르탈인(Neanderthal man)'이 그 대표라는 견해가 있었으나, 오늘날에는 이를 호모 사피엔스와 구별하는 추세입니다. 호모 에렉투스가 호모 사피엔스와 네안데르탈인으로 진화하여 한 동안 공존하다가, 네안데르탈인은 멸종되고 호모 사피엔스만 남은 것으로 보는 것입니다. 네안데르탈인의 멸종 원인은 호모 사피엔스와의 경쟁에서의 패배, 기후 변화, 질병, 먹이 부족, 호모 사피엔스와의 혼혈로 인한 특징 소멸 등을 거론합니다.

1972년 우리나라 평양 부근 덕천 승리산 동굴에서 어금니 2개와 어깨뼈의 화석이 발견되어 명명된 덕천인(德川人)은 중기 구석기 시대의 네안데르탈인 계통으로 간주됩니다.

여기서 우리나라에서 처음으로 사람들이 살았던 시기가 고작 이 정도인가 하는 의문이 들 수 있을 것이나, 그렇지는 않습니다. 위의 사례는 인골 화석이 발견된 경우에 국한되는 것으로, 인골 화석은 발견되지 않지만 가장 빠른 구석기 유적인 충북 단양의 금굴 유적이 약 70만 년 전의 것으로 보이기 때문입니다. 늦어도 이때부터 우리나라에도 고생 인류가 살았던 것이지요. 그 외 경기도 연천군 전곡리 유적, 평남 상원군 검은모루 동굴 유적, 충남 공주 석장리 유적은 약 50만 년 전의 것으로 보입니다.

호모 사피엔스는 종전의 견해와 달리 척추가 굽지 않았고 직립하였으며, 두뇌는 호모 사피엔스 사피엔스와 비슷하였습니다. 호모 에렉투스보다 발달한 석기(석촉, 석추, 석포정)를 제작하고, 장신구를 사용하였으며, 동굴 속에 판 무덤에 시체를 매장하면서 음식과 도구를 묻기도 하여 사후 세계에 대한 관심과 초보적 종교 관념을 보였습니다.

호모 사피엔스가 현생 인류의 직접 조상이라면 '지혜 지혜인'이라는 의미의 '호모 사피엔스 사피엔스(Homo sapiens sapiens)'는 바로 우리 현생 인류입니다. 약 4~5만 년 전 마지막 빙하기가 끝나기 시작하는 무렵에 출현해 후기 구석기 문화를 일구었습니다. 그 출현에 대해서는 2가지 설이 있습니다. 아프리카에서 출현하였다는 '아프리카 기원설', 세계 여러 지역에서 다발적으로 출현하였다는 '다지역 기원설'이 그것입니다.

아프리카 기원설은 12~15만 년 전 호모 사피엔스의 초기 화석이 아프리카 지역에서만 발견된다는 사실을 근거로 호모 사피엔스가 아프리카에서 발생했으며, 5~10만 년 전 무렵에 중동 · 아시아 · 유럽 등으로 이동하여 각 지역에 살고 있던 기존의 고인류를 대체하고 호모 사피엔스 사피엔스로 진화했다고 합니다. 다지역 기원설은 각지에 분포하고 있던 호모 에렉투스가 호모 사피엔스로 진화했고, 다시 그 일부가 호모 사피엔스 사피엔스로 진화했다는 것입니다.

호모 사피엔스의 아종인 호모 사피엔스 사피엔스는 4~5만 년 전에 이루어진 급격한 형질 변화를 통해 나타난 것으로 추정됩니다. 사피엔스에서 사피엔스 사피엔스로의 진화는 형질인류학에서 흔히 '대전이(大轉移)라고 불리는 사건으로, 각지에서의 이러한 급격한 변화는 그 지역 토착 집단 스스로 진화하거나, 이미 현생 인류로의 진화를 마친 집단이 흘러 들어가는 두 과정에 의해 일어납니다.

호모 사피엔스가 현생 인류로 진화해 간 가장 중요한 이유는 도구의 전문화와 이에 따른 신체 각 부위의 기능 감소에서 찾을 수 있습니다. 계속적인 기술의 발달은 행동 양식의 변화를 가속화하였고, 그 결과 형질 진화의 속도 역시 빨라지게 되었습니다. 그러한 과정이 진행되던 중 어느 시점 이후 인류 전체의 유전자 공급원에서 현대인의 형질과 관계된 유전자가 그렇지 못한 유전자를 압도적으로 대체하게 되었을 때 대전이가 발생한다는 것입니다.

대전이의 구체적인 과정은 지역에 따라 다르지만, 모든 지역에서 대전이 시기에 위치하는 화석은 현생 인류와 옛 사피엔스의 특징을 공유하고 있습니다. 하지만 시간이 흐름에 따라 옛 사피엔스의 특징은 서서히 사라지고 점차 현생 인류로 변화해 갔습니다. 두개골의 용량에는 큰 변화가 없었는데, 두개골의 폭이 줄어든 대신 길이가 길어졌기 때문이었습니다.

3만 년 전 경이 되면 신체적 변화 과정이 일단락되면서 현생 인류인 호모 사피엔스 사피엔스가 형질적 진화 과정을 마치게 됩니다. 이 시기에 창조력은 급격한 발전을 보여, 정교한 석기와 골각기를 제작하고 석기를 만드는 공작 도구까지 제작하였습니다.

이들은 우수한 사냥꾼이자 고기잡이의 대가로서, 동굴 생활 중에도 짐승의 가죽을 바닥에 깔거나 천막으로 사용하고, 가죽과 풀로 지붕을 덮고 땅을 판 움집을 만들기도 하였습니다. 시체를 정중하게 매장하는 등 보다 풍부한 정신생활을 전개하고, 맘모스 치아에 여신상을 조각하거나 동굴에 벽화를 그리는 등 예술 활동도 전개했습니다. 스페인 북부에서 발견된 알타미라(Altamira) 동굴 벽화는 들짐승의 번식과 풍요로운 사냥에 대한 기원을 담고 있습니다.

크로마뇽인(Cro-Magnon man, 프랑스), 산정동인(山頂洞人, 혹은 上洞人, 중국 북경 周口店), 그리말디인(이태리 북부) 등은 여기에 속합니다. 1972년 평양 부근 덕천 승리산 동굴에서 덕천인과 같이 발견된 승리산인(아래턱 뼈 발견)은 이 계통으로 보이는데, 덕천인과 함께 북한의 조선중앙박물관에 국보급 유물로 보관되어 있다고 합니다.

또한 1982년 충북 청원군 두루봉 흥수굴에서 인골 화석으로 발견된 '흥수 아이'도 약 4만 년 전에 살았던 이 계통으로 추정됩니다. '흥수굴'이나 '흥수 아이'는 당시 이를 제보한 김흥수(金興洙)의 뜻을 기리고자, 처음으로 사람 이름을 유적이나 유물에 붙이면서 명명된 것입니다.

이상의 진화 과정은 1960년대 이래의 전통적 설명에 따른 것입니다. 그러나 호모 사피엔스 사피엔스를 설정하지 않고 호모 사피엔스까지만 설정하기도 하고, 네안데르탈인을 호모 에렉투스와 호모 사피엔스의 사이에 넣어 구분하기도 합니다.

인류의 조상에 대한 이해에는 아직도 많은 문제가 있지만 인간이 어느 순간 천지와 함께 동시에 창조된 것이 아니라, 진화되어 왔다고 보는 것이 대세입니다. 인간이 다른 동물과 확연히 다른 존재가 되는데 도구 사용이 매우 중요하였음을 고려하여 이를 기준으로 인류의 역사를 석기→청동기→철기시대로 나눈다면 이들은 모두 석기시대에 출현했습니다.

석기, 청동기, 철기시대 중에서 석기시대가 대부분을 차지한다는 점에서 석기시대를 구석기→중석기→신석기로 나누고, 또 그 대부분을 구석기가 차지한다는 점에서 구석기시대를 전기→중기→후기 구석기로 나눈다면 오스트랄로피테쿠스와 호모 하빌리스와 호모 에렉투스는 전기 구석기에, 호모 사피엔스와 네안데르탈인은 중기 구석기에, 호모 사피엔스 사피엔스는 후기 구석기시대의 주인공이었습니다.

인류의 역사를 문자로 된 기록의 유무로 선사시대와 역사시대로 구분하고 역사시대가 대체로 청동기시대와 같이 시작된다고 보면, 이들은 모두 선사시대에 출현했습니다. 우리의 직접 조상인 호모 사피엔스 사피엔스 조차 선사시대인 후기 구석기시대에 출현하여 선사시대의 마지막 단계인 중석기와 신석기를 거쳐, 청동기와 철기의 역사시대를 열어 지금까지 존재하고 있는 것입니다.

2) '과거에 일어난 모든 사실'로서의 역사의 발생

(1) 양적 확대와 질적 전환

우주나 지구, 생명체와 인간이 어느 한 순간 동시에 한꺼번에 출현한 것이 아니라 아주 오랫동안의 시간적 차이를 두고 출현하였고, 생명체와 인간이 오랫동안의 진화 과정을 거쳐 왔다고 할 때 '과거에 일어난 모든 사실'로서의 역사는 언제 발생했다고 보아야 할까요? '과거에 일어난 모든 사실'의 가장 중요한 주체가 인간이라면, 그것은 인간이 이 세상에 출현한 이후부터 시작되었을 것입니다.

오스트랄로피테쿠스로부터 호모 사피엔스까지는 고생 인류로서 현생 인류는 아닙니다. 현생 인류는 호모 사피엔스 사피엔스입니다. 오늘날의 우리가 현생 인류의 후손이라는 점에서 현생 인류만을 우리와 같은 인간으로 보고, 현생 인류의 출현으로 역사가 시작된 것으로 볼 수도 있을 것입니다. 그러나 현생 인류건 고생 인류건 모두 이 지구상에서 생활한 우리의 조상이라는 점에서 이들을 제외할 이유는 없을 것입니다.

그 어느 쪽으로 보건 간에 그리 큰 문제는 없습니다. 그 어느 쪽이든 그들이 이 지구상에서 활동한 것은 인류 역사의 99.9% 쯤에 해당하는 긴 시간이지만, 그들에 의해 일어난 일들은 긴 시간에 비례할 정도의 의미는 없었기 때문입니다. 그들이 이루어놓은 일은 말하자면 오늘날 하루에 이루어지는 일 정도였을까요?

인류 역사 대부분의 시간 동안 고생 인류에 의해 일어난 일들이 큰 의미가 없었다고 이야기하는 것은 지나친 과소평가일지 모릅니다. 이러한 경우 필자는 '양적 확대'와 '질적 전환'을 생각합니다. '양적 변화', '질적 변화'라고 해도 무방하지만, 그 의미를 살린다면 '양적 확대', '질적 전환'이 더 좋은 표현입니다.

가령 고생 인류가 오늘도 어제와 마찬가지로 돌을 깨트려 만든 도구를 가지고 짐승을 사냥하는데, 어느 날 돌로 만든 도구를 더 많이 가지고 더 많은 짐승을 사냥하였다면 어떤 의미가 있을까요? 더 많은 도구로 더 많은 짐승을 사냥하였으니 의미가 없는 것은 아닙니다.

그러나 여전히 동굴에서 생활하면서, 돌을 깨트려 만든 도구로 짐승을 잡아먹는 기본 패턴 자체에 별다른 변화가 있었던 것은 아닙니다. 더 많은 도구로 더 많은 짐승을 잡았지만, 기본 패턴 자체에 별 변화가 없는 이러한 변화를 '양적 확대'라고 합니다.

말 1마리로 달리던 마차를 4마리의 말로 달리면 어떻게 될까요? 말 1 마리의 힘을 1마력이라 하는데, 1마력이 4마력으로 확대되었으니 힘은 그만큼 커질 것입니다. 그러나 오늘날 동력의 힘으로 자동으로 달리는 자동차의 출현과는 다릅니다. 양초 1개를 켜다가 3개를 켜면 그만큼 밝아질 것입니다. 그러나 전기에 비할 바 못됩니다. 이러한 변화가 양적 확대입니다. 의미가 없는 것은 아니지만 질적으로 완전히 달라진 것은 아닙니다.

이와 달리 '질적 전환'은 말 4마리로 끄는 마차가 자동차로 바뀌고 양초 3개가 전기로 바뀌는 것과 같이, 질적으로 완전히 다른 그 무엇으로 전환하는 것입니다. 돌을 깨트려 도구를 만들고, 짐승을 사냥하거나 열매 등을 채취하여 먹거리를 장만하고 동굴에서 생활하는 패턴에서 벗어나, 어느 날 갑자기 돌을 갈아 보다 정교한 도구를 만들고 농사를 짓고 목축을 하여 먹거리를 생산하고 토기를 만들어 음식을 조리하고 동굴에서 나와 움집을 짓고 정착을 하는 것과 같은 것입니다. 또 이런 정도에서 벗어나 어느 날 갑자기 금속으로 무기와 도구를 만든다면 이 역시 대단한 변화입니다.

이처럼 종전에 없던 전연 새롭고 엄청난 변화를 '질적 전환'이라 합니다. 질적으로 완전히 다른 이러한 급격한 변화는 어느 날 갑자기 나타나기보다 그동안 누적된 양적 확대를 토대로 나타나는 경우가 많습니다. 양적으로 확대되던 포대가 더 이상 견디지 못하고 폭발해 다른 그 무엇이 되는 식입니다.

질적 전환은 질적으로 차원이 달라지는 변화입니다. 돌을 깎아 부처를 만든다면, 같은 돌이라도 차원이 달라집니다. 입시철에 수많은 사람들이 대구 인근 팔공산의 갓 바위 부처님 앞에서 비는 것은 그것이 돌이 아니라 부처라고 보기 때문입니다. 나무 조각과 철사 줄을 조합해 아름다운 소리를 내는 바이올린이 되거나, 별 의미 없는 단순한 소리들이 조합되어 아름다운 멜로디의 음악이 되거나, 여러 색의 물감이 어울려 멋진 그림이 되는 것과 같은 것이 바로 질적 전환인 것입니다.

현생 인류가 아니라 고생 인류의 출현을 역사의 시작으로 보더라도 그들이 오랫동안 이루어 놓은 일들은 '양적 확대'에 불과했고, 질적 전환으로 볼 만한 것은 별로 없었습니다. 질적 전환의 차원에서 볼 때, 그들이 수백만 년 동안 이루어놓은 일들이 갖는 의미는 오늘날 하루에 이루어지는 일에 견주기도 어려울 것입니다.

(2) 신석기 혁명

인류는 대부분의 시간을 구석기 단계에서 보냈습니다. 인류 역사의 99.9%쯤 될까요? 이때에도 질적 전환이 없었던 것은 아니었습니다. 인간은 직립 보행하고 도구를 만들어 사용하면서 다른 동물과 확연히 구별되는 존재가 되어 갔습니다. 돌을 깨트려 석기를 제작한 것은 중요한 질적 전환이었습니다. 지금 그 어떤 동물도 기껏해야 있는 돌이나 나무 등을 그대로 이용하는 정도이지 이를 다시 가공하여 도구로 제작하지는 못합니다.

불을 발명한 것도 대단한 질적 전환이었습니다. 불의 사용에 의해서 인류는 자연적인 거주 지역이었던 열대지역을 떠날 수가 있게 되었고, 또 여러 상태의 환경을 만들어낼 수 있었습니다. 자연 속에서 불이라는 강력한 에너지를 얻게 됨으로써 온난함과 조명을 얻고, 음식물을 조리하고 도구를 만들어냈으며 금속을 다루는 지식도 가질 수 있게 되었습니다. 준엄한 자연의 제약으로부터 해방되어 자연을 지배하게 되는 데에도 불은 엄청난 영향을 미쳤습니다.

불이 없는 세상을 상상하는 것조차 답답하게 느껴지는 데에서도 불의 발명이 갖는 중요성을 이해할 수 있을 것입니다. 이와 함께 언어를 사용한 것도 중요한 질적 전환으로서, 이를 통해 상호 의사를 전달하고 협동이나 분업을 통해 수렵과 채취의 성공률을 높일 수 있었습니다.

이처럼 구석기 시대에도 중요한 질적 전환이 있었지만, 그 많은 시간에 비해 질적 전환이 그리 많았던 것은 아니었습니다. 구석기 시대에도 수많은 일들이 일어났지만 365일 거의 동일한 일들이 반복되면서 기껏 양적 확대에 머무르고 있었던 것입니다.

그런데 인간이 돌을 갈아 보다 정교한 도구를 만들고, 토기를 만들어 곡식이나 물을 저장하거나 음식을 조리하고, 농사를 짓고 목축을 하여 먹거리를 생산하고, 동굴에서 나와 움집을 짓고 정착을 한 것은 대단한 진보였습니다. 따라서 우리는 그 질적 전환을 '신석기 혁명'이라 하여 혁명으로 부릅니다.

지금의 눈으로 보면 어려운 일이 아닌 듯하지만, 이는 사실 매우 어려운 일이었습니다. 그러기에 이 질적 전환은 인류가 이 지구상에 출현한 이후 너무도 오랜 시간이 흐른 후에야 가능했습니다. 그 시기는 지금으로부터 기껏 1만 년 전이었습니다.

신석기는 간석기(마제석기), 토기, 농경과 목축, 정착 생활의 시작 등을 중요한 요소로 하지만, 이들 요소가 동시에 시작되는 것은 물론 아닙니다. 그러면 무엇으로 신석기 시작의 기준으로 삼아야 할까요? 근래에는 토기의 출현을 기준으로 보는 추세입니다. 그렇게 볼 때 신석기 시대는 기원전 8000년경 메소포타미아에서 가장 먼저 시작되고, 곧이어 이집트 · 인도 · 중국에서도 시작되었습니다.

신석기 혁명을 가장 먼저 시작한 이들 지역이 세계 4대 문명으로 인류의 진보를 선도하였지요. 우리는 제주도 한경 고산리 유적에서 발견된 토기와 석기가 기원전 8000년경까지 소급된다고 하지만, 5000~6000년경이라고 보입니다. 농경은 기원전 4000년경, 농경 중에서도 도작(稻作) 즉 벼농사는 기원전 2000년경 시작되었습니다. 꽤 빠른 출발이었던 셈입니다. 일본은 기원전 8000년경 토기를 만들었지만, 신석기의 꽃인 농경은 기원전 3세기(일설에는 5, 6세기)경에야 시작되는 이상한 형태입니다.

사실 인간이 자연에서 저절로 생겨나 자라난 것을 수렵이나 채취를 통해 먹거리를 마련하는 것이 아니라, 인간 자신의 힘으로 먹거리를 생산한 것은 참으로 위대한 발견이었습니다. 인간이 스스로의 힘으로 생산을 시작한 것입니다. 자연경제(획득경제, 채취경제)에서 생산경제로의 전환이라 할 수 있겠는데, 이는 가히 혁명적인 질적 전환이었습니다.

이 질적 전환을 통해 인류는 수렵과 채취와 같은 종전 방식에 의해 먹거리를 마련하는 방법 외에 생산 혹은 재배라는 또 다른 중요한 먹거리 마련 방법을 찾아내어, 보다 안정적으로 영양을 공급할 수 있었습니다. 이는 오늘날까지 그 어떤 동물도 스스로 먹거리를 생산해 내지 못하는 데서도 볼 수 있듯이, 그 어떤 진보와도 견줄 수 없는 중요한 질적 전환이었습니다.

인간은 이쯤 되어 다른 동물과는 엄청나게 다른 존재가 되었습니다. 인간의 역사도 이 단계쯤 되어 보다 풍부한 내용을 가질 수 있게 되었던 것입니다.

이러한 진보에서 보면 신석기 시대 사람들은 그 전 시대 인류들보다 행복했을 것이라 생각됩니다. 먹거리를 자신의 손으로 마련할 수 있게 됨으로써 자연에 대한 지배력을 높일 수 있었을 것입니다. 신석기인들은 예나 지금이나 가장 중요한 최소한의 생존 조건인 물과 불, 먹거리와 조리기구, 잠잘 곳을 화려하거나 풍족하지는 않지만 갖추게 된 것입니다. 농사지을 땅은 무진장으로 펼쳐져 있고 사람의 수는 그리 많지 않았을 것이니 자기 자신만 부지런히 일하면 먹고 살기가 그리 어렵지 않은, 매우 평화로운 풍경이 머리에 떠오릅니다.

그러나 과연 그러했을까요? 돌을 깨트리는 것이 아니라 갈아서 도구를 만든다고 하더라도 돌은 돌이 아니겠습니까? 그 돌로 만든 도구로써 농토를 일구고 농사를 짓는 것은 쉬운 일이 아니었을 것입니다. 농사짓기에 안성맞춤인 하천 부근의 조금 높은 곳을 일구어 힘들여 농사를 지어 놓았는데, 홍수에 다 휩쓸려 가기도 여러 번이었을 것입니다. 준엄한 자연의 장난 앞에 하루아침에 모든 것을 잃어버리고, 또 다시 일을 시작해야 하는 경우가 비일비재했을 것입니다.

자연 재해 만이 아니었습니다. 공들여 마련한 먹거리가 어느 날 갑자기 나타난 불한당들에게 몽땅 털리는 일도 비일비재했을 것입니다. 침입자를 막기 위해 도랑을 파기도 했지만, 야간에 기습적으로 덤비는 적을 막기는 쉽지 않았습니다. 그러나 이런 일을 당하여도 하소연할 방법이 없었습니다. 경찰 같은 것이 없으니 누구에게 하소연하고 응징해 달라 하겠습니까?

그러면 꾹 참고 나시 먹거리를 장만하는 수밖에 없을까요? 힘들여 지은 식량을 다 뺏기고, 애써 키우던 가축을 온통 도적맞고 가만히 있을 사람이 어디 있겠습니까? 응징은 자신의 힘으로 하는 수밖에 없습니다. 누가 중간에서 중재할 힘이 없다면, '만인에 대한 만인의 투쟁'이 벌어질 수밖에 없는 것이지요. 이러한 상황들로 미루어 짐작해 보면, 신석기인들의 평화롭고 행복한 생활에 대한 상상은 너무나 낙관적인 것이 아닐까요?

신석기 이후부터 모계제 사회에서 부계제 사회로 넘어갑니다. 모계제, 부계제라고 하는 것은 가족의 계통이 어머니 중심이냐, 아버지 중심이냐 하는 것이지만 계통이 바뀌다보니 권력도 이동하여 모권제에서 부권제로 이동할 것입니다. 오늘날에도 그러하지만 가족 내의 권력이라는 것도 사실 누가 더 많은 칼로리를 공급하느냐에 달려 있었습니다. 어머니가 더 많은 돈을 벌어오면 어머니에게 권력이 쏠리는 현상과 같습니다.

부계제, 부권제 사회로 넘어가는 것은 농경과 목축의 시작과 관련되어 있었습니다. 농경과 목축에는 힘든 노동이 요구되었고, 그 노동은 주로 남자의 몫이었습니다. 남자의 칼로리 공급량이 늘어나면서 권력도 늘어났던 것입니다.

권력을 갖게 되었으니 좋았을 듯합니다. 그러나 이때부터 남자는 가족을 먹여 살리기 위해 끊임없이 노동할 수밖에 없는 가족의 노예이기도 했습니다. 노예의 주된 존재 이유가 노동의 제공이라는 의미에서 그러하다는 것입니다.

이 시기에 인간의 행위가 다양해지고 역사의 내용도 풍부하게 된 것은 사실이지만, 아직은 많은 한계가 있었습니다. 오늘날 그 흔한 호미나 낫과 같은 그 어떤 금속제 도구도 없었습니다. 문자도 없었고, 문자에 의한 기록도 없었습니다. 생명을 보호해 줄 국가도 없었습니다. 역사의 내용이 또 다시 획기적으로 풍부하게 되기 위해서는 또 다른 질적 전환을 기다려야 했습니다. 그것은 인류가 처음으로 금속을 사용하게 되는 질적 전환이었습니다.

(3) 청동기 시대

인간이 돌이나 나무와 같은 것이 아니라, 금속으로 도구를 만들어 쓰게 된 것은 매우 큰 진보였음에 틀림없습니다. 물론 이 진보는 인간이 이 지구상에 존재하게 된 이후에도 너무나 많은 시간이 지난 이후에야 가능했습니다. 가장 빠른 지역이라 하더라도 불과 기원전 3000년경에야 가능했던 것입니다. 이 역시 인간 출현 이후 지금까지의 역사를 1년 365일로 잡았을 때, 마지막 365일째 밤 11시 너머 어느 시간쯤 겨우 청동기를 만들어 쓰게 되었다고 비유합니다.

기원전 3000년경 이 질적 전환을 가장 먼저 이룩한 것은 역시 세계 4대 문명 지역이었습니다. 가장 먼저 일군 신석기 문명을 바탕으로 또 다른 질적 전환을 이룬 것이지요. 기원전 2000년경에는 이들 지역에 이어 소아시아와 동부 지중해 연안, 에게 해 지역이 청동기 문명 단계에 진입했습니다. 우리는 기원전 1000년경으로 만주 쪽은 더 빨랐다고 보입니다. 일본은 기원전 3세기경, 한때의 세계 최강 영국은 기원전 1세기경에 청동기 문명에 진입하였습니다.

금속 중에서 금이나 은, 구리는 비교적 쉽게 발견할 수 있었습니다. 그러나 이들을 도구나 무기로 사용하는 일은 없었습니다. 귀하기도 했지만, 물러서 도구나 무기로는 부적당하였지요. 그래서 인류는 구리와 주석을 일정 비율로 섞어 청동을 만들었는데, 그 기술은 꽤 어려웠습니다.

오늘날 풍요로운 세계 최강의 국가 미국과 캐나다 땅의 주인은 백인이나 흑인이 아니라 인디언이었습니다. 북미 인디언은 9개 정도의 어족으로 나뉘는데 일부가 문자를 사용하고 빗살무늬 토기와 홍도를 제작하여 사용하였습니다. 구리는 사용하였지만, 청동은 만들지 못하였습니다. 철은 물론 없었습니다.

북미 지역은 중남미 지역과 함께 콜럼부스의 신대륙 발견 이후 철제 무기로 무장한 서양의 모험가나 투기꾼에게 위험하지만 아주 매혹적인 땅이었고, 결국 그들의 손에 넘어가고 말았습니다. 그 원인은 미루어 짐작할 수 있을 것입니다.

오늘날의 멕시코 등 중미에서 발전한 마야문명과 이를 이은 아즈텍문명, 그 아래 길쭉한 고산 지역에서 발전한 잉카문명은 청동제 무기를 사용하였다고 합니다. 일부 철이 사용되었다는 설이 있지만 전반적으로 철은 사용되지 않았습니다. 1521년까지 그러한 상태에 머물다, 철제 무기로 무장한 코르테스(Hernán Cortés, 1485-1547)나 피사로(Francisco Pizarro, 1475?-1541)와 같은 소수의 서양 침략자들에게 어이없이 멸망하였습니다. 브라질이나 아프리카 원시림에 사는 종족들의 경우 아직도 청동기 없이 생활합니다.

인류는 엄청난 시간이 흐른 후에 일부지역에서 청동을 만드는 진보에 도달하였습니다. 그렇게 되자 이를 먼저 개발하거나 소유한 집단은 다른 집단과 구별되게 되었습니다. 이들이 곧 힘 있는 집단을 형성하게 되었던 것이지요. 돌칼을 가진 집단과 청동제 칼이나 창으로 무장한 집단이 맞붙어 싸운다면 어떻게 될까요? 돌칼 집단이 싸움에 질 게 뻔합니다.

임진왜란에서 이순신 장군이 죽고, 이 땅의 수많은 백성과 병사가 죄 없이 죽은 것은 일본의 조총 탓이었습니다. 우리의 활이나 구식 무기는 이 신식 무기에 맥을 못 추었던 것이죠. 외부의 적들에게 난공불락이었던 서양 중세의 거대한 성들의 위용을 여지없이 부셔버린 것은 대포였습니다. 공중으로 날아드는 이 신식 무기 앞에 거대한 성들도 더 이상 난공불락이 아니었습니다.

청동이 만들어지면서 매우 중요한 질적 전환들이 일어났습니다. 청동제 무기로 무장한 힘 있는 집단이 돌칼의 힘없는 집단을 유린하는 것과 같은 상황이었지요.

이러한 상황에서 힘 있는 집단이 힘없는 집단을 유린하여 지배하기도 하고, 힘없는 집단이 힘 있는 집단에 자진하여 항복하기도 하고, 힘없는 집단끼리 연합하여 힘 있는 집단에 대항하기도 하였을 것입니다.

이러한 과정에서 힘 있는 자들이 힘없는 자들을 부려먹게 되었고, 힘없는 자들은 힘 있는 자들을 위해 고된 노동에 종사해야 했습니다. 지배와 피지배의 관계가 생겨난 것입니다. 그 관계를 유지하기 위한 여러 조치들이 만들어지면서 유치한 형태지만 국가라는 것도 만들어집니다.

자연 상태에서 난무하는, 만인의 만인에 대한 폭력에 지칠 대로 지친 인간들이 자신의 안전을 지켜주는 조건으로 특정인에게 권력을 주는 대신 안전을 보장받는 계약을 맺음으로써 국가가 발생하였다는 설명은 너무 낙관적인 견해지만 자연 상태에서의 인간의 상황을 표현한 점에서는 일리가 없지 않습니다.

물론 초기 국가의 형성을 너무 '정글의 법칙'으로 설명하는 것은 일면적일 것입니다. 홍수와 같은 자연의 참혹한 재해를 제방을 쌓아 줄여 보려는 노력 같은 것이 많은 노동력의 동원을 요구하고, 이러한 노동력 동원의 필요성에서 국가가 만들어지기도 했을 것입니다.

국가가 만들어지면서 인간 개인의 일만이 아니라 집단의 일도 다양해지고, 역사의 내용도 훨씬 풍부하게 되었습니다. 문자가 발명되어 그 일부를 기록하게 되면서 역사시대로 넘어가게 되는 진보도 이루어 인류는 비로소 참다운 '문명' 단계에 진입하였습니다.

그러나 아직도 여전히 많은 한계가 있었는데, 이는 또 다른 질적 전환에 의해 극복의 가능성을 발견합니다. 청동은 무기로 제조되어 우수한 전투력을 창출해 주었지만, 제작에 드는 비용에 비해 재질 자체가 너무 물러 농기구로 사용할 수 없었습니다. 당시 청동으로 농기구를 만드는 것은 마치 금이나 은으로 농기구를 만드는 것과 같았습니다. 따라서 청동으로는 무기, 제기(祭器), 장식품을 만들고 농기구는 여전히 돌로 만들어 사용하였습니다.

농법이 진보하고 다수의 노동력을 동원하는 수단 등에 의해 생산량은 늘어났겠지만, 그 생산량 확대는 농기구가 돌로 만든 것에 머물러 있는 한 양적 확대에 불과했습니다. 이러한 한계를 돌파하는 것이 또 하나의 질적 전환인데, 그것은 철의 생산에 의해 가능했습니다.

(4) 철기 시대

인류 최초로 철기를 만든 것은 소아시아(터키)에서 일어난 히타이트(Hittite)였습니다. 기원전 1500년경이라 하는데, 히타이트는 철로 만든 전차나 무기로 대제국을 건설할 수 있었습니다.

오랫동안의 풍화작용으로 만들어진 기암괴석에 사람들이 비둘기 집처럼 굴을 파고 들어가 생활한 것으로 유명한 터키 아나톨리아 고원의 카파도키아는 터키 남서쪽의 파묵칼레로 부터 동쪽으로 거의 종일을 달려 도착할 수 있는 곳입니다. 파묵칼레는 온천물에 함유된 칼슘이 겹겹이 쌓여 만들어진 단층들이 하얀 목화처럼 보인다 하여 '목화의 성'으로 불리는 곳입니다. 로마 시대에 '성스러운 도시'란 의미의 '히에라 폴리스'란 이름으로 개발된 휴양지로서 아름다운 로마 유적들도 많이 남아 있습니다.

새벽 노천 온천에 느긋하게 발을 담근 사이, 살며시 햇살이 빗살처럼 퍼져 나오더니 어느새 온 세상을 비추었습니다. 일출이 이렇게 아름다울 수 있구나 하는 생각이 들었지요. 햇살에 반사된 푸른 파묵칼레는 장관이었습니다. 저 멀리 원형경기장을 보고 싶었지만, 아쉬움을 뒤로 하고 카파도키아로 향했습니다.

어느새 카파도키아로 가는 길은 나무도 풀도 거의 없는 황량한 광야의 연속이었습니다. 모두들 지겨운 듯 잠을 청하기도 하였지만, 나는 히타이트 전사가 철로 만든 전차를 타고 달리는 광경이나 투르크가 말을 타고 달리는 광경을 그리며 열심히 창밖을 내다보았습니다. 정확한 지명은 기억나지 않지만 가이드는 그 어느 지점을 지나면서 '이 지역은 철광 생산으로 유명한데, 근처에 좋은 철광산이 있기 때문'이라고 일러 주었습니다. 히타이트가 세계 최초로 철을 생산할 수 있었던 것은 좋은 철광산이 있었기 때문인데, 이 근처 어디에서 철을 생산하지 않았을까 하는 생각이 들었습니다.

히타이트는 철이 가진 위력을 알았으므로, 철 생산 기술을 철저히 비밀로 하여 다른 지역으로 빠져 나가지 못하게 통제하였습니다. 그러나 철을 먼저 생산한 덕분으로 큰 제국을 건설한 히타이트도 자신의 영광에 너무 도취된 탓이었을까요? 아니면 철 생산이 갖는 질적 전환의 약발이 다한 탓일까요? 막강한 히타이트도 기원전 1200년경 내부적 문제와 정체불명의 해상민족(sea people)의 침입으로 망하고 맙니다.

그런데 히타이트의 멸망으로 그동안 그렇게 감추어 두고자 했던 철 생산 기술이 유출됨으로써, 세계 여타 지역에서도 그 혜택을 누리게 되었습니다. 따라서 여타 지역이 철기의 혜택을 누리게 되는 시기는 빨라도 기원전 1200년경을 넘을 수 없습니다. 중국은 기껏해야 기원전 8세기, 우리는 기원전 4세기, 일본은 기원전 3세기경인데 일본의 경우 신석기의 꽃인 농경과 청동기와 철기문명이 거의 동시에 시작되는 이상한 형태입니다. 따라서 이들 문명은 일본 자체 개발품이라기보다 우리나 중국에서 이식된 것으로 보아야 할 것입니다. 그런데 이미 본 바와 같이 상당수 지역의 많은 민족들은 철기의 혜택을 전혀 누리지 못한 채 사라져 갔습니다.

그런데 여러분은 신석기에서 철기문명까지 보면서 필자가 특별히 언급한 지역들에서 어떤 공통성이 있음을 발견했나요? 여러분은 잘 느끼지 못했는지 모르지만 각 문명이 가장 먼저 시작된 지역, 그리고 우리와 중국과 일본을 특별히 언급하였습니다. 여러분이 그 무엇을 공부하더라도 이런 식으로 하면 어떨까 하는 생각에서였습니다.

그 최초는 어디이며, 우리와 중국과 일본은 어떠했는가를 서로 비교해 보라는 것입니다. 그럴 때 우리 것의 시간적 좌표가 보이고, 그 시간적 좌표 속에서 우리 것의 독특한 성격이 드러난다는 것입니다. 나아가 운명적으로 이웃하면서 살아가야 하는 중국과 일본, 특히 일본에 대한 이해를 게을리 하지 말라는 것이지요. 일본에 대한 무지와 그것이 야기한 그릇된 판단이 임진왜란과 일제 강점의 중요한 배경이기도 했기 때문입니다.

철기 제작술을 익힌 집단들은 이를 농경에 사용하여 농업 생산력에 중요한 질적 전환을 이루게 되었습니다. 철제 농기구로 보다 쉽게 땅을 개간하고, 도랑을 파 물을 대고, 땅을 갈았던 것입니다. 이때 쯤 소나 말을 농경에 이용하여 사람의 힘을 보충하는 진보도 이룩하여 농업생산력은 크게 발전하지요.

철기 사용에 의한 농업생산력의 비약적 증가는 인간 삶의 여러 측면에 엄청난 변화를 가져왔습니다. 농업생산력의 증가는 땅에 대한 매력을 상승시켜 그 사유화를 본격화시켰을 것입니다. 또 그것은 빈부의 격차를 벌려 갈등을 확대하고 채무노예를 양산할 것이며, 그로 인한 여러 사회문제를 야기할 것입니다. 이를 통제하기 위한 윤리와 도덕, 종교의 역할이나 법과 국가의 역할도 높아질 것입니다.

잉여 생산물은 수공업으로 만든 상품에 대한 구매력을 높일 것이고, 이는 화폐와 상업과 수공업의 발전, 도시의 형성을 유도할 것입니다. 철기의 사용은 정치·경제·사회·문화적으로 엄청난 변화를 야기하였던 것입니다. 이로써 인간의 역사도 훨씬 더 풍부하고 다채로운 내용을 가지게 되었습니다.

2. '서술로서의 역사'의 발생

1) 문자의 발생

(1) 문자 발생의 배경

이상에서 '과거에 일어난 모든 사실'로서의 역사의 시작과 전개 과정의 일단에 대해 살펴보았습니다. 이제 무수한 사실 중 의미 있고 가치 있다고 생각되는 사실을 언제부터 진열, 서술하기 시작하였는가를 살펴보고자 합니다.

시간이라는 창고 속에 뒤죽박죽 쌓여있는 무수한 사실들 중 의미 있고 가치 있는 사실을 가려내어 따로 진열하기 시작한 것은 얼마 되지 않았습니다. 그렇게 하기 전에는 쌓아 두기만 하였고, 그 일부를 따로 전시하지 못하였습니다. 우선 수단이 없었습니다. 우리가 흔히 이야기하는 구석기 시대는 물론이고 상당한 질적 전환을 이룩한 신석기 시대까지도 그러했던 것입니다.

전시된 역사, 즉 그것은 과거의 사실들 중 일부를 서술한다는 의미입니다. 서술로서의 역사는 무엇을 필수조건으로 할까요? 당연히 문자일 것입니다. 그렇게 보면 진열된 역사, 서술된 역사는 문자의 발생과 궤를 같이 할 것입니다. 결국 문자가 언제 만들어졌는가 하는 것이 문제인 것입니다.

인간이 돌을 깨거나 갈아 도구를 만들어 쓰던 시기에 문자가 없었다는 이야기는 이미 하였지요. 그러나 그 단계를 지나 청동기를 사용하게 되면서 사정이 달라졌습니다.

중국의 경우 청동기는 1920년대에 처음 발견되었습니다. 사마천(司馬遷, 기원전 145?-기원전 86?)이 기원전 100년경에 저술한 『사기(史記)』에는 요순(堯舜) 시대를 거쳐 중국 고대 왕조로 하(夏)-은(殷)-주(周)의 세 왕조가 전개되었다고 되어 있습니다. 처음 상(商)이라고 불린 은 왕조의 마지막 도읍자리인 은허(殷墟)라는 곳에서 아주 잘 만든 대형 청동기들이 다수 발견되었습니다.

그 청동기에는 그것을 만들게 된 연유 등을 적은 문자들이 새겨져 있었습니다. 은허에서 발견된 청동기는 은 왕조 후기인 기원전 1300년경 이후 제작된 것으로 보이지만, 청동기 시대에 문자가 존재했음은 이로써도 알 수 있는 사실입니다.

은허에서는 청동기만이 아니라 다수의 '갑골(甲骨)'도 발견되었습니다. 갑골이란 짐승의 뼈와 거북의 등껍질을 말하는데, 거기에도 문자가 새겨져 있었습니다. 점을 친 결과를 적은 이 문자를 갑골문이라 하는데, 한자의 원형으로 생각되는 이 문자들에 의해 전설 속의 은 왕조가 실제 존재했다는 사실이 증명되었지요.

이것이 발견된 것은 우연이었습니다. 지금으로부터 100여 년 전인 1899년 북경 한약방에 '용골(龍骨)', 즉 '용의 뼈다귀'라고 하면서 팔러 다니는 사람들이 있었습니다. 이를 자세히 보니 아주 오래된 짐승의 뼈로, 거기에 무언가 새겨져 있었습니다. 그것을 팔러 다니던 자들은 그것이 어디에서 나왔는지 출처를 밝히지 않으려 했지만, 결국 국가 기관에 의해 그 출토지에 대한 발굴이 진행되었습니다.

『사기』에 서술된 은나라의 마지막 도읍자리와 일치한 이 지역에 대한 발굴로 다수의 청동기와 갑골이 출토되었고, 그것에 새겨진 문자 속에서 전설 속의 은나라 왕들의 이름을 모두 발견할 수 있었습니다. 『사기』에 나오는 은나라 28명의 왕 외에 2명의 왕이 더 있었다는 점도 확인하였지요. 문자의 출현은 이처럼 청동기의 출현과 대체로 시기를 같이 합니다.

그런데 위에서 보았듯이 청동기와 문자가 있던 시기에 또 무엇이 존재했던가요? 바로 국가입니다. 이처럼 청동기와 문자와 국가의 출현은 대체로 그 시기를 같이 합니다. 여기서 우리는 청동기와 문자와 국가의 출현 사이에는 어떤 연관관계가 있다는 영감을 받게 됩니다. 청동기가 국가 성립에 큰 영향을 미쳤음은 이미 말하였지만, 대체로 이 무렵에 문자도 만들어 진 것입니다.

이러한 사정에서 보면 문자의 발생은 아마도 국가가 백성을 지배하기 위해 무언가를 기록해야 할 필요성과 관련된 듯합니다. 오늘날 문자로 된 서류들이 없다면 국가의 통치는 어떻게 될까요? 당장 호적이나 주민등록부터 못하게 될 것입니다. 이것이 없다면 어떻게 세금을 매기고 군인을 징발할 수 있겠습니까? 국가가 백성이나 토지에 대한 그 어떤 기록도 가지고 있지 않다면, 국가는 문을 닫아야 할 것입니다.

기원전 221년 중국을 통일한 진시황(秦始皇, 기원전 259-기원전 210)은 죽지 않는 불로초를 구하려고 그렇게 노력했지만, 결국 죽고 맙니다. 그의 폭정에 항거하여 그가 죽자 곧 반란이 일어났고, 반란은 급기야 항우(項羽 기원전 232-기원전 202)와 유방(劉邦, 기원전 247?-기원전 195)의 싸움으로 압축되었습니다.

무력적으로 훨씬 약한 유방이 항우를 이긴 것은 여러 가지 이유에서였습니다. 항우보다 먼저 진나라 수도 함양(咸陽)에 입성한 유방은 진나라의 가혹한 법을 폐지하고 학정에 신음하던 백성들을 어루만져 주었지요. 그러나 강적과의 싸움을 마다하지 않다가 늦게 입성한 항우는 아방궁을 불 지르고, 진시황의 능을 파괴하고, 공공연히 약탈을 자행했습니다,

이렇게 유방이 천하의 민심을 얻은 탓도 있지만, 유방의 오른팔이었던 소하(蕭何, ?-기원전 193)가 진나라에서 자세하게 정리한 호적과 토지대장을 거머쥐었던 것이 형세를 역전시킨 큰 기반이었습니다. 항우에 의해 한왕(漢王)이란 이름으로

밀려난 유방이었지만, 유방 측은 자기들 손에 들어 온 호적과 토지대장을 통해 천하대세를 파악할 수 있었던 것입니다. 그것은 그 어떤 무기보다도 더 큰 힘을 발휘했습니다.

이처럼 문자는 국가를 운영하기 위한 중요한 수단이었으며, 통치의 필요성은 문자를 만든 중요한 배경의 하나로 보입니다. 중국의 북방 이민족으로 자기 고유의 문자를 가장 먼저 만든 것은 돌궐(투르크)족이었으며 그 뒤에 일어난 거란 · 여진 · 몽고 · 만주족도 모두 문자를 만들었습니다. 모두 국가 수립을 계기로 문자를 만들었지요.

문자가 만들어진 이유를 너무 정치적인데서 찾았나요? 문자가 반드시 지배의 필요성에서 만들어진 것은 아닐 것입니다. 문자가 만들어진 또 다른 중요한 배경은 무언가를 표현하려는 인간 본연의 욕구일 것입니다. 따라서 국가가 없던 시대에도 인간은 널찍한 바위 같은 데에다 그림을 그렸습니다.

대개 사슴이나 물고기 같은 것을 많이 그렸는데, 물고기와 사슴을 많이 잡았음에 대해 감격하는 자신들의 감정이나, 혹은 더 많은 물고기와 사슴을 잡고 싶다는 소망을 표현한 것이지요. 태양도 많이 그렸는데, 고대인들의 태양 숭배사상을 잘 보여주는 것입니다. 이러한 인간 욕구의 표현은 전 세계적으로 나타나는 현상이지요. 경남 울주군 천전리와 반구대의 암각화는 우리나라에 살았던 선사시대인들의 대표적인 자기표현이었습니다.

(2) 문자의 발생과 역사시대

인류는 그림 등을 통하여 자기의 욕구를 표현하던 방식을 발전시켜 문자나 기호를 만들었습니다. 중국의 한자는 그 대표로서, 어떤 형상을 본뜬 상형문자를 만들고 이를 단순화시키고 또 다른 방법들을 덧붙여 한자를 만들어 갔습니다.

고대 메소포타미아 지역에서는 신에게 바칠 가축과 곡물을 기록하기 위해 그림문자를 고안하였습니다. 그 후 이를 바탕으로 350여개의 쇄기 모양의 설형문자를 고안하였는데, 끝이 몇 갈래로 갈라진 갈고리와 같은 형태였습니다. 점토판에 갈대로 만든 펜으로 이 설형문자를 기록하여 햇빛에 말리거나 불에 구워 보존하기도 하였는데, 이를 토판문서(土版文書)라 합니다. 이후 이 지역의 페니키아인들이 알파벳을 만든 것은 대단한 일이었지요.

이집트에서는 신성문자라는 그림문자를 만들고, 파피루스로 만든 종이에 갈대의 펜과 유연으로 만든 잉크를 사용하여 기록을 남겼습니다. 고대 인더스 문명의 핵심도시의 하나인 하라파에서도 문자가 발견되었습니다. 하라파 문자는 표음문자로서, 비문이나 인장에 400여개의 독특한 기호를 사용하였습니다. 대부분 오른쪽에서 왼쪽으로 쓰여 있지만, 해독이 불가능합니다.

그리스의 남쪽 쪽빛 바다 가운데 크레타(Crete) 섬에서 화려한 문명이 꽃피고 있었음은 이미 말한 바 있지요. 이 문명은 1900년 이전까지만 하더라도 전설에 지나지 않았습니다. 그런데 1900년 영국의 고고학자 아더 에반스(Sir Arthur Evans)가 미노스(Minos) 왕이 지배한 해상 왕국이 있었다고 전설처럼 전해지던 크레타섬 북쪽의 크노소스 지역을 발굴합니다.

이 발굴에 의해 여러 미궁으로 연결된 화려한 궁전과 선상(線狀) 문자로 기록된 토판문서가 대량으로 발견되었습니다. 이들은 기원전 2000년경 이미 문자를 만들어 사용하였던 것입니다.

우리나라에서도 중국 한자를 빌려 쓰는 이두가 만들어졌다가 세종(世宗, 재위 1418-1450) 때 한글을 만들었습니다. 돌궐이나 거란 · 여진 · 몽고와 비교하면 꽤 늦은 감이 있지만, 가장 과학적인 문자였습니다.

세종이 우리 문자를 만든 것은 반드시 지배의 수단이었던 것은 아닙니다. 한글 창제처럼 문자의 발생에는 자기 민족에 대한 자각, 민족문화의 발전과 같은 동기도 있었기 때문입니다. 돌궐 · 거란 · 여진 · 몽고 · 만주족의 자기 문자 창제도 그러한 의미가 물론 내포되어 있었습니다.

문자의 출현은 인류의 역사를 선사시대와 역사시대로 구분하는 기준으로서만이 아니라, '문명'의 단계로 나아가게 하는 가장 중요한 계기이기도 합니다. 만약 오늘날에도 문자가 없고, 따라서 문자에 의한 기록을 남기지 않는 집단이 있다면

'문명인'이라 할 수 있을까요? '문명'이나 '문화'란 간단히 정의하기 어려운 개념이긴 합니다. 따라서 별 구별 없이 사용하기도 하지만, '문명'은 '문화'에 비해 야만, 혹은 미개의 상대적 의미가 강하다는 면에서 문명이라고 한 것입니다.

더구나 문자가 없다면 인류가 힘들여 터득한 지혜가 다음 세대에 전달되어 축적되기 어려울 것입니다. 구두에 의한 얼마동안의 전승은 가능하겠지만, 왜곡의 가능성이 높을 뿐 아니라 지속의 시간도 그리 길지 않을 것입니다. 문자에 의한 전승의 축적이 없다면, 우리는 많은 것을 다시 시작해야 하는 수고를 하지 않을 수 없을 것입니다.

또한 문자가 없다면 여러분과 내가 이 책을 통해 만날 수도 없을 것입니다. 신석기 단계에서 농경을 시작한 것은 대단한 진보였지요. '농사짓다'라는 의미의 'cultivate'에서 문화라는 의미의 'culture'라는 말이 나오는 데서도 농경은 인류에게 매우 중요한 진보였습니다. 이러한 진보를 바탕으로 문자를 발명함으로써 인류는 이제 '문명'의 단계에 진입하게 된 것입니다.

여기서 조금 생각을 진전시켜 보면, 문자로 된 단순한 기록이 아니라 체계적인 역사 서술을 갖는다는 것은 어떤 집단이나 국가가 문명적인가, 그렇지 못한가를 구분하는 결정적인 기준이라는 결론에 이르게 됩니다. 문자로 된 체계적인 역사 서술은 '문명의 상징'인 것입니다. 우리는 이 점에 관한 한, 세계 어느 집단이나 국가에 대해서도 부끄러워할 이유가 없습니다. 그 이유는 뒤에서 다시 볼 것입니다.

2) 역사의식

(1) 역사 서술의 또 다른 조건

역사 서술이 문자가 발생한 이후에야 시작되었음은 당연합니다. 그런데 문자가 발생하면 자동으로 역사 서술이 발생할까 하는 의문이 떠오릅니다. 역사 서술의 발생에는 또 하나의 조건이 전제되어야 한다고 보이는데 이는 역사에 대한 의식, 즉 역사의식일 것입니다. 다시 말해 역사 서술은 역사의식의 소산이라는 것입니다.

고대 중국의 은나라 사람들이 글자를 새긴 갑골을 정성스레 쌓아둔 것이나 오리엔트인들이 토판문서를 만들어 보관한 것도 역사의식의 소산입니다. 오늘날에도 인간들은 일상생활을 하면서 집문서와 계산서를 보관하고, 가계부와 장부를 기록하고, 일기나 메모를 기록합니다.

이는 누구나 할 것 없이 일종의 역사의식을 지니고 있다는 의미입니다. 이러한 행위는 역사 서술 행위와 마찬가지로 자료를 기록 내지 편집하는 점에서 같을 뿐 아니라, 이들 기록이 앞날에 중요한 발견을 가져다 줄 것으로 믿기 때문입니다.

역사의식은 표현의 수단을 얻지 못했을 뿐 문자가 출현하기 이전에도 존재하였습니다. 역사의식은 인간의 원초적 본능의 하나로서 문자 출현 훨씬 이전부터 작동하고 있었던 것입니다. 과연 이렇게 말할 수 있을까요? 나는 인간이 자기의 정체성에 대해 끊임없이 사색하는 동물이기 때문에 그러할 수밖에 없다고 생각합니다.

인간이 자기의 정체성을 찾으려 하면 과거를 되돌아볼 수밖에 없습니다. 그러다 보면 자기의 기원 즉 탄생을 생각하게 되고, 나아가 자신의 탄생 이전이나 세상의 기원으로 까지 생각을 소급할 것입니다. 자신이나 자신과 관련된 존재의 기원으로 더듬어 올라가는 가운데서 자신의 정체를 발견하려는 것이지요.

한 인간이 자신의 정체를 발견하려는 노력에서 자신이나 자신과 관련된 존재의 기원에까지 거슬러 올라가듯이, 하나의 집단이나 국가 역시 마찬가지입니다. 특히 국가를 형성한 지배집단의 경우, 자기 집단의 정체성이나 우월성을 과거 속에서 확인하려 합니다. 국가를 형성하지 못한 집단이라 하더라도 비슷한 의식에서 자신들의 과거를 회상하기 마련입니다.

이러한 사색이 역사의식일 것입니다. 흔히 역사의식으로, 옛날과 지금이 다르다는 '고금 상이 의식', 세상이 계속 변한다는 '변천 의식', 모든 결과에는 반드시 원인이 있다는 '인과 관계 의식', 한 시대가 과연 어떤 성격의 시대인가라는 '시대 의식', 세상은 발전한다는 '발전 의식'을 거론합니다. 그리고 이러한 역사의식은 경험세계의 확대와 지적 발달에 따라 그 폭이 확대되는 것이지, 어느 한 단계를 극복하고 다음 단계로 나아가는 것은 아니라고 합니다.

나는 이 역사의식의 5항에 인간 개인이나 집단의 '자아발견 의식'을 추가하면 어떨까 합니다. 오히려 '자아발견 의식'이 이상의 역사의식 5항 모두에 관통하는 가장 중요한 역사의식이 아닐까 하는 것이지요.

(2) 자아발견 의식

자아발견 의식은 자기 자신이나 자기 자신과 관련된 존재의 기원에까지 나아가게 마련입니다. 그러나 곧 한계에 부딪힐 것입니다. 자신이 직접 보고 경험한 과거에 대해서는 보다 분명한 인식이 가능할 것입니다. 그러나 자신이 직접 보고 경험하지 못한 과거는 어떻게 할까요? 인간은 자신이 직접 보고 경험한 과거를 넘어선 과거에 대해서도 부친이나 조부가 직접 보고 경험한 것을 들어서 인식합니다. 그러나 이는 2차적 인식으로 신빙성은 떨어질 것입니다.

그런데 부친이나 조부도 직접 보고 경험하지 못한 과거는 어떻게 될까요? 그것은 직접 보고 경험한 증조부나 고조부로부터 들어서 알고 있는 조부나 부친으로부터 들어서 알 수 있습니다. 이는 3차적 인식으로 그렇게 인식된 과거는 더욱 신빙성이 떨어지겠지요.

공자(孔子, 기원전 552-기원전 479)는 이 각각의 단계를 '소견(所見)', '소문(所聞)', '소전문(所傳聞)'으로 표현하였습니다. '소견'은 자신이 직접 보고 경험해 아는 단계, '소문'은 내가 직접 보고 경험하지 못했으나 직접 보고 경험한 부친이나 조부에게서 들어서 아는 단계, '소전문'은 직접 보고 경험한 증조부나 고조부로부터 조부 부친으로 이어지면서 전해 들어 알게 된 단계를 가리킵니다.

'소전문'을 통해 인식하게 된 과거의 일들은 그 신빙성이 매우 낮을 것입니다. 그러나 인간 개인이나 집단은 그 이상에 대한 인식도 원하는 존재로서 '소전문'으로도 불가능한 과거를 인식하려 합니다. 그러다 보면 공상이나 신화가 만들어지게 될 것입니다. 앞서 몇 가지 사례를 보았던 천지창조설도 사실 인간의 역사의식이 만들어 낸 공상이나 신화일 것입니다.

따라서 인간의 역사의식에는 상당한 허구가 개입되기 마련입니다. 역사의식에서 역사 서술이 이루어지는 것이라면, 역사 서술에도 당연히 상당한 허구가 개입될 수밖에 없을 것입니다. 한 국가가 체계적 역사를 서술하면서 이러한 허구적 역사의식의 소산을 마치 사실인양 서술하기도 했던 것이지요. 또 후세 사람들은 허구적 역사의식의 소산을 실제적 역사 사실로 인식하기도 하는 것입니다.

일본에 남아 있는 가장 오래된 역사책은 712년과 722년에 편찬된 『고지키(古事記)』와 『니혼쇼키(日本書紀)』입니다. 이때 일본은 이미 군주를 천황이라 칭하면서 고대국가의 기틀을 수립한 때였습니다. 그런데 이들 책에는 기원전 660년에 진무(神武)라는 천황이 즉위하여 일본이라는 나라를 수립한 것으로 서술하였습니다.

그들 역시 자신들의 집단, 국가가 처음 어떻게 형성되었는지에 대한 설명이 필요했던 것이지요. 그러나 아무리 해도 그것을 알 길이 없었습니다. 그래서 이 부분에 대해서는 신화로 채웠습니다. 그래서 황당하게도 아마데라스 오오카미(天照大神)라는 여신(女神)의 후손인 진무(神武) 천황이 기원전 660년 신유(辛酉)년에 즉위하여 자신들의 국가가 시작된 것으로 만들었던 것입니다.

이는 진실일까요? 아닙니다. 완전한 날조였습니다. 1260년마다의 신유년(辛酉年)에 큰 변혁이 일어난다는 중국의 신비주의 학설을 이용하여 교묘하게 꿰어 맞춘 것입니다. 33대 스이코(推古) 왕 9년이 신유년이고 그것이 지금으로 보면 기원후 600년인데, 이로부터 1260년을 거슬러 올라가 기원전 660년에 진무가 천황에 즉위한 것으로 조작하였던 것입니다.

이렇게 조작한 이유는 무엇일까요? 그들 집단의 시작을 도무지 알 수 없었기 때문입니다. 따라서 상상의 나래를 펴서 위와 같이 만들어 버렸던 것이죠. 이처럼 조작하게 한 것이 역사의식입니다.

진무의 즉위를 기원전 660년으로 소급하였지만, 그들에게 또 하나 해결해야 할 것은 일본이라는 땅덩어리가 어떻게 만들어졌는가, 그 땅에 인간이 어떻게 해서 출현하게 되었는가를 설명하는 일이었습니다. 더 최초로 나아간 것이지요. 그러나 그것은 더 모를 일이었습니다. 여기서 또 하나의 조작이 만들어졌습니다.

그 조작은 이러합니다. '태초의 혼돈 가운데 이자나기(伊耶那岐) · 이자나미(伊耶那美) 두 남매 신이 탄생하여, 고기를 낚아 올리듯이 땅 조각을 들어 올려 일본열

도를 만들었다. 그들은 결혼하여 여신 아마데라스 오미카미(天照大神)와 그 남동생인 폭풍과 폭력의 신 스사노 등을 낳았다. 이 남매 신이 결혼하여 자손을 낳았는데, 진무천황은 그들의 자손이다'는 것입니다.

이러한 날조는 일본 사람들이 그때부터 특별히 사악하여 그러했던 것은 아닙니다. 그 역시 역사의식의 발로였던 것입니다. 그들도 자기 집단의 정체를 더 먼 시공간적 좌표 속에서 확인해 보려 했던 것이죠.

자기 집단의 정체를 이러한 방법을 통해 밝히려는 노력은 비단 일본 만이 아니라 여타 지역에서도 행해졌던 보편적 현상이었습니다. 우리는 오히려 그 조작에서 인간의 역사의식이 결국 어디로 나아가는지, 그것이 진열의 역사에 어떤 영향을 미치는지를 잘 볼 수 있는 것입니다.

역사의식은 과거-현재-미래로 이어지는 시간적 흐름에 대한 의식입니다. 그것은 결국 시간적 변화에 대한 감각이며 시간적 흐름에서 존재의 좌표를 찾는 정신활동입니다. 시간의 흐름 속에 존재하는 자기 자신의 좌표를 깨닫는 것으로서 일종의 자아의식인 것입니다. 우리는 과거를 돌이켜봄으로써 개인적, 혹은 집단적 위치에 관한 역사적인 시야를 갖게 됩니다.

우리가 시간의 변화에 끊임없는 호기심을 발동하고, 과거를 인식하려는 것은 과거가 단순한 과거가 아니라 현재와 연결된 것임을 직감하기 때문입니다. 현재의 삶과 연결되는 과거는 단순한 과거가 아니라, '산 과거'이기 때문입니다.

그러기에 이탈리아의 철학자 크로체(Benedetto Croce, 1866-1952)는 '현재적 삶에 대한 관심만이 사람을 움직여 과거 사실을 조사하도록 한다'고 지적하고, '과거의 사실은 과거적 관심에 대답하는 것이 아니라 현재적 관심에 대응하는 것'이라고 하였던 것입니다.

물론 역사의식은 가능한 한 객관화되어야 합니다. 각자가 자유로운 관점에서 역사의식을 지닐 수 있습니다. 그러나 역사의식은 실상을 알고자 하는 순수한 상태에 머물러 있어야 합니다. 왜냐하면 역사란 사실 이하도 아니며, 사실 이상도 아니기 때문입니다. 역사의식은 객관적이면 객관적일수록 논리적 설득력을 얻고, 진정한 역사 지식의 바탕이 될 것입니다.

역사의식은 존재와 현상에 대한 일종의 탐구 의식이자 비판 의식이기도 합니다. 존재와 현상에 대해 의식적 탐색을 거듭하면서 그것의 본질과 성격, 그 진실에 한 걸음씩 다가가는 것입니다. 그것은 또 시간적 변화 또는 발전 과정에 대한 감각이며, 시간적 차원에서 사물의 변화 과정을 관찰하고 그 의미를 파악하려는 태도입니다.

3) '서술로서의 역사'의 발생

(1) 보다 나은 서술의 모색

편년체(編年體)

문자가 만들어지면서 역사의식은 표현의 수단을 얻게 되었습니다. 역사의식은 구체적 역사 서술을 통해 표출되는데, 우리가 지금부터 문제 삼는 것은 단순한 기록이기 보다 체계적인 역사 서술입니다. 단순한 기록이 이루어지는 계기는 여러 가지겠지만, 보다 체계적인 역사 서술이 이루어지는 계기부터 한번 생각해 볼까요?

문자가 개인이나 집단, 국가의 자기표현 욕구와 통치의 필요성에서 출현한 점에서 볼 수 있듯이, 보다 체계적인 역사 서술도 개인이나 집단, 국가의 자기표현 욕구와 통치의 필요성에서 출발한다고 보입니다. 특히 국가를 형성한 집단은 역사 서술을 통해 집단의 정체성을 확인함과 동시에 우월성을 과시할 수 있었고, 그럼으로써 지배를 정당화하는 수단도 발견할 수 있었습니다.

여기서 이제 개인은 개인대로, 집단은 집단대로, 국가는 국가대로 역사의식을 발동하여 시간이라는 창고 속에 뒤죽박죽 쌓여진 사실들 속에서 자신들의 구미에 맞는 사실을 선별하여 전시하게 되었습니다. 전시의 역사, 서술로서의 역사가 시작된 것입니다. 그리스의 역사가 헤로도토스(Herodotos, 기원전 484?-기원전 425?)는 과거의 창고 속에서 페르시아 전쟁이란 멋진 유물을 자기 나름대로 갈고 닦아 전시하였습니다. 그는 최초로 과거의 사실을 시가(詩歌)가 아닌 실증적 학문의 대상으로 삼았으므로, 키케로(Cicero, 기원전 106-기원전 43)는 그를 '역사의 아버지'라고 불렸습니다.

중국에서도 멋진 것들을 골라 전시하게 되었는데 『상서(尙書)』, 즉 『서경(書經)』이 그러합니다. 『서경』의 내용은 초기의 역사 서술들이 그러하듯이 꽤나 단편적인 것으로서, 우리가 문제 삼는 체계적 역사 서술과는 차이가 있습니다. 그러나 그러한 단편적 전시에서 우리는 먼 시대의 실상을 조금이라도 알게 되는 것입니다.

그러기에 사마천도 『사기(史記)』「백이열전(伯夷列傳)」에서 "많은 문헌의 진위는 육예(六藝)에 비추어 보아야 한다. 육예 중에서도 시경(詩經)과 서경(書經)의 글은 결여(缺如)가 있어 완전치 못하나, 그래도 그 안에서 우(虞)·하(夏) 시대의 일을 알 수 있는 것이다"라고 하였던 것입니다.

보다 체계적인 역사 서술은 기원전 551년에 탄생한 공자(孔子)에 의해 출현하였습니다. 공자는 헤로도토스의 『역사』 보다 50여년 빠른 시기에 자신이 태어난 노(魯)나라 242년간의 역사를 정리한 『춘추(春秋)』를 편찬하였습니다. 유교의 기본 경전을 오경(五經)이라 하는데, 『시경(詩經)』·『서경(書經)』·『역경(易經)』의 삼경(三經)에 『춘추』와 『예기(禮記)』를 더한 것을 말합니다.

『춘추』의 경우 연대순으로 중요한 사건들을 봄·여름·가을·겨울별로 서술하였으므로, 그 이름을 『춘추』라 하였습니다. 이렇듯 연대순, 다시 계절순으로 중요한 사실을 적었으므로 그 체제를 동양적 개념으로 '연대순으로 편찬한다'는 의미로 '편년체(編年體)'라고 합니다. 서양적 개념으로는 '연대기(年代記)'라 할 수 있습니다.

『서경』의 경우 대체로 시대순으로 중요한 사건의 경과를 보다 자유롭게 서술하였으므로 '일의 본말을 기록한다'는 의미의 '기사본말체(紀事本末體)'라고도 할 수 있습니다. 『춘추』도 중요한 사건의 경과를 기록한 측면에서 일종의 기사본말체라고 할 수 있으나, 공자 나름의 편찬 기준에서 서술하였다는 점에서 차이가 있습니다.

공자는 인간이 인간으로서의 가장 중요한 본질이 윤리·도덕에 있으며, 어떤 것이 바람직한 윤리·도덕인가를 이론이 아니라 과거 인간들의 실제 삶 속에서 찾아보여 주려고 『춘추』를 저술하였습니다. 공자는 글자나 서술방식을 달리하는 방법으로 인간 행위의 잘잘못을 평가했는데, 이처럼 표현방법을 달리하여 평가를 가하는 글쓰기를 '춘추필법(春秋筆法)'이라 합니다.

가령 '신하 A가 임금을 시(弑)했다'라고 쓴 경우와 '나라 사람(國人)들이 임금 B를 시(弑)했다'라고 쓴 경우가 있습니다. 별 차이가 없는 듯하지만 중대한 차이가 있습니다. 전자의 경우 임금을 죽인 신하의 이름은 밝힌 반면, 죽은 임금의 이름은 밝히지 않았습니다. 후자의 경우 임금을 죽인 사람을 '나라 사람'이라는 의미의 '국인(國人)'이라 하여 이름을 밝히지 않은 반면, 죽은 임금의 이름은 밝혔습니다.

전자의 경우 죽인 자가 잘못이라는 것이고, 후자의 경우 죽은 자가 잘못이라는 것입니다. 전자의 경우 임금은 잘못이 없는데 죽임을 당하였다는 것이고, 후자의 경우 임금이 잘못해 죽임을 당하였다는 것입니다. 따라서 전자의 경우 잘못한 죽인 자의 이름을, 후자의 경우 잘못한 죽은 자의 이름을 역사에 기록하여 두고두고 그 죄 값을 치르게 하였습니다. 구체적 사건에 대해 글자나 서술 방식을 달리함으로써 칭찬하거나 꾸짖는 포폄(褒貶)을 한 것입니다.

이처럼 공자의 『춘추』는 짧은 문장 속에 큰 뜻을 담아 두었습니다. 이러한 미언대의(微言大義)는 후세인들로 하여금 공자의 뜻이 과연 무엇이냐를 둘러싸고 구구한 해석을 낳게 만들었습니다. 많은 해석서들이 나왔는데, 그 대표적인 3가지를 '춘추삼전(春秋三傳)'이라 합니다. 『춘추좌전(春秋左傳)』, 『춘추공양전(春秋公羊傳), 『춘추곡량전(春秋穀梁傳)』이 그것입니다.

이들은 『춘추』의 서술에 대해 자기 나름의 해석을 가하였는데, 그 해석이 사뭇 다릅니다. 후일 유가는 한(漢) 무제(武帝) 시대 때 국가 정통 학문으로 부상한 이래 국교화되어 갔습니다. 이러한 과정에서 유교에도 금문학(今文學)과 고문학(古文學)의 분파가 일어나는데, '춘추삼전' 중 어느 것을 정통으로 볼 것인가 하는 것도 중요한 다툼의 하나였습니다.

『춘추』는 동기나 가치를 중시한 서술이지만, 꽤 체계적인 역사책이었습니다. 공자는 무척이나 진실을 추구하고 허구를 배척한 인물로서, 증조부나 고조부가 직접 보고 경험한 사실을 부친이나 조부가 듣고 전해 주어 알게 된 소전문(所傳聞)의 시대까지를 서술의 상한으로 삼고, 더 이상의 시기에 대해서는 서술하지 않았습니다. 그러나 그의 역사인식은 그것을 뛰어 넘어 훨씬 이전까지 올라갔음에 분명합니다.

기전체(紀傳體)

기원전 100년경 사마천에 의해 매우 체계적인 역사 서술체제가 출현한 것은 획기적이었습니다. 그것이 기전체(紀傳體)로, 동아시아 역사 서술의 모범이 되었지요. 『춘추』는 한해 한해에 일어난 중요한 사건을 계절별로 정리한 일종의 연대기, 동양적 개념으로 편년체(編年體)였습니다. 사마천은 이러한 역사 서술 방법이 마음에 들지 않았던 모양입니다. 역사를 보다 입체적으로, 구조적으로 보여주는데 한계가 있다고 본 것이지요.

그는 기존 역사서와 달리 역사를 5개 영역으로 나누어 보여 주고자 하였습니다. 역대 제왕의 치적을 중심으로 한 '본기(本紀)', 봉건 제후들의 치적을 중심으로 한 '세가(世家)', 그 외 중요한 인물들의 행적을 중심으로 한 '열전(列傳)', 인간 사회의 여러 측면을 8개의 주제로 나누어 그 변화 과정을 소상히 정리한 '서(書)', 왕조의 여러 왕(황제)과 봉건 제후들의 통치기를 서로 비교한 '표(表)'의 5개 영역이었습니다.

『사기』의 문체는 문학작품처럼 아름답습니다. 특히 비유와 절제가 백미입니다. 유방(劉邦)과 천하를 다투었던 항우(項羽)가 사면초가(四面楚歌)의 위기에서 유방의 군사와 싸우는 마지막 장면은 마치 피가 튀기는 듯 생생합니다. 그러다 느닷없이 항우가 '스스로 목을 찔러 죽었다'는 단 몇 글자로 끝을 맺었습니다.

영웅 항우의 죽음에 대해 좀 더 뭐라고 하는 게 예의일 듯하여 처음 이 장면을 읽을 때 서운하기도 하였는데, 갈수록 그 맛이 새로웠습니다. 구구절절 그의 죽음을 더 적어 보았자 그 장렬한 죽음을 이처럼 담담하게 표현하지 못했을 것입니다.

한나라를 건립한 유방 시기와 그 후 무제(武帝) 시대의 경제 상황을 말하면서 '한 고조 유방이 황제가 되었을 때에만 하더라도 말이 없어 소가 끄는 수레를 타고 다녔다. 그런데 문제(文帝)와 경제(景帝) 시대를 지나며 세금이 너무 많이 걷히어 곡식은 창고에 쌓아 둘 수 없어 바깥에 쌓아 두고(野積), 돈은 그것을 꿴 가죽끈이 썩어 문들어 질 지경이었다. 또 이때에는 암말을 타고는 모임에 갈 수 없었다'고 표현하였습니다.

한나라 초기의 어려운 경제 상황이 매우 좋아졌음을 표현한 것인데 마지막 구절, 즉 '암말을 타고는 모임에 갈 수 없었다'는 생 똥 맞은 말이 잘 이해되지 않았습니다. 한참을 생각하고는 웃음을 터트렸습니다. '말이 너무 많아져 암말을 타고 가면 숫말들이 집적거려 모임에 갈 수 없었다'는 의미였습니다. 참으로 멋진 표현이지 않습니까? 멋진 표현들은 뒤에서 더 볼 기회가 있을 것입니다.

항우의 죽음에 대해 더 이상 이렇다 저렇다 하지 않고 단 몇 글자로 종결하는 절제의 미와 경제가 좋아 진 상황을 '암말, 숫말'로 표현하는 비유의 미를 번역본을 통해서라도 한번 느껴 보시기를 권합니다. 재미도 느끼겠지만, 그 몇 대목이라도 기억하여 친지들에게 들려준다면 멋있지 않을까요?

『사기』의 위대성은 문장의 아름다움에만 있는 것이 아닙니다. 이 역사책을 동양 역사서의 모범으로 만든 것은 바로 새로운 서술체제의 도입이었습니다. 그것은 역사 서술의 질적 전환이라 할 만한 창조적 작업이었습니다.

사마천은 기존의 역사서와 달리 역사를 5개 영역으로 나누어 서술하였습니다. 그 중에서도 본기와 열전이 가장 중요합니다. 따라서 본기의 '기(紀)'와 열전의 '전(傳)'의 두 자를 취하여, 이 체제를 '기전체(紀傳體)'라 부르게 된 것이죠. 이 체제는 이후 중국이나 우리나라 역사 서술의 기본 체제가 되었습니다.

사마천의 또 하나의 위대성은 중요한 인물들만이 아니라, 다양한 인간 군상을 역사의 주인공으로 등장시킨데 있습니다. 전형적인 비적 떼의 두목이나 가혹한 관리들도 역사의 주역으로 등장시킨 것이지요. 그가 역사를 서술하면서 여러 사료를 검토하고 현장을 답사한 것도 역사가다운 태도였습니다.

(2) 역사 서술의 전통

우리나라의 경우

사마천의 『사기』는 개인에 의해 이루어 진 케이스지만, 집단 혹은 국가도 역사를 편찬하기 시작합니다. 우리나라 고대의 고구려 · 백제 · 신라는 모두 역사를 편찬하였는데, 지금까지 남아 있는 것은 없습니다. 고구려에는 『유기(留記)』가 있었는데, 뒤에 이문진(李文眞)이 이를 간추려 '신집'을 편찬했고, 백제에서는 고흥(高興)이 『서기(書記)』를, 신라에서는 거칠부(居柒夫)가 『국사(國史)』를 편찬했다고 합니다. 고구려의 영양왕(재위 590-618), 백제의 근초고왕(재위 346-375), 신라의 진흥왕(재위 540-576) 때의 일이라 합니다.

그런데 그 편찬 시기를 보면, 대체로 고대 국가의 틀을 잡고 국력이 번성하던 시기입니다. 이로 보면 국가에 의한 체계적인 역사 서술은 대체로 지배 집단이 지배의 정당성과 집단의 우월성을 과거 속에서 발견하려는 욕구에서 이루어진 측면이 크다고 할 것입니다. 물론 자기 집단의 과거를 정리하고, 그럼으로써 집단의 정체성을 확인하려는 욕구도 있었을 것입니다.

조선왕조실록(實錄)은 역대 왕들의 치적에 대한 기록으로 그 방대함과 편찬 체제, 보존에서 세계적인 보물입니다. '사실 그대로의 기록'이라는 의미의 실록은 중국 당나라 태종(太宗, 재위 626-649) 때부터 편찬되기 시작하였습니다. 사마천처럼 사관(史官) 가문 출신의 세습직 사관이 아닌 임명직 사관에 의해 편찬되었습니다. 군주의 재위 기간 중에 연호 단위로 편찬하기도 했지만, 당나라 후반에 이르러 군주 사망 후 그 재위 단위로 편찬하는 것이 관례가 되었습니다.

우리나라에서는 통일 신라 말부터 실록을 편찬하기 시작하고, 고려 초에 사관(史館)을 설치하여 『칠대실록(七代實錄)』, 『덕종실록(德宗實錄)』, 『숙종실록(肅宗實錄)』등을 편찬하였다고 하나 전하는 바는 없습니다. 고려를 이은 조선에서는 왕이 죽으면 다음 왕은 반드시 전임 왕의 재임 시절에 있었던 중요한 사실들을 국가 최고 기록으로서 실록이란 이름으로 편찬하였습니다.

실록 편찬은 불교 사회였던 고려보다 성리학 사회였던 조선 시대에 한결 중시되었습니다. 새로운 국왕이 상복을 벗고 집무를 시작하는 졸곡(卒哭)에 맞추어 시작되는 관례도 정착되었습니다. 실록청이 만들어지고 그 책임자와 여러 관리들이 임명됩니다. 당대 최고의 학자들이 초빙되어 여러 자료들을 수집하여 분석하고, 정리하여 역사를 편찬하는 것입니다.

보통 돌아가신 왕의 아들이나 동생이 현재의 왕이기 때문에 돌아가신 부형의 치적을 정리하는 것은 어쩌면 효도이기도 했지만, 무력으로 전임 왕을 몰아내고 즉위한 군주라 하더라도 전임 군주에 대한 역사를 편찬하는 것은 일종의 임무였습니다. 이 관례를 지키지 않는다면 이 하나의 사실만으로도 폭군의 반열에 오르게 되지요.

실록청이 만들어지고 실록이 편찬되기 시작하면 현임 왕은 이 과정에 개입할 수 없었습니다. 대개 돌아가신 아버지나 형에 대한 기록이고, 또 그 치세를 평가하는 일이기 때문에 현임 왕은 사전에 그것을 보고 싶은 유혹에 빠지게 마련입니다. 자기 아버지에 대한 기록이 좋지 않다면, 이는 자신을 욕보이는 일이기도 하기 때문에 유혹은 더욱 간절합니다. 중국의 많은 황제들 중 첫 손가락에 꼽히는 당 태종도 실록을 보려고 하다가 뛰어난 간신(諫臣) 위징(魏徵, 580-643)에게 엄청 꾸지람을 듣고 포기하였다고 할 정도입니다.

그러나 만약 이를 훔쳐본다던지, 보여 달라고 명령하면 신하들은 목숨을 걸고 반대하기 마련입니다. 만약 보여주게 되면, 왕의 후환이 두려워 공정한 역사를 쓸 수 없다고 여기기 때문입니다.

따라서 조선 국왕 그 누구도 실록 편찬 과정에서 이를 사전에 볼 수 없는 것이 관례였습니다. 세종(世宗)도 사전에 실록을 보려 하다 신하들의 꾸지람만 듣고 포기하였다고 합니다. 실록을 편찬하면서 왕의 간섭을 배제한 것은 보다 객관적인 역사를 서술하려는 탁월한 선택이었지요.

이렇게 해서 만들어진 것이 조선왕조실록인데, 500여간 자기 역사를 이처럼 목숨처럼 아끼며 정리하고 보존한 것은 우리 선조들의 큰 업적이자 자랑일 것입니다. 전 세계적으로 이처럼 목숨을 걸고 역사를 정리하여 보존한 민족이 몇이나 되겠습니까? 오늘날 세계 최강 미국이 그랬을까요? 미국은 세종 때 까지만 해도 없었던 나라입니다. 조선조 말의 정조(正祖, 재위 1776-1800)가 즉위하던 해에 마침내 미국은 영국으로 부터 독립을 선언했습니다.

그렇게 늦게 태어난 미국이지만 현재 미국은 자신들의 역사를 정리하는 일에 가히 세계적입니다. 워싱턴의 '국립 문서 보관소'의 아름다운 건물은 이 나라가 건국 초부터 역사를 얼마나 소중하게 생각하였던가를 잘 보여 줍니다. 워싱턴의 고풍스런 국립 문서 보관소는 백악관과 국회 의사당 중간쯤에 위치하고 있는데, 그 아름다운 건물 앞에서 나는 이 나라의 역사에 대한 태도를 생각해 보았던 것입니다.

조선 초기에는 이런 미국이 없었으니, 그 어떤 나라가 우리처럼 역사를 소중히 생각하였을까요? 아마 중국이나 일본 정도였을 것입니다. 중국도 이 점에서는 세계적이라고 할 수 있겠지요.

조선왕조실록은 가히 세계적인 보물로서, 지금은 컴퓨터에 저장해 두면 되겠지만 그것이 혹 전쟁이나 반란 · 화재 등으로 없어질까 봐 몇 군데 나누어 보관했지요. 이를 사고(史庫)라 하는데, 고적 답사 차 들리는 강화도 전등사(傳燈寺) 사고(정족산 사고)도 그 중 한 곳입니다.

1866년 병인양요(丙寅洋擾) 때에도 피해를 입지 않아, 그곳의 도서들은 현재 서울대학교 규장각 도서로 이어졌습니다. 그러나 프랑스 군인들은 전등사와 꽤 떨어진 강화부 관아 위쪽의 외규장각에 보관되어 있던 '조선 왕조 의궤' 등을 약탈한 후 불을 질렀습니다. 약탈된 '조선 왕조 의궤'는 파리 국립도서관에 보관되어 있었는데, 재불(在佛) 서지학자 박병선 박사가 이를 발견함에 따라 양국의 대통령까지 나서서 5년마다 재계약하는 임대 형식으로 2011년 모두 반환되었습니다.

의궤(儀軌)는 사진이 없던 시대에 국가 의식(의례) 등 중요한 행사를 여러 장면으로 상세하게 그린 그림으로, 우리 조상들은 문자에 의한 기록만이 아니라 그림으로 된 기록까지 남겼던 것입니다. 2007년 유네스코 세계기록유산으로 지정되었는데, 우리는 1997년 훈민정음을 시작으로 조선왕조실록, 불조직지심체요절(佛祖直指心體要節), 승정원일기, 해인사 대장경판 및 제(諸) 경판, 동의보감, 일성록, 5 ·

18민주화운동 기록물, 난중일기, 새마을운동 기록물 등 2014년 8월 현재까지 총 11종이 선정되었습니다. 가히 기록물의 세계적인 강국이라 자부해도 좋을 것입니다.

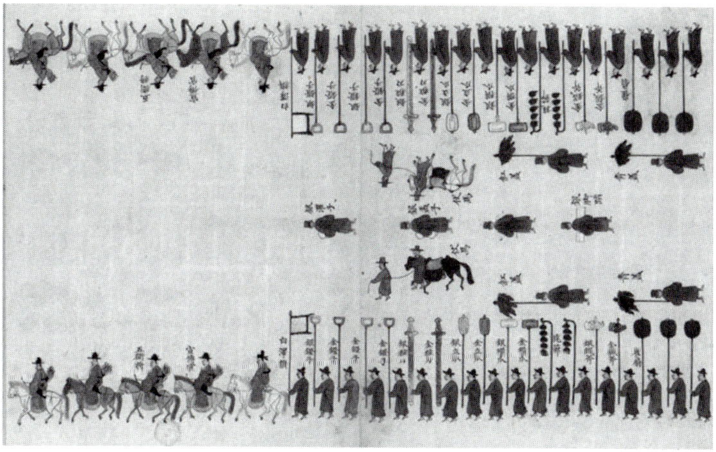

영조 정순왕후 가례도감 의궤

조선왕조실록은 그 정리의 단위가 한 명의 국왕에 국한되지만, 김부식(金富軾, 1075-1151)의 『삼국사기(三國史記)』는 우리 민족의 어떠한 역사의식을 보여 주는 것일까요? 중국이나 우리나라는 이러한 실록만이 아니라, 한 왕조가 다른 왕조를 타도하고 건국되었더라도 타도한 왕조의 역사를 정리하는 아름다운 전통을 세웠습니다. 오히려 그것은 후임 왕조가 해야 하는 임무의 하나였습니다.

김부식의 『삼국사기』는 그렇게 해서 나온 것입니다. 고려는 신라를 없애고 건국되었지만, 신라를 포함한 삼국의 역사를 정리했던 것입니다. 김부식은 당대 최고의 학자이기도 했는데, 그가 왕조의 명을 받아 전대의 역사를 정리했던 것입니다.

중국의 경우

기원전 100년경에 저술된 사마천의 『사기』는 개인적 저술이었습니다. 618년 수립된 당나라 이전에는 국가에서 역사를 편찬하는 일은 드물었지만, 당나라 때부터 전

왕조의 역사를 다음 왕조에서 국가적 사업으로 편찬하는 것이 관례가 되었습니다.

원(元)나라는 몽고족인 칭기즈칸(成吉思汗, 재위 1206-1227)의 후예들이 세운 나라이고, 청(淸)나라는 만주족이 세운 이민족 왕조로서 중국인의 입장에서는 오랑캐 왕조입니다. 그러나 이들 이민족 왕조도 그들이 멸망시킨 전 왕조의 역사를 국가적 사업으로 편찬하였지요. 그래야 문화가 낮은 오랑캐라는 오명을 벗을 수 있었습니다.

청나라는 명나라를 이은 중국 최후의 왕조였습니다. 사실 명나라는 청나라에 의해 망한 것이 아니었습니다. 명나라는 임진왜란으로 혼란한 틈을 타 만주방면에서 새롭게 성장한 만주족의 후금국(後金國)을 경계하였지요. 만주족은 여진족의 후예로서 만주에 살면서 농경도 하고 수렵도 하던 민족이었습니다. 명나라의 지배를 받았지만 매우 느슨한 지배였지요.

그러다 누루하치(奴兒哈赤, 재위 1616-1626)가 산삼 장사로 떼돈을 벌었습니다. 산삼은 약효가 탁월하지만 잘 썩는 게 문제였습니다. 누루하치는 싼 값에 사들인 산삼을 잘 가공하여 오래 보관할 수 있는 기술을 개발하여 떼돈을 벌었던 것입니다.

이렇게 모은 자본을 밑천으로 만주족을 규합하여 후금(後金)이라는 나라를 건설하였습니다. 여진족이 세웠던 금(金)나라를 잇는다는 명분이었지요. 오늘날 만주 요령성 심양(瀋陽)에 수도를 두고 궁전을 만들었는데, 북경의 자금성(紫禁城)에 비할 바는 못 되지만 꽤 훌륭한 궁전으로 오늘날 우리나라의 많은 관광객이 이곳을 찾아갑니다.

나도 2004년 여름 우리대학 교수들과 이곳을 찾아 디지털 캠코더로 곳곳을 촬영하여 강의시간에 보여 주곤 합니다. 이때 백두산에도 올라 천지도 보았지요. 사실 '천지에 가서 천지를 못 본 사람이 천지'라는 말이 있을 정도인데, 우리는 깨끗하게 펼쳐진 천지를 볼 수 있었으니 운이 좋았지요. 백두산과 천지는 너무 좋았습니다.

백두산으로 오르는 중간의 광활한 산야는 스위스를 연상시켰고, 미인송은 아름다운 여인을 연상시켰습니다. 장백폭포와 그 옆의 주상절리도 일품이었지요. 내가 보기로는 그랜드 캐니언 보다도 더 좋았습니다.

그랜드 캐니언은 미국 땅에 있기에 세계적으로 유명한 곳이 되었을 것입니다. 백두산의 온천탕에 몸을 담그며 풍광이 세계적이 되느냐 마느냐 하는 것도 그 자체의 아름다움만이 아니라, 어느 나라에 위치하느냐에 따라 달라진다는 생각을 했지요.

누루하치는 중국을 정복할 큰 뜻을 품었지만, 몇 차례의 중국 공격이 실패하여 뜻을 이루지 못하고 죽었습니다. 그를 이은 사람이 청(淸) 태종(太宗, 재위 1626-1643)인데, 중국 정복을 위해 조선을 먼저 침입했지요. 이것이 병자호란(丙子胡亂, 1636)으로, 자신들이 중국 정복에 나선 사이 명나라에 사대(事大)하는 조선에 의해 배후가 찔릴 위험을 사전에 막아 두려는 포석이었습니다. 청나라는 우리 조선에 대해 기우는 해인 명나라에 충성을 바칠 것이 아니라, 새로 떠오르는 해인 자기들에게 충성을 바치라고 요구하였습니다.

선조(宣祖, 재위 1567-1608)의 아들 광해군(光海君, 재위 1608-1623)이 임금이 되어 그 어느 편에도 가담하지 않는 '양다리 정책'으로 전쟁을 피해 보려 하였습니다. 그러다 광해군이 말년의 선조가 얻은 32세 연하의 인목대비(仁穆大妃, 1584~1632)를 폐하고 그녀의 부친과 이복동생 영창대군을 죽이는 이른바 '폐모살제(廢母殺弟)'의 패륜과 북인과 서인의 권력 투쟁으로 자리에서 쫓겨나고 인조(仁祖, 재위 1623-1649)가 반정(反正), 즉 쿠데타로 등극하였습니다.

인조는 명나라와의 의리를 저버릴 수 없다고 하다가 청의 공격을 받았습니다. 인조는 남한산성으로 가 항전했지만, 마침내 포기하고 항복하였습니다. 꿇어 앉아 용서를 빌었지요. 힘이 없으면 그리되는 것입니다.

청 태종은 이 승리를 기념하여 거대한 비석을 한강 가에 세웠습니다. 청일전쟁 때 매몰되었다가 다시 세워지고 1956년 문교부(지금의 교육부)가 국가적 수치라 하여 땅 속에 묻었다가 현재의 자리에 다시 세우는 수난을 겪었지요. 이것이 삼전도비(三田渡碑)인데, 서울 송파구 석촌 호수 가로 옮겨 지금도 서 있습니다. 무척 큰 비석으로 지금에야 높은 빌딩들에 묻혀 별 것 아니지만, 그 옛날에는 우뚝 솟아 이 땅을 압박했던 것입니다.

우리나라의 항복을 받은 청나라가 호시탐탐 중국을 노리고 있는데, 이상한 일이 발생했습니다. 명나라가 내부 반란에 의해 멸망해 버렸던 것입니다. 명나라는 사실 청나라가 아니라 어처구니없게도 이자성(李自成, 1606-1645)이라는 자가 우두머리인 반란에 의해 자멸했습니다.

이때 놀란 것은 청나라만이 아니라 청나라의 침입을 방비하기 위해 전선에 파견된 명나라 장수들도 마찬가지였습니다. 이들은 망연자실하여 청나라에 투항하는 자들이 많았습니다. 반란 정권에 대항하는 것은 위험하고, 또 그렇다고 반란 정권에 항복하여 관직을 받는 것도 내키지 않았던 것입니다. 청나라로 봐서는 호박이 넝쿨째 굴러 온 셈이었지요. 청나라는 이들을 앞장 세워 이자성 반란 정권을 타도하고 전 중국을 차지하게 되었지요. 1644년 4월의 일이었습니다.

몽고에 이어 다시 이민족의 지배를 받게 되자 명나라의 유명한 학자들은 하늘이 무너지는 것 같았습니다. '명조 말에 남은 세 사람의 대학자'란 의미의 '명말삼유노(明末三遺老)', 즉 고염무(顧炎武, 1613-1682), 황종희(黃宗羲, 1610-1695), 왕부지(王夫之, 1619-1692)와 같은 학자들은 이 사태를 '망국(亡國)'이 아니라 '망천하(亡天下)'라 하였습니다.

이 사태를 단순히 명(明)이라는 한 국가가 망한 것이 아니라, 천하가 망한 것으로 본 것입니다. 망한 나라야 다시 세우면 되고 또 청나라도 나라지만, 천하가 망하면 중국의 자존심인 문화가 송두리째 없어진다는 것이었지요. 그것은 중국의 역사가 없어진다는 의미이기도 했습니다.

이민족으로서 원나라에 이어 두 번째로 전 중국을 통치하게 된 청나라는 방대한 영토를 통치하는데 여간 어려움을 겪지 않을 수 없었습니다. 특히 문화가 없는 무식한 오랑캐가 중국을 통치하는데 대해 큰 반감을 가지고 있던 지식인들이 문제였지요.

이들을 회유하여 청나라의 중국 통치에 동참시키는 것이 그 무엇보다도 중요한 과제였습니다. 청나라는 원나라가 그러했던 것처럼 망한 명나라의 역사를 편찬하는 사업을 시작하였습니다. 자신들이 역사도 모르는 오랑캐가 아니라, 역사와 문화를 사랑하는 문화민족으로 너희와 다를 바 없다는 것을 과시함과 동시에 지식인들을 회유하려는 목적이었지요.

그들은 명나라 말 최고의 학자들에게 명사(明史) 편찬 작업에 동참해 줄 것을 요청하였습니다. 명나라에 대한 의리를 앞세워 이 요청을 거부할 것인가, 청나라의 부름에 응해 관직을 받고 역사 편찬에 동참함으로써 청나라의 중국 지배에 협조할 것인가를 떠 보는 자리이기도 했습니다.

만약 여러분들이 그 최고의 학자들이라면 어떻게 해야 할까요? 더러는 당연히 명나라와의 의리를 생각해서 이 요청을 거부해야 한다고 할 것입니다. 황종희도 이 요청에 고빈을 했던 모양입니다.

그러나 그의 결정을 간단하였습니다. 자신은 나이 탓도 있어 이 요청에 응할 수 없지만, 자신의 제자들을 명사 편찬에 동참하게 했습니다. 망국(亡國)의 유신(遺臣), 즉 망한 나라의 살아남은 신하가 마지막으로 해야 할 일이 망한 나라의 역사를 정리하는 것이라는 이유에서였습니다.

그것은 청나라에 대한 충성 때문이 아니라, 망한 명나라에 대한 최후의 봉사였습니다. 망한 나라의 역사를 정확하게 기술하여, 후세에 전하는 게 망한 나라의 신하가 해야 할 마지막 의무라는 것이었지요.

이렇게 시작된 지 60여년 만인 1735년 『명사(明史)』가 마침내 세상에 나오게 되었습니다. 많은 것을 느끼게 하는 대목이지요. 하나의 역사책이 세상에 남아 전해지는데도 이처럼 많은 교훈이 숨어 있는 것입니다.

그들이 망국의 유신이라는 불명예를 감수하면서도 망국의 역사를 편찬해야 한다고 본 것은 물론 전통과 관례 때문이었을 것입니다. 그러나 문제는 그러한 전통과 관례가 왜 생겼느냐 하는 것입니다. 그 어떤 상황 하에서도 역사는 남겨져야 한다는 것, 그렇게 함으로써 후손에게 그 어떤 값진 재산보다도 더 큰 재산을 물려준다는 것, 후손들은 그들이 남긴 역사에서 망한 것이든 흥한 것이든 그 원인을 찾고 배울 수 있을 것이라는 것, 바로 이러한 의식들이 그러한 전통과 관례를 만들어 냈던 것이지요.

청나라 역시 명나라와 같이 중국 통치 기간 내내 실록을 편찬하였습니다. 한 군주의 통치시기에 있었던 일들을 역사로 편찬한 것은 우리나라와 중국의 아름다운 전통입니다. 군주가 죽으면 꼭 그 군주의 치적을 역사로 정리하여 후손에게 남겼던 것인데, 그 안에서 통치에 필요한 여러 전례, 즉 역사적 사실을 거울처럼 비춰 볼 수 있게 한 것이지요.

| Chapter **4** |

역사의 현재성

학생들에게 '역사란 무엇인가'라고 물으면, 통상 '역사는 과거를 알아 현재를 알고, 또 미래를 내다보는 것'이라고 대답한다는 이야기를 한 바 있습니다. 역사는 확실히 과거 그 자체가 아니라 현재와 미래, 특히 현재를 이해하기 위한 것입니다.

다시 말하자면 역사를 마치 과거의 사실을 달달 외우는 것쯤으로 생각하지만, 과거 사실을 아는 것은 과거 사실 자체가 중요해서라기보다 현재를 보다 잘 이해하고 나아가 미래를 내다보기 위한 것이라는 말이지요. 미래는 현재의 연속이고, 현재는 과거의 연속이며, 과거가 없는 현재는 존재할 수 없기 때문입니다.

이렇게 이야기해도 좀체 어떤 의미인지 잘 느껴지지 않을 것입니다. 우리의 역사 교육이 과거 사실 자체를 중시하여 이를 아는데 치중했고, 우리 모두 그런 식으로 훈련을 받아 왔기 때문에 더욱 그러합니다.

여러분은 지금쯤 필자가 어떤 사람일까 하는 나름대로의 생각을 갖게 되었을 것입니다. 필자가 좋은 사람으로 보이나요? 아니면 나쁜 사람으로 보이나요? 아직 잘 모르겠다구요? 그럴 것입니다.

필자를 보다 정확하게 이해하기 위해서는 어떤 방법이 있을까요? 필자와 대화를 나누어 보는 방법도 있겠지만 가장 유력한 방법 중의 하나는 필자의 과거를 파헤쳐 보는 것입니다. 그러다 보면 필자의 실체가 서서히 드러날 것입니다. 이처럼 과거는 어떤 존재의 실체를 비춰주는 거울과 같은 것입니다. 이제 몇 가지 예를 들어 역사는 과거 자체가 아니라 현재를 이해하고 미래를 내다보기 위한 것임을 말해 볼까요?

1. 엄마, 누가 나를 낳았어?

학생 여러분도 마찬가지겠지만, 인간은 누구나 서너 살, 혹은 네댓 살이 되면 엄마를 향해 이런 질문을 하게 됩니다. "엄마, 누가 나를 낳았어?" 엄마는 이런 애를 대견해 하면서 대답하지요. "누가 낳긴, 내가 낳았지." 그럼 또 질문을 하지요. "그럼, 어디로 낳았어?" 엄마는 순간 당황합니다. 조금 말하기 어려운 부분이니까요. 그래서 흔히 "음… 그래, 다리 밑에서 주워 왔지"라고 대답하곤 합니다. 서양에서는 "황새가 물어왔다"고 한다고 합니다만, 어찌 되었건 조금 쑥스러워 그렇게 대답하는 것이지요.

이때 아이도 적잖게 당황합니다. 엄마 배에서 나왔다고 알았는데, 다리 밑에서 주워 왔다니 정신이 아찔합니다. 낳은 곳을 적나라하게 말할 수 없는 상황에서, 또 말해서 소용도 없는 상황에서, 엄마는 오랫동안 대물림되어 내려 온 대답으로 "다리 밑에서 주워 왔다"고 하는 것인데, 사실 우리 집 애들처럼 제왕절개로 낳은 경우가 아니면 엄마의 다리 밑에서 꺼내 온 것이지요. 그래서 영화 같은 데서 애를 낳는 장면을 연출하면서, 산모는 다리를 들고 있고 도우미는 다리 밑을 연신 들어다 보는 연기를 하는 것입니다.

엄마의 다리 밑으로 낳은 것을 다리 밑에서 주워 왔다고 한 것인데, 이 대답이 대물림되어 지금까지도 내려오는 것이지요. 우리 선조들의 멋진 해학에 웃음이 절로 납니다.

필자 역시 어린 시절에 이런 놀림을 많이 받았는데, '설마, 아니겠지?' 하면서도 속으로 엄청 겁이 났습니다. 내가 자란 곳은 경상북도 성주의 한 농촌마을로, 1960년대만 해도 문둥이들이 꽤나 많았습니다. 가끔 동네에 나타나 음식을 구걸하기도 했지요. 문둥이들은 동네를 벗어난 한적한 곳에 움막을 치고 살면서, 가끔 한적한 개울가 다리 밑에서 쉬곤 했습니다.

지금은 폐교가 되었지만, 내가 초등학교(당시는 국민학교)에 다닐 때 가장 큰 공포는 문둥이를 만나는 것이었습니다. 우리학교는 집에서 3킬로 정도 떨어져 있었는데, 당시에는 왜 그리 멀었는지 등하교 길이 아득하기만 했습니다. 그래도 같이 다니는 또래들이 있어 좋았지요. 우리는 노래를 부르며 행진도 하고, 옆 동네 애들과 싸움질도 했습니다. 봄에는 진달래 꽃을 많이도 따 먹었습니다. 어느 봄날 하교 길에 또래들과 산에 올라 진달래 꽃을 따 먹다가, 진달래 꽃을 따먹는 문둥이를 만난 것이었습니다. 우리는 기겁을 했지요. 걸음아 날 살려라 하고 도망을 쳤지만, 그때 항간에는 문둥이가 아이를 잡아 간을 꺼내 먹으면 낫는다는 말이 있었습니다.

그런데 나의 가족들이 심심하면 '너는 문둥이가 다리 밑에서 키우던 애였는데, 불쌍해서 데려왔다'고 하면서 놀려댔던 것입니다. 지금은 흔적이 없지만, 어릴 때 천연두를 앓은 나는 양 눈썹 사이에 곰보 자국이 조금 있었습니다. 그래서 어릴 적 별명이 '살짝 곰보'였습니다. 이를 두고도 놀림을 받아 속이 상해 죽을 지경이었는데, 살짝 곰보가 문둥이의 아들이기 때문이라는 것이었지요. 지금 생각해 보면 참 쓴 웃음이 나는 일입니다. 나는 요사이도 우리 집 애들을 이런 식으로 골려 줍니다.

왜 이런 이야기를 장황하게 하는 걸까요? 아이는 다 이러한 과정을 겪게 되는데, 이 과정이 바로 자기를 역사화하는 과정이기 때문입니다. 아이가 나를 누가 낳았는지, 혹은 언제 낳았는지, 어떻게 낳았는지를 묻는 것은 과거에 일어난 사실 자체를 확인하는 과정이기는 합니다. 그러나 아이는 이러한 물음을 통해 무엇을 알고자 하는 것일까요? 바로 자기라는 인간 존재를 확인하는 것입니다. 다시 말해 자아를 발견해 가는 과정인 것입니다. 현재 존재하고 있는 인간이 어떻게 해서 이 세상에 태어나 실존하게 되었는지, 그 과정을 앎으로써 자기의 정체성, 자아를 발견해 가는 것이지요.

그런데 이러한 물음을 통해 자아를 발견해 가다 보면 물음은 필연적으로 자기라는 존재의 시초에까지 닿게 되어 자기를 누가, 언제, 어떻게 낳았는지를 확인하게 되는 것이지요. 여기서도 현재 존재하는 어떤 존재의 정체는 과거를 통해 확인되는 것을 알 수 있습니다. 이처럼 현재는 과거와 연결되어 있는 것입니다.

자기를 누가, 언제, 어떻게 낳았는가를 확인하는 것은 단순히 과거에 일어난 사실 자체를 이해하기 위한 것이라기보다 현재 존재하는 자기라는 실체의 정체를 보다 정확하게 이해하기 위한 것입니다. 과거는 사라졌지만, 완전히 죽은 것이 아니라 현재와 연결됨으로써 살아있는 것입니다. 과거, 즉 역사는 현재성을 가지고 있는 것입니다.

2. 살인 사건

역사, 즉 과거는 죽은 것이 아니라 현재를 비춰주는 거울과 같은 것이라는 또 하나의 사례를 들어 보겠습니다. 자, 어떤 사람이 피살되었습니다. 살인 사건이 일어난 것이지요. 만약 여러분이 이 살인 사건을 해결해야 하는 강력계 형사라면 어떻게 해야 할까요?

우선 사건 현장으로 달려가 단서들을 포착해야 합니다. 현장에 남겨진 조그만 물건으로부터, 현장의 공간적 특징이나 죽은 자의 살해 부위 등을 세심하게 살펴보아야겠지요. 지문도 채취하고 현장도 잘 보존해야 합니다. 피살자가 누구인지 그 신원을 확인하는 것도 필수적이구요. 그렇게 해서 살인 사건의 대체적 윤곽을 파악하게 됩니다.

이 정도로 사건이 해결되면 다행이겠지만, 대부분의 살인사건은 이 정도로 해결되지 않습니다. 그러면 어떻게 해야 할까요? 우선 죽은 자의 과거를 파헤쳐야 합니다. 죽기 직전의 행적이나 그 전의 주요한 행적들을 추적하다 보면 사건의 실체에 한 걸음 한 걸음 다가가게 되는 것입니다.

이렇게 하여 용의 선상의 인물들을 가려내고, 본격적으로 범인을 색출하는 작업을 진행하게 되는 것이죠. 그런데 용의 선상에 있는 인물이 범인인지 아닌지를 가려내려고 할 때 가장 먼저 하는 작업은 그들의 전과 등을 기록한 신원조회(身元照會)를 하는 일입니다. 신원조회는 경찰 수사에서 만이 아니라 여러분이 직장에 들어갈 때에도 거쳐야 하는 아주 중요한 과정입니다. 필기와 면접시험 등 소정의 절차를 거쳐 합격하면 신원조회 서류를 본인이 직접 작성하여 채용기관에 제출하고,

채용기관은 이를 다시 경찰청에 보내 그 사실 여부를 확인하는 것입니다. 만약 범죄사실을 숨겼다고 하더라도 조회 과정에서 낱낱이 드러나게 되는 것이죠.

신원조회란 경찰청이 개인의 범죄나 재판, 전과 등의 사실을 기록하여 관리하다가, 요구가 있을 때 그 사실 여부를 확인해 주는 제도입니다. 신원조회를 꽤 자세히 말하는 이유는 분명합니다. 신원조회를 통해 개인의 과거가 드러난다는 사실을 말하고자 함이지만, 순간적으로 화를 못 참고 휘두른 주먹 한 방이 자칫 자신의 인생을 망칠 수도 있다는 점을 말하고자 함입니다.

'화'라고 하는 게 도대체 무엇입니까? '화'는 어떻게 생겼습니까? 그것은 누가 만들었습니까? 형체도 없고 금방 사라질 '화'를 만드는 것도, 그것에 지는 것도 다 자기 자신입니다. 금방 사라질 화를 못 참고 휘두른 주먹 한 방이 만약 사건이 될 경우, 경찰청 기록에 등재되어 영원히 지워지지 않는 주홍글씨로 남게 됩니다.

조그만 사기업은 그렇지 않지만 어느 정도 중요한 채용기관의 경우 신원조회 절차를 반드시 거치는 것은 무슨 이유에서일까요? 시험과 면접 등을 거쳐 선발은 했지만 그 사람됨을 잘 알 수 없기에 그 과거를 뒤지는 것입니다. 전과자를 선발했다가 또다시 유사한 범죄행위를 저지르면 큰일이기 때문입니다. 이런 점에서 신원조회는 과거를 통해 현존하는 존재의 실체를 파악하는 역사의 존재 의미를 가장 잘 보여주는 사례이기도 합니다.

살인 사건의 경우에도 용의 선상의 인물들에 대한 신원조회를 통해 그가 과거에 어떤 범죄를 저질렀는가 하는 기록을 뽑아 검토하게 됩니다. 용의자의 과거를 통해 용의자의 정체를 밝히는 작업인 것이지요.

여기서도 분명히 볼 수 있지 않습니까? 현재의 실체를 말해주는 과거의 위력을 말입니다. 죽은 자의 과거에 대한 그 어떤 정보도 얻을 수 없다면, 죽은 자의 실체는 물론이고 살인 사건의 실체는 더 이상 밝혀지지 않을 것입니다.

현재의 실체는 과거를 통해 드러나는 것입니다. 역사는 과거라고 했지요. 역사를 안다는 것은 곧 과거를 안다는 것이지만, 과거는 왜 알아야 합니까? 단순히 과거 자체가 아니라 현재를 알기 위해 과거를 알고자 하는 것이고, 역사를 알아야 하는 이유가 여기에 있는 것이지요.

3. 맞선 보기

인간은 그 누구라도 성공적인 삶을 살려고 합니다. 무엇을 성공적인 삶이라 할 것인지에 대해서는 사람마다 생각이 다르겠지만, 결혼을 하지 않는다면 모르되 성공적인 삶의 중요한 조건의 하나는 성공적인 결혼일 것입니다. 무엇을 성공적인 결혼이라 할 것인지에 대해서도 사람마다 생각이 다르겠지만, 성공적인 결혼의 가장 중요한 조건은 좋은 배우자를 선택하는 일입니다. 그러나 문제는 그게 말처럼 그렇게 쉬운 일이 아니라는 것입니다.

요사이 대학에는 이른바 CC라고 하여 학과 커플들이 많습니다. 우리가 대학을 다니던 70년대에도 학과 커플들이 있었지만, 그때에는 드러내 놓고 사귀기보다 찻집 같은데 숨어서 만나는 게 일반적이었습니다. 자유연애를 달가워하지 않는 사회적 분위기 때문이었습니다. 특히 여학생들의 경우 함부로 남학생을 사귀다 부모님으로부터 혼쭐이 나는 경우도 많았지요.

그 시절에는 자유연애 대신 중매를 통해 평생의 반려자를 선택하는 경우가 많았습니다. 그런데 이처럼 남녀가 중매를 통해 평생의 반려자를 선택하는 경우를 생각해 봅시다. 중매쟁이는 처녀 총각의 양쪽 집안을 다 아는 사람이 나서는 수가 많기 때문에, 처녀 총각에 대한 대강의 신상은 중매쟁이를 통해 알 수 있습니다.

그러나 중매쟁이 말만 믿고 평생의 반려자를 선택할 수는 없지요. '중매쟁이는 일이 성사되면 옷 한 벌, 잘못되면 뺨이 석대'라는 말이 있듯이 중매쟁이 말만 믿고 결혼했다가 잘못된 경우 중매쟁이는 두고두고 욕을 얻어먹게 되지요. 더러는 뺨도 얻어맞고요.

그러나 중매쟁이 말만 믿고 결혼하는 경우는 거의 없고, 반드시 양가 어른들을 모신 가운데 처녀 총각이 맞선을 보는 절차가 있게 마련입니다. 맞선은 상대가 어떤 인간인지를 파악하는 자리입니다. 말하자면 중매쟁이 말만으로는 속을 수 있으니, 직접 만나 자신의 판단으로 상대를 파악하여 최종적인 결정은 본인이 하라는 것이지요. 맞선을 통해 이것저것 알아보고 속았다고 하지 말라는 것입니다.

요사이 학생들이 잘 하는 미팅도 따지고 보면 맞선의 일종인데, 그 형태나 과정이 매우 자유롭고 덜 부담스럽다는 것이 다르지요. 미팅이야 결혼을 전제로 하는 것이 아니니 즐겁게 놀기나 하면 되지만, 맞선은 평생을 좌우할 반려자를 고르는 일이니 훨씬 중요한 자리입니다.

성공적인 결혼생활에는 수많은 조건들이 있겠지만, 그 무엇보다 중요한 것은 좋은 사람을 고르는 것입니다. 속지도 않아야 합니다. 그러나 그게 쉬운 일이 아닙니다. 잠깐 잘못 판단해 버리면 돌이킬 수 없는 일이 발생하는 것이죠. 한때 최진실의 깜직스런 선전 문구가 있었습니다. "순간의 선택이 10년을 좌우합니다"라는 멘드였는네, 아바노 삼성전자의 텔레비전 선전 문구로 기억됩니다. 텔레비전이야 잘못 고르면 반품하고, 다른 것으로 바꾸면 됩니다.

그러나 배우자는 그렇게 간단히 바꿀 수 있는 게 아닙니다. 엄청난 정신적·물적 손실에, 시쳇말로 쪽팔리는 일입니다. 반품이나 교환은 아예 불가능합니다. 따라서 배우자의 경우에는 '순간의 선택이 평생을 좌우한다'고 할 수 있습니다.

누구나 좋은 사람을 고르려고 하지만, 그것만큼 어려운 일도 없습니다. 성공적 결혼 생활의 가장 중요한 조건인 좋은 사람 고르기, 다르게 표현해 속지 않으려면 어떻게 해야 할까요?

맞선 장면을 연상해 봅시다. 근사한 레스토랑에서 중매쟁이의 소개로 서먹한 표정으로 서로 인사를 나눕니다. 그때부터 서로는 서로에 대한 탐색에 들어갑니다. 탐색의 첫 번째 과정은 상대의 겉모습(현재의 상황)을 살펴보는 일입니다. 이 탐색을 통해 일단 합격선에 들었다고 하더라도 그 탐색만으로 상대를 언뜻 선택해 버리는 사람은 거의 없을 것입니다. 왜냐하면 그 정도 탐색으로는 속을 가능성이 크기 때문입니다.

얼굴이 예쁘다 하여 배우자로 선택하였는데, 알고 보니 학교 다닐 때 애인을 수십 명 갈아치운 바람둥이였다면 어떻게 되겠습니까? 특히 남자들의 경우, 평소에는 멀쩡하던 사람이 술만 먹으면 울고불고 시비를 하고 싸움질 하는 사람들이 꽤 나 있습니다. 또는 술에 취하면 자신도 모르게 얌전히 전봇대에 옷 걸어두고, 트럭 옆에 신발 벗어 두고 트럭 밑에 들어 가 자는 사람도 있습니다. 과부되기 십상인 남편감이지요.

현재 나타난 겉모습만 보고 상대를 좋은 사람으로 판단하는 것은 이처럼 위험하기 짝이 없는 방법입니다. 이러한 과오를 피하려면 어떻게 해야 할까요? 다른 방법을 동원하여 그 사람이 과연 어떤 사람인지, 그 정체를 더 밝혀 보아야 합니다.

그 유력한 방법은 그 사람의 과거를 파헤치는 것입니다. 집안이 어떠한지, 공부는 잘했는지, 술버릇은 어떤지, 어떤 사람을 친구로 하는지 등등을 물어보면서 상대의 정체를 파악하는 것입니다. 상대가 어떻게 살아왔는지 하는 과거를 파헤치는 것은 상대를 파악하는 데 빼 놓을 수 없는 것이고, 그래서 맞선 자리에서는 으레 이것저것 물어보기 마련입니다.

물론 그 답의 신빙성도 꼼꼼히 따져 보아야 합니다. 말로 하는 대답이니 거짓말일 수도 있고, 과장일 수도 있기 때문입니다. 따라서 상대가 살아온 흔적을 고적답사하듯이 눈으로 하나하나 직접 확인하면 더 좋을 것입니다. 과거를 파헤쳐 상대방의 정체를 정확히 파악한다면, 겉모습만 보는 것 보다는 속을 가능성이 훨씬 줄어들 것입니다.

4. '형님, 오빠'와 중국의 봉건제도

너무 세속적 예만 들었나요? 보다 학문적인 사례를 들어볼까 합니다. 우리는 오늘날에도 핏줄을 달리하는 선배나 후배에게 '오빠, 언니' 혹은 '형, 동생'이라고 부릅니다. 대학생들도 처음 입학하면 '선배'라고 부르다가 어느 순간 그렇게 부릅니다.

이는 중국도 그러합니다. 중국인 남자들도 조금 친해지면 '따꺼, 따꺼'합니다. 필자가 대만에서 공부할 때에도 자주 들은 호칭입니다. 이미 한국에서 박사과정을 수료한 상태에서, 국립 대만대학(臺灣大學) 사학과 박사과정 예비단계에 입학하여 강의도 듣고 박사학위 논문도 마무리하기 위해 갔기 때문에 어느 정도 나이가 든 상태였습니다. 어린 후배들이 "짱따꺼(張大哥), 짱따꺼(張大哥)"하여 기분은 좋았지만 그럴 때 마다 '똥따꺼'가 생각나 피식 웃곤 하였습니다. '따꺼'는 '형님'이란 의미로 중국 영화에서도 자주 들을 수 있는 말입니다.

우리나라나 중국의 경우 같은 핏줄이 아님에도 이러한 호칭을 일상처럼 사용합니다. 다른 나라에서는 이러한 현상이 거의 없는 듯합니다. 필자가 교환 교수로 미국에 갔을 때 외국인을 위해 지역에서 무료로 개설한 '영어 학교'에 가족들과 함께 다녔습니다. 갓 결혼한 아리따운 미국인 여선생님이 필자를 보고 '오이식, 오이식' 하는데 처음에는 '뭐 이런 게 다 있나?' 싶었습니다. '나도 한국에서는 명색이 교수인데, 성도 붙이지 아니하고 이름만 부르다니…그것도 이상한 발음으로…' 하는 생삭이 늘었던 것입니다.

필자의 한국명은 영어로 표현하기 힘듭니다. 'Ui Shik, Jang'이라 표기하였더니 그렇게 발음한 것입니다. 외국인이 필자의 이름을 발음하기란 사실 쉽지 않습니다. 한국인인 나도 내 이름을 잘 발음하지 못합니다. 경상도 사람들에게 '의'자는 발음하기에 여간 어려운 게 아닙니다.

한때 나는 나의 이름이 '장이식'인줄 알았습니다. 부모님께서 '이식아, 이식아'라고 부르셨기 때문입니다. 부모님도 정확하게 발음하기 어려우셨던 게지요. 그래서 초등학교에 입학해서도 이름을 '장이식'으로 썼습니다. 나중에 선생님이 '장의식'이라고 하여 깜짝 놀랐습니다. 졸지에 이름이 바뀌었던 것입니다.

미국인 여선생님처럼 미국인들은 이름만 부르는 것을 친근감의 표시라고 생각합니다. 'Mr. Jang'이라고 하면 무난하지만 공식적이고 딱딱한 호칭입니다. 미국인들은 이름을 불러 친근감을 표시하지만, 우리처럼 '형, 동생, 오빠, 언니'라고 호칭하는 경우는 거의 없습니다.

그렇게 부르는 경우가 있긴 합니다. 그러나 갱단이나 성당과 같은 신앙공동체에서 그러할 뿐입니다. 갱단에서 두목을 'God Father'라고 하고, 성당에서 같은 신자끼리 'brother, sister'라고 하는 경우입니다. 미국에서 아무에게나 친근감을 표시

한다고 'father' 혹은 'brother'라고 하다가는 두들겨 맞을 수도 있습니다. '이 자식이 나를 갱단으로 보나?'라고 여기기 때문입니다.

이처럼 핏줄이 다른 남에게 이러한 호칭을 쓰는 현상은 많은 의미를 가지고 있습니다. 통상 피를 나눈 형제자매에게 '형, 동생, 오빠, 언니'라고 부르지만, 이는 같은 핏줄임을 나타내는 의미입니다.

핏줄을 같이 하지 않는 남에게 '형, 동생, 오빠, 언니'라고 부르는 것은 '너와 나는 남이 아니라 피를 나눈 형제자매와 같다'는 의미를 담고 있습니다. 남이 아니라 피를 나눈 형제자매와 같으니, 남남이 아니라 형제자매처럼 잘 지내자는 의미입니다. 또 '우리는 남이 아니라 형제자매와 같으니 서로 서로 잘 봐 주자'라는 메시지이기도 합니다.

더 나아가서는 '우리는 형제자매와 같으니 죽어도 같이 죽고 살아도 같이 살자. 다른 사람이 건드리면 같이 뭉치자'는 동맹의 체결이기도 하고, '우리는 남이 아니라 피를 나눈 형제와 같으니 좀 잘못해도 용서하자. 또 형이니까 훈계도 하고 간섭도 할 것이니 동생인 네가 이해해라'는 의미이기도 합니다.

얼핏 보면 이러한 호칭은 너무 일상적이어서 별 생각 없이 사용합니다. 그러나 따지고 보면 이러한 관행은 아주 오랜 연원을 가지고 있습니다. 거슬러 올라가 보면 중국 고대 주(周)나라의 봉건제도에 그 연원이 있습니다. 봉건제도는 은(殷, 혹은 商)나라의 폭군 주(紂)를 타도하고 주(周)나라를 연 무왕(武王)의 동생 주공(周公)이 새로 얻은 천하를 어떻게 다스릴까 고민하다 채택한 통치 제도였습니다.

왕의 아들이나 조카 등 주나라 왕실의 핏줄이나 강태공(姜太公)과 같은 창건 공신들에게 땅을 나누어주고 그 통치를 위임한 제도였습니다. 땅을 준 자에게는 공후백자남(公侯伯子男) 작위 중 하나도 주었습니다. 그 중 후작(侯爵)을 가장 많이 주었으므로, 땅을 받은 자를 통칭하여 '여러 후작'이라는 의미의 '제후(諸侯)'라 합니다.

제후국이 몇 개인가에 대해 1,800여개가 있었다거나 53개가 있었다는 등 들쭉날쭉 합니다. 그러나 시대에 따라 다르겠지만 100~200여개 정도였다고 보입니다.

한편 제후국 내에는 보통 6명 정도의 대부(大夫)가 있었는데 그 수석 대부가 경(卿)으로 이들을 경대부(卿大夫)라 하였습니다. 이들 역시 제후의 핏줄이거나 유력한 종족의 장이었습니다.

서양 중세에도 봉건제도가 있었는데, 주나라의 봉건제도는 그것과 상당히 달랐습니다. 우선 그것이 시행된 시대가 달랐습니다. 중국은 고대, 서양은 중세에 출현하였습니다. 따라서 봉건제도가 반드시 중세에 나와야 할 이유는 없습니다. 다시 말하면 봉건제도가 있었다고 하여 중세라고 할 수도 없습니다.

그 외 서양의 봉건제는 사회경제적으로 장원제의 농노제를 의미하지만 중국 봉건제도의 경우 이 등식이 성립되지 않습니다. 중국 봉건제의 경우 장원제도 아니고 농노제도 아니었습니다. 농지의 직접 생산자는 장원의 농노가 아니라 종족민으로 보이기 때문입니다.

서양 봉건제와 가장 중요한 차이는 다른데 있습니다. 서양 봉건제의 경우 불입권(不入權)이라 하여 영주는 국왕권이 자기 영지에 들어오지 못하게 할 권리를 가졌습니다. 따라서 불입권은 국왕의 권리가 아니라 영주의 권리였습니다. 국왕이라 하더라도 함부로 영지에 들어와 사람을 잡아가거나 세금을 거두어 갈 수 없도록 한 권리였습니다. 영주는 영지 내에서 국왕의 간섭을 배제하고 독점적 권리를 행사한 것이지요.

그러나 중국의 경우 불입권이 없었습니다. 국왕은 제후국에 대해 언제든지 간섭할 수 있었습니다. 왜 그랬을까요? 이는 매우 중요한 문제입니다. 오늘날에도 마찬가지지만 서양의 경우 개인주의가 발달하여 남의 일에 간섭하기를 좋아하지 않는 반면, 우리나 중국의 경우 개인주의를 배격하며 걸핏하면 남의 일에 끼어들기를 좋아하는 문화의 차이도 이와 연관되어 있기 때문입니다.

중국 봉건제의 경우 우선 땅을 나누어 받은 사람은 왕의 핏줄이거나 공신이었습니다. 공신의 경우에도 상호 혼인을 통하여 왕실과 공실(公室: 제후의 집안을 높여 통칭 公室이라 함)은 처음 핏줄이 다르기도 했지만, 조금 지나면 거의 모두 친인척으로 맺어졌습니다. 친척은 핏줄, 인척은 혼인에 의해 맺어진 관계로 주나라는 왕과 제후가 거의 모두 일가친척이었습니다.

말하자면 주나라 왕실은 종가(宗家)로서 그 일가친척에게 한 살림(땅) 떼 주어 분가(分家)시켰던 것입니다. 제후는 제후대로 다시 자기가 받은 살림(땅)을 일가친척에게 나누어 주어 분가시켰습니다. 그 정점에 대종가로서 주나라 왕실이 있었던 것입니다.

이러한 관계는 서양 봉건제도의 왕과 제후의 관계가 엄격한 계약에 의한 군신관계였던 것과 달랐습니다. 이러한 관계를 종법관계(宗法關係)라고 하는데, 거의 모두 일가친척이므로 '종족 법의 관계'라는 의미입니다. '종법(宗法)'이라 하였으나 이때의 법이란 것은 엄격한 의미의 법이 아니라 '규범' 정도의 의미입니다. 따라서 좀 더 엄밀히 말하면 '종족적 규범에 의한 관계'라는 의미입니다. 쉽게 말해 종법관계는 '일가친척의 관계', 혹은 '종족 관계'입니다.

일가친척, 즉 종족관계이다 보니 엄격한 계약 같은 것은 별 필요가 없었습니다. 남이 아닌 일가친척이니 서로 알아서 할 일을 하면 된다는 식이었습니다. 가령 아버지와 아들 사이에 무슨 계약이 필요하냐? 아버지는 아버지로서, 아들은 아들로서 해야 할 일을 하면 된다고 보았던 것입니다.

그러기에 아버지는 아버지로서 당연히 아들의 일에 간섭할 수 있었습니다. 그것이 아버지의 의무이기도 하였기 때문입니다. 분가(봉건)해 나간 아들이 통치를 잘못하거나 윤리 도덕적으로 잘못한 일이 있으면 왕이기 이전에 아버지로서 당연히 아들을 불러 훈계하거나 혼을 내어야 한다고 보았던 것이지요.

이러한 중국의 종법관계는 개별 인간 사이의 엄격한 계약이나 법이 아니라, 일가친척 사이의 윤리 도덕이나 규범을 중시하였습니다. 다시 말해 중국이 계약이나 법이 아니라 윤리 도덕이나 규범을 중시한 것은 봉건제도의 종법관계에 큰 영향을 받았습니다.

잘 이해가 되지 않으면 다른 예를 들어보겠습니다. 만약 필자의 딸이 필자가 소속된 학과 학생으로 입학하면 어떻게 될까요? 우리는 사적으로 부녀관계이지만, 공식적으로는 사제관계가 됩니다. 만약 저의 딸이 강의 도중 '아빠'라고 하거나,

집에서 '교수님'이라고 하면 안 될 것입니다. 공사를 구분하지 못한 것이지요. 강의실에는 '교수님'이라 하고 집에서는 '아빠'라고 해야 합니다. 그리고 학생이기 이전에 딸이기 때문에 다른 학생과 달리 생활 전반에 대한 충고와 간섭을 할 수 밖에 없게 되겠지요.

종법관계의 봉건제도는 이후 중국의 역사에 엄청난 영향을 끼쳤습니다. 핏줄을 중시하는 종법관계에 기초하다보니 종법, 즉 윤리 도덕의 규범이 중시되고 엄격한 계약이나 법은 그 하위 개념이 되었습니다. 우리 역시 그 영향을 강하게 받았습니다.

지금도 우리나 중국이 공적인 관계가 아니라 사적인 관계를 중시하고 엄격한 계약이나 법이 아니라 윤리 도덕적 규범을 중시하는 중요한 이유가 여기에 있습니다. 중국에서 사업에 성공하려면 '꽌시(關係)'를 잘 해야 한다는 것은 잘 알려진 사실입니다. 인간관계가 계약관계나 법률관계보다 훨씬 중요한 요소라는 것입니다. 계약관계를 잘 맺으려면 인간관계가 좋아야 하고, 그러다 보면 법률관계도 술술 풀린다는 것입니다.

이제 우리 사회에서 어른이나 아이 할 것 없이 조금만 친해지면 '형, 아우, 오빠, 언니'라고 부르는 이유가 어느 정도 이해되었나요? 우리는 남이 아니라 핏줄로 맺어진 일가친척과 같은 사이니 잘 봐 달라는 것이 핵심입니다.

봉건제도의 영향은 이후의 역사전개에는 말할 것도 없고 현재의 중국이나 우리 사회 곳곳에 남아 있습니다. 서양의 경우 우리나 중국보다 개인주의가 발달하고 지방 분권적 요소가 강하며 도시마다 나름대로의 특색을 가지고 있는 것도 서양 봉건제와 중국 봉건제의 차이에서 기인합니다.

유교의 핵심은 '인간은 선한 존재'이므로 법이나 형벌이 아니라 윤리 도덕으로 스스로를 규제할 수 있고, 법이나 형벌이 아니라 윤리 도덕에 의해 스스로 규제되는 세상이야말로 이상적이라고 보는 것입니다. 결국 법이나 형벌과 같은 타율적 강제가 아니라, 윤리 도덕과 같은 자율적 절제를 이상적으로 보는 것이지요.

이러한 이상적 세상의 모델은 가정이었습니다. 가정은 법이나 형벌이 아니라 윤리 도덕에 의해 스스로를 자율적으로 규제하는 작은 세상입니다. 가령 가정에서 아버지가 '밤 12시까지 귀가하지 않으면 머리카락을 모두 뽑아 버리겠다'는 법을 세우고, 이를 어겼을 때 강제적으로 법이 정한 형벌을 가한다면 어떻게 될까요? 아버지니까 더럽고 아파도 참을지 모르지만 나중에는 반란을 꾀하던지 쫓아내던지 할 것입니다. 유교는 국가도 법이나 형벌이 아니라 윤리 도덕에 의해 굴러가는 가정과 같아야 한다고 보았습니다.

따라서 유교는 국(國)에 대해 왕을 아버지, 왕후를 어머니, 백성을 자식으로 하는 확대된 가(家)로 보았습니다. 국가(國家)라는 말도 '국(國)은 곧 가(家)', 다시 말해 '국가는 곧 확대된 가'라는 말입니다.

유교의 이러한 이념은 진시황(秦始皇, 재위 기원전 247-기원전 210)의 분서갱유에 의해 고사될 위기에 처했습니다. 진시황은 봉건제의 가족주의적 종법관계는 결국 느슨해질 수밖에 없고 그러다 보면 종가, 즉 왕실의 권위가 무너지면서 천하가 대란에 빠진다고 보았습니다.

춘추 전국시대의 대혼란이 바로 그러한 현상으로, 이를 통일한 진시황은 다시는 그러한 대혼란이 일어나는 것을 막기 위해 봉건제 대신 천하를 군(郡)과 현(縣)으로 나누고 그 장관을 황제가 직접 파견하여 엄격한 법과 형벌로써 다스리는 군현제를 채택하였습니다. 유가 학자들을 땅에 묻고 그 경전을 불사르는 분서갱유는 여러 이유에서 단행되었지만, 유가의 기본 이념이 그가 추진하는 정책 이념과 대극의 관계에 있었던 점도 이유였습니다.

그러나 역설적으로 진시황은 유교를 살린 장본인이기도 하였습니다. 그의 실패가 역으로 유교의 정당성을 높여 준 것입니다. 진시황의 법과 형벌 중심의 통치는 많은 사람을 적으로 만들었고 그의 제국도 '만세(萬世)' 동안이 아니라 단 2대 만에 끝나게 만들었습니다.

그의 법과 형벌 중심의 통치가 비단 그의 개인적 포악성 탓만이 아니라 오랫동안 분열된 7국을 영토적으로 통일한 후 시급한 과제로 떠 오른 사회 각 분야의 통합 작업의 필요성 때문이었다는 게 필자의 견해지만, 법과 형벌로써 천하를 통치하는 것은 너무나 소모적이고 피곤한 일이었습니다. 또한 강한 반발력 때문에 그렇게 효율적이지도, 강하지도 못하였습니다.

법과 형벌 중심의 통치가 갖는 왕조 단명의 위험성을 간파한 한(漢) 무제(武帝, 재위 기원전 141-기원전 87)는 '천하를 말 위에서 얻을 수는 있어도 다스릴 수는 없다'고 하면서 유가를 국가 정통의 학문으로 존숭하고 그 이념을 국가 통치 이념으로 채택하였습니다. 기원전 100년경에 이루어진 이 일대 전환으로 중국은 유교 국가로 자리 잡았고, 그 이념은 공산국가가 된 지금까지 일부 이어져 오고 있습니다.

공산국가가 된 지금까지 아직도 법에 의한 제도가 아니라 '꽌시(關係)'를 훨씬 중시하는 것은 그 대표적인 사례입니다. 그것이 오늘날 중국에서 여전히 핏줄이 아닌 남을 '따꺼'라고 부르는 이유입니다.

이러한 설명은 우리에게도 마찬가지로 유용합니다. 삼국시대 이래 전래된 유교에 의해 우리도 서서히 유교적 이념이 뿌리 내리기 시작하였습니다. 중국도 그러했듯이 불교에 눌리면서도 종교가 아닌 정치이념으로 정착되었고 조선조 들어 훨씬 철학화된 유교, 즉 성리학이 수용되면서 그 이념은 더욱 강해졌습니다.

유신 독재를 지속한 박정희 대통령의 부인 육영수 여사가 저격에 의해 사망했을 때 백성들은 '국모'가 죽었다고 하면서 울었습니다. 학자들은 '국모는 무슨 국모? 지금이 뭐 왕조시대인가?'라고 하였지만, 백성들이 그렇게 슬퍼한 것은 대통령의 부인을 '국모'라고 여기고 자신의 어머니가 돌아가신 것처럼 생각했기 때문이었습니다. 나라를 거대한 가정으로 생각하고 있었던 것이지요.

우리 역시 유교의 영향을 강하게 받았고 그 영향은 지금도 계속되고 있습니다. 아직까지도 세계 그 어떤 나라 보다 '효(孝)'를 최고의 가치로 여기고, 법이나 형벌보다 윤리 도덕을 중시하며, 자신의 능력이 아니라 '형님, 아우, 오빠, 언니'하면서 형성된 특수한 인간관계에 기대어 결속을 강화하고, 사회적 소외를 피하고, 남을 왕따 시키고, 패거리를 만들고, 나아가 출세하며, 집안의 빽을 기준으로 짝을 찾고, 개인이 아니라 집단을 중시하고, 집단의 이익을 위해 개인의 희생을 강요하고, 집단에 순응하지 못하는 자를 왕따 시키는 등등 이루 헤아릴 수 없을 정도로 우리 사회 곳곳에 뿌리박은 문화들이 유교로부터 말미암은 것들입니다.

유교는 봉건제의 종법제도에 큰 영향을 받았습니다. 어떻게 보면 봉건제의 종법제도를 보다 체계화한 것이 유교였습니다. 공자가 꿈에서도 주공(周公)을 만나보고 싶어 한 이유도 주공이 종법에 기초한 봉건제의 설계자이자, 공자가 배움을 얻은 스승이었기 때문이었습니다. 엄격한 계약이나 법이 아니라 가족, 일가친척이라는 특수한 인간관계 사이의 자율적 윤리 도덕 중심의 종법적 통치 이념이 유교의 국가 통치이념으로 연결된 것이지요. 이처럼 봉건제가 기초한 종법의 이념은 유교를 거쳐 오늘날까지도 면면히 이어져 오고 있습니다.

중국은 봉건제의 종법의 이념을 중국 내에서만이 아니라 다른 주변 민족에까지 확대하였습니다. 1627년 후일 청(淸)으로 국호를 바꾼 후금(後金)이 침략하는 정묘호란이 일어났습니다. 이 전쟁으로 조선과 후금은 형제관계를 맺었습니다. 그런데 임진왜란이 발발하던 1592년 태조 누루하치의 여덟 째 아들로 태어난 청 태종(太宗, 재위 1626-1643)은 1632년 만주 전역을 석권하고 명나라의 수도 북경 공격을 준비하면서 우리에게 황금과 군마(軍馬), 병사와 함께 형제관계에서 군신관계로 고칠 것 등을 요구하였습니다.

이를 거절하면서 1636년 다시 병자호란을 맞았습니다. 군신관계는 부자관계와 같은 것으로서 명(明)나라에 책봉을 받으면서 군신관계 즉 부자관계를 맺고 있던 우리로서는 두 아버지를 모실 수 없다는 명분을 내걸며 거절하였습니다.

중국은 이처럼 외국과의 관계마저 인간관계로 처리하였습니다. 형제관계, 숙질(叔姪)관계, 백질(伯姪)관계, 부자관계(군신관계)와 같은 형식이었는데, 형제관계는 어느 정도 대등한 관계인데 반해 나아갈수록 종속과 간섭의 정도가 심했습니다.

중국과 주변국의 전쟁은 여러 요인에서 일어났지만 결국 그 관계를 설정하면서 종결되었습니다. 협상 도중 그것이 결렬되어 다시 전쟁에 돌입하기도 하였습니다. 관계를 어떻게 할 것인가 하는 것은 결국 누가 얼마나 더 위에 있는가? 따라서 누가 누구의 간섭을 얼마나 받아야 하는가의 문제였습니다. 물론 국가적 자존심이 걸린 문제였습니다. 따라서 이 문제 때문에 전쟁이 일어나기도 했던 것입니다.

그런데 그 형식이 혈연관계로 이루어져 있는 것이 재미있기도 하고 시사적입니다. 그것은 곧 봉건제도의 가장 중요한 특색인 종법관계의 확대였습니다. 따라서 개인 간의 관계만이 아니라 국가 간의 관계까지 종법관계로 엮어 종법적 질서로 끌고 가려 했던 것입니다. 우리의 고려보다 조금 뒤에 건국된 송(宋)나라 같은 경우 거란족이 세운 요(遼)와 싸우다 형제관계를 맺었고, 서쪽의 조그만 나라 서하(西夏)와 싸우다 형제관계를 맺었는데, 송나라가 형이 되었습니다.

그런데 역대 왕조와 달리 송은 '내가 형이니까, 너한테 해마다 많은 선물을 줄께'라고 하면서 해마다 막대한 선물을 주었습니다. 명분을 얻는 대신 경제적으로는 큰 손실이었습니다. 따라서 역대 왕조 중 가장 문치주의에 빠져 군사적으로 약한 비겁한 왕조라는 비난을 받았지만, 이때부터 중국은 강력한 군대로 평화를 유지하는 무력국가가 아니라 '돈으로 평화를 사는' 재정국가로 전환하였던 것입니다.

그렇게 할 수 있었던 배경에는 막강한 경제력이 있었습니다. 그 득실을 따져보면 강력한 군대를 유지하기 위한 비용보다 싸게 먹혔다는 것입니다. 따라서 무력을 약화시킨 문치주의도 비난할 일만은 아니었습니다. 영국의 유명한 과학 사학자 조셉 니덤(Joseph Needham, 1900-1995)은 송대는 인류 문명을 뒤바꿀 나침판, 금속활자, 화약의 발명 등 수많은 발명이 일어난, 세계 최고의 문명이었다고 평가하였습니다. 세계 최고 문명이 이룩한 눈부신 경제력으로 평화를 샀던 것입니다.

우리나라 김대중, 노무현 정권 때의 북한에 대한 이른바 '햇빛 정책'도 같은 맥락에서 생각해 볼 수 있습니다. '퍼주기'란 비판에 그게 '싸게 먹힌다'는 반론들이 오고 가지만, 위정자들이 이때의 역사를 참조했으면 하는 바램입니다. 우리의 월등한 경제력을 활용하여 북한의 도발을 억제할 수 있다면, 그것으로 소요되는 지출은 양측의 소모적인 군비 경쟁으로 지출될 비용을 상쇄하고도 남을지 모를 일입니다. 더구나 우리 민족의 최대 숙원인 통일을 위한 기반 조성과 통일 후의 사회적 비용을 절감한다는 측면 등을 고려하면 결코 아깝지 않은 투자일 수도 있을 것입니다.

5. IMF

우리나라는 1970, 80년대의 고도성장으로 무역규모 세계 10위권까지 추격하였습니다. 이러한 고도성장은 우리만이 아니라 홍콩, 대만, 싱가포르에서도 일어났습니다. 세계 사람들이 이들 국가의 고도성장에 깜짝 놀랐습니다. 서구의 학자들은 이들 4개 국가를 '아시아의 4마리 용'이라 하면서 고도성장의 비밀을 연구하기 시작하였습니다.

학자들은 이들 4개 국가가 공교롭게도 모두 유교권 국가임에 주목하여 고도성장의 배경을 유교 윤리(ethics)에서 찾았습니다. 학자들은 유교 속의 가족주의, 높은 교육열, 높은 저축률, 근면성 등의 윤리 덕목에 주목했습니다. 이들 국가의 국민이 그 누구보다도 열심히 일을 한 것은 자기 자신을 위해서가 아니라 그것을 어버이에 대한 효라고 보았기 때문이라는 것입니다. 내 한 몸 다 바쳐서 집안이 잘 살면 된다는 유교의 가족주의 윤리가 그토록 열심히 일하도록 하였다는 것이지요. 또 논과 소를 팔아서라도 자식을 공부시키는 높은 교육열이나 먹을 것 먹지 않고 입을 것 입지 않고 모아 두는 높은 저축률도 고도성장의 배경으로 모두 유교 윤리에서 나왔다는 것입니다.

직장을 가정처럼 생각하여 사장이 무리하게 잔업 등의 노동을 요구해도 사장을 어버이처럼 생각하여 밤참이나 얻어먹고 군말 없이 일하고, 사장 역시 직원을 자식처럼 생각하여 함부로 자르지 않는 유교적 가족주의는 아무리 일이 많아도 노동시간을 엄격히 준수하여 정시에 퇴근하는 냉혹한 서구 자본주의의 대안으로까지 여겨졌습니다. 서구 학자들은 이러한 윤리에 바탕을 둔 이들 국가의 자본주의를 '유교 자본주의'라 하였습니다.

이는 종래 자본주의의 적으로 비판되던 유교를 자본주의 발전의 동력으로 간주하는 일대 반전이었습니다. 유교 자본주의론은 막스 베버(Max Weber, 1864-1920)가 『프로테스탄티즘의 윤리와 자본주의의 정신』에서 선보인 이론적 틀을 빌려 그의 결론을 뒤집은 이론이었습니다. 막스 베버는 위의 저술에서 서구에서 자본주의가 발흥한 것은 캘빈(Jean Calvin, 1509-1564)파 프로테스탄트가 가진 독특한 윤리 덕분이라고 결론지은 바 있었습니다. 마르크스(Karl Marx, 1818-1883)가 자본의 축적 등 물질적 측면에서 자본주의의 발흥을 설명한 것과 달리 그는 정신적, 윤리적 측면에서 자본주의의 발흥을 설명했던 것입니다.

원래 기독교는 '부자가 천국에 가기란 낙타가 바늘구멍을 지나가기 보다 더 어렵다'는 성경 구절에서도 볼 수 있듯이, 부자나 이윤 추구를 악으로 보았습니다. 그런데 캘빈은 이를 뒤집어 '직업을 가지고 근면하게 일하여 이윤을 추구하는 것은 악이 아니라 하느님이 바라는 바'라는, 이른바 '직업 소명설'을 가르쳤습니다. 그의 가르침은 돈은 많지만 죽어서 지옥에 갈 것을 두려워한 부르주아들의 큰 환영을 받았습니다. 막스 베버는 이러한 캘빈파 프로테스탄티즘의 윤리 덕분에 부르주아들이 악으로부터 해방되어 마음 놓고 이윤을 추구하면서 자본주의가 발흥하였다고 한 것입니다.

막스 베버는 세상의 유력한 종교들을 거의 다 분석하여, 그 중 가장 합리적 종교로 프로테스탄티즘과 유교를 꼽았습니다. 그러나 유교는 프로테스탄티즘의 직업 소명설과 같은 윤리를 결여하여 자본주의를 자극할 수 없을 뿐 아니라, 오히려 그것을 방해하는 윤리들로 가득하다고 결론지었습니다.

아시아 4마리 용들의 고도성장을 설명한 유교 자본주의론은 '윤리적' 측면에서 자본주의의 발흥을 설명한 그의 이론을 빌려 정반대의 결론, 즉 유교에도 자본주의를 자극하는 '윤리'들로 가득하다고 한 것입니다. 서구 학자들의 이러한 이론은 유교를 새롭게 보게 해 주면서, 상당한 설득력을 얻었습니다.

그런데 1997년 우리나라가 IMF 체제를 맞게 되었습니다. 우리 경제를 못 믿겠다고 하면서 외국 자본들이 대거 빠져 나갔던 것입니다. 외국으로부터 빌린 돈도 갚지 못할 지경이 되어 할 수 없이 IMF에 구원을 요청하였던 것입니다.

국가 부도의 위기를 맞아 그 원인에 대한 여러 해석이 나왔습니다. 국제 투기자본들이 한국을 먹잇감으로 대거 몰려와 주가를 올렸다가 한꺼번에 팔고 떠난 게 원인이라는 분석이 있었습니다. 이에 반해 유교의 가족주의가 역시 문제였다는 분석이 나왔습니다. 중요한 결정의 기준이 합리성이 아니라 유교의 가족주의적 인간관계였다는 것입니다. 거액의 은행 대출의 경우에도 회사의 재무구조가 아니라 인간관계에 따라 좌우되었다는 것입니다.

상황이 이렇게 흘러가면서 아시아 4마리 용들의 도약을 설명하던 '유교 자본주의론'은 거꾸로 한국의 IMF 사태를 분석하는 이론으로 변하였습니다. 유교는 다시 IMF 사태를 유발한 원흉으로 변한 것입니다. 이처럼 가족을 무엇보다 중시하는 유교 윤리와 남을 '형님, 아우, 오빠, 언니'라고 하는 봉건제의 종법 윤리는 서로 연결되어 우리 사회에 여전히 큰 영향을 미치고 있습니다. 과거는 흘러갔어도 여전히 현재에 머물러 있기도 하는 것입니다.

6. 역사의 현재성

이상에서 간단히 몇 가지 사례를 보았지만, 과거는 단순한 과거가 아니라 현재와 연결되어 있습니다. 다르게 말해 현재는 과거의 축적물인 셈이고, 과거가 없는 현재는 없는 법이지요. 이런 점에서 과거는 단순한 과거가 아니라, '살아있는 과거'로서 현재성을 가지고 있다고 할 수 있습니다.

국사 교과서에는 고려 말 문익점(文益漸, 1329-1398)이 붓 대롱에 목화씨를 숨겨 들어와 처음으로 면화가 재배되기 시작했다고 적혀 있습니다. 목화씨를 붓 대롱에 숨겨 들어왔다는 것은 일종의 국제 특수절도 사건입니다.

따라서 그렇게 자랑할 만한 일이 아닌데도 국사책에 버젓이 서술한 것은 그것이 현재성을 갖기 때문입니다. 이 국제 특수절도 사건의 결과로서 오늘날까지도 최고의 옷감 소재로 군림하는 면제품을 입게 되었던 것이죠. 만약 면제품을 능가할 소재가 많이 나왔다면 국사책에서 이 사실을 볼 수 없을지 모르지요. 그러나 예나 지금이나 면을 능가할 소재는 단연코 없습니다.

한때 나일론이 최고의 소재로 각광받은 적이 있었지요. 그러나 나일론으로 만든 팬티를 입은 애들의 엉덩이에 옴과 같은 피부병이 번졌던 어린 시절이 떠오릅니다. 나일론으로 만든 양말과 외투를 입고 얼음 썰매를 지치다 젖어버린 양말과 나일론

옷가지를 논두렁 불에 말리다 태워 먹고, 엄마한테 엄청 두들겨 맞기도 했지요.

나 역시 나일론에는 원한이 있습니다. 고등학교 시절 나일론으로 만든 수영 팬티를 입고 수영장에서 스타트를 하다 나일론 팬티가 홀랑 벗겨져 어디론가 사라지는 바람에 얼마나 황당했는지 모릅니다. 대구-경북 수영 대표선수로서 전국 체육대회에서 전북대표로 출전한 아시아의 물개 조오련 선수(전북대표)와 맞붙은 적도 있는 나의 체면은 말이 아니었지요.

면화에 얽힌 또 하나의 추억이 있습니다. 문익점이 가져온 면화씨를 처음 재배한 곳이 경상북도 의성군에 있는데, 지금도 그곳에 해마다 면화를 심습니다. 대학 다닐 때인데 이 지역을 답사한 후 한참을 달리다 보니, 친구 한명이 안 보였습니다. 핸드폰이 없던 시절이어서 달리 연락할 방법도 없었습니다. 밤에 겨우 숙소로 찾아 온 친구는 목화밭을 바라보며 시원스레 '쉬'를 하고 있는데 버스가 출발하더라는 것입니다. 얼른 수습하고 고함을 지르며 달려 보았지만 버스는 매정스레 그냥 가버리더라는 것이었어요.

지금도 학생들과 이곳을 답사할 때에는 그때 생각을 하면서 혼자서 남몰래 낄낄댑니다. 옆길로 빠졌지만 이처럼 현재를 정확히 이해하려 할 때, 현재만 보아서는 곤란합니다. 현재의 바탕이 되는 과거도 보아야 한다는 것이지요.

또한 미래가 현재의 연장이라는 생각을 하면, 과거는 현재만이 아니라 미래와도 관련되어 있습니다. 현재를 정확히 알아야 미래도 예측할 수 있는 게 아니겠습니까? 위에서 맞선 보기를 예로 들었지만, 결혼할 상대자의 현재의 정체를 정확하게 파악하여 결정을 내린다면, 보다 성공적인 미래의 삶을 살 수 있을 것입니다. 그러나 만약 결혼할 상대자를 잘못 파악하여 덜컥 결혼하였지만 알고 보니 형편없는 사람이라면, 그 사람과의 결혼 생활은 엉망이 되어 버리고 말 것입니다.

역사의 현재성은 이처럼 매우 중요합니다. 우리가 역사를 공부하는 가장 중요한 이유도 과거 자체가 아니라, 현재를 정확히 이해하려는 것이고 또 그를 통해 미래를 보다 정확하게 예견하자는 것입니다. 따라서 역사란 무엇인가라는 물음에 대해, '과거를 알아 현재를 이해하고, 미래를 예견하는 것'이라는 학생들의 대답은 정곡을 찌른 것입니다.

역사가 갖는 현재성의 의미를 E. H. 카(Edward. H. Carr, 1892- 1982)는 멋진 말로 표현하였습니다. 그는 영국의 저명한 역사가로서, 『역사란 무엇인가(What is History)』(1961)라는 명저를 저술한 것으로 유명합니다.

그는 이 훌륭한 저술에서 '역사란 현재와 과거의 끊임없는 대화'라고 정의한 바 있습니다. 필자 역시 대학 때 이 책을 옆구리에 끼고 다니면서 폼을 잡았지요. 그러나 정작 별로 읽지는 않고 그냥 들고 다녔습니다. 친구들에게 역사학도로서 폼을 엄청 잡았던 것이지요.

이 책은 여학생을 만날 때에도 들고 다니곤 하던 명저였습니다. 당시 다른 대학생들도 많이 들고 다녔는데, 사실 꽤나 어려운 책이었습니다. 따라서 이를 읽고 제대로 이해하는 학생은 한명도 없었다고 단언할 수 있습니다.

필자 역시 마찬가지였지만, 단 한 마디 '역사란 현재와 과거의 끊임없는 대화'라는 말은 기억할 수 있었습니다. 더러 친구들이 내가 사학과 학생이니까 "역사가 뭐냐"라고 물으면, 이 말을 해 주었지요.

멋있지 않습니까? 그러나 정작 나도 이 말의 의미를 그렇게 잘 이해한 것은 아니었습니다. 대학 다닐 때에야 마구 놀았으니, 졸업 때까지도 이 말을 제대로 이해하지 못했습니다. 학생들을 가르칠 때 쯤 되어서야 이 말이 점차 실감되었습니다. 말이 아니라 마음으로 그것을 실감하기 까지 상당한 시간이 소요되었던 것입니다.

| Chapter **5** |

사회과목으로서의 역사

앞에서 과거는 흘러갔어도 완전히 사라진 것이 아니라 현재와 연결됨으로써 살아있다고 하였습니다. 현재의 실체는 현재 만이 아니라 과거를 통하여 보다 정확하게 파악할 수 있는 것이지요.

우리가 현재 살아가고 있는 세상이나 사회도 마찬가지입니다. 현재의 세상이나 사회에 대한 보다 정확한 이해는 현재만이 아니라 과거의 그것에 대한 이해를 통하여 가능합니다. 그러기에 무척이나 고달파하면서도 아름답게 보낸 초 · 중등학교 시절, 우리는 세상과 사회를 이해하기 위한 사회 과목으로 현재를 다루는 지리나 일반사회만이 아니라 과거를 다루는 역사를 배웠습니다. 이제 이러한 측면에서 역사의 본질에 대해 한번 생각해 보고자 합니다.

1. 교육과정

중국은 2천여 년 간 기본적으로 유교 국가였습니다. 중국이 유교 국가가 된 데에는 위만 조선을 멸망시키고 한사군(漢四郡)을 설치한 한(漢) 나라 무제(武帝)가 국가 예산으로 수도의 태학(太學)을 비롯해 전국에 학교를 세우고, 유교의 5경(五經)을 가르치게 한 것이 결정적 계기였습니다. 기원전 100년경의 일이었습니다.

이후 유교의 5경에 정통한 5경박사(五經博士)를 초빙하여 스승으로 삼고 학생을 선발하여 유교의 5경을 가르치게 하고는 그 졸업생을 관료로 뽑아 썼습니다. 그러다 보니 관료가 되려는 자들이 학교에 들어가 유교의 5경을 공부하게 되었습니다. 이로부터 중국은 향촌 곳곳에까지 '공자왈, 맹자왈'하는 유교 국가로 자리 잡아 갔던 것입니다. 당시의 거의 유일한 교육과정은 유교의 5경교육이었습니다.

춘추전국(春秋戰國) 시대(기원전 770-기원전 221) 중국에는 유가를 비롯한 이른바 '제자백가(諸子百家)'로 불린 여러 학파들이 꽃을 피웠습니다. 기원전 221년 진시황이 강력한 법가(法家) 통치로 통일을 달성하면서 중국은 법가 국가로 치달았습니다. 진나라를 타도하고 등장한 한나라의 무제 역시 사실상 냉혹한 법가주의자였으나 법가주의의 한계를 간파하였습니다.

국가를 법이나 형벌과 같은 강제로 통치하는 것은 국가나 백성 모두 너무 피곤한 일이었습니다. 법이나 형벌과 같은 강제가 아니라 윤리와 도덕에 의해 자율적으로 굴러가는 가정과 같은 세상을 이상적이라 본 것이지요. 또 그러한 세상이 결코 약한 것도 아니라고 보면서 '국(國)'을 '가(家)'가 확대된 것으로, '가'의 윤리 도덕을 '국'에 까지 적용하려 하였습니다. 법이나 형벌을 사용하지 않을 수는 없지만, 가능하면 법이나 형벌이 아니라 윤리 도덕에 의해 자율적으로 굴러가는 큰 가정과 같은 국가를 만들려고 한 것이지요.

이로써 중국은 서서히 유교 국가가 되어 갔습니다. 이후 수(隋) 문제(文帝, 재위 581-604) 때 과거(科擧)가 창설되어 1300여 년 간 시행되었는데, 과거의 가장 중요한 시험과목도 유교 경전이었습니다. 종교적으로 불교와 도교를 숭상하였지만 기본적으로 유교 국가의 성격을 유지한 가장 중요한 이유는 이러한 데 있었습니다.

이처럼 학생들에게 어떤 내용을 가르칠 것인가 하는 것은 한 국가의 성격과 운명을 좌우할 만큼 중요합니다. 우리 역시 그 영향을 강하게 받으면서 중국 보다 더한 유교 국가가 되었던 것이지요. 이로 보면 '교육은 백년지대계(百年之大計)'가 아니라 '천년지대계(千年之大計)라고도 보입니다.

우리가 초·중등학교 시절 배운 한국사나 세계사 등 역사 교과목은 사회 교과에 속하였습니다. 여기서 우선 '역사 교과목', '사회 교과'라고 하는 명칭의 의미부터 정리해 둘까 합니다. '사회 교과'라고 할 때의 '교과'는 '과'라고도 하는데, 교육과

관련되기 때문에 '교과'라고 합니다. 편의상 줄여서 '과'라고 하기도 하는 것이지요. '역사 교과목'이라고 할 때의 '교과목' 역시 교육과 관련되므로 '교과목'이라 하는데, 편의상 줄여서 '과목'이라 합니다.

그러면 교과와 교과목 중 어느 쪽이 상위 개념일까요? '교과(혹은 과)'가 상위 개념으로, 국어 · 영어 · 수학 · 사회 · 과학 · 도덕 · 기술/가정 · 체육 · 음악 · 미술 교과 등이 여기에 해당합니다. 반면 '교과목(혹은 과목)'은 '교과' 내에 포함된 여러 교과목들을 말하는 하위 개념입니다. '한국사'나 '세계사'와 같은 것이 여기에 속합니다. 이들 교과목은 역사 영역에 속하므로, 위계로 보면 사회 교과-역사 영역-개별 교과목이 됩니다.

우리가 초 · 중등학교 시절 배운 역사 교과목(혹은 과목)은 사회 교과(혹은 사회과)에 속하였습니다. 그것은 우리나라의 교육과정이 그렇게 되어 있기 때문입니다.

그러면 이러한 의문이 떠오를 것입니다. 교육과정은 무엇이고, 누가 어떤 목적으로 제정하며, 왜 역사 교과목을 사회 교과에 배치하였는가? 교육과정이란 초 · 중등학교에서 어떤 교과와 교과목을 어떤 학년에 몇 시간씩, 또 어떤 내용을 어떤 순서에 따라 가르칠 것인가 하는 등의 중요한 사항을 규정한 것입니다. 기원전 100년경 중국의 한 무제가 유교의 5경을 가르치도록 한 것도 단순하긴 해도 교육과정의 일종이었습니다.

원래 교육과정에 해당하는 영어의 '커리큘럼(curriculum)'은 라틴어의 '쿠레레(currere)'에서 온 말로서 '달린다'는 뜻이었고, 이것이 나중에 경마장의 '경주로(race course)'를 의미하게 되었습니다. 경마장에서 말이 출발점에서 종착점까지 달려야 할 일정한 코스가 커리큘럼입니다. 초 · 중등학교에서 학생들이 공부해야 할 일정한 코스가 교육과정인 것이지요.

한 나라의 성격과 운명을 좌우할 정도로 중요한 교육과정은 누가 제정할까요? 우리나라의 경우 초 · 중등학교 교육과정은 기본적으로 국가가 제정합니다. 대학에도 당연히 교육과정(커리큘럼)이 있지만, 전적으로 대학이 자율로 결정합니다. 국가는 다만 최소한의 기준을 제시할 따름입니다.

국가가 제정한 교육과정을 '국가 교육과정', 혹은 '국가 수준 교육과정'이라 합니다. 그 일부에 대해 지역 교육청이나 학교 단위에서 지역이나 학교의 실정에 맞게 자율적으로 '지역화'할 수 있도록 하였지만, 그 역시 국가 교육과정이 위임한 범위 내에서만 가능합니다.

기본적으로 국가가 교육과정을 제정하는 목적은 국민으로서 기본적으로 갖추어야 할 최소한의 지식과 기능과 가치와 태도를 교육을 통해 익히게 함으로써, 건전한 국민(시민)으로 양성하려는 것입니다. 그러나 미국과 같은 나라에는 이러한 국가 교육과정이 없습니다. 대신 주(State) 단위, 혹은 카운티(County) 단위의 교육과정이 있을 따름입니다.

이러한 차이는 어떻게 생긴 것이며, 그것이 의미하는 바는 무엇일까요? 국가가 교육과정을 제정한다는 것은 국가가 국민들의 교육에 깊숙이 개입한다는 의미입니다. 국민을 교육시키는 기본 방향과 내용을 국가가 독점하겠다는 의미이기도 합니다. 그만큼 우리는 교육에 있어서도 국가의 역할이 큰 셈이지요. 국가가 위에서 국민의 모든 것을 지도해야 안심이 된다는 것이고, 또 그렇게 하는 것이 국가의 의무라고 생각하는 것이지요.

이렇게 생각하게 된 여러 배경이 있지만, 크게 2가지 배경을 들 수 있습니다. 우선 우리나라가 근대화에 늦음으로써 일본의 식민지가 된 쓰라린 경험을 되풀이 하지 않겠다는 의도의 산물입니다. 사실 일본 · 독일 · 이탈리아도 그러했는데, 영국 · 프랑스 · 미국보다 뒤늦게 근대 국가를 수립한 이들 나라는 시민이 근대화를 주도하는 '아래로부터의 개혁'에 성공한 영국 · 프랑스 · 미국과 달리 국가가 근대화를 주도하는 '위로부터의 개혁'을 통해 선진국을 따라 잡으려 했습니다.

그러나 국가가 위로부터 근대화를 주도하다 보니 국가의 역할이 커지고, 국가는 무소불위의 권력을 가지고 국민의 일상생활까지도 통제하는 권위적 형태로 되어 갔습니다. 일본의 군국주의 · 독일의 나찌즘 · 이탈리아의 파시즘과 같은 전체주의는 그 최후의 결과였습니다. 국가가 위로부터 근대화를 주도하면서 국가를 위해 개인을 희생시키는 국가 지상주의의 독재 정권이 되어 갔던 것입니다. 이는 이승만 · 박정희 정권이 독재화된 배경이기도 했습니다.

국가가 교육과정을 제정해야 한다고 생각한 또 하나의 배경은 우리의 역사에서 찾을 수 있습니다. 지방 분권이나 지방 자치의 경험이 없고, 전제 군주체제가 오랫동안 지속되어 온 우리의 역사가 아직도 국가가 국민의 모든 것을 통제하고 가르치고 끌고 가는 것이 당연하고, 국가의 의무라고 보는 풍조를 이상하게 여기지 않게 만든 것이지요.

2. 우리나라 교육과정의 변천

8 · 15 해방 후 미군이 통치하는 이른바 미 군정(軍政) 시대에는 우선 급한 대로 미 군정청 학무국이 제정한 교수요목(敎授要目)에 따라 교과서를 편찬하여 사용하던 '교수요목 시대(1946~1954)'가 한참동안 지속되었습니다.

우리만의 독자적인 국가 교육과정은 1954년에 처음 제정되었습니다. 정부 수립과 6 · 25전쟁이 끝난 후 미국의 진보주의 교육 사조에 따라 신교육을 강조한 제1차 교육과정(1954~1963)이 그것이었습니다. 그 후 여러 차례 개정되었는데, 그 계기는 대체로 정권 교체였습니다. 그럴듯한 교육학 용어로 포장되었지만, 새로 들어 선 정권의 구미에 맞는 방향으로 개정된 측면이 강했습니다.

5 · 16 군사 쿠데타 후의 제 2차 교육과정(1963~1973), 유신헌법 시기의 제 3차 교육과정(1973~1981), 전두환 군사 쿠데타 후 제 5공화국 시기의 제 4차 교육과정(1981~1987), 1987년 6월 항쟁으로 쟁취한 민주화 시대의 제 5차 교육과정(1987~1992), 김영삼 정권 시기의 제 6차 교육과정(1992~1997)이 그러하였습니다. 이어 김대중 정권 시기에 다시 개정되어 제 7차 교육과정(1997~2007)이 되었습니다.

위에서 볼 수 있듯이 7차 교육과정에 이르기까지에는 5~10년의 기간을 두고 교육과정을 개정하였습니다. 그러나 7차 교육과정을 마지막으로 교육과정을 더 이상 전면적 · 일률적으로 개정하지 않고 필요한 경우 수시로, 부분적으로 개정하기로 하였습니다. 사회 환경이 수시로 변하므로 교육과정도 수시로 개정해야 한다는 취지입니다.

이렇게 수시로, 부분적으로 개정된 교육과정을 '수시 교육과정'이라 합니다. 이렇게 됨에 따라 그 명칭도 '제 ○차 교육과정'이라 하지 않고, 개정이 있은 연도로 부르게 되었습니다. 가령 2007년에 개정된 교육과정의 경우 '2007 개정 교육과정'이라 부르는 것입니다.

2014년 8월 현재 '2009 개정 교육과정'이 부분적으로 수정된 가운데 단계적으로 적용되어 가는 과정 중에 있습니다. 그런데 이 역시 큰 틀은 7차 교육과정에 의거하므로, 현재의 교육과정을 이해하기 위해서는 7차 교육과정에 대한 이해가 필요합니다.

7차 교육과정의 가장 중요한 특징은 10년간의 '국민공통기본 교육과정'과 2년간의 '선택중심 교육과정'으로 구분한 것입니다. '국민공통기본 교육과정'은 국민으로서 갖추어야 할 기본적 자질을 함양하기 위해 초 1~고 1의 모든 학생이 동일한 내용을 공통적으로 학습하도록 한 것입니다.

이에 반해 '선택중심 교육과정'은 '국민공통기본 교육과정'을 이수한 고 2~3 학생이 국어 등 12개 교과 아래 설정된 일반 선택과목 26개, 심화 선택과목 53개 중 자신의 수준과 적성에 따라 선택할 수 있도록 한 것입니다. 이처럼 2원화한 것은 종전처럼 초 1~고 3의 모든 학생이 똑같은 과목을 일률적으로 배우는 경직성을 탈피하고, 학생의 선택권을 보장하여 학생(수요자) 중심 교육을 지향한다는 취지였습니다.

'2007 개정 교육과정'은 7차 교육과정의 큰 틀, 특히 국민공통기본 교육과정과 선택중심 교육과정으로 2원화한 틀은 유지하면서 일부 내용을 개정하였습니다. 중요한 개정 내용은 다음과 같습니다.

첫째, 사회 교과의 구조를 변경하였습니다. 7차 교육과정에서는 중 1~3의 사회 교과를 역사 · 지리 · 일반사회 각 1/3로 하였습니다. 다만 고 1의 경우에는 중 1~3과 달리 사회(지리 · 일반사회) 102시간+국사 68시간으로 하였습니다. 그런데

'2007 개정 교육과정'에서는 이러한 구조를 변경하여, 중 1~고 1의 사회 교과를 사회(지리 · 일반사회)와 역사로 분리하여 각 50:50로 하였습니다.

둘째, 중 1~고 1의 사회 교과를 사회(지리 · 일반사회)와 역사를 분리하여 각 50:50으로 변경함에 따라 역사 시간과 비중이 높아졌습니다. (중 1) 사회 102시간→(중 2) 역사 102시간→(중 3) 역사 68시간+사회 68시간→(고 1) 역사 102시간+사회 102시간을 이수토록 한 것입니다. 일본과 중국의 역사 왜곡에 대응하기 위해 국사 교육을 강화하려고 한 것입니다.

그런데 이렇게 됨으로써 사회 교과의 개념이 이상하게 되었습니다. 7차 교육과정까지 사회는 역사 · 지리 · 일반사회 3영역을 포괄하는 개념이었습니다. 그러나 이러한 개정으로 사회 교과는 광범한 의미에서는 종전처럼 역사 · 지리 · 일반사회 3영역을 포괄하지만, 좁은 의미에서는 지리 · 일반사회 만을 가리키게 되었습니다.

따라서 역사가 어느 교과에 속하는가 하는 문제가 대두되는데 광범한 의미에서는 사회 교과에 포함되지만, 좁은 의미에서는 지리 · 일반사회를 포괄하는 '사회'와 구분되는 영역이 되었습니다. 달리 말하면 '2007 개정 교육과정'에서부터 사회 교과에는 지리 · 일반사회를 포괄하는 '사회'와 '역사' 2영역이 존재하는 형식이 되었습니다. 그 전 7차 교육과정에서도 고 1에서 이러한 형식이 일부 존재하였는데, '2007 개정 교육과정'에서는 이를 중 1~고 1까지 확대한 것입니다.

'2007 개정 교육과정'에서 역사 시간이 일부 늘어났으나 수능과 대학입시에서 필수과목으로 중시되는 국영수에 비해서는 초라한 시간 배정입니다. 이는 국영수를 제외한 교과의 경우 다 마찬가지입니다. 국영수 중심 체제는 우리나라의 미래를 결정할 정도로 엄청나게 중대한 문제이지만, 그에 대한 진지한 토론조차 어려운 것이 현실입니다.

셋째, 고 1의 과학 교과를 102시간에서 136시간으로 늘렸고 넷째, 선택중심 교육과정에서 '일반 선택과목'과 '심화 선택과목'으로 구분되어 있던 것을 '선택과목'으로 일원화(통합)하였습니다.

이를 다시 개정한 '2009 개정 교육과정'은 배려와 나눔을 실천하는 '창의적 인재'를 기른다는 취지 아래, 몇 가지 중요한 사항을 개정하였습니다.

첫째, 7차 교육과정 이래의 '국민공통기본 교육과정'의 경우 그 명칭을 '공통 교육과정'으로 변경하고, 적용 기간도 초 1~고 1의 10년간에서 초1~중 3의 9년간으로 1년 단축하였습니다. 이에 따라 고 2~3의 '선택중심 교육과정' 역시 그 명칭을 '선택 교육과정'으로 변경하고, 적용 기간을 고 2~3의 2년간에서 고 1~고 2의 3년간으로 1년 늘렸습니다.

둘째, 학년 간의 연계와 협력을 통해 교육과정을 유연하게 편성하고 운영하기 위해 '학년 군'을 도입하였습니다. 가령 초등 3학년의 교육내용을 공부하고 초등 4학년으로 넘어가는 것이 아니라, 초등 3~4학년 군 내에서 학년에 관계없이 교육내용을 가르칠 수 있도록 한 것입니다. 다시 말해 초등 3학년에 가르치도록 되어 있는 내용을 초등 4학년에서 가르칠 수 있고, 반대로 초등 4학년에서 가르치도록 되어 있는 내용을 초등 3학년에서 가르칠 수 있도록 한 것입니다.

셋째, '공통 교육과정'의 교과를 교육목적상의 근접성, 학문 탐구대상 또는 학문 방법상의 인접성, 생활양식에서의 연관성 등을 고려하여 '교과군'으로 재분류할 수 있도록 한 것입니다. 가령 도덕을 도덕 교과가 아니라 사회 교과와 묶어 사회-도덕 교과군으로 할 수 있도록 하였는데, 어떤 실효가 있는지 의문입니다.

넷째, 학기당 이수 교과목 수를 축소하여 학습 부담을 적정화하고 의미 있는 학습활동이 전개될 수 있도록 '집중 이수제'를 확대하였습니다. 많은 비판을 받는 부분인데, 하나의 과목을 몇 개 학기(학년)가 아니라 한 학기(학년)에 다 이수하도록 하는 방식입니다. 가령 역사를 초 3~6까지 매년 조금씩 이수하는 것이 아니라 5학년에서 집중 이수하도록 하는 식입니다. 이러한 방식은 상당한 문제가 있다고 보입니다. 역사에 대한 지식은 어느 한 시기에 획기적으로 확대되는 것이 아니라, 해를 거듭하면서 조금씩 확대되어 가기 때문입니다. 집중 이수제는 한 학기 혹은 한 학년 동안 한 가지 음식만 계속 잔뜩 먹이는 꼴입니다. 다 소화시키지 못할 까 걱정입니다.

다섯째, 기존의 '재량활동'과 '특별활동'을 통합하여 배려와 나눔의 실천을 위한

'창의적 체험활동'으로 변경하였습니다. '배려', '나눔'이란 구호와 함께 '창의'란 구호를 무척 선호한 이명박 정부의 구미가 반영된 결과라고 할 것입니다. 그러나 구호를 요란하게 외친다고 하여 그것이 구호만큼이나 구현될지는 의문입니다.

우리는 여전히 국가가 교육과정을 제정하고 개정하는 국가 교육과정 체제를 유지하고 있습니다. 말로는 '교육은 백년의 대계'라 하면서도 정권이 바뀔 때 마다 교육과정을 개정하는 것이 과연 누구를 위한 일인지 가슴이 먹먹할 따름입니다. 사회 환경이 빠르게 변하므로 교육과정 역시 수시로 개정해야 한다고 하지만, 그것은 다르게 말하면 기존의 교육과정에 사회 변화를 예상하지 못한 문제가 있었음을 자인하는 것입니다. 또 누군가가 그러한 문제에 대한 고려 없이 교육과정을 만들었음을 자인하는 것이기도 합니다. 그러면 애시 당초 왜 문제가 많은 교육과정을 만들었는지, 다시 개정하면 문제가 없는지 되묻지 않을 수 없는 것입니다.

3. 교육과정과 교과용 도서

교육과정은 한 나라의 성격과 장래를 좌우할 만큼 중요합니다. 그러므로 그 개정 역시 엄청난 변화를 야기할 정도로 중요합니다. 만약 교육과정에서 중등학교 역사 시간을 주당 1시간씩 늘리기로 개정하면 전국적으로 수백 명의 역사 교사를 더 선발해야 하고, 그러면 전국의 사범대학 역사교육과의 인기가 치솟게 될 것입니다. 또 만약 국영수를 필수가 아니라 필요한 학생들만 선택적으로 이수하게 하고, 대신 체육이나 음악 · 미술을 필수로 한다면 어떻게 될까요? 전국의 국영수 학원이 난리가 날 것입니다. 이러한 예상에서도 볼 수 있듯이, 교육과정 개정은 중요하면서도 이해관계까지 얽혀 있어 무척 어려운 일이기도 합니다.

교육과정 개정은 단순한 일이 아닙니다. 교육과정이 개정되면, 그에 따라 교과서 등 '교과용 도서'가 새로 편찬되고, 또 그에 따라 참고서도 새로 제작됩니다. '교과용 도서'란 교과서를 비롯한 부도, 교사용 지도서 등을 가리킵니다. 여기에 드는 돈이 얼마나 될까요? 아마도 수천억 원에 이를 것입니다. 엄청난 돈이 걸려 있으니, 교과용 도서와 참고서를 제작하는 출판사는 물론이고 교육부 등 관련 정부기관이나 교육 전문가들로서는 교육과정을 자주 개정하면 할수록 많은 돈을 챙길 수 있는 기회가 생기는 셈입니다. 그러기에 정권이 바뀔 때 마다 이런 저런 명분으로 교육과정을 개정해야 한다고 부추기는 '꾼'들이 있다는 소문이 있을 정도입니다.

명색이 사범대학 교수로 부임하였지만 사범대학이 아닌 인문대학 사학과 출신인 필자는 교육과정의 중요성은 말할 것도 없고, 그런 게 있는지 조차 알지 못하는 문외한이었습니다. 그러던 중 1995년부터 우리대학 사범대학이 주도한 '특수학교 제 7차 교육과정(1998~2008)' 제정과 그에 따른 사회 교과용 도서 편찬 책임자로 참여하면서 그것이 얼마나 중요한 것인지 알게 되었습니다.

그것을 계기로 '2007 개정 사회과 교육과정' 심의 위원으로 참여하였고, 이어 2007 개정 교육과정에 따른 '초등 5 · 6학년 사회 교과용 도서' 심의 위원장으로 활동하였습니다. 2014년 현재에도 2009 개정교육과정에 따른 '초등 3 · 4학년군 사회 교과용 도서' 및 '초등 5 · 6학년군 사회 교과용 도서' 심의 위원으로 활동하고 있습니다.

교육과정은 단 하나가 아니라 여러 종류로 되어 있습니다. 초등학교, 중학교, 고등학교별(학교급별) 교육과정이 있어야 하고, 수십 개의 교과별 교육과정이 있어야 하기 때문입니다. 그 많은 교육과정 중 가장 중요한 것은 '초 · 중등학교 교육과정' 입니다. 초 · 중등학교 교육 전반에 대한 기본적인 큰 틀을 규정한 것이지요. 초 · 중등학교 교육과정 구성의 방향, 학교급별 교육목표, 편제와 시간(단위) 배정 기준, 교육과정 편성 · 운영지침 등의 기본적인 틀을 정한 것입니다. 초 · 중등학교 교육 전반에 걸쳐 가장 중요한 사항들은 여기서 결정됩니다.

이어 '초 · 중등학교 교육과정'의 큰 틀에 의거하여, '학교급별 교육과정(총론 포함)'과 '교과별 교육과정'을 개발하여 확정하게 됩니다. 학교급별 교육과정이란 초등학교 · 중학교 · 고등학교별 교육과정이고, 교과별 교육과정이란 국어 · 영어 · 수학 등 교과별 교육과정입니다. 따라서 교육과정은 수십 종이나 됩니다. 이어 그 각각에 대한 '교육과정 해설서'도 확정합니다. '교육과정 해설서'란 교육과정을 제정한 측에서 해당 교육과정의 제정 배경이나 취지, 내용 등에 대해 구체적으로 설명한 것입니다.

교육과정은 누가 제정할까요? 앞에서 말한 바와 같이 우리나라의 경우 국가가 제정합니다. 교육부 주관 하에 교육과정 평가원에서 초안을 만들고, 교수와 교사 등 교육 전문가로 구성된 위원회의 심의를 거쳐 교육부 장관 명의로 최종 확정 공고합니다. 교육과정의 종류가 많으므로 위원회도 수십 개에 이릅니다.

교육과정이 확정 공고되면 그에 의거하여 교과서를 비롯한 교과용 도서를 제작하게 됩니다. 우리가 학교를 다닐 때만 해도 변변한 참고서 하나 없을 때였습니다. 그러니 교과서를 얼마나 애지중지했겠습니까?

그런데 그 때에는 아무것도 몰랐지만, 교과서를 비롯한 교과용 도서는 반드시 이미 공포된 교육과정에 의거해 제작해야 합니다. 교육과정에서 구체적으로 명시한 학습 내용을 교과서 집필에서 반드시 반영해야 함은 두말 할 필요도 없습니다.

교과서를 비롯한 교과용 도서의 제작 주체는 국가일 수도 있고 개인일 수도 있습니다. 초등학교의 경우 주로 국가가 제작 출판합니다. 중등학교의 경우에는 개인이 제작할 수 있습니다. 자본이 꽤 들어가므로 보통 대형 출판사들이 교수나 교사 등으로 팀을 꾸려 제작합니다.

그러나 이렇게 개인이 자유롭게 제작하더라도 반드시 국가의 검인정을 획득해야 합니다. 검인정 과정에서 가장 중요하게 심사하는 것은 교육과정에서 규정한 사항을 빠짐없이 반영했는가 하는 점입니다. 만약 그러하지 않았다면 검인정을 획득하지 못하게 되지요. 검인정을 획득하게 되면 출판해 판매하게 됩니다.

초·중등학교 시절 우리는 교과서를 비롯한 교과용 도서만 보았지만, 선생님은 우리가 보지 못한 '교사용 지도서'를 가지고 있습니다. 교사용 지도서란 교과용 도서를 제작한 측에서 교과용 도서의 내용이나 지도 시 유의사항 등을 구체적으로 설명하여, 지도에 도움을 주기 위해 제작한 것입니다.

우리가 그토록 애지중지했던 초·중등학교의 교과서 등은 이처럼 아무렇게나 만들어지는 것이 아니지만, 참고서는 출판사들이 교과서를 참고하여 영리를 목적으로 자유롭게 제작해 출판합니다. 흔히 학생들이나 선생님들이 참고서를 중시하고 교과서는 별 것 아니라고 생각하기도 하지만, 교과서는 이처럼 상당히 복잡한 과정을 거쳐 학생들의 손에 들어가게 됩니다.

이상에서 교육과정 제정과 그에 따른 교과서 제작 등에 대해 보았습니다. 그런데 여러분도 겪었듯이, 교육과정에서 국어 교과의 교과목들은 왜 배우도록 했을까요? 우리나라 사람으로서 우리말을 올바로 말하고, 읽고, 써야 하기 때문입니다. 영어 교과 역시 국제화 시대에 영어를 모르고 살아가기 어렵기 때문에 배우도록 규정하였습니다. 수학 교과의 여러 교과목들은 왜 공부하게 했을까요? 계산 등 일상생활에서는 말할 것도 없고, 과학이 수학이란 언어로 공식화되기 때문입니다. 수학이 없다면 우주선이 달에 가는 일은 상상도 할 수 없었을 것입니다.

물리 · 화학 · 생물과 같은 과학과목이나 음악 · 미술 · 체육도 마찬가지입니다. 사실 이러한 과목들은 조선시대에는 없었던, 근대 교육의 핵심 교과들입니다. 모두 현대인들에게 가장 필수적인 가치들을 담은 교과들이지요. 과거(科擧) 공부에 필요한 사서오경(四書五經)이나 한자로 시를 짓는 교육이 필수적이었던 시대 상황이 엄청난 변화를 겪으면서, 교육과정이나 교과도 엄청나게 바뀐 것입니다.

4. 사회과 교육과정

1) 사회과 교육과정의 변천

사회과, 혹은 사회 교과라는 큰 영역 속에 들어있는 여러 교과목들도 마찬가지입니다. 우리는 사회적 동물로서 나 혼자만이 아니라, 함께 모여 사는 사회에서 살아갑니다. 이렇게 모여 사는 이유는 우선 떼를 지어 사는 것이 혼자 사는 것보다 훨씬 안전하기 때문입니다. 곰이나 사자, 호랑이와 같이 힘이 센 동물들은 주로 혼자, 혹은 몇몇이서만 살아가지만 나머지 동물들은 거의 모두 떼를 지어 살아갑니다. 힘이 없더라도 떼를 지어 살면 다른 것들이 잘 덤비지 못하는 것이지요.

백수의 왕이라는 사자나 호랑이가 하이에나를 피하는 것도 같은 이유입니다. 사자 한 마리와 하이에나 한 마리가 싸우면, 사자가 반드시 이기지요. 그러나 사자도 하이에나를 피합니다. 하이에나가 떼를 지어 다니기 때문입니다. 초기 인류도 마찬가지였겠지요. 떼를 지어 맹수의 공격을 방어하고 사냥도 했던 것입니다.

인간이 사회를 이루어 사는 것은 편리하기 때문이기도 합니다. 개인이 모두 자기가 필요한 물건을 스스로 만들어 써야 한다면 얼마나 불편하겠습니까? 도시가 편리한 이유도 많은 사람이 모여 살다보니 편리한 점이 많기 때문이겠지요. 또 혼자서 산다면 얼마나 심심하겠습니까? 사람을 흔히 '놀이의 동물'이라 하지만, 혼자서 무엇을 하며 놀겠습니까?

인간은 여러 가지 이유에서 함께 모여 사는 사회적 동물입니다. 두 사람 이상이 모인 집단을 '사회'라고 하지만, 요사이처럼 사회가 커지고 복잡해질수록 사회를 잘 살아가기 위해 사회를 잘 알아야 하는 것은 당연합니다. 이를 위해 교육과정에서 설정한 것이 사회 교과와 그 하위의 여러 교과목들입니다. 이에 대한 학습을 통해 사회를 보다 잘 이해하여, 보다 바람직한 사회생활을 할 수 있도록 도와주려는 것이지요.

사회를 잘 아는 것은 사회생활에 매우 중요합니다. 요사이 많은 탈북자들이 한국에서 생활하고 있지만, 북한 사회에서 오래 살다 온 이들은 한국 사회에 적응하는데 상당한 혼란과 어려움을 겪을 수밖에 없을 것입니다. 사회의 틀이 다르고 원리가 다르니, 이를 이해하고 적응하는데 엄청 애를 먹을 수밖에 없는 것이지요. 우리도 만약 사회를 잘 모른다면 이들과 다를 바 없을 것입니다.

이런 영화가 있었지요. 원시림에서 잃어버린 아이가 동물들과 살아가다 나중에 발견되어 인간 사회로 돌아 온 이야기입니다. 그가 인간 사회에 적응하는데 얼마나 큰 혼란과 어려움을 겪게 되는가를 잘 보여 주고 있습니다. 많은 시행착오를 거듭하면서 인간 사회를 하나하나 이해하게 되고, 그러면서 점차 사회에 적응해 갑니다. 나중에는 사랑에도 눈을 뜨게 되지요.

나는 초등학교 5학년 때 농촌에서 대구로 전학을 했습니다. 농촌 사회에서만 생활하다 대도시로 온 나는 많은 어려움에 직면했습니다. 부모님이 계시지 않는 낯선 도시에서 외롭기도 하였지만, 농촌의 초등학교에서 반장을 했던 몸인데 촌놈이라고 잘 끼워주지 않는 것도 서러웠습니다. 구슬치기를 하는 방식도 달랐습니다. 모두들 만화방에 몰려갔지만, 그것을 본 적이 없는 나는 만화를 어떻게 보는 지도 잘 몰랐습니다. 한참 뒤에는 뻔질나게 만화방을 들락날락했지요.

그러면 사회를 잘 이해하여 보다 바람직한 사회생활을 할 수 있도록 도와주기 위해서는 어떤 교과목들을 설정해야 할까요? 그것은 여러분이 이미 배운 사회 교과의 여러 교과목들을 보면 알 수 있습니다.

사회 교과는 사회적 측면이 매우 광범하고 다양하다는 점을 고려하여 다시 역사, 지리, 일반사회 영역으로 구분합니다. 그 아래 다시 여러 교과목들을 두었는데, 이는 고정된 것이 아니어서 교육과정의 변경에 따라 변해 왔습니다.

사회 교과 내의 역사 · 지리 · 일반사회 영역을 어떤 학교 단계와 어떤 학년에서 배우도록 할 것인가도 변해 왔습니다. 최근 3차례 교육과정에서 그 변화의 모습을 보고자 하는데, 편의상 이하 서술에서는 7차 교육과정을 '7차', 2007 개정 교육과정을 '2007', 2009 개정 교육과정을 '2009'로 줄여 부르고, 역사 · 지리 · 일반사회를 역 · 지 · 일로 줄여 부를 것입니다.

이미 본 바와 같이 '2007'에서부터 중 1～고 1의 사회 교과를 역 · 지 · 일이 아니라 역사 · 사회(지 · 일)로 하고 각 50:50으로 함에 따라 '사회'의 개념이 이상하게 되었습니다. '사회 교과'일수도 있고, 사회 교과 내에서 역사와 분리된 지리와 일반사회를 가리키는 '사회'일수도 있음에 유의하면서 표를 봅시다.

[표 1] 사회 교과의 내용 구성(7차~2009 개정)

	학년	7차	2007	2009
초등	3	사회(역지일)	사회(역지일)	사회(지일)
	4	〃	사회(지일)	〃
	5	〃	사회(역)	사회(역)
	6	〃	사회(지일)	사회(지일)
중	1(7)	〃	사회(지일)	사회(지일)
	2(8)	〃	역	역
	3(9)	〃	사회(지일)+역	사회(지일)+역
고등	1(10)	〃	〃	〃
	2(11)	역지일 중 선택	역지일 중 선택	역지일 중 선택
	3(12)			

1) '7차' 고 1의 경우, 사회 10단위 중 국사 4단위임.

위 표를 보면 역사는 초등학교의 경우 '7차'에서 3~6학년에서 골고루 배우도록 하였으나 '2007'에서는 3 · 5학년에서, 다시 '2009'에서는 5학년에서 집중 이수하도록 변경되었습니다. 중학교의 경우에도 '7차'에서 1~3학년에서 골고루 배우도록 하였으나, '2007'과 '2009'에서는 2~3학년에서 배우도록 변경되었습니다.

'7차'에서 초등 3~고 1의 7개 학년에서 매 학년 조금씩 배우도록 한 역사는 '2007'에서 3개 학년, '2009'에서 4개 학년에서 배우지 않게 된 것입니다. 이는 지리나 일반사회의 경우에도 대동소이합니다. 집중 이수제에 따른 변경인데, 집중 이수제의 문제점에 대해서는 이미 말한 바 있습니다.

다음으로 위 표에서 '역'으로 표시된 사회 교과 내 역사 영역이 다루는 실제 내용을 표로 보이면 다음과 같습니다.

[표 2] 역사 교과목의 내용 구성(7차~2009 개정)

	학년	7차	2007	2009
초등	3	국사(고장사)	한국사(선사~삼국)	-
	4	국사(지역사)	-	-
	5	〃	한국사(통일신라~현대)	한국사 (선사~현대)
	6	국사(국가사)	-	-
중	1(7)	세계사(선사~중세)	-	-
	2(8)	세계사(근대~현대)+ 국사(선사~고려)	세계사(선사~중세)+한국 사(선사~조선 중기)	좌동
	3(9)	국사(조선~현대)	세계사(근~현대)+한국사(조선 후기~현대)	좌동
고등	1(10)	국사(분류사)	한국사(근현대사)	좌동
	2(11)	역지일 중 선택	좌동	좌동
	3(12)			

위 표에서 보듯이 '7차'에서 적용되던 고장→지역→국가→세계로 나아가는 '환경 확대법'이 '2007' 이후 희미해졌고, '7차'까지의 '국사'라는 명칭이 '2007' 이후 '한국사'로 변경된 것이 특징입니다. 어느 나라나 다 자기네 역사를 '국사'라 할 것이므로, '한국사'로 명칭을 변경하여 차별성을 확보하고자 한 것입니다.

위 표에서 한국사의 시대구분 기준도 변경되었음을 볼 수 있습니다. 중학의 경우 '7차'에서 1단계 선사~고려, 2단계 조선~현대였으나 '2007'에서는 1단계 선사~조선 중기, 2단계 조선 후기~현대로 변경되었습니다. 그런데 '2007' 중학의 이러한 한국사 시대구분은 같은 '2007' 내 초등의 한국사 시대구분(1단계 선사~삼국, 2단계 통일신라~현대)과도 상이합니다. 엄격한 학문적 구분이 아니라 학습 분량 등 교육적 측면을 고려한 것이라고 하더라도, 동일한 교육과정 내에서 이러한 차이가 나는 것은 이해하기 어렵습니다.

한편 고 2~3 사회 교과의 선택과목도 계속 변경되었습니다. 표로 보이면 다음과 같습니다.

[표 3] 고 2~3 선택과목(7차~2009 개정)

	7차(심화선택과목)	2007(선택과목)	2009(선택과목)
역사	한국근현대사(8)/세계사(8)	한국 문화사(6)/세계 역사의 이해(6)/동아시아사(6)	한국사/세계사/동아시아
지리	한국지리(8)/세계지리(8)/경제지리(6)	한국지리(6)/세계지리(6)/경제지리(6)	한국지리/세계지리
일반사회	법과 사회(6)/정치(8)/경제(6)/사회 · 문화(8)	법과 사회(6)/정치(6)/경제(6)/사회 · 문화(6)	법과 정치/경제/사회 · 문화
과목수	9+(일반선택) 인간사회와 환경(4)	10	8+'사회'

1) 괄호 안의 숫자는 단위수임.
2) '7차'는 일반선택과목과 심화선택과목으로 분리. '2007'부터 통합하여 선택과목이라 함.
3) '2009'의 '사회'는 4단위 내에서 증감, 나머지는 기본 5단위로 1단위 내외에서 증감 가능

위 표에서 볼 수 있듯이 교육과정 개정에 따라 교과목이나 교과목 명칭이 계속 변경되어 혼란스럽습니다. 특히 내용이 크게 바뀐 것도 아닌데 교과목 명칭을 계속 변경한 것은 이해하기 어렵습니다. 얼마 되지도 않아 변경할 것이면 애시 당초 왜 그렇게 정했는지 의아할 따름입니다.

2) 사회 교과의 영역과 교과목들

(1) 지리와 일반사회 영역의 공통성

사회를 이해하기 위해서는 역사 · 지리 · 일반사회 이외의 영역과 교과목들이 있을 수 있지만, 위에서 보았듯이 교육과정에서는 기본적으로 이러한 정도의 영역과 교과목들을 설정하였습니다. 그런데 이들 영역과 교과목은 사회과학적인 지식이나 법칙을 독창적으로 발견하려는 것이라기보다 사회 현상에 관한 지식을 생활과 관련하여 학생들이 이해할 수 있도록 하는 교육적 측면을 갖습니다. 그리고 이러한

영역 분류는 사회과학의 각 학문 영역이 아니라 여러 사회과학들을 재정리한 연합체로서, 가령 역사학이니 지리학이니 사회학이니 하는 학문 영역의 분류와는 다릅니다.

사회 교과의 각 영역과 교과목들은 모두 사회를 잘 이해하여 바람직한 사회생활을 영위하도록 도와주기 위한 것들입니다. 이제 보다 구체적으로 그것이 왜 그러한 지에 대해 이야기하고자 합니다.

우선 지리 영역의 여러 교과목들이 왜 사회를 이해하는데 도움이 되는지 알아볼까요? 볼 일이 있어 서울을 가야 하는데, 서울이 도대체 어디에 있는지 모른다면 어떻게 갈 수 있겠습니까? 어느 곳으로 이사를 가도 마찬가지입니다. 우선 살아야 할 곳의 지리를 알아야 할 것입니다. 동사무소와 시장은 어디에 있고, 지하철은 어디서 타고 내리는지 등등의 지리적 이해가 필수적이지요.

지리적 이해를 위해 어떤 교과목을 두면 좋을까요. 우선 우리가 한국 사람으로 한국에서 생활해야 하기 때문에, 한국지리에 대해 알아야 할 것입니다. 또한 한국이 세계에서 어디에 있는지, 또는 세계인으로서 살아가기 위해 세계지리에 대한 이해도 필요하겠지요.

그런데 지리에는 자연적으로 형성된 지리가 있고, 그 위에서 살아가는 인간에 의해 만들어진 인위적인 지리도 있습니다. 이들 모두 우리가 어느 한 지역에서 살아가기 위해 빠뜨릴 수 없는 것들이지요.

내가 사는 지역에서는 무슨 농작물을 심어야 잘 자라는지, 기후는 어떠한지 등에 대해서도 잘 알아야 할 것입니다. 이곳에서는 잘 자라지 않는 농작물을 심었다가는 손해만 볼 것이 뻔하겠지요. 이런 것이 자연지리입니다.

도시나 농촌의 마을, 도로나 항만, 광산이나 공단, 시장과 같은 것은 모두 인간이 인위적으로 만든 것으로, 이런 것이 인문지리입니다. 그것이 특히 경제를 중심으로 하는 경우 경제지리라고 하는 것입니다. 인간이 하늘이나 물밑이 아니라 땅에 사는 존재라면, 지리(地理) 즉 땅의 이치를 알아야 하는 것은 당연한 이치인 것이죠.

다음으로 일반사회 영역의 여러 교과목에 대해 말해 볼까요? 인간은 태어나면서

부터 다른 사람과 함께 집단생활을 합니다. 인간의 집단생활에는 이해관계가 대립하고 충돌할 것이므로 이러한 이해관계를 어떻게 해결하느냐 하는 정치적인 문제가 발생합니다. 정치구조가 어떻게 되어있고, 그것이 어떤 원리 아래 어떻게 작동하는지를 알아야 하는 것은 사회(국가)의 일원으로서 당연한 일이겠지요. 몰라도 되지만, 모르면 그만큼 불이익을 당하게 될 것입니다. 사회생활의 정치적 측면을 설명한 것이 '정치'라는 이름의 교과목입니다.

또 인간 사회에는 생존에 필요한 기본적인 욕구를 충족시키기 위해서 생활에 필요한 물자를 생산 유통하는 경제문제가 있습니다. 경제체제와 구조가 어떠하고, 어떠한 원리 하에 경제가 어떻게 돌아가는지를 알아야 경제활동에 참여하고 혜택도 누릴 수 있을 것입니다. '경제'라는 교과목입니다.

또 사회의 구조와 원리, 현상들을 다루는 것이 '사회'라는 이름의 교과목입니다. 이때 말하는 '사회'는 사회 교과라고 하는 의미의 사회가 아니라, 일반사회 영역 내의 교과목으로서의 '사회'입니다. 인간은 사회적 동물로서 사람들이 모여 사는 사회의 틀과 작동 원리, 현상을 알아야 한다는 것입니다.

그 외에 일반사회 영역의 교과목으로 무엇이 또 있을 수 있을까요? '문화'나 '법'과 같은 교과목이 떠오릅니다. 이 역시 사회생활에 중요합니다. 이민 초기 미국에 간 우리네 할아버지 할머니가 한국에서처럼 귀엽다고 미국 꼬마들의 고추를 만졌다가 체포된 웃지 못 할 일도 있었는데, 미국의 문화와 법을 이해하지 못한 탓이었지요.

자, 이제 지리와 일반사회 영역의 여러 교과목들을 공부하면 사회가 어느 정도 이해되어 그런대로 사회생활을 할 수 있게 될 것입니다. 그런데 지금까지 본 지리나 일반사회 영역 아래 설정된 여러 교과목들의 특징은 무엇일까요? 그것은 과거가 아니라 우리가 살아가는 '현재' 사회의 지리적, 사회적 측면을 다룬다는 점입니다. '외면과 내면'이라는 측면에서 말하면 주로 외면을, '현상과 성격'이라는 측면에서 말하면 주로 현상을 다루는 것입니다.

(2) 역사 영역의 성격

사회 교과에는 지리와 일반사회 영역만이 아니라 역사 영역을 같이 두었습니다. 그 이유를 이해하는 것은 곧 역사의 한 본질적 측면을 이해하는 길이기도 합니다.

역사를 왜 사회 교과에 두었을까요? 앞서 보았듯이 지리와 일반사회 영역의 교과목들은 '현재' 사회를 이해하기 위한 것입니다. 다르게 말하면 주로 현재 사회의 외면과 현상을 다루는 것입니다. 따라서 이들 영역의 교과를 잘 공부하면 어느 정도 사회를 이해하여 적응할 수 있을 것입니다. 그러나 이것만으로는 충분하지 않다는 것입니다. 보다 완전한 이해를 위해서는 또 다른 무엇이 필요하다는 것입니다. 바로 현재 사회의 '과거'에 대한 이해가 필요합니다. 또한 사회의 외면만이 아니라 내면, 현상만이 아니라 성격에 대한 이해가 필요합니다.

이러한 점 때문에 사회 교과에 지리나 일반사회 영역 외에 역사 영역을 두었습니다. 다르게 말하면 역사 영역을 도덕과 같은 교과가 아니라 사회 교과 내에 배치한 것은 이러한 이유 때문입니다. 그것은 바로 내면과 성격까지 파악하여 사회를 보다 온전히 이해하는데 역사가 필요하다는 의미입니다.

만약 여러분이 미국에 유학하러 갔다고 생각해 봅시다. 현재 미국의 여러 사회적 측면과 지리적 측면도 잘 알아야 합니다. 그러나 그것만으로는 부족합니다. 현재 미국의 지리적 · 사회적 현상만이 아니라 그것이 왜 그렇게 되었는지를 이해해야 합니다.

미국의 지리적 · 사회적 현상은 어느 날 갑자기 그렇게 된 것이 아니라 오랜 시간을 겪으면서 그렇게 된 것이므로, 그 과정을 이해하지 않으면 그 내면과 성격까지 잘 알 수는 없다는 것입니다. 당장 흑백 갈등이라는 미국의 심각한 사회 현상을 이해하기 위해서도 흑인이 언제 어떻게 해서 미국에 살게 되었는지, 그들이 어떤 대접을 받아 왔는지 등의 과거를 이해해야 하는 것이지요.

만약 이러한 이해가 잘 되어 있지 못하면 죽을 수도 있습니다. 필자가 교환 교수 시절을 보낸 미시간 주 앤아버(An Arbor)는 인구 10만으로 미국에서도 안전한 곳으로 손꼽히는 대학도시입니다. 차를 구입한 후 시내를 돌아보는데, 한 곳에 들르니 왠지 느낌이 이상했습니다. 차도 별로 다니지 않고 드문드문 흑인들만 보였습니다. 이상한 생각이 들어 그 곳을 급히 빠져 나왔는데, 유학생들은 그곳이 우범지대인 할렘가로 큰 일 날 뻔 했다고 일러 주었습니다. 뒤에 알았지만 미국의 거의 모든 도시에는 우범지대가 있습니다.

앤아버는 일부 지역만이 우범지대지만, 디트로이트와 같은 도시는 도시 전체가 우범지대입니다. 학생 시절 자동차 산업의 메카로 배운 디트로이트는 앤아버로 부터 1시간 거리에 위치한 곳으로 꼭 한번 가보고 싶었습니다. 그런데 유학생들이 가지 말라고 충고하였습니다. 노동자들의 격렬한 파업으로 자동차 공장과 백인들은 거의 다 떠나고 주로 흑인들이 거주하는 우범지대로 변했다는 설명이었습니다.

혹시 가게 되면 반드시 자동차 문을 잠궈 놓아야 한다고 일러 주었습니다. 네거리 신호등에 걸려 정지해 있을 때 차문을 열어 강탈하기도 하고, 꽃 같은 것을 사라고 하다가 총을 쏜다는 것이었습니다. 1불짜리를 준비해 두었다가, 그런 상황에서는 두 말 없이 1불을 주라고 하였습니다.

그러던 어느 날 이선희, 황규봉, 김재박 등 중고등학교 동기들로 인해 야구를 좋아한 필자는 그곳에서 박찬호 선수의 야구시합이 있다 하여 가족들을 싣고 갔습니다. 그런데 마치 지구가 아닌 다른 행성의 도시에 온 듯, 세상에 '뭐 이런 도시가 다 있나' 할 정도로 이상하였습니다. 깨진 유리창이 그대로인 빌딩들이 덩그렇게 서 있고 사람이 거의 없는 도시는 마치 시간이 정지된 듯한 유령의 도시 같았습니다. 간혹 오토바이의 굉음이 들려 돌아보니 앞바퀴를 치켜든 채 달리고 있었습니다. 야구고 뭐고 도저히 안 되겠다 싶어 포기하고, 고속도로 진입 표시판을 보고 서둘러 그곳을 빠져 나왔습니다.

후일 교민들 몇 가족과 함께 디트로이트 구장을 찾았습니다. 그때에는 홈팀 디트로이트와 박찬호 소속 구단이 아닌 그 유명한 뉴욕 양키즈의 게임이었습니다. 그런데 관람을 마치고 귀가하는데 '탕, 탕, 탕'하는 몇 발의 총성이 울렸고, 곧이어 대여섯 대의 경찰차가 사이렌을 요란하게 울리며 달려가는데 또 총소리가 울렸습니다. 유학생들의 말이 실감났습니다.

이처럼 사회를 잘 이해하지 못하면, 잘 적응하지 못하는 것은 고사하고 죽을 수도 있습니다. 사회를 잘 이해하여, 그 사회에서 잘 적응하며 살아가기 위해서는 현재의 사회적·지리적 현상만이 아니라, 그 과거도 이해해야 하는 것이지요.

디트로이트가 세계 자동차 산업의 메카에서 악명 높은 우범도시로 전락한 것은 디트로이트, 나아가 미국의 과거에서 연유합니다. 산업혁명에 성공한 영국은 중국에서까지 면화를 사들였지만 부족하였습니다. 미국에 이민 온 영국 등 유럽인들은 인디언을 쫓아내고 남부에 거대한 목화 농장을 개척하였습니다. 노동력 부족에 시달리자, 아프리카 흑인을 잡아와 노예로 만들어 노동력 부족을 해결하려 하였지요.

링컨(Abraham Lincoln, 1809-1865)의 노예 해방으로 자유의 몸이 되었지만, 그들의 형편이 크게 좋아진 것은 아니었습니다. 노예 해방이 반드시 노예의 비참한 상황을 개선하기 위한 인권의 문제가 아니라 산업혁명에 의해 노동자 부족에 시달리던 북부의 이익을 대변한 결과라는 시각도 있지만, 산업 노동자로 전락한 해방 노예들은 온갖 차별에 시달렸습니다. 경제적 빈곤과 사회적 차별은 흑백간의 갈등을 심화시켰습니다. 미국 최대의 고민인 흑백 갈등 문제는 현재 상황만이 아니라 과거를 이해해야 바로 볼 수 있습니다.

자동차 산업의 메카로 세계적 도시였던 디트로이트 역시 마찬가지입니다. 노동자 시위가 과격화되면서 거대 자본의 자동차 공장이 다른 곳으로 이전하면서 디트로이트는 유령의 도시, 가난한 흑인들이 거주하는 우범지대로 변해 간 것입니다. 현재의 디트로이트만 보고서는 디트로이트를 잘 이해할 수 없는 것이지요.

역사가 다른 교과가 아니라 사회 교과에 포함되어 있는데서 볼 수 있듯이, 역사는 한 사회의 정체를 보다 정확하게 발견하려는 본질적 목적을 가지고 있습니다. 한 사람의 정체를 보다 분명하게 알기 위해 그 사람의 현재만이 아니라, 과거를 파헤치는 일이 무엇보다 중요하듯이 말입니다. 우리가 살아가야 할 사회가 크게 우리나라와 동아시아, 세계에 걸쳐 있으므로 역사 영역의 교과목은 한국사, 동아시아사, 세계사 등으로 설정되어 있습니다.

3) 공통 '사회'

앞에서 보았듯이 1997년 공포된 제 7차 교육과정에서 초 1~고 1의 10년간을 '국민공통기본 교육과정'으로 하여, 모든 학생으로 하여금 공통적으로 이수하도록 하였습니다. 7차 교육과정의 또 하나의 중요한 특징은 초 1~고 1 사회과의 경우 개별 교과목이 아니라, 교과 명칭인 '사회'라는 이름 아래 통합 운영하도록 한 것이었습니다. 교과목은 물론이고 역사 · 지리 · 일반사회의 영역 구분 자체를 없애고 이를 '사회'라는 이름 아래 풀어 헤쳐 공부하도록 한 것입니다.

그 이유는 그렇게 하는 것이 사회를 더 잘 이해할 수 있게 한다는 교육원리 때문이었습니다. 1990년대 초반에 강조된 이 교육원리에 의해, 이른바 공통 '사회'라는 교과목이 탄생하였습니다.

이 교육원리는 이론상으로 타당합니다. 사회를 역사적, 지리적, 사회적 측면 각각에서 이해하기보다 동시에 바라보아야 한다는 것입니다. 한 인간의 정체에 대한 이해도 그의 현재와 과거를 동시에 이해할 때 보다 온전하듯이 말입니다.

공통 '사회'의 원리에서 볼 수 있듯이 현재의 사회에 잘 적응하기 위해서는 현재 사회를 잘 이해해야 하고, 그러기 위해서는 주로 '현재'를 다루는 일반사회나 지리적 측면만이 아니라 '과거'를 다루는 역사적 측면에서 동시에 바라보아야 합니다.

사회가 오랜 세월을 거치며 만들어진 것임을 생각하면 이는 당연합니다. 지금은 도지사나 시장을 그 지역민이 직접 선출하지만, 지방자치 이전에는 대통령이 임명하였습니다. 경상북도 도지사는 임명되면 반드시 안동을 먼저 찾아야 한다는 말이 있었습니다. 그것은 안동이 갖는 독특한 지역적 전통 때문이었습니다. 안동은 전국에서도 손꼽히는 유림의 고장으로 '내노라' 하는 유림 집안이 많습니다.

새로 임명된 도지사가 이들 유림에게 인사를 드리지 않는다면 유림들은 그 도지사를 '상놈' 취급하면서 상대도 하지 않으려 하고, 그렇게 되면 도지사직을 더 이상 할 수 없었다는 것이지요. 이 역시 한 지역의 독특한 문화와 생리를 모르면 큰 낭패를 보는 사례의 하나입니다. 한 지역의 독특한 문화와 생리는 과거부터 만들어져 온 것이므로, 그것을 잘 이해하기 위해서는 그 과거를 잘 이해해야 하는 것입니다.

이는 곧 과거 사회에 대한 탐색을 통해 현재 사회의 실체를 보다 분명히 발견하게 해 주는 것이 역사의 한 본질임을 보여주는 것입니다. 현재 전개되고 있는 사회 현상 그 어떤 것도 역사적 결과가 아닌 것이 없습니다. 사회 역시 시간의 흐름 속에 변화해 오늘에 이르렀기 때문입니다.

중국은 1911년의 신해혁명(辛亥革命)으로 2천여 년 간 지속되어 온 황제 전제체제가 무너지고 아시아 최초로 공화국을 수립하였습니다. 우리보다 36년 정도 빨랐습니다. 그러나 공화제의 역사 경험이 전무했던 중국은 원세개(袁世凱, 1859-1916)의 제왕적 총통제로 만신창이가 되어 갔습니다. 온갖 불법으로 몇 번이나 헌법을 뜯어 고쳐, 임기 10년의 총통(대통령)직을 무제한 연임할 수 있도록 해 종신토록 총통을 할 수 있도록 한 데 더하여, 후임 총통 지명권까지 갖도록 하였습니다. 그야말로 공화제에서는 볼 수 없는 악질 독재헌법이었습니다. 그런데 원세개는 이에도 만족하지 못하고, 황제체제로 돌아가려고 하였습니다.

이는 엄청난 저항에 부딪쳐 실패했지만, 그는 중국인들이 '절국대도(竊國大盜)', 즉 '나라를 도적질한 큰 도적놈'으로 가장 싫어하는 인물이 되었습니다. 원세개는 그 전 한때 조선에 파견되어 고종(高宗, 재위 1863-1907)과 조정을 가지고 놀다가 대원군(大院君, 1820-1898)을 납치해 간 바로 그 원대인(袁大人)입니다. 이홍장의 막하로서, 청조 말 신식 육군 창설을 주도하면서 최고의 실력자로 부상하고, 혁명이 일어나자 청조 황제를 끌어 내리는 대신 중화민국 임시 총통 손문(孫文, 1866-1925)으로부터 임시 총통 자리를 물려받은 인물입니다.

온갖 불법으로 임시 총통에서 정식 총통이 된 그는 국가의 이권을 비밀리에 팔아넘기는 반민족적 매국 행위도 서슴치 않았습니다. 독재체제를 지속하고 나아가 황제체제로 전환하여 황제에 즉위하기 위해 필요한 막대한 정치 자금을 일본으로부터 받는 대신 일본의 요구대로 국가 이권을 팔아 넘겼던 것입니다.

제 1차 세계대전 종결 후인 1919년 파리에서 강화회의가 열렸습니다. 중국은 승전국으로서 패전국 독일이 청조 말에 무단으로 점령한 산동 반도의 청도(靑島)를 당연히 돌려받는 것으로 알았습니다. 오늘날 유명한 '칭따오(靑島) 맥주'는 독일 점령 시 이곳에서 독일에 의해 생산되기 시작했습니다.

그런데 강화회의 초안에는 일본과 영·불 등 제국주의 국가 간의 비밀 협약에 의해 청도를 일본이 갖는 것으로 되어 있었습니다. 이 소식에 중국이 발칵 뒤집혔습니다. 학생들이 들고 일어나 이른바 5·4 운동이 시작되었습니다.

그런데 이 비밀 협약 전에 이미 원세개가 비밀리에 거금을 받는 대가로 청도를 사실상 일본에 팔아넘긴 사실이 발견되었습니다. 이때 학생들은 극적으로 국내의 독재 세력은 이를 지원하는 제국주의 세력과 결탁되어 있는 구조를 발견하게 됩니다. 국내 독재 세력과 제국주의 세력이 겉으로는 다투는 척 해도, 실은 밀접하게 결탁되어 서로 서로 도움을 주고 있다는 것입니다.

학생들은 독재 세력의 반민족적 매국 행위도 결국 이러한 구조에서 자행된다는 점을 간파했습니다. 독재가 외세와 결탁되어 있다면 반독재는 자연스레 반외세로 나아갈 것입니다. 학생들은 독재가 외세와 결탁되어 있다면, 독재 타도는 외세 타도와 동시에 추구해야 한다는 사실을 극적으로 발견했습니다. 반(反)독재와 반(反)제국주의는 각각 분리된 과제가 아니라, 동시에 추구할 때 둘 다 성취할 수 있음을 간파했던 것입니다.

이때부터 반독재와 반외세는 각각의 구호가 아니라 하나의 구호로 연결되었습니다. 모택동(毛澤東, 1893-1976)은 중국 역사상 처음으로 노동자가 정치운동에 참여했다는 점과 함께 바로 이 점을 높이 평가해, 5·4 운동을 '신민주주의' 시대의 개막으로 보았습니다.

중국 공산주의도 5·4 운동 이후 군벌 독재체제 종식을 위한 수단으로 지식인 사이에 점차 수용되었습니다. 공산주의와 인민민주주의가 원세개와 군벌의 독재를 먹이로 출현하고 성장했던 것입니다. 만약 중화민국 초기의 공화제가 잘 전개되어 원세개와 군벌의 독재가 없었다면 반독재가 반외세와 연결되거나, 인민민주주의를 지향하는 공산주의가 전 중국을 석권하는 일이 없었을지 모릅니다. 그랬다면 이 땅의 공산주의가 한반도의 반을 차지하는 상황도 없었을지 모를 일입니다.

필자가 대구대학교에 부임한 이래 NL, PD 계열 제자들이 각종 정치적 사건으로 구속되는 사태를 보면서 너무나 가슴이 아팠습니다. 북한을 마치 공포 영화 속 한 장면처럼 수많은 사람을 굶어 죽게 하고 억압하는 전체주의 3대 세습에 열광하는 광신도 집단으로 무척이나 역겨워 하는 필자에게 사랑하는 제자들이 미국을 반대하고 북한을 추종하는 반미(反美) 종북(從北) 활동을 했다는 이유로 구속되는 상황은 충격적이었습니다. 필자가 대학을 다닐 때에만 하더라도 이러한 세력은 없었다고 생각되었기 때문입니다.

필자가 대학을 다닐 때에는 유신 군사독재가 한창이었습니다. 우리를 짓누르는 독재정권이 무너지고 새로운 민주화 시대가 열리기를 염원하였습니다. 그러나 당시만 하더라도 유신 군사독재 종식이 최우선 과제였고, 기본적으로는 어디까지나 반공산주의였습니다. 오히려 공산주의를 막는 최선의 방법은 독재의 종식과 민주화이므로, 공산주의에 승리하기 위해서라도 독재의 종식과 민주화가 필요하다고 보았던 것입니다.

그런데 제자들이 NL, PD 계열로서 반미 종복 활동을 했다는 것이 믿기지 않았습니다. 역사학자의 생리 상, 그 정체를 파악하기 위해 과거를 파헤쳐 보지 않을 수 없었습니다.

소문대로라면 NL은 우리나라가 미국에 종속된 사실상의 식민지이므로 미국으로부터 해방되어야 한다는 민족 해방(National Liberation)을 주장합니다. PD는 한국의 민주주의는 사실상 돈이 있는 부르주아만 국회의원에 당선될 수 있는 부르주아만을 위한 '부르주아 민주주의' 체제이므로 모든 인민을 위한 '인민 민주주의(People Democracy) 체제'를 수립해야 한다고 주장합니다. 이러한 주장 때문에 보수 세력은 이들을 미국을 반대하고 북한을 추종하는 반미 종북 세력이라 비난합니다.

1970년대 중반까지도 보이지 않던 이들 계열은 유신 군사독재가 지속되고 전두환 신군부의 12 · 12 사태와 5 · 18 광주 민주화운동 유혈 진압 과정을 거치며 서서히 출현하였다고 보입니다. 유신 독재의 지속과 전두환 신군부의 12 · 12 사태

및 5 · 18 광주 민주화운동 유혈 진압이 미국의 묵인이나 방조 없이 불가능하다면 국내 독재정권도 문제지만 미국이 더 문제이고, 미국부터 몰아내 '민족 해방'을 달성해야 독재정권 역시 타도할 수 있다는 논리에서 NL 계열이 출현하였다고 보이는 것입니다. 5 · 4 운동 당시 중국처럼 국내 독재정권이 외세와 결탁되어 있다면 반(反)독재만이 아니라 반(反)외세를 동시에 실행해야 한다는 것입니다.

PD 계열 역시 독재정권이 부유한 부르주아들의 지원 하에 가능하다면, 독재정권도 문제지만 이를 지원하는 부르주아와 그들만을 위한 '부르주아 민주주의' 체제 자체가 더 문제이므로 이를 타도하고 모든 인민을 위한 '인민 민주주의' 체제를 수립해야 한다는 논리에서 출현했다고 보입니다. NL은 독재정권과 외세의 결탁에 주목하여 외세의 배격을, PD는 독재정권과 부르주아의 결탁에 주목하여 부르주아 민주주의를 배격함으로써 독재정권을 종식시킬 수 있다고 본 것입니다.

이러한 분석이 맞다면 그들의 논리는 독재 종식에 초점이 있다고 하더라도, 결과적으로 북한의 논리와 유사하게 된 점을 부정하기 어렵습니다. 만약 그러하다면 역설적으로 유신독재의 지속과 전두환 신군부의 광주 민주화운동 유혈 진압이 그 전까지 없던 NL, PD 세력 출현의 토양을 제공하였다는 점도 부정하기 어려울 것입니다.

만약 유신 군사독재가 보다 일찍 종식되어 민주화가 보다 일찍 실현되고 전두환 신군부의 광주 민주화 운동 유혈 진압이 없었다면, 보수 세력이 반미 종북 세력으로 보는 NL이니 PD니 하는 세력은 나타나지 않았을지 모릅니다. 참으로 안타까운 순간들이었습니다.

이렇게 출현한 NL 계열은 정당을 결성하고 최근 6, 7명의 국회의원까지 배출하였습니다. 정부 여당은 물론이고 일부 언론을 포함한 보수 세력들도 깜짝 놀란 듯합니다. 진보 세력들은 우리 사회의 이념적 스펙트럼이 넓어지고, 정치 세력이 다양화되었다는 측면에서 긍정적으로 보기도 하지만, 보수 세력들은 반미 종북 세력의 정치권 진입으로 보면서 매우 못마땅하게 보는 것입니다.

현재 우리 사회는 남과 북의 이념 갈등이라는 큰 갈등 구조 외에 진보와 보수,

자본가와 노동자, 세대 간 갈등, 지역 간 갈등 등 크고 작은 여러 갈등에 시달리고 있습니다. NL, PD계열의 출현과 정치화는 몇 가지 갈등이 중첩된 중요한 사회 현상의 하나입니다. NL계 정당은 헌법재판소에서 그 해산을 심리 중이기까지 합니다.

위에서 중국과 우리의 대표적인 사례를 보았지만, 중요한 사회 현상 그 어떤 것도 정치 · 경제 · 사회 · 문화적 측면이나 지리적, 대외적 측면만이 아니라 역사적 측면에서 동시에 들여다볼 때 보다 정확한 이해에 도달할 수 있습니다. 사회 역시 하늘이나 땅에서 어느 날 갑자기 내려오거나 솟은 것이 아니라, 오랜 시간의 퇴적물이기 때문입니다.

이상의 몇 가지 사례에서도 볼 수 있듯이, 7차 교육과정에서 부터 일정 학년까지 공통 '사회'라는 이름 아래 역일지의 구분을 없애고 통합적으로 가르치도록 한 것은 이론적으로 타당합니다. 역일지를 동시에 본다는 것은 결국 현재와 과거를 동시에 본다는 의미입니다. 그럴 때 사회의 정체를 더 잘 이해할 수 있다는 것입니다.

그러나 이론적으로 그러하긴 해도 이를 실천하는 것은 무척 어려운 일입니다. 우선 역일지를 통합적으로 교육할 교수가 전무했습니다. 그러다 보니 그러한 교사도 배출할 수 없었습니다. 역일지를 물리적으로 그냥 붙여 놓은 교과서는 있어도, 화학적으로 통합한 교과서는 만들지 못했습니다. 현실이 이론을 배반한 것입니다.

그러나 사회를 통합적으로 이해할 때 보다 정확하게 이해할 수 있다는 명제 자체가 잘못된 것은 아닙니다. 그렇다면 그것을 점진적으로라도 구현하기 위한 시도를 꾸준히 해 나가야 할 것입니다. 이러한 명제에서도 보듯이 역사는 우리가 살아가는 사회가 거쳐 온 과거를 통해, 외면과 현상만이 아니라 내면과 성격까지 파헤침으로써 보다 생생하게 그 실체를 드러내 주는 본질적 특성을 지니고 있음을 강조하면서 이 장을 마칠까 합니다.

| Chapter **6** |

인문과학으로서의 역사

앞장에서 사회의 실체를 보다 정확하게 이해하게 해 주는 역사의 한 본질적 측면을 보았습니다. 사회 역시 오랜 시간을 거치며 형성된 변화의 산물이기 때문에 그러합니다. 이처럼 역사학은 인간만이 아니라 인간들이 모여 사는 사회를 탐구의 대상으로 합니다. 더구나 역사학은 정치학 · 통계학 · 경제학 · 인류학 · 사회학 · 고고학 · 심리학 · 문화인류학 등 여러 사회과학의 학문 방법론을 이용하는 점에서도 사회과학적 특성을 지니고 있습니다.

한편으로 역사학은 사회의 실체만이 아니라, 그 속에서 살아가는 인간 존재의 실체에 대한 해명을 주요한 목적으로 합니다. 개인은 항상 사회적 존재이며, 사회는 사회를 구성하는 개인들의 행위를 통하여 존재하기 때문입니다. 이 점에서 보면 역사는 본질적으로 인간을 탐구하는 인문학, 혹은 인문과학에 속합니다. 이제 인문학, 인문과학으로서의 역사를 살펴봄으로써 역사의 본질을 또 다른 측면에서 이야기해 보고자 합니다.

1. 학문의 의미

역사의 인문학, 인문과학적 성격을 이해하기 위해서는 인문학, 혹은 인문과학이 무엇인가 하는 점을 우선 이야기해야 할 것입니다. 그러나 이는 잠시 뒤로 미루어 두고자 합니다. 인문학이니 인문과학이니 하는 말 속에 이미 '학문'이란 의미가 들어 있으므로, '학문이란 무엇인가' 하는 문제부터 생각해 볼 필요가 있다고 생각되기 때문입니다.

'학문'이란 말을 한마디로 정의하기는 어렵지만, 탐구 활동의 '결과'가 축적된 지식 체계로서의 학문과 '탐구 활동'으로서의 학문이라는 두 가지 측면을 고려해야 할 것으로 보입니다. 학문이란 말은 명사이면서 동사이기도 하기 때문입니다.

'결과'로서의 학문은 그 결과를 낳기까지의 과정, 즉 '활동'으로서의 학문과 불가분의 관계에 있습니다. 탐구 활동을 통해 결과가 축적되고, 축적된 결과는 그것을 익히는 과정이나 또 다른 탐구활동 등으로 연결되기 때문입니다. 그런데 탐구 활동은 기본적으로 보편타당성을 추구하기 마련입니다. 이러한 점들을 고려하여 일단 학문은 '보편타당성을 추구하는 지식 체계'이자, '탐구 활동 혹은 익힘'이라 정의해 볼 수 있을 것입니다. 전자는 '결과'로서의 학문이고, 후자는 '활동'으로서의 학문입니다.

그러나 결과로서의 학문에 대해 '보편타당성을 추구하는' 지식 체계가 아니라 '일정한' 지식 체계로 정의할까 하는 생각도 하였습니다. 왜냐하면 인간이 탐구하여 발견한 지식이나 지식 체계로 보편타당한 것이 있을 수 있느냐, 누가 보편타당하다고 인정할 수 있느냐 하는 문제 때문이었습니다. 그 누구도 보편타당성 여부를 결정할 수 없다면 '일정한 지식 체계'만이 존재할 수 있을 것이기 때문입니다.

그럼에도 인간이 탐구 활동을 하는 중요한 목적은 보편타당한 결과를 얻기 위한 것이 아닌가? 보편타당성을 추구하지 않는 탐구 활동의 결과는 아무리 많이 축적되어도 학문이라 할 수 없지 않은가? 그러한 것은 한갓 '주장 체계'나 '독단 체계'에 불과한 것이 아닌가 하는 의문 때문에 '보편타당성을 추구하는 지식 체계'로 정의한 것입니다.

또 한편 보편타당성을 추구하는 '지식 체계'라 한 것은 보편타당성을 추구한 지식이라 하더라도, 단 몇 줄의 문장이나 몇 마디의 말로 끝나 버린다면 학문이라 하기 어렵다고 보이기 때문입니다. 그러한 단편적 지식은 그냥 '지식'이라 하거나 '경구' 정도로 표현해야 할 것입니다.

사실 학문에 대한 정의는 여러 번 고쳐 썼는데, 그 이유는 앞에서 본 바와 같이 보편타당성의 문제 때문이었습니다. 보편타당성을 추구하지 않은 지식체계를 학문이라 할 수 있는가, 그 보편타당성은 누가 인정할 수 있는가 하는 점들이 계속 문제되었던 것입니다.

이러한 점을 고려하여 위와 같이 정의하였지만, 위의 정의 역시 편의적인 것에 불과하고 완전하지 못한 것임은 말할 필요도 없습니다. 따라서 '학문'이라는 말의 자의적(字意的) 의미에 주목해 보고자 합니다. '학문(學問)'이란 말은 글자 그대로 '배우고 묻는다'는 의미입니다. 현대적 의미로 학문이라는 용어는 서양어 'Science'나 'Wissenschaft'에 대한 번역어이지만, 본래적 의미로서는 'learning'에 가깝습니다.

학문을 '학(學)'과 '문(問)'으로 구별해 보면 그 무엇 즉 지식을 배우는(공부하는) 것이 '학'이고, 그 배우는(공부하는) 바에 대해 의문을 가지고 묻는 것이 '문'이라고 할 수 있습니다. 이 말은 배우는(공부하는) '학'만이 아니라 의문을 가지고 묻는 '문'의 과정을 통해 진정 자기의 것이 되는 앎에 이르게 된다는 의미일 것입니다. 요컨대 그 무엇(지식)을 배우더라도 항상 의문을 가지고 비판적으로 접근할 때 참된 나의 것(지식)이 될 수 있다는 것이 '학문'의 자의적 의미라고 할 수 있습니다.

지식이란 과거에 어떤 제한된 시간과 제한된 장소에서 특정한 경험과 특정한 견해를 가진 어떤 사람이 도달한 결론과 같은 것입니다. 그런 지식을 배우는(공부하는) 것을 '학'이라 하더라도 그 지식을 배우는 시간과 장소, 경험적 배경은 서로 다를 수밖에 없습니다. 어떤 지식이든 항상 일정한 한계를 지니고 있는 만큼 그 한계를 인식하고 되물을 때 더 나은 단계로 나아갈 수 있다는 것입니다.

'보편타당성을 추구하는 지식 체계'라는 점에서 학문은 광범한 의미에서 '과학'과 같은 의미를 지닙니다. 그러나 인문학, 혹은 인문과학이라고 하여 서로 다르게 부르듯이 반드시 그러한 것도 아님은 뒤에서 다시 보게 될 것입니다.

2. 학문의 발생과 갈래

학문이란 무엇인가 하는 문제를 이해하기 위해 먼저 학문이 언제, 어떻게 발생하였는가 하는 점을 한번 생각해 봅시다. 광범한 의미에서 학문은 과학과 같은 의미이므로, 학문의 발생은 곧 과학의 발생을 의미하기도 합니다.

학문을 '보편타당성을 추구하는 지식 체계'라고 한다면, 학문은 당연히 '지식'이 발생한 이후 발생했을 것입니다. 따라서 우리는 학문 성립 이전의 지식의 발생, 즉 지식이 언제 어떻게 발생했는가 하는 문제를 생각해 볼 필요가 있습니다. 인문과학, 자연과학, 사회과학, 정신과학 등 때와 장소에 따라 다양한 이름으로 불리는 과학이나 학문은 지식을 중요한 측면으로 포함하기 때문입니다.

지식과 관련된 인간의 특유한 행위는 아마도 인간의 사색 능력, 특히 의문을 품고 그것에 대한 회답을 추구하는 탐구라고 생각됩니다. 사색이 없다면 의문이 없고, 의문이 없으면 탐구가 없고 회답도 없을 것이며, 회답이 없다면 지식도 없을 것으로 보이는 것입니다. 이러한 점을 감안하면 인간이 많은 문제를 사색하면서 의문을 품고, 그 회답을 추구하는 탐구 과정에서 지식이 발생했다고 할 수 있을 것입니다.

지식이 발생하면 학문은 그 수립의 기초를 마련하게 될 것입니다. 수많은 사람들에 의해 나온 여러 단편적 회답들이 모두에게 인정될 수는 없습니다. 수많은 단편적 회답들 중 어느 정도 인정되는 해답들, 즉 지식들이 살아남고 그러한 지식들이 축적되고 체계를 갖추면서, '지식 체계'로서의 학문도 점차 성립되어 갈 것입니다.

지식의 발생을 간단히 말하였지만, 지식은 무척이나 중요한 문제입니다. 기원전 100년경부터 유교 국가로 터를 잡아가던 중국에 불교가 들어와 크게 성행하고, 거기에 대항해 도교가 일어나면서 유교 국가로서의 성격은 퇴색하였습니다. 도불 중심의 국가를 다시 유교 중심 국가로 되돌리려는 노력 속에 '훨씬 철학화된 유교'로서의 성리학(주자학)이 성립하였습니다. '천하가 걱정하기 전에 먼저 걱정하고, 천하가 기뻐한 연후에 기뻐한다'는 송대 범중엄(范仲淹, 989-1052)의 말은 현실도피적이고 은둔적이면서도 고답적인 도불에 대한 강한 대항 의식과 사회적 책임감, 사회 개혁적 지향을 잘 보여 줍니다. 성리학은 이러한 지향의 새로운 유교 철학이었습니다.

성리학의 공부론(수양론)은 '격물치지(格物致知)'를 핵심으로 하였습니다. '사물을 철저히 탐구하여(格物), 앎에 이른다(致知)'는 의미입니다. 앎, 즉 지식의 전제로서 실제 존재하는 사물에 대한 철저한 탐구를 강조하였습니다. 이는 곧 지식은 실제 존재하는 사물에 대한 철저한 탐구를 통해 객관성을 확보해야 하고, 그래야 진정한 지식이 될 수 있다는 의미이기도 합니다. 인간의 내면세계에 치중한다는 점에서 성리학을 '유심주의'라고 하더라도, '객관적 유심주의'라고 하는 이유가 여기에 있습니다. 실제 존재하는 사물에 대한 철저한 탐구를 통해 객관성을 확보해야 진정한 지식이 될 수 있다고 보기 때문입니다.

또한 격물치지는 사물에 대한 철저한 탐구를 통해 지(知)에 도달한다는, 즉 지식의 획득을 강조하는 논리입니다. 이는 곧 지식과 행동의 관계에서, 행동보다 지식을 중시하여 '알아야 행동이 나온다'는 논리입니다. 성리학을, 지식을 중시한다는 '주지주의(主知主義)'라고 하는 이유가 여기에 있습니다. 이러한 주지주의를 다르게 표현한 것이 '알기가 먼저이고, 행하기는 뒤'라는 '선지후행(先知後行)', 혹은 '알기는 어렵고 행하기는 쉽다'는 '지난행이(知難行易)'입니다.

그러나 주자(朱子, 1130-1200) 사후 300여 년 뒤에 탄생한 명대(明代) 왕양명(王陽明, 1472-1528)은 성리학의 '격물치지'에 반대하여 '치양지(致良知)'를 주장하였습니다. 격물치지의 대극에 있는 치양지는 '양지를 실현한다'는 의미로 좋은 지식, 즉 양지(良知) 자체가 아니라 그것을 실천하는 것이 중요하다는 것입니다.

이 점에서 '치양지'를 주장하는 양명학은 '주행주의(主行主義)'라 할 수 있습니다. 그러나 '치양지'는 단순히 '지(知)보다 행(行)이 중요하다'거나 '알기는 쉽고 행하기는 어렵다'는 '지이행난(知易行難)'의 의미만이 아니라, 진정한 지식(良知)은 행동을 통해 완성된다는 '지행합일(知行合一)'을 의미했습니다. 나아가 지행합일은 '지식과 행동이 같아야 한다'는 의미만이 아니라, '진정한 지식은 행동을 통해 완성된다'는 의미이기도 했던 것입니다.

주자학과 양명학의 이러한 차이는 인간에 대한 시각의 차이를 반영하고 있습니다. 둘 다 인간을 기본적으로 선하다고 보는 성선설에 입각하면서도, 성리학은 인간의 한계를 인정하여 '격물치지'를 통한 지식의 획득으로 그 한계를 깨트려야 한다고 보았습니다. 모든 인간은 기본적으로 선하지만 지식 획득의 측면에서는 차이가 있다는 것입니다. 격물치지를 통한 지식의 획득으로 완전한 인간, 곧 성인에 이를 수 있다는 것이지요.

그러나 양명학은 이에 반대하였습니다. 인간이 타고 나거나 획득한 지식 자체는 별 차이가 없다는 것입니다. 지식 획득의 차이가 아니라 그 실현의 차이를 중시한 것입니다. 양지를 실현할 때 비로소 완전한 인간, 곧 성인에 이를 수 있다는 것입니다.

그런데 양명학의 경우 모든 인간은 이미 좋은 지식(良知)을 타고 나거나 획득하게 된다는 입장이므로, 지식 자체로 성인 여부를 가린다면 인간은 이미 다 성인이라는 것입니다. 그런 점에서 양명학은 주자학에 비해 인간을 보다 완전한 존재로 보는 것입니다. 그러나 그러한 인간에게도 한계는 있으니, 그 한계는 지식 자체가 아니라 그 실현 여부에 있다는 것입니다.

이처럼 성리학이나 양명학으로 발전한 유교는 여타 종교가 신성시하는 전지전능한 신을 부정하고 격물치지를 통한 지식의 획득, 치양지를 통한 지행합일을 성인에 이르는 길이라 보았습니다. 인간과 신의 경계를 설정하고 인간이 감히 도달할 수 없는 경지로서의 신이 아니라, 인간이 자기 자신의 노력으로 도달할 수 있는 경지로서 성인을 신의 자리에 놓은 것이지요.

이 점에서는 자기 자신의 깨달음으로 부처가 될 수 있다는 불교와 일맥상통합니다. 유교나 불교 모두 인간을 선한 존재로서 구원되어야 할 대상이 아니라 이미 구원된 존재로 보고, 나아가 스스로의 노력으로 공자와 같은 성인이나 석가모니와 같은 부처의 반열에 이를 수 있는 주체로 보는 것입니다. 이러한 입장에서는 구원자로서의 신은 필요 없게 될 것입니다. 유교나 불교가 신을 부정한 것은 이러한 논리의 귀결이었습니다.

이처럼 지식은 인간과 성인, 혹은 신에 이르는 공부와 수양의 문제와도 관련된 매우 중요한 문제입니다. 지식의 획득과 실천의 문제, 과연 무엇이 진정한 지식인가 하는 문제는 두고두고 생각해 보아야겠지만, 지식이 축적되면서 '보편타당성을 추구하는 지식 체계'로서의 학문도 출현하였을 것입니다.

이렇게 형성된 학문은 여러 분야에 걸쳐 있게 마련입니다. 여러 분야로 뻗어 나간 학문세계를 어떻게 갈래 지울 수 있을까요? 학문이 의문에서 발생했다고 보았을 때, 학문의 갈래는 대체로 의문의 갈래와 궤를 같이 할 것입니다.

수많은 사람들에 의해 제기되었던 의문은 수를 헤아릴 수 없을 만큼 다양하고 많았을 것입니다. 그러나 그 많은 의문들도 크게 몇 개 범주로 정리해 볼 수 있을 것입니다. 그것은 의문의 주체인 인간 자신에 대한 의문, 인간이 모여 사는 사회에 대한 의문, 인간이 살아가고 있는 자연에 대한 의문 등이라고 생각됩니다.

이러한 몇 갈래의 의문들이 나름대로의 회답을 찾아 지식이 되고 그 지식들이 축적되고 체계화되어 학문이 되었다고 하면, 학문의 갈래는 의문의 갈래와 같이 인간에 대한 학문, 사회에 대한 학문, 자연에 대한 학문으로 나누어 질 것입니다. 이를 각각 인문과학, 사회과학, 자연과학으로 부를 수 있을 것입니다.

요사이 매우 중시하는 '응용과학'이란 인간의 삶에 도움이 될 만한 유용성을 추구하는 학문 분야로서 우리가 여기에 든 학문 분야를 제외한 학문 분야를 말하는 듯합니다. 우리가 여기서 말한 학문 분야는 응용과학이라기보다 기초과학에 속한다는 의미이지요. 그러나 위에서 말한 학문 분야들 역시 응용과학의 측면을 가지고 있습니다. 그 무엇 하나 인간 삶에 유용하지 않은 학문은 없기 때문입니다.

따라서 학문의 세계를 기초과학과 응용과학으로 구분하는 것은 문제가 있는 시각입니다. 특별히 응용과학으로 분류되는 학문 분야들은 그 사회적 효용성이 뛰어나다는 인식에 근거합니다. 그러나 기초과학의 효용성은 눈에 잘 띠지는 않지만 장기적인 반면, 응용과학은 눈에 잘 띠지만 단기적이고 즉효적이라는 차이가 있을 뿐, 모두 자기 나름의 효용성을 갖습니다.

지금까지 보았듯이 인간에 대한 탐구가 인문과학이고 자연에 대한 탐구가 자연과학이듯이, 학문 혹은 과학은 탐구하는 대상에 따라 갈래가 나뉩니다. 학문 혹은 과학은 인간의 삶에서 마주치는 실천 과제를 이론적으로 해결하는 노력이므로, 실천의 길이 다양화되고 발전함에 따라 분화되거나 특수화되기도 하지만, 융합되고 통합되어 몇 가지 분야에 걸치는 분과를 낳기도 합니다.

인문학 혹은 인문과학이라 할 때의 '인문(人文)'이란 자의적으로 볼 때 '사람의 무늬'라는 의미입니다. 나무에 나무 특유의 무늬가 있듯이 사람에게도 사람 특유의 무늬가 있다는 것이고, 그러기에 나무는 나무이고 사람은 사람이라는 것입니다. 따라서 인문학 혹은 인문과학이란 사람의 무늬, 즉 사람의 본질을 탐구한다는 의미입니다.

서양에서 인문학 혹은 인문과학이라는 말의 가장 오래된 기원은 고대 그리스의 '파이데이아(paideia)'로서, 기원전 5세기 중반의 소피스트들이 젊은이들을 도시 국가의 건전한 시민으로 키워내기 위한 교육 혹은 학습을 의미했으며, 체조 · 문법 · 수사학 · 음악 · 수학 · 지리학 · 자연철학 · 철학 등을 포함하였습니다.

그 후 로마시대 인문과학에 해당하는 라틴어 '후마니타스(humanitas)'는 '인간다움'이라는 뜻을 가지고 있습니다. 오늘날 일부 대학에서 특별 과정이나 장학금 등에 이 말을 사용하는 게 유행인데, 이 말은 기원전 55년 키케로(Cicero, 기원전 106-기원전 43)가 저술한 『웅변가에 관하여(Oratore)』라는 책에서 처음으로 사용하였습니다. 웅변가를 양성하기 위한 교육 프로그램을 뜻하는 말이었지요.

그리스 · 로마 시대에 교양인을 양성하기 위한 교육이나 학습을 의미하던 인문학은 르네상스 시대에 오면 중세 신(God) 중심의 부정적 인간관을 극복하고 고대의 인간관을 다시 계승하면서 '교양을 위한 학문', '인간의 정신을 고귀하고 완전하게 하는 학문'으로 주장되었습니다.

이렇게 발전하던 인문학이 정체성을 확보하기 시작한 것은 19세기에 이르러서였습니다. 이때부터 인문학은 신의 영역과 선을 긋기보다는 오히려 당시 발달하고 있던 자연과학과 구분되기 시작하였습니다. 자연 속에 일어나는 현상들을 객관적으로 탐구하는 자연과학의 자료와 방법으로부터 분리되면서 인문과학의 정체성을 찾게 되는 것입니다. 인문과학이 사실을 추구하는 학문이 아니라 '인간다움'이 무엇인가를 밝히는 학문이라는 점에서는 르네상스 인들이 정의한 인문학의 개념과 전통이 후대에도 계승되고 있다고 볼 수 있는 것이지요.

그러나 시대의 변화에 따라 인문과학을 자연과학뿐 아니라 사회과학과도 구별해야 한다는 주장도 제기되었습니다. 이에 따라 2차 세계대전 이후 개편된 대학의 학제에서는 일반 교양과목을 인문과학 · 사회과학 · 자연과학 등으로 분류하였는데, 나라에 따라 인문과학에 속하는 학문 분야에서는 서로 약간의 차이가 있었습니다.

미국에서 인문과학은 철학 · 문학 · 역사 · 예술 일반을 뜻하고 심리학은 사회과학 또는 자연과학 속에 넣는 반면, 프랑스에서는 사회학 · 역사 · 철학을, 독일에서는 정신과학 · 사적(史的) 문화과학 등을 포함시키고 있습니다. 그러나 모두 인과율에 기초한 법칙 정립적 자연과학과는 달리 인간의 다양한 정신 · 문화 · 역사를 탐구 대상으로 한다는 점에서는 동일합니다.

3. 인문학과 인문과학

인문학, 인문과학은 인간에 대한 학문분야입니다. 곧 '인간에 대한 지식 체계, 혹은 그 탐구'라는 의미입니다.

여러분은 '인문학의 위기'니 '인문학은 모든 학문의 기본'이라는 등의 말들을 들어 보았을 것입니다. 이와 같이 인문과학을 인문학이라 하기도 하지만, 근래에는 인문학을 인문과학이라 부르는 것이 유행입니다. 요즈음 대학들이 '인문대학'이라 하지 않고 '인문과학 대학'이라 하는 것도 그러한 유행의 산물입니다. 그것은 인간에 대한 탐구(공부)를 과학으로 본다는 것입니다. 이러한 상황을 고려하여 앞에서 인문학이라 하기도 하고, 인문과학이라 하기도 하였던 것입니다.

인문학을 인문과학으로 보는데 대해서는 논란이 있습니다. 인문학과 인문과학은 어떤 차이가 있을까요? 인문학이라 함은 이를 과학으로 보지 않는다는 의미를 내포하고 있습니다. 이 문제는 결국 과학이란 무엇인가 하는 문제로 귀착됩니다.

그것은 곧 과학이 되기 위해서는 어떤 조건이 필요한가 하는 문제입니다. 과학이 되기 위한 조건은 무엇일까요? 그것은 바로 탐구의 결과는 증거에 의해 실증되어야 하고, 그렇게 실증된 결과는 동일한 조건에서는 어떤 경우에도 동일하게 예측되고 도출되어야 한다는 것입니다.

다시 말해 실증된 결과는 동일한 반복 실험에 의해 늘 같아야 한다는 것입니다. 결국 과학은 인과 관계로 증명되어야 하고, 원인이 동일하면 결과도 같아야 하며, 그 역도 성립되어야 한다는 것이지요.

인간의 정신적 인식 활동의 소산인 과학은 종교나 예술과 달리 공공적으로 인식 가능한 사실에 근거하여 개념적 · 논리적 사고를 통하여 구성된 체계적 이론으로서, 실천적 검증을 거친 객관적 · 법칙적 진리라고 할 수 있습니다.

이제 문제는 인간에 대한 탐구가 과학이 될 수 있는가 하는 점입니다. 여기에 대해서는 심각한 의견대립이 있습니다. 예컨대 '이렇게 사는 것이 행복한 삶이다'라고 하는 결론이 나왔다고 합시다. 그것은 항상 모든 사람에게 동일하게 적용될 수 있는 보편성을 가지고 있을까요? 그러한 결론은 어디까지나 주관적인 것으로서 모든 사람에게 일률적으로 적용될 수는 없다고 보입니다.

더욱이 그러한 결론에는 결론을 도출한 사람의 주관과 가치가 개입되어 있습니다. 또한 그것을 증명하기 위해 실험을 할 수도 없습니다. 설령 실험을 한다 해도 동일한 결론이 도출되리란 법도 없습니다. 또한 결과를 도출하기 위해 실험을 할 수도 없습니다. '전쟁은 인간성을 황폐화시킨다'는 결론을 도출하기 위해 전쟁을 할 수는 없는 것입니다.

따라서 그러한 결론은 과학적이라 할 수 없고 따라서 과학이 될 수 없다고 할 수 있습니다. 이러한 입장을 견지하게 되면 인간에 대한 탐구(공부)는 과학이 될 수 없습니다. 인간에 대한 학문은 인문과학이 아니라 인문학이란 것이지요. 이런 측면에서 보자면 광범한 의미에서 학문과 과학은 보편타당성을 추구한다는 점에서 동일한 의미를 가지지만, 여기서 보듯이 반드시 그러하지 않기도 한 것입니다. 그 갈림길에 '실증'이 버티고 있습니다.

그런데 사람에 대한 탐구가 과학이 될 수 없다고 할 경우 또 다른 문제가 발생합니다. 너무나 주관적이어서 이렇게도 볼 수 있고 저렇게도 볼 수 있는, 따라서 도저히 과학적이라 할 수 없는 황당한 회답을 추구하는 공부를 할 필요가 있는가 하는 것입니다. 그러나 과학적인 결론을 도출하기 어렵다고 하더라도 나는 누구이며, 인간이란 무엇이며, 어떻게 살아야 하는가 하는 문제는 너무도 중요하고 간절하여 포기할 수도 없는 문제입니다.

객관적인 과학으로 성립하기는 불가능하고, 또 그렇다고 하여 쉽게 포기할 수도 없다면 어떻게 해야 할까요? 가능한 한 주관적이고 가치 개입적인 요소를 배제한, 객관적이고 과학적인 방법으로 인간을 탐구하는 수밖에 없을 것입니다. 인간도 과학적 방법으로 탐구할 수 있다고 보고, 인간의 보편타당한 법칙성을 밝혀 볼 수 있다는 입장에서 인간에 대한 탐구를 계속해야 한다는 것이지요.

이 점에서 프로이드(Sigmund Freud, 1856-1939)가 눈에 보이지 않는 내면세계에 대한 과학적 분석을 통해 인간을 탐구하려 한 것은 의미 있는 일이었습니다. 인간의 행동은 인지할 수 있는 의식이 아니라 오히려 인지할 수 없는 무의식에 더 많이 좌우된다는 그의 결론은 인간의 보이지 않는 내면세계도 과학적 분석을 통해 보편적 법칙으로 설명할 수 있는 가능성을 보여 주었던 것입니다.

4. 문 · 사 · 철(文 · 史 · 哲)

인문학이라 하든 인문과학이라 하든 그 목적은 무엇일까요? 당연히 인간에 대한 탐구인데, 여기서 말하는 인간에 대한 탐구는 인간의 육체가 아니라 주로 그 내면세계를 탐구하여 인간의 본질을 해명한다는 것입니다.

그렇다면 어떻게 해서 인간의 본질을 해명할 수 있을까요? 인간이 인간의 본질을 해명하는 가운데 성립된 인문학에는 광범한 학문영역이 포함됩니다. 미국 국회법 규정에는 인문학에 언어(language) · 언어학(linguistics) · 문학 · 역사 · 법률 · 철학 · 고고학 · 예술사 · 비평 · 예술의 이론과 실천 등 인간을 내용으로 하는 다양한 학문들을 포함시켰지만, 시대와 나라에 따라 서로 다릅니다. 기준을 설정하기가 매우 어렵기 때문에 의견의 일치가 이루어지지 않고 있는 것이지요. 역사와 예술이 인문학에 포함되느냐에 대한 논란까지 있을 정도입니다.

그러나 전통적으로 인문학의 대표 주자로 문학과 사학과 철학, 이른바 문·사·철(文·史·哲)을 거론합니다. 다시 말해 문사철은 인문학의 대표적인 학문 영역들입니다. 문사철은 이름을 달리하지만, 기본적으로 인간의 자아발견, 인간의 자기이해, 인간 본질의 해명이라는 목적에서 동질성을 갖습니다.

문사철이 인문학의 한 갈래로서 인간 본질의 해명이라는 목적에서 동질성을 가지고 있다고 하더라도 문사철이라 하여 이름을 달리한 것은 왜 그럴까요? 인간 본질의 해명을 위한 학문적 방법론에서 중요한 차이가 있기 때문입니다.

문학은 이성뿐 아니라 감성과 직관까지 동원한 인간의 자기표현으로서, 인간 삶의 재구성을 포함하는 인간의 자기표현을 통해 인간의 본질을 해명하고자 합니다. 문학은 사실보다 허구(개연성)를 통해 인간의 본질에 대한 회답을 추구하는 특성을 지니고 있습니다.

소설과 같은 것이 대표적입니다. 소설은 가공의 인물이 가공의 현실 속에서 펼치는 가상의 행위를 통하여 인간의 자기 발견과 자기 이해에 도달하려 합니다. 소설에 등장하는 여러 가상의 인간들을 통해, 인간이란 과연 이런 존재로구나, 이럴 수도 있는 게 인간이구나 하는 것을 보여 주는 것입니다. 이 점에서 문학은 '허구'와 함께 '대개 그러할 수도 있다'는 '개연성(蓋然性)'을 특성으로 합니다.

철학은 인간 존재에 대한 보다 근본적인 의문에 대한 사색으로, 인간 존재의 원리와 법칙을 발견하고 이를 논리화하고 보편화하는 과정을 통해 인간 이해에 도달하고자 합니다. 철학은 특히 인간의 내면세계, 즉 정신세계에서 일어나는 사유 과정에 관심이 있습니다. 사유와 존재, 정신과 물질의 관계 등 인간이 마주치는 여러 문제의 본질에 대해 사유하고, 그에 대한 보편적 원리를 발견함으로써 인간의 본질을 해명하려는 것입니다.

문학이나 철학에 비해 사학은 인간에 의해 과거에 실제 일어났던 명백한 사실,

과거에 일어난 인간의 실제적 삶을 통하여 그러한 목적에 도달하고자 합니다. 사학의 가장 중요한 본질은 '과거에 실제 일어난 사실'에 근거하여 인간을 해명한다는 것입니다.

사학의 가장 중요한 측면인 '사실'은 문학이나 철학에서 반드시 필요한 것은 아닙니다. 문학의 가장 중요한 측면은 '사실'이 아닌 '허구', 혹은 '개연성'입니다. 철학의 경우 '사실'에 기초하면 더 좋겠지만, 구태여 '사실'에 기초할 필요는 없습니다. '개 똥 철학'이란 말이 있듯이, 자신이 생각하는 바 그 자체가 곧 그의 철학이 되는 것이지요. 사실에 기초하면 좋겠지만, 반드시 그럴 필요는 없다는 것입니다. 이에 비해 사학은 반드시 사실에 기초해야 합니다. 역사는 '사실' 그 이상도, 그 이하도 아닐 만큼 '사실'은 역사의 가장 중요한 측면입니다.

문사철의 이러한 학문 방법적 차이는 이들 학문의 강·약점으로 작용합니다. 실제 일어난 사실에 기초하는 사학은 문학이나 철학보다 훨씬 더 신빙성과 설득력을 가질 수 있습니다. 생명력도 길다고 할 수 있습니다.

그런데 이러한 사학의 강점은 동시에 약점으로 작용합니다. 사학은 사실에 근거해야 하므로, 실제 인간 삶에서 일어나지 않은 허구의 세계를 그리지 못하는 것입니다. 그것은 사학이 탐구할 수 있는 대상이 그만큼 제한적이라는 말입니다. 사학은 과거에 실제 일어난 사실이 아니면 탐구의 대상으로 삼을 수 없는 것입니다. 가령 역사학적 방법을 통해 죽고 난 이후에도 영혼이 있는지, 극락이나 천당이 있는지를 밝힐 수는 없습니다. 그 누구도 이를 경험하지 못했기 때문입니다. 사학이 다룰 수 있는 대상은 과거에 실제 일어난 사실 속에서 실증할 수 있는 영역에 국한됩니다. 이는 역사학의 중대한 약점입니다.

사실 신은 물론이고 신이 주재하는 천당이나 지옥이 있는지를 그 어떤 학문 방법을 통해 밝혀준다면, 얼마나 고마울까요? 만약 그 어떤 학문 방법을 통해서라도 이를 명확하게 밝혀낸다면, 세상은 엄청나게 달라질 것입니다. 사람들의 일상생활 전반에도 엄청난 변화가 일어날 것입니다. 세상이 완전히 뒤집혀질지 모를 일입니다.

만약 이 세상에 오직 그 어떤 종교의 신만이 유일하게 존재한다는 것이 그 어떤 학문적 방법에 의해 실증된다면 다른 종교는 어떻게 되겠습니까? 그 뛰어난 그리스 · 로마 시민들이 믿은 신은 한 둘이 아니었습니다. 그리스 시민들은 제우스니 아폴로니 하는 여러 신들이 인간 세상을 지배한다고 믿었고, 로마 시민들은 무려 30만 명이나 되는 신을 믿었습니다.

그러나 오늘날 그리스 · 로마 시대의 그 많던 신들은 하나도 남지 않고 다 사라졌습니다. 그러면 도대체 당시 세계 최고 문명을 자랑하던 그리스 · 로마 시민들이 믿은 신들은 무엇이란 말입니까? 그들이 믿은 신들은 모두 엉터리이고 가짜였을까요? 그럼 그때 진짜 신들은 어디에 있었을까요? 신에도 진짜가 있고 가짜가 있는 것일까요? 엉터리 가짜 신들을 믿은 그리스 · 로마 시민들은 모두 바보였을까요? 그들은 모두 가짜 신을 믿은 죄로 지금 지옥에 있을까요?

만약 신이 존재한다는 사실이나 천당이나 지옥이 존재한다는 사실이 그 어떤 학문 방법에 의해 밝혀진다면 어떻게 될까요? 누가 죄를 짓고, 전쟁을 하고, 살기 위해 아등바등 하겠습니까? 이처럼 세상을 완전히 뒤집어놓을 만큼 중요한 문제에 대해 사학이 할 수 있는 일은 거의 없습니다. 왜냐하면 사학은 사실에 근거해야 하는데 신앙적 측면이 아닌 역사적 측면에서 신이나 극락, 지옥을 직접 경험한 사실을 어디에서도 발견할 수 없기 때문입니다. 오히려 신앙적 측면이 아니라 역사적 측면에서 실증된 사실은 '동서고금을 막론하고 그 누구도 그것을 경험한 적이 없었다'는 사실뿐일 것입니다.

이상에서 사학의 강점과 약점을 보았지만 강점이든 약점이든 모두 사실에 기초해야 하는 사학의 본질에서 출발합니다. 그런데 그러한 본질에서 출발하는 사학의 강약점은 문학이나 철학, 특히 문학에 있어 거꾸로 약점과 강점으로 작용합니다.

사실에 기초하는 사학이 문학이나 철학보다 강한 신빙성과 설득력, 생명력을 가진다고 하였지만 문학이나 철학은 엄밀히 검증된 사실에 기초하지 않아도 되므로, 신빙성이 떨어지고 따라서 설득력과 생명력도 떨어질 수 있겠지요.

그러나 사실에 기초하지 않아도 되는 그 특성 때문에 문학이나 철학은 엄청난 강점을 가지게 됩니다. 사실에 기초해야 하는 사학이 신이나 천당의 존재와 같은,

인간에게 있어 매우 중요한 문제를 해명하는데 무기력한데 반해 문학이나 철학은 매우 자유롭다는 것입니다.

가령 괴테(Johann Wolfgang von Goethe, 1749-1832)의 『파우스트(Faust)』가 그러합니다. 괴테는 파우스트라는 가상의 존재를 내세워 그로 하여금 신의 존재라든가, 무엇이 선이고 무엇이 악인가 하는 중요한 문제에 대해 종횡무진으로 자신의 견해를 표명하고 그 해명을 추구하였습니다. 괴테는 자신이 피력하고자 하는 견해를 파우스트를 통해 한 셈이니 파우스트는 괴테의 분신이라 할 것입니다. 괴테는 사실에 기초하지 않아도 되는 문학(이나 철학)의 자유로움을 만끽하고 있는 셈이지요.

문학이나 철학은 실증된 사실에 기초할 필요가 없기 때문에 역사학이 꿈도 꾸지 못할, 극락이나 천당의 구조는 물론이고 그것이 어떻게 운영되는지, 그 주인이 누구인지에 대해 마음대로 그릴 수 있는 것이지요. '믿거나 말거나'라는 TV 프로그램이 있었지만, 얼마든지 자기가 생각하는 바를 그려낼 수 있는 것입니다. 사실적 증거가 없더라도 자유자재로 인간이 품을 수 있는 의문을 설정하고, 마음대로 허구의 인물과 가상의 세계를 설정하여 인간 탐구를 계속할 수 있는 것입니다. 이는 문학이나 철학의 큰 강점입니다.

『파우스트』는 사실에 기초하지 않은 점에서 신빙성에 문제가 있습니다. 그러나 그 어떤 역사책보다도 강한 설득력과 생명력을 지니고 있습니다. 『파우스트』가 명작으로 오늘날까지 많은 독자를 확보하고 있는데서, '허구'와 '개연성'에 바탕을 둔 문학의 자유로움과 강한 설득력, 생명력을 볼 수 있는 것입니다.

신빙성에 문제가 있음에도 『파우스트』가 강한 설득력과 생명력을 갖는 것은 무엇 때문일까요? 그것은 독자들의 광범한 '공감'에 의할 것입니다. 그리고 그것은 가상의 스토리가 비록 '허구'라고 하더라도 너무나 '그럴 듯하게' 느껴지는 '개연성(蓋然性)' 때문일 것입니다. 강한 신빙성과 설득력, 생명력을 갖게 해 주는 사학의 '사실'은 문학이나 철학의 경우 '허구'가 보여주는 '개연성'에 해당한다고도 할 것입니다.

공감의 정도는 인간 본질에 대한 해명의 깊이에 따라 달라지겠지만, 허구에 기초한 문학이 강한 설득력과 생명력을 가지게 된 것은 '허구'가 보여주는 '개연성'이 '사실'의 수준에 육박해 서로 '일체화'되는 과정이라고 할 수도 있을 것입니다. 문학이나 철학은 사실적 증거를 확보할 수 없다고 하더라도, 다양한 의문을 설정하고 자유자재로 그 의문에 대한 탐구를 계속할 수 있는 것입니다.

앞에서 필자는 인생에서 가장 잘한 선택 세 가지 중 하나가 역사공부를 한 것이라고 한 바 있습니다. 그러나 문학의 저 자유로움을 무척이나 부러워하고 있음 또한 사실입니다. 문학의 자유로움을 만끽하면서 필자가 생각하는 바를 세상에 내놓을 수 있다면 얼마나 좋을까 하는 생각을 자주 해 보는 것이지요.

문사철의 동질성과 차별성을 생각하면서 문학이나 철학을 하는 친구들에게도 의견을 묻곤 하였는데, 시인인 나의 친구는 문사철의 차이를 이렇게 설명하면 어떠냐고 하였습니다. 문학은 '이렇게도 할 수 있는 것이 인간이다'라고 할 수 있고, 철학은 '이렇게 해야 하는 것이 인간이다'라고 할 수 있다면, 역사는 '이렇게 했던 것이 인간이다'라고 말입니다. 다르게 말하면 문학은 '인간은 이렇게도 살 수 있는 존재다', 철학은 '인간은 이렇게 살아야 하는 존재다', 사학은 '인간은 이렇게 살았던 존재다'라고 할 수도 있다는 것이지요.

달리 말하면 문학은 허구와 개연성에, 철학은 가치와 당위성에, 사학은 사실에 중점을 둔다는 것입니다. 시인다운 멋있고 일리 있는 말이라 보입니다.

| Chapter **7** |

역사와 사실

앞에서 역사의 가장 중요한 본질적 특성이 '사실'에 기초한다는 데 있다는 점을 보았습니다. 역사에서 '사실'을 제외하면, 역사가 아니라 문학이나 철학이 될 만큼 '사실'은 역사에서 매우 중요합니다.

이제 역사에서 가장 중요한 사실의 문제를 보고자 합니다. 우리가 아무런 생각 없이 알고 있는 역사적 사실이란 것도 따져 보아야 할 여러 문제들이 깔려 있습니다. 누가 역사적 사실을 선택하는가, 사실 자체가 아니라 인간이 선택한다면 객관적이라 할 수 있는가, 주관적이라면 진실일 수 있는가 하는 문제들이 금방 머리에 떠오릅니다.

1. 사실이 아닌 사실들

일본의 역사서들이 자기 나라가 어떻게 만들어졌다고 보는지에 대해서는 앞에서 이미 이야기한 바 있습니다. 이자나기 · 이자나미 두 남매 신이 탄생하여 물고기를 낚아 올리듯이 땅 조각을 들어 올려 일본 열도를 만들었고, 이들이 결혼하여 여러 신들을 낳았는데 그들 중에 아마테라스 오오카미와 그 남동생이 결혼하여 진무를 낳았고, 그가 기원 전 660년에 천황에 즉위했다는 것은 사실일까요? 물론 사실이 아닙니다.

일본인들은 이렇게 시작된 천황이 한 번도 끊이지 않고 만세일계(萬世一系), 즉 그 옛날부터 지금까지 한 계통으로 이어져 왔다고 하면서 무척이나 자랑합니다. 이 역시 사실이 아닙니다.

그들이 국왕을 천황이라고 부른 것은 600년 전후부터였습니다. 중국의 수나라와 당나라에 보내는 국서에 그러한 표현이 있기 때문입니다. 아마도 이때쯤 천황이라 부른 것은 사실인데, 그 이전이나 그 후에도 국왕의 핏줄이 균일했던 것은 아닙니다. 다른 핏줄을 끌어 오더라도 같은 핏줄로 만들어 지금까지 이어 온 것은 인류 역사상 전무후무한 일입니다.

일본의 역사는 국왕을 제쳐 두고 쇼군(將軍)이 지배하는 바쿠후(幕府)가 성립되어 우리나 중국과는 상당히 다른 길을 걷게 됩니다. 첫 번째 바쿠후는 1192년에 성립된 가마쿠라 바쿠후(鎌倉幕府, 1192-1333)로서 우리나라 무신란(1170) 조금 후에 수립되었습니다.

총 3차례나 바쿠후 정치가 계속되었지만, 이때에도 그들이 천황이라 떠받드는 국왕 자체는 없애지 않았습니다. 국왕을 안방마님처럼 모셔놓고, 실제로는 쇼군이 모든 것을 요리했던 것이죠. 이는 왕건(王建, 재위 918-943)이나 이성계(李成桂, 재위 1392-1398)가 아예 왕 자리를 차지하고 새 왕조를 연 것과는 차이가 있었습니다. 세상 그 어느 나라에서도 이처럼 왕실의 가계가 끊이지 않고 이어진 사례는 없었으니, 일본의 이러한 전통은 사실 대단한 듯합니다. 그러나 어찌 보면 미련한 것 같기도 하구요.

일본은 세계에서 가장 먼저 토기를 만들었다고 자랑합니다. '새끼줄 무늬 토기'란 의미의 '조몬(繩文)토기'인데, 거무스름하고 두꺼우며 부서지기 쉬운 이 토기의 표면에 새끼줄 무늬가 있어 이렇게 부릅니다. 자기들은 기원전 1만년 경에 제작되었다고 합니다.

그들은 우리보다 모든 게 우수하다고 생각하고 싶어 합니다. 그래서 구석기 시대도 우리보다 훨씬 일찍 시작되었다고 하고 싶어 이상한 짓을 하였습니다.

구석기 시대의 특징이 무엇입니까? 돌을 깨트려 도구로 사용한 것이지요. 돌을 깨트려 도구를 만드는 것은 지금도 얼마든지 가능한 일입니다. 그래서 돌을 깨트려 구석기 유물인 양 땅 속에 묻어 두었다가, 이를 발굴하고는 구석기 시대 유물이라는 자작극을 벌였습니다. 그것을 버젓이 역사책에 서술까지 하였으니 우스운 일이지요. 그러다 뒤에 그것이 조작임이 드러나 관련자가 구속되는 일까지 있었습니다.

일본의 역사 조작은 이 외에도 많습니다. 일본은 300년대에서 500년대 까지 약 2, 3백년간 우리나라 남부 임나(任那, 미마나, 가야)를 식민지를 경영하면서 백제를 조공국으로 지배했다고 합니다. 이른바 임나일본부설(任那日本府說)입니다. 그 유력한 근거는 『니혼쇼키(日本書紀)』의 서술들로서, 이 책에는 임나 관련 기사가 60여 곳에 이릅니다.

우리는 이를 부정합니다. 우리의 역사책에 이러한 내용이 전혀 없다는 점, 고대 일본이 특별히 식민지를 경영할 이유가 없다는 점, 문화적으로 열등한 일본이 우월한 우리를 지배할 수 없다는 점, 식민지를 오랫동안 경영했다면 그 흔적이 있어야 하는데 그런 게 전혀 없다는 점 등을 근거로 합니다. 따라서 『니혼쇼키(日本書紀)』 자체가 일본의 역사서가 아니라 한반도에서 건너가 일본을 건설한 백제계나 고구려계의 역사서로서, 그들의 관점에서 거꾸로 해석해야 한다는 주장도 있습니다.

그런데도 불구하고 일본이 이를 고집하는 이유는 조선의 식민지화에 대한 정당화 때문이었습니다. 이 설을 통하여 일본이 한국을 식민지화하는 것은 일본이 옛날에 잃었던 식민지를 되찾는 것에 불과하니, 안타까워할 것도 없고 저항할 것도 없다는 식의 논리를 만들어 식민지화를 정당화하려 했던 것이지요.

일제 36년간의 식민 지배도 기분 나쁜데, 고대에도 식민지였다니 여간 기분이 나쁜 것이 아닙니다. 그런데 1990년대에 이상한 일이 발생했습니다. 그동안 우리는 2, 3백년간 지배했다면 지배의 흔적이 있어야 하는데, 그런 걸 전혀 발견할 수 없다는 점을 임나일본부설을 부정하는 유력한 근거로 내세웠습니다. 2, 3백년간 지배하다보면 죽은 자가 나왔을 것이고, 만약 그 시체를 일본으로 실어 나르지 않았다면 그를 매장한 묘라도 있어야 하는데 없지 않느냐 하는 것입니다.

이 시기 일본의 묘제는 조그만 산 전체를 이용하여 산 아래 부분의 앞쪽은 직선으로 다듬고 뒷부분은 둥글게 다듬은 후 산 정상에 시체를 묻는 이른바 '전방후원분(前方後圓墳)', 일명 '열쇠 구멍형'이었습니다. 주위에 해자(垓字)라고 하는 도랑을 파서 무덤의 경계로 함과 동시에 무덤 주인을 보호하는 형태였습니다.

그런데 1990년대 전남의 영산강 일대에서 처음으로 전방후원분이 발견되었습니다. 조사 결과 전남 광주시 월계동(月桂洞) 1, 2호분과 명화동(明花洞) 고분, 함평군(咸平郡) 신덕(新德) 고분과 장고산(長鼓山) 고분, 해남(海南) 고분 등이 전방후원형의 형태를 갖는 것으로 밝혀진 것이지요. 우리 학계는 바짝 긴장할 수밖에 없었고, 일본에서는 임나일본부설의 유력한 근거가 발견되었다며 난리가 났습니다.

이들 묘가 전방후원분의 형태를 띠는 것은 사실이었습니다. 발굴자들에 의하여 전방후원분이라는 일본식 용어 대신 장고형 고분(長鼓形 古墳), 장고분(長鼓墳) 등으로 불리기도 하는데, 부장된 유물 등으로 볼 때 왜계(倭系) 일본 고분의 요소가 다분합니다. 그러나 현재 발굴된 것은 5, 6세기 것으로 3세기까지 올라가는 일본보다 연대가 떨어집니다. 따라서 일본 전방후원분의 원류는 아닙니다.

더구나 임나(가야) 지역이 아니라 전남의 영산강 유역에서 나타난다는 점, 집단 고분군이 아니라 개별 단독 고분이란 점, 출토 유물 대다수가 전남 지역 산물이라는 점 등에서 피장자는 왜인(倭人)이 아니라 이 지역 토착 유력자라고 보입니다.

따라서 전남 해안지역의 일부 토착 유력자들이 일본과 교류하는 가운데 그 묘제에 영향을 받아 축조한 것으로 보입니다. 당시 영산강 하구를 중심으로 한 전남 해안지역은 남해안 지역과 더불어 중국 연안에서 한반도 서남해안을 거쳐 일본 북큐슈 연안, 다시 일본 열도 각지로 통하는 물류 거점으로 이 일대에서는 '희망봉'과 같은 곳이었습니다.

해로를 통해 한반도의 문물이 일본에 전파되어 일본 고대문화 형성과 발전에 중요한 토대를 이루었듯이 국제적 문물 교류라는 관점에서 볼 때, 일본의 고분문화도 어느 정도 한반도로 유입되는 것은 자연스러운 현상이었을 것입니다. 남해안 지역에서 간헐적으로 보이는 일본 야요이 문화(彌生 文化) 요소도 같은 맥락의 산물로서, 임나일본부의 산물은 아니었습니다. 영산강 유역의 전방후원분도 임나일본부설의 근거가 될 수는 없습니다.

사실이 이러한데도 일본은 중등학교의 역사 교과서에는 임나일본부설을 사실인 양 싣고 있습니다. 그럴 때 어떤 영향을 미칠까요? 학생들에게 한국은 근대에는 물론이고 고대에도 자신들의 지배를 받은 열등한 민족이라는 의식을 심어주게 될 것입니다. 그럴 경우 자신들의 침략성은 사라지고 말겠지요.

『삼국사기』는 고려시대 김부식이 저술한 정사(正史)로, 1145년경 간행되었습니다. 사마천의 『사기』에서 선보인 기전체(紀傳體) 역사책이었죠. 그런데 그는 여기서 기원전 57년에 신라, 기원전 37년에 고구려, 기원전 18년에 백제가 수립된 것으로 서술하였습니다.

이들 고대국가가 수립된 사실 자체는 사실일 것입니다. 그러나 그것이 언제였느냐 하는 것에는 의문이 많습니다. 아무리 생각해도 중국의 영향을 강하게 받는 지역에서 일어난 고구려가 가장 먼저 수립되었다고 보는 것이 사실에 가까울 것입니다.

따라서 신라가 가장 먼저 수립되었다는 서술은 사실이 아닐 가능성이 많습니다. 그것은 김부식이 신라의 후손으로서 신라를 삼국의 정통으로 보는 신라 중심주의자였기 때문이라고 보입니다. 이처럼 역사책에 서술된 사실이라고 하더라도 다 사실인 것은 아닙니다.

김부식 보다 조금 후의 사람인 고려 후기의 일연(一然, 1206-1289) 스님은 1281년경 『삼국유사(三國遺事)』를 출간하였습니다. 그런데 그는 김부식의 『삼국사기』 에는 없던 사실들까지 담았습니다. 삼국 이전, 단군이 수립한 고조선에서부터 우리나라의 역사를 서술한 것이죠.

그는 단군이 고조선을 세운 시기를 기원전 2333년으로 서술하였습니다. 그리고 그는 고조선을 하늘님인 환인(桓因)의 아들 환웅(桓雄)이 이 땅에 내려와, 곰이 37일간 쑥과 마늘을 먹고 변신한 웅녀(熊女)와 결혼하여 낳은 단군이 세웠다고 하였습니다. 이러한 서술은 이승휴(李承休, 1224-1300)의 『제왕운기(帝王韻紀)』나 이규보(李圭報, 1168-1241)의 『동국이상국집(東國李相國集)』에서도 마찬가지입니다.

고조선이 어느 시기에 수립된 것은 사실일 것입니다. 그러나 천손족인 단군이 기원전 2333년에 세웠다는 것은 사실일까요? 이 역시 사실이 아닐 가능성이 훨씬 더 높습니다.

이들 역사책은 몽고의 침략으로 고려가 간접 지배를 받던 시기에 나왔습니다. 당연히 예상되지만, 민족의 자긍심과 주체성을 높이기 위해 민족의 뿌리를 더 먼 데까지 거슬러 올라갔던 것입니다. 그렇게 해서라도 몽고에 항쟁하여 민족을 지켜내려고 했던 것이지요. 이처럼 역사에는 진짜 사실이 아니라 만들어진 사실이나 가짜 사실들, 역사가의 주관으로 왜곡한 사실들이 들어오는 경우가 있는 것입니다.

중국의 가짜 상품은 유명합니다. 새 지폐가 발행되기 전날 이미 새 화폐의 위조 화폐가 통용된다는 말이 있을 정도입니다. 지금은 덜해졌지만 중국 여행 중 택시를 타거나 물건을 사고 거스름돈을 받으면 위폐가 몇 장 끼워져 있기 십상입니다.

사마천은 기원전 100년경 한 무제 때의 역사가였습니다. 그를 동양 역사의 아버지라 부르는 것은 그의 『사기』가 선인들의 여러 기록을 참조하고, 수차례의 현장 답사를 통해 정확성을 기하려 했으며, 문체 역시 문학작품에 가까울 정도로 수려했기 때문만은 아니었습니다. 이전에 그 누구도 생각지 못한 '기전체'라는 새로운 역사 서술체제를 창안했기 때문입니다.

그는 중국의 역사를 중국 고대에 존재했다는 5명의 성왕(聖王)에 관한 『오제 본기(五帝 本紀)』로 부터 시작했습니다. 그런데 그는 5제(五帝) 전에 있었다고 이야기되는 3황(三皇)을 중국 역사에서 제외하였습니다.

왜 그랬을까요? 사마천이 3황을 몰랐다고 할 수 있는데, 그가 5제를 알았다면 3황을 몰랐을 리 없습니다. 3황을 알고 있음에도 이를 제외한 것은 사마천이 3황에 대한 이야기를 사실이 아니라고 판단하고 있었음을 의미합니다.

황금에도 순금(24K)이 있고 18K. 14K가 있듯이 사실에도 순도가 있습니다. 사마천은 5제는 어느 정도 사실일 수도 있지만, 3황의 경우 사실이 아니라고 생각했을 것입니다. 3황 5제에 관한 서술은 사마천 이전에도 물론 있었는데, 그는 그 가운데 완전 가짜는 제외하고 덜 가짜 사실로부터 중국의 역사를 시작하였던 것입니다. 나름대로의 진품에 대한 감별을 통해 3황은 완전 가짜 사실로 보고 제외하였던 것이니, 이 점에서도 그는 역사가다웠습니다.

이처럼 역사에는 사실이 아닌 것이 사실처럼 서술되어, 이를 읽는 사람들로 하여금 사실로 받아들이게 하는 부분들이 있습니다. '사실로 행세하는 가짜 사실'들도 있다는 것입니다.

이쯤 되면 혼란이 일어날 것입니다. 역사의 가장 중요한 본질적 특성인 '사실'이라는 것이 과연 무엇을 말하는 것인가 하는 것입니다. 사실이라는 것은 실제 일어난 일을 뜻합니다. 이 점에서 '사실로 행세하는 가짜 사실'이라는 말 자체가 성립되지 않을지 모릅니다. 가짜 사실은 실제 일어난 일이 아니기 때문입니다.

다음으로 '사실로 행세하는 가짜 사실'이 아니라, 사실이라는 의미에 들어맞는 '사실'들에 대해 말해 보려 합니다. 역사와 사실의 문제, 특히 사실 중에서도 단순한 사실이 아니라 어떤 형태로든 '역사적 사실'로 이야기되는 사실에 대해 이야기하려 합니다. 이 중요한 문제에 대해 '유럽 사회과학 협의회 의장'을 역임한 아담 샤프(Adam Schaff)는 몇 가지 측면에서 접근할 것을 권하고 있습니다. 매우 유용한 그의 설명에 따라 이 문제에 접근해 보고자 합니다.

2. 역사적 사실

1) 제 1 측면

우리가 보고자 하는 '역사적 사실'이라는 말은 '사과'나 '복숭아'처럼 구체적 사물을 가리키는 단순하고 명쾌한 말과 달리, '자유'라든가 '행복'이라는 말과 같이 그 의미가 애매모호합니다. 따라서 우선 첫 번째 측면으로서, '역사적 사실'이란 말에 대한 대강의 정의부터 해 둘 필요가 있습니다.

역사적 사실은 존재하지만 역사적 사실 자체는 이미 지나가 버린 과거로서, 관념상으로 존재할 뿐 우리가 직접 대면할 수는 없습니다. 우리들이 실제 대면하는 역사적 사실은 사실 자체가 아니라 역사 서술을 통해서입니다.

이러한 측면을 고려한다면, '역사적 사실'이란 앞에서 우리가 정의한 역사의 2가지 개념 중 '과거에 일어난 모든 사실'이 아니라 '서술로서의 역사'에 포함된 사실을 의미합니다. 다르게 말하면 과거에 일어난 모든 사실들 중 그 어떤 이유 때문에 역사가에 의해 선택된 사실을 '역사적 사실'이라 할 수 있는 것입니다.

그러면 과거에 일어난 모든 사실들 중 그 어떤 사실이 역사적 사실이 될 수 있을까요? 이 경우 많이 드는 예지만 카이사르(Gaius Julius Caesar, B.C. 100-B.C. 44)가 루비콘 강(Rubicon R.)을 건넌 것은 역사적 사실이 될 수 있습니다. 이처럼 하나의 사건은 하나의 역사적 사실이 될 수 있습니다.

다음으로 가령 컴퓨터가 널리 보급되면서 인류 문명의 총아였던 활자나 타자기가 사라지는 현상과 같이 특정한 법칙성을 나타내 주는 어떤 과정도 역사적 사실이 될 수 있습니다. 또 어떤 사건이나 사건의 진행 과정에서 파생된 구체적인 산물(헌법이나 법률 등)도 역사적 사실이 될 수 있습니다. 그와 함께 어떤 제도(조세제도 등)와 그것들이 인간 생활에서 수행하는 역할도 역사적 사실이 될 수 있습니다.

그뿐만 아니라 고분 등에서 발견되는 왕관 · 불상 · 장신구 · 뼈다귀나 도자기 · 노동도구 · 암각화와 같은 유형문화재도 역사적 사실이 될 수 있습니다. 고문서 · 고기록을 비롯하여 책 · 신문 · 일기 · 서한 등의 문헌은 물론 가요 · 구비전설(口碑傳說)에서 문자에 의한 전승, 예를 들어 금석문 · 족보 · 연대기 · 회화, 유물로서의 인골(人骨) · 석기 · 주거지 · 언어 등도 마찬가지입니다. 또한 과거에 일어난 사실들 속에 담겨져 있는 여러 다양한 요소들도 역사적 사실이 될 수 있습니다. 이처럼 '과거에 일어난 모든 사실'은 역사적 사실이 될 수 있습니다.

그런데 중요한 것은 과거에 일어난 모든 사실이 반드시 역사적 사실이 되는 것은 아니라는 것입니다. 오히려 엄청나게 많은 매일 매일의 일상적인 사실의 거의 대부분은 역사적 사실이 되지 못합니다.

따라서 우리는 이렇게 말할 수 있습니다. '모든 역사적 사실은 과거에 일어난 사실이지만, 그 반대의 경우는 성립되지 않는다'는 것입니다. 달리 말하면 '모든 역사적 사실은 과거에 일어난 사실이지만, 과거에 일어난 모든 사실이 역사적 사실이 되는 것은 아니다'라는 것입니다.

2) 제 2 측면

(1) 단순 사실과 역사적 사실

'역사적 사실은 과거에 일어난 사실이지만 과거에 일어난 모든 사실이 역사적 사실이 되는 것은 아니다'라고 하면, '역사적 사실'의 두 번째 측면이 떠오릅니다. 그것은 역사적 사실이 과거에 일어난 모든 사실, 즉 단순 사실과 어떻게 구별되는가 하는 문제입니다. 다르게 말해 그 많은 사실들 중 왜 '역사적 사실'이 되는가, 무엇이 '역사적 사실'로 구분되게 하는가 하는 측면입니다.

카이사르가 루비콘 강을 건넌 것은 의심할 바 없는 역사적 사실입니다. 그러나 카이사르 이전에도, 이후에도 루비콘 강을 건넌 사람은 수를 헤아리지 못할 만큼 많았습니다. 그러나 우리는 이러한 사실을 역사적 사실로 여기지 않고, 카이사르가 루비콘 강을 건넌 것을 역사적 사실이라고 합니다.

그것은 카이사르가 역사적 영웅이기 때문이 아니라, 매우 중요한 인과관계를 가지고 있기 때문입니다. 카이사르가 더위를 피해 물놀이를 하러 갔다가 루비콘 강을 건넜거나, 사냥하던 사슴을 따라 루비콘 강을 건넜다면 역사적 사실이 아닐 것입니다. 이 사건은 다른 중요한 사건과 연관되어 있었던 것입니다.

카이사르는 기원전 49년 갈리아(뒷날의 프랑스)와 이탈리아 국경의 루비콘 강을 건넜습니다. 그것도 자신의 군대를 끌고 말입니다. 당시 원로원의 허가 없이는 개선장군이라고 하더라도 군대를 끌고 로마로 들어오지 못하도록 되어 있었습니다. 원로원의 허가 없이 군대를 끌고 루비콘 강을 건너는 순간 반역이었습니다.

이제 자신을 권력에서 배제하려는 정적들을 쓰러뜨리느냐, 아니면 그대로 당하느냐의 기로에서 카이사르는 루비콘 강을 건너 로마로 진군하였습니다. "주사위는 던져졌다"는 그의 유명한 말은 바로 이때 나왔습니다.

필자는 이 순간 이순신 장군을 떠올립니다. 소설가 김훈은 『칼의 노래』에서 장군이 달아나는 왜군을 끝까지 쫓은 것을 두고 자결한 것으로 보았습니다. 23전 23승의 명장으로 수많은 부하들의 무한 신뢰 속에 전쟁을 마치고 생존했을 경우 국왕이나 조정이 가만두지 않았을 가능성을 장군도 간파하고 죽을 곳을 찾았다는 것입니다. 장군이 갑옷도 입지 않은 채 선두에서 북을 두드린 것은 왜군의 총탄에 죽기로 작정했기 때문이라는 것이지요.

필자도 어느 정도 동의하는 것은 역사에 이러한 일들이 비일비재했기 때문입니다. 여진족이 세운 금(金, 1115-1234) 나라의 침략으로 수도 개봉(開封)이 함락되고 1127년 남쪽 항주(杭州)로 천도한 송(宋, 960-1279)의 명장 악비(岳飛, 1103-1141)가 그러했습니다. 가난한 농촌 출신으로 홀어머니를 부양하다 국가적 위기 앞에 군에 투신한 그는 부하들의 무한 신뢰 속에 수많은 전투를 승리로 이끈 명장이었습니다. 금나라와 계속 싸우자는 주전론을 굽히지 않았는데, 주화파는 그의 힘이 더 막강해지기 전에 제거해 버렸습니다. 그때 그의 나이 38세였습니다. 이순신 장군이 악비가 당한 험한 꼴 보지 않고 전장에서 장렬히 전사한 것은 장군다운 자세였다고 보이는 것입니다.

중국에서 가장 아름다운 도시 항주의 서호(西湖) 가에 있는 그의 무덤 앞에는 그를 죽인 주화파 재상 진회(秦檜, 1090-1155)와 그를 부추긴 부인의 상이 꿇어앉아 죄를 빌고 있습니다. 중국인들이 그들의 상에 하도 침과 가래를 뱉어 그 옆에는 '제발 침과 가래를 뱉지 말아주세요'라고 하는 안내판이 서 있습니다.

카이사르는 달랐습니다. 카이사르가 루비콘 강을 건넌 것은 그때까지 존재하던 오래된 로마의 통치체제(공화정)를 끝내고, 새로운 통치체제를 준비하는 순간이었습니다. 원로원이 갈리아(Gaul) 지방에 대한 카이사르의 군수권을 박탈하기로 결정하자, 카이사르는 그러한 결정을 한 정적들을 물리치고 새로운 통치형태를 수립하려고 하였습니다.

그는 숙적 폼페이우스를 넘어뜨린 후 빈민 문제를 처리하고 속주 통치를 개선하며 세제를 개혁하는 등의 치적을 올리며 독재권을 확립했습니다. 그러나 원로원을 무시하면서 전제 군주정을 꾀하던 그의 구상은 기원전 44년 브루투스(Marcus Julius Brutus, B.C. 85-B.C. 42) 등 공화주의자들의 칼에 의해 자신이 숨지는 비극으로 일단 저지되었습니다.

카이사르의 자택에서 공개된 유언장에는 자신과 클레오파트라(Cleopatra, B.C.

69-B.C. 30) 사이의 아들 프톨레마이오스 카이사르(카이사리온)의 이름은 어디에도 없었고, 카이사르의 오른팔인 안토니우스(Marcus Antonius, B.C. 82?-B.C. 30) 역시 상속인이 아니라 유언 집행 책임자로 지명되어 있었습니다. 유언장에 의해 재산의 제 1상속인이자 후계자인 양자로 지명된 것은 시민들에게 전혀 알려지지 않았던 무명의 젊은이, 18살의 가이우스 옥타비아누스(Octavianus Gaius, B.C. 63-A.D. 14)였습니다.

가이우스 옥타비아누스라는 이름은 그가 평민 출신임을 나타내는데, 지방 도시 벨레트리 출신의 아버지도 같은 이름이었으므로 그는 '작은 옥타비아누스'라고 불렸습니다. 아버지는 그가 어릴 때 사망했고, 어머니는 로마의 관습에 따라 곧 재혼했습니다. 어머니가 카이사르의 여동생(율리아)의 딸이었기 때문에 옥타비아누스에게 카이사르는 외갓집 할아버지였습니다. 카이사르가 정적 폼페이우스와 내전을 치를 때, 옥타비아누스는 카이사르를 숭배하는 젊은이들 중 하나였지요.

카이사르는 옥타비아누스를 눈 여겨 보았습니다. 옥타비아누스에게 군사적 재능이 없음을 간파하였지만, 이 소년을 저버리지 않았습니다. 옥타비아누스의 보좌역으로서 젊고 우수한 병사 아그리파를 붙여, 자신이 암살되기 며칠 후에 출발하기로 되어 있던 파르티아 원정에 참가할 것을 허락했습니다. 옥타비아누스가 카이사르의 피살을 안 것은 원정군의 결집지인 그리스에서였습니다.

옥타비아누스는 카이사르, 폼페이우스, 크라수스에 의한 '제 1차 삼두정치'에 이어 카이사르의 부하장군 안토니우스, 레피두스와 함께 삼두체제를 성립시켜 카이사르를 살해한 자들을 처단한 후, 안토니우스와 클레오파트라의 연합함대를 악티움 해전(B.C. 31)에서 결정적으로 패배시켰습니다.

100여년에 걸친 공화정 말기의 내란을 종식시킨 옥타비아누스는 '질서가 회복되었다'며 비상시에 그에게 집중되었던 군사, 정치 결정권을 원로원과 시민에게 돌려주겠다고 선언했습니다. 이 말을 들은 청중들 사이에는 한동안 침묵이 흘렀습니다. 공화정으로 복귀하겠다는 이 선언에 감사하며 원로원은 기원전 27년 그에게 다시 권한을 반환하면서 '존엄자' 혹은 '지존'이라는 의미의 아우구스투스(Augustus)라는 칭호를 올렸고, 이후 그는 아우구스투스로 불리게 되었습니다. 그는 사실상 황제와 같은 존재로서, 여기서 공화정이 아니라 황제가 다스리는 제정(帝政)이 시작되었습니다.

이 존엄자는 공화제 하의 과두제(寡頭制)의 한계를 절감하고 체제를 변경하려고 한 카이사르의 의중을 분명하게 인식하고 있었습니다. 그는 독재적인 통치에 필요한 결정적 권한 몇 가지는 표 나지 않게 유지하고자 했습니다. 집정관으로서의 직무, 군대의 최고사령관 '임페라토르'의 칭호, 시민의 제 1인자라는 의미의 '프린켑스' 칭호였습니다.

기원전 23년 원로원의 결의로 '원수정(元首政)'이 시작되었습니다. 이로써 그 전에 사실상 시작된 제정(帝政)이 더욱 확고해졌습니다. 그러나 최고 권력자 아우구스투스는 공화정의 힘으로 그 지위를 유지하는 것처럼 행동했으므로 로마인들도 불안해하지 않았습니다. 아우구스투스는 황제로서의 권한을 누리면서도 시민들로부터 황제로 여겨지지 않도록 했던 것입니다. 시민의 제 1인자 '프린켑스'로서 군대의 통수권을 장악하고 법률 제정을 담당했습니다. 그러나 사실상 초대 황제로서 카이사르가 꿈꾸던 제정(帝政)은 그로부터 시작되었습니다. 군대의 최고 사령관이라는 '임페라토르'는 곧 '황제'를 의미하게 되었습니다.

카이사르조차 죽음으로 내몰았던 로마 시민들의 '제정(帝政) 알레르기'를 중화시킨 것은 자신을 절대 위험한 사람으로 보이지 않게 하는 아우구스투스의 독특한 재능 덕분이었습니다. 그는 41년 동안 과거 로마 시민들이 그토록 싫어했던 '황제'로서 최고 권력자의 지위에 있었지만, 로마 시민들은 그의 권력 독점을 위험하다고 여기지 않았습니다.

병약한 그는 예상을 뒤엎고 기원 후 14년 나폴리로 여행을 가는 도중에 76세의 나이로 숨을 거두었습니다. 이 행복한 노인은 사랑하는 아내의 품에서 세상을 떠났는데, 아내 리비아는 카이사르의 후계자 아우구스투스가 24살 때 열렬히 사랑해 결혼한 여인이었습니다. 당시 19살이었던 그녀에게는 이미 남편과 세 살 된 아들 티베리우스가 있었고 둘째 아이를 임신 중이었습니다.

아우구스투스는 필사적으로 그녀의 남편에게 부탁하여 그녀를 차지하고 평생 사랑했습니다. 그가 유언장에서 후계자로 지명한 것은 아내가 데려온 아들 티베리우스였습니다. 여성 편력이 심했던 카이사르와 달리 그는 아내 리비아만을 깊이 사랑했던 것입니다.

오랜 전통을 자랑하던 공화정이 무너지고 제정(帝政)이 수립된 것은 카이사르가 루비콘 강을 건너는 순간 시작되었습니다. 카이사르가 루비콘 강을 건넌 것은 이처럼 매우 중요한 사건들과 인과관계를 갖고 있었던 것입니다. 다시 말해 원인과 결과라는 측면에서 이 사건은 다른 사건들과 연관되어 있었습니다.

반면 무수한 사람들이 루비콘 강을 건넌 사실은 중요한 인과관계를 갖고 있지 못합니다. 그러기에 우리는 무수한 사람들이 루비콘 강을 건넌 사실은 아무런 의미가 없다고 생각합니다. 그로써 어떤 중요한 결과가 일어나지 않았기 때문입니다.

다양한 생활 영역에서 나타나는 상이한 현상들에 있어서도 그와 같은 추론이 적용될 수 있습니다. 우리가 '역사적 사실'이라고 아무런 주저 없이 부를 수 있는 사건이나 과정, 그리고 사건이나 과정에서 일어나는 수많은 유형 · 무형의 산물들(가령 풍속이나 관습)이 존재하는 것이지요. 그러나 우리가 '역사적 사실'이라고 말할 수 없는 사건이나 과정도 있습니다. 전자는 중요한 결과를 초래한 경우이고, 후자는 그렇지 못한 경우입니다.

이처럼 어떤 사건이나 과정이 '역사적 사실'인지 아닌지를 결정하는 갈림길에 '인과관계'가 있습니다. 인과관계 상 중요성을 가지고 있을 경우 역사적 사실이 될 수 있다는 것입니다.

인과관계는 다르게 말하면 전체와의 관련성, 즉 '전체성'이라고도 할 수 있습니다. 하나의 사건이 사건 전체와 크게 관련되어 있을 때, 다시 말해 큰 영향력을 가지고 있을 때 역사적 사실이 될 수 있다는 것입니다. 카이사르가 루비콘 강을 건넌 것은 로마가 오랫동안의 공화정을 끝내고 제정으로 넘어가는 중요한 사건과 밀접하게 관련되어 있었던 것입니다. 다르게 말하면 전체적 맥락에서 큰 영향력을 가지고 있었던 것이지요. 단순 사실이 역사적 사실로 부상하는데 인과관계 상의 중요성이나 전체에서의 영향력과 같은 요소가 있다는데 대해서는 쉽게 동의할 수 있을 것입니다. 그러나 단순 사실을 역사적 사실로 인식하게 되는 데 이러한 요소만 있는 것은 아닙니다.

또 하나의 중요한 요소는 '그 어떤 기준'과의 관련 여부입니다. 인과관계 상의 중요성이나 전체에서의 영향력에 대한 판단 역시 역사가에 따라 다르겠지만, '그 어떤 기준'은 특히 그러합니다.

'그 어떤 기준'은 우리가 '역사적 사실'이라고 부르는 현상의 상대적 성격을 파악하는데 매우 중요합니다. 가령 어떤 사건이나 사건의 과정, 혹은 그것이 낳은 유형·무형의 산물들이 그대로인데도, 어떤 경우에는 역사적으로 아무런 의미가 없는 것으로 여겨지고 매우 중요한 것으로 여겨지기도 합니다. 그럴 때의 갈림길은 바로 역사가가 설정한 '그 어떤 기준' 때문입니다.

가령 어떤 인물의 사상을 연구하는 역사가가 연구 대상자의 편지나 일기를 찾아내었다고 하더라도, 그 내용들이 역사가가 설정한 '그 어떤 기준'과 직접 연관이 없다고 여긴다면 무시하게 됩니다. 그러나 만일 그 내용들이 역사가가 설정한 '그 어떤 기준'과 관련을 가진 것으로 판단되면, 그 내용들은 역사적 사실을 말해 주는 것으로 바뀌게 됩니다. 같은 편지나 일기라 하더라도 역사가가 설정한 '그 어떤 기준'에 의해 무시되기도 하고, 역사적 사실로 부상하기도 하는 것이지요.

따라서 '역사적 사실'이란 과거에 일어난 모든 사실들 중 인과관계 상 중요하거나, 전체에 대하여 영향력을 발휘하거나, 혹은 역사가가 설정한 '그 어떤 기준'과 관련되기 때문에 선택된 사실이라고 할 수 있습니다.

(2) 주체의 개입과 주관성

통상적인 단순 사실이 역사적 사실이 되기 위해 인과관계 상의 중요성, 전체에서의 영향력, 그 어떤 기준과의 관련 여부에 대한 평가와 선택의 과정을 거치게 된다면, 매우 복잡한 문제가 발생합니다. 평가와 선택의 주체가 무슨 기계 따위가 아니라 당연히 인간인 역사가라면, 그 주체(역사가)가 등장함에 따라 역사적 사실의 영역에는 인간학적인 요소가 개입될 수밖에 없기 때문입니다.

그렇게 되면 매우 골치 아픈 문제가 발생하는데, 바로 평가와 선택의 주체(역사가)가 갖는 능동적 역할과 그로 인한 주관적 요소의 영향력 때문입니다. 다시 말해 '역사적 사실이란 결국 역사가가 자기 주관에 따라 제멋대로 선택한 것일 뿐'이라는 문제가 제기되는 것입니다.

인과관계 상의 중요성이나 전체에서의 영향력만 하더라도 사실 그 자체가 가지고 있는 인과관계 상의 중요성이나 전체에서의 영향력 때문에 선택된 것인가? 아니면 역사가가 순전히 주관적으로 그러하다고 평가한 결과일 따름인가? 역사가의 주관적 요소를 배제한 객관적인 역사적 사실이란 것이 과연 존재할 수 있는가 하는 심각한 의문이 일어나는 것입니다.

이는 참으로 어려운 문제입니다. 필자는 이즈음에서 이런 생각을 해 봅니다. 저 정원의 꽃이 아름다운 것은 꽃 자체가 아름답기 때문인가, 아니면 내가 아름답다고 느끼기 때문인가?

필자의 베란다에는 화초들이 제법 많습니다. 그 중 다수는 버려진 것이거나 죽어가는 것을 가져와 키운 것들입니다. 동료 교수의 연구실에 들렀다가 죽어가는 난초를 가져와 살린 것들도 꽤 있습니다. 또 더러 강탈적인 기증에 의한 것도 있고, 다른 곳에서 슬쩍 몇 쪽 떼 와 번식시킨 것들도 있지요.

몇 년 전 어느 절에 갔다가 몇 쪽을 떼 와 심은 볼품없는 선인장이 아름다운 꽃을 피웠습니다. 화분에 대충 심어 두었는데 잘도 자라 주었지요. 몸통은 영 볼품이 없더니, 엄동설한에 아름다운 꽃을 피웠습니다. 온 가족이 그 아름다움을 보고 감탄하였습니다.

참으로 신기하지 않습니까? 모든 식물들은 최선을 다해 자신의 아름다움을 자기 식대로 뽐냅니다. 그 어느 꽃 치고 나름대로 아름답지 않는 것이 있던가요? 엄동설한에 아름다운 꽃을 피운 선인장을 보면서 노자(老子) 『도덕경(道德經)』의 '하늘이라는 그물은 넓고 넓어서 엉성한 것 같아도 빠져 나갈 수가 없다'는 '천망회회 소이불루(天網恢恢 疏而不漏)'라는 말이 생각났습니다. 우주 자연의 법칙은 엉성한 것 같지만 세상사 그 어떤 일도 이 엉성한 것 같은 법칙에서 벗어날 수 없다는 말입니다.

우주 자연의 법칙을 참으로 신기하게 여기는 것은 말도 못하는 저 화초들이 어떻게 아름다움을 알아서 아름다운 꽃을 피울 수 있는가 하는 것입니다. 난초도 그러합니다. 난초가 어떻게 알아 그 향긋한 꽃향기를 발할까요? 자신이 뿜어내는 냄새가 향기롭다는 것을 알고 저러는지, 내가 그것을 향기롭다고 생각하는 것인지 참으로 의문인 것입니다. 아름다움과 향기로움은 절대적으로 존재하는가? 아니면 그 무엇을 아름답고 향기롭다고 여기는 인식의 산물인가?

만약 그것이 인식의 산물이라면 난초 꽃 향기나 똥 냄새는 본질적으로는 차이가 없습니다. 똥이 더 향기로울 수 있는 데 인간이 그렇게 인식하지 않았을 따름인 것이지요. 만약 그렇다면 인간들이 내갈긴 똥을 가져와 고이 모셔놓고 코를 들이대어 그 냄새에 취하거나 온 몸에 바르고 나다닐지도 모릅니다. 그런데 동서고금을 막론하고 치매 노인이나 갓난애를 제외하고 그 누구도 그렇게 하지 않는 것을 보면 절대적 아름다움이나 향기로움이 존재하는 듯하기도 합니다.

그렇다면 문제는 어떻게 인간이 난초 꽃은 향기롭고 똥은 고약한 냄새로 인식하게 되었는가 하는 것입니다. 그것이 본래 그러했기 때문에 그렇게 인식한 게 아닌가라고 생각되는 것입니다. 인식 때문이 아니라 냄새 자체 때문에 그렇게 되었다는 것이지요.

그런데 중국 최고 절색 양귀비(楊貴妃, 719~756)는 요사이 기준으로 미인이 아니었습니다. 그녀는 꽤 뚱뚱했다고 합니다. 그런데도 그때에는 양귀비와 같은 스타일이 미인이었다고 하니, 절대적 미의 기준은 없는 듯합니다. 참으로 풀기 어려운 난제입니다.

단순 사실과 역사적 사실의 갈림길에 인과관계 상의 중요성이나 전체에서의 영향력, 그 어떤 기준과의 관련 여부가 있다고 하였지만 사실 그 자체가 그러해서인지, 아니면 역사가가 그러하다고 판단했기 때문에 그러한 것인지 의문이 떠나지 않는 것입니다.

사실 자체는 '나는 인과관계 상 중요하고, 전체에서 영향력이 있으며, 그 어떤 기준과 관련되어 있다'고 주장할 수 없습니다. 난초 꽃 자체가 자신이 향기롭다고 주장할 수 없듯이 말입니다. 그러한 한에서 결국 역사적 사실의 발견과 선택은 역사가의 몫이라고 보입니다. 그러나 난초 꽃을 향기롭다고 하는 것이 난초 꽃 자체가 가진 독특한 냄새 때문일 수 있듯이, 사실 자체가 가진 독특한 성격 역시 무시할 수 없는 게 아닌가 하는 생각도 듭니다.

결국 역사적 사실은 사실 자체가 가진 그 어떤 성격 때문에 역사가에 의해 발견되고, 그럼으로써 사실 자체의 가치와 의미도 다시 만들어지는 것입니다. 따라서 역사가와 사실은 끊임없이 대화하고 있고, 사실이 가지고 있는 가치와 의미도 끊임없이 재발견되고 다시 만들어진다고 할 것입니다.

이러한 문제에 대해 고민하지 않은 역사가는 없을 것입니다. 중국 역사의 아버지 사마천도 예외는 아니었다고 보입니다. 그는 『사기』「백이열전(伯夷列傳)」에서 이렇게 적었습니다.

> 요(堯) 임금이 나이가 많아 임금 자리를 순(舜)에게 물려주고, 순은 다시 우(禹)에게 물려주었다. 이것은 천하라는 것이 아주 귀중한 그릇이고 임금 자리라는 것이 지극히 중요한 계통이어서, 천하를 계승함이 이처럼 어렵다는 것을 보인 것이다.
>
> 그런데 어떤 자가 말하기를, '요임금은 천하를 허유(許由)에게 물려주려고 하였으나 허유는 물려받지 않았을 뿐만 아니라, 임금 자리를 물려준다는 말을 듣고는 수치라고 하여 도망쳐 숨어 버렸다. 하(夏)나라 시대에는 변수(卞隨)·무광(務光)이란 자가 있어, 그들도 또한 허유와 마찬가지로 도망쳤다'라고 한다.
>
> 이는 도대체 무엇을 근거로 해서 한 말일까? 태사공(太史公)인 내가 말해둔다. 나는 지난날 기산(箕山)에 올랐는데, 그 산상(山上)에 허유의 묘가 있다는 것이었다. 공자는 고래의 인인(仁人)·성인·현인의 서열을 분명히 하여 논하고, 오(吳)의 태백(太白)·백이(伯夷) 등의 사적까지도 자세히 말씀하셨다.
>
> 그러나 내가 듣기로 허유·무광의 의로움이 지극히 고결한 것이었는데도, 이들에 대해서는 공자의 글에 그 대강조차도 보이지 않으니, 어찌 된 일이란 말인가? (중략) 백이·숙제(叔齊)도 어진 사람이긴 하였으나, 공자가 붓대로 기술함으로써 그 이름이 시간이 지날수록 널리 알려졌고, 안연(顔淵)은 학문을 돈독히 한 분이

> 었으나 파리가 말의 꽁지에 붙어서 천리를 가는 것과 같이 공자에 의해서 그 어진 행위가 세상에 널리 알려진 것이다. (중략)
>
> 허유 · 무광과 같은 사람의 이름이 묻혀서 세상에 널리 알려지지 못함은 슬픈 일이다. 촌리(村里)에 사는 선비로서 몸을 닦아 이름을 내려고 하는 자가, 덕이 많고 이름이 높은 인사에게 붙지 않고서야 어떻게 이름을 후세에 전할 수 있으랴.

위의 글에 나오는 인물은 허유 · 변수 · 무광, 그리고 오태백 · 백이 · 숙제 · 안연 등입니다. 사마천은 전자들이 후자들 보다 한 수 위의 인물들이라고 보았습니다. 천자 자리까지 받지 않고 숨어버린 인물들이었기 때문입니다. 오태백 · 백이 · 숙제 · 안연은 천자의 반열이 아니었던 것이지요.

그런데 자기가 볼 때 한 수 위에 있는 이들은 역사에서 묻혀 버리고 한 수 아래 인물들이 역사에 이름을 날리고 있는 것은 공자가 붓대로 기술하느냐, 기술하지 않느냐의 결과라는 것입니다. 그가 볼 때 보다 중요한 것은 인물 자체가 갖는 중요성이나 영향력이 아니라 붓대를 잡은 이(역사가)의 선택이라는 것입니다. 인물 자체가 갖는 중요성이나 영향력으로 볼 때, 허유 · 변수 · 무광에 비해 떨어지는 오태백 · 백이 · 숙제 · 안연의 이름이 더 세상에 드러난 것은 공자가 '그 어떤 기준'에 따라 붓대로 기술했기 때문이라는 것이지요.

허유는 흔히 소보(巢父)와 병칭되는 인물입니다. 성천자(聖天子)로 추앙받는 요(堯)임금이 그에게 천하를 물려주겠다고 하자 더러운 말을 들었다고 하여 영수(潁水)강 물에 귀를 씻었는데, 소보는 허유가 귀를 씻은 더러운 물을 소에게 먹일 수 없다고 하면서 소를 끌고 가버렸다는 것입니다. 중국인들이 그림의 소재로도 많이 사용하는 고사입니다.

결국 순(舜)이 천자 자리를 물려받고 다시 우(禹)에게 물려주었는데, 변수 · 무광은 우가 천자 자리를 물려 주려하였으나 마다하고 숨어 버린 인물들이었다고 합니다. 천자 자리까지 마다하고 숨어버린 점에서 사마천은 이들을 허유와 같은 반열의 인물로 보았습니다.

한편 주(周)의 태왕(太王), 즉 고공단보(古公亶父)는 오태백(吳泰伯), 중옹(仲

雍), 계력(季歷)의 세 아들을 두었습니다. 그런데 막내 계력이 아들 창(昌)을 낳았는데, 성군이 될 기상이었습니다. 고공단보는 막내 계력에게 왕위를 물려주어 창에게 이어지기를 원했습니다.

계력의 맏형인 태백은 아버지 고공단보의 뜻을 알아차리고 동생 중옹과 함께 먼 지방으로 숨어버렸습니다. 이로써 막내 동생 계력이 왕위에 올랐습니다. 태백과 중옹은 머리를 짧게 자르고 몸에 문신을 새겼는데, 이는 형만(荊蠻) 즉 오랑캐의 풍속으로 더 이상 세상에 등용되지 않겠다는 표현이었습니다.

이후 고공단보의 희망대로 결국 왕위는 계력을 거쳐 창에게 이어졌습니다. 창은 은(殷)나라 폭군 주왕(紂王) 때 은의 서쪽 지방 옹주를 다스리는 서백(西伯)이 되었습니다. 여기서 선정을 베풀어 크게 민심을 얻었지만 모함을 당하여 옥에 갇히게 되었습니다.

겨우 옥에서 풀려나자 더욱 선정을 베풀어 천하의 민심을 얻고 주(周) 왕조 창건의 초석을 놓았습니다. 그의 아들 발(發)이 혁명을 일으켜 은나라의 폭군 주왕(紂王)을 몰아내고 천하를 차지하였습니다. 창과 발이 바로 주(周) 왕조를 세운 문왕(文王)과 무왕(武王)이었습니다.

한편 백이 · 숙제는 은 왕조의 제후국의 하나인 고죽국(孤竹國)의 임금의 아들들이었습니다. 아버지는 아우 숙제를 후사로 삼으려 했으나, 아버지가 죽자 숙제는 형인 백이에게 자리를 양보했습니다. 그러나 백이는 '아버지의 명'이라 하고는 도망쳐 버렸습니다. 그러자 숙제도 도망쳐 버렸습니다. 나라 사람들이 할 수 없이 다른 동생을 세워 임금으로 삼았는데, 백이와 숙제는 주(周)나라의 문왕(文王)이 노인을 공경한다는 소문을 듣고 주나라로 갔습니다.

그런데 이때 마침 주나라에서는 문왕이 죽고 그의 아들 무왕(武王)이 자리를 이었는데, 무왕은 문왕이라 쓴 부친의 위패를 수레에 모시고 동쪽 은나라의 폭군 주(紂)를 정벌하려고 나서는 중이었습니다. 그 앞에 나타난 백이와 숙제는 무왕의 말고삐를 잡아당기며 '문왕이 돌아가셨는데도 장사를 채 치루지 아니하고 전쟁을 하는 것은 어찌 효(孝)가 될 수 있으며, 신하의 신분으로 군왕을 죽임이 어찌 어진 일이라 할 수 있겠습니까'라고 하며 말렸지요.

느닷없는 방해꾼의 출현에 화가 난 좌우의 신하들이 백이 · 숙제를 죽이려 하자, 옆에 있던 강태공이 '의로운 사람'이라 하면서 구해 주었습니다. 결국 무왕은 은나라를 평정하여 천하는 주나라 차지가 되었습니다.

그러자 백이와 숙제는 주나라의 땅에 사는 것을 수치로 여기고 수양산(首陽山)에 들어가 숨어 살며 고사리로 연명하였습니다. 무왕이 이겨 천하가 주나라 차지가 되었음을 알고는 주나라에서 난 고사리조차 먹지 않겠다고 하여 굶어 죽었습니다.

한편 안자(顔子)라고 불린 안연은 공자가 가장 아낀 제자였습니다. 워낙 공부를 좋아하여 공자가 말릴 정도였습니다. 집이 너무 가난하여 동네 사람들이 술을 짜고 남은 지게미로 배를 채우며 공부를 했지요. 그러다 영양실조로 요절했습니다. 공자는 너무 슬퍼 며칠 동안이나 슬피 울며 아무 것도 먹지 않았다고 합니다. 굶어 죽은 제자에 대한 비통함이 너무나 컸던 것이지요.

오태백 · 백이 · 숙제 · 안연은 사실 세상에서 그리 대단한 일을 한 바가 없었습니다. 제후 자리를 양보하거나 공부를 열심히 한 것을 대단한 일이라 하면 대단한 일을 한 셈이기도 하지만 특별히 내세울 공적을 쌓은 대단한 인물은 아니었습니다.

따라서 사마천이 보기에 이들은 천자 자리를 마다한 허유 · 변수 · 무광보다 한 수 아래의 인물들이었습니다. 그런데 한 수 위의 인물들은 묻혀 버리고 한 수 아래의 인물들이 세상에 알려지게 된 것은 공자가 붓대로써 기술하느냐 않느냐에 달려 있었다는 것입니다.

특히 안연이 학문을 돈독히 하기는 했으나, 그의 어진 행위가 세상에 널리 알려진 것은 안연 자신의 행위 자체 때문이 아니라 '파리가 말의 꽁지에 붙어서 천리를 가는 것과 같이' 공자 덕분이었고, 허유 · 변수 · 무광과 같은 인물이 역사에 묻힌 것은 공자와 같은 덕이 많고 이름이 높은 인사의 선택을 받지 못했기 때문이라는 것입니다.

결국 역사적 인물이 되느냐, 아니면 묻혀 버리고 마느냐 하는 갈림길은 그 인물이 갖는 객관적 중요성이나 영향력이 아니라 역사가의 선택이라는 것입니다. 역사가의 선택이 보다 중요하다는 말입니다.

「백이열전」은 사마천의 역사관이 잘 드러나는 부분입니다. 여기서 볼 때 사마천은 역사가의 능동적 역할을 승인하고 이를 잘 자각하고 있었던 것입니다. 또 그러기에 같은 사실이라도 그 어떤 기준에 따라 얼마든지 다르게 평가할 수 있고, 새롭게 쓸 수 있다고 보았습니다. 그의 글을 더 인용해 봅니다.

> 공자께서는 '백이 · 숙제(叔齊)는 다른 사람의 전악(前惡)을 잊고 염두에 두지 않았다. 그래서 사람을 원망하는 일이 드물었다. 그들은 인(仁)을 구하여 인을 얻었으니 또 그 무엇을 원망했겠는가' 라고 말씀하셨으나, 나는 백이의 뜻을 슬퍼한다. (시경에는 들어있지 않은) 백이가 지었다는 시를 읽어보면 그의 뜻이 달리 여겨지기 때문이다.

사마천은 백이가 굶어 죽게 됨에 이르러 자신의 심정을 토로하면서 지었다는 시를 근거로 공자와는 다르게 그들이 세상을 원망하지 않은 것이 아니라 원망하였다고 보았습니다. 같은 사실이라도 역사가의 주관에 따라 얼마든지 달라질 수 있다는 것이니, 사마천 자신은 비록 그것이 공자의 판단이라 해도 다르게 볼 수 있다고 평가한 것입니다.

다음은 백이가 굶어 죽게 됨에 이르러 자신의 심정을 토로하면서 지었다는 시입니다.

> 내 서녘 뫼 수양산에 올라 있어,
> 고사리를 밥 삼아 목숨을 이었도다.
> 세상은 사나움이 사나움을 쳐 그대로 사나운데,
> 사나운 이 제 잘못을 알지 못하는구나.
> 신농(神農) · 순(舜) · 우(禹) 임금 때 같은 좋은 시절은 이 세상에 두절되었거늘,
> 나 어디로 가야만 할 것인가?
> 아아, 이 세상을 떠날지어다.
> 내 목숨이 다 되었구나.

사마천은 이 시로 볼 때, 그들이 세상을 원망하지 않았다는 공자의 평가와는 달리 세상을 원망한 것으로 볼 수 있다고 보았습니다. 같은 역사적 사실이라도 얼마든지 다르게 평가될 수 있다고 보았던 것입니다.

더구나 사마천은『사기』「열전」70편의 첫머리에 백이와 숙제를 놓았습니다. 사실 백이와 숙제는 임금 자리를 서로 양보하였지만, 성군 무왕이 폭군 주(紂)를 쳐 천하를 도탄에서 구하려 하는 출정을 방해하고 고사리를 캐 먹다가 요절하였습니다. 어찌 보면 조금은 황당한 이들을 인류 최고의 역사책인『사기』「열전」의 첫머리에 둔 이유는 무엇이었을까요? 자신이 세운 그 어떤 기준에 의한 것일 것입니다. 그에 대해서는 뒤에서 다시 볼 것입니다.

역사에서 일어난 사실은 물건의 무게나 길이를 저울이나 자로 몇 번이나 측정해도 마찬가지의 결과를 얻는 것과 달리, 그를 대면하는 인간에 따라 달라질 수밖에 없습니다. 인간이 개입됨에 따라 주관성이라는 심각한 문제가 발생하지만, 그 과정을 생략하고서는 역사적 사실 역시 탄생할 수 없습니다. 역사적 사실이 갖는 어쩔 수 없는 태생적 한계입니다.

3) 제 3 측면

다음으로 역사적 사실의 제 3측면을 살펴봅시다. 그것은 역사적 사실의 구조적 측면이자 제 2측면과 관련된 문제들입니다. 역사적 사실이 '단순한 것인가, 복잡한 것인가', '부분적인 것인가, 완전한 것인가', '진실인가, 거짓인가' 하는 것입니다.

우선 역사적 사실이 '단순한 것인가, 복잡한 것인가' 하는 문제의 결론부터 말하면, 역사적 사실은 결코 단순하지 않고 복잡하다는 것입니다. 가령, 우리가 '카이사르가 루비콘 강을 건넜다'는 역사적 사실은 단순하게 보이지만, 매우 복잡한 사실을 단순화한 것입니다. 그때 루비콘 강을 건넌 것은 카이사르뿐만이 아니었습니다. 그의 1개 군단도 루비콘 강을 건넜던 것입니다. 강을 건널 때 카이사르만이 아니라, 1개 군단의 수많은 행위와 대화, 수많은 생각까지도 강을 건넜습니다. 그러나 우리는 무수한 사실들을 단순화하여, '카이사르가 루비콘 강을 건넜다'라고 하는 것입니다.

미국의 유명한 역사학자 칼 베커(Carl Becker, 1873-1945)는 '모든 단순한 사실 혹은 겉으로 보기에 단순한 것처럼 보이는 사실이라 해도, 그 속에 담겨진 구체적인 현실은 어떤 사건과 다른 사건(혹은 다른 과정이나 사물) 사이의 무수한 관계로써 이루어져 있다'고 하였습니다.

진정한 현실이란 항상 하나의 명확한 '전체'를 가리키는 것으로, 그것은 수많은 관계와 수많은 상호작용으로 구성되어 있다는 것이죠. 그러나 어떤 사실을 말로 표현할 경우 말이 갖고 있는 추상성 때문에 단순화되기 마련이므로, 아무리 단순한 형태의 진술일지라도 사실 자체를 단순한 것으로 간주하면 안 된다는 것입니다.

단순하게 기술되거나 단순하게 인식된 역사적 사실이라도 결코 단순하지 않으며, 보는 역사적 사실은 매우 복잡합니다. 어떤 일정한 문맥 속에서 중요하지 않다고 생각되는 세부적인 사항들을 도외시함으로써 진술을 쉽게 하고, 의식적으로 상황을 단순하게 만든 것일 뿐입니다.

만약 그렇다면 두 번째 문제가 발생합니다. '단순화'된 역사적 사실은 '부분적인 것인가, 완전한 것인가' 하는 문제입니다. 결론적으로 말하면 단순화된 것인 한, 모든 역사적 사실은 '완전한 것일 수 없고 부분적일 수밖에 없다'는 것입니다.

만약 그렇다면 세 번째 문제가 발생합니다. 단순화되고 부분적일 수밖에 없는 역사적 사실은 '진실인가, 거짓인가' 하는 문제입니다.

이 역시 결론적으로 말한다면, 단순화되고 부분적인 역사적 사실은 '완전한 진실은 아닐지라도 부분적 진실일 수는 있다'는 것입니다. 카이사르가 루비콘 강을 건넜다'는 것은 그가 그의 군단과 같이 루비콘 강을 건넌 등의 복잡한 사실들이 생략된 점에서 단순화된 부분적 사실이지만, 완전한 진실은 아닐지라도 부분적 진실일 수는 있다는 것입니다.

4) 제 4 측면

이제 역사적 사실의 제 4측면을 살펴볼 차례입니다. 역사적 사실이란 것이 '역사 속의 한 사건을 의미하는가, 그 사건에 대한 서술을 의미하는가' 하는 측면입니다.

이제 너무 어렵고 지겹나요? 그러나 역사에서 사실이란 무척이나 중요한 문제입니다. 이것을 빼고 역사의 본질을 이해하기는 곤란하므로, 인내심을 가지고 좀 더 생각해 봅시다.

이 역시 결론부터 말하면, 역사적 사실은 '과거에 일어났던 객관적인 사실 그 자체를 의미하기도 하고, 동시에 사실에 대한 서술을 의미하기도 한다'는 것입니다. 다시 말해 역사적 사실은 객관적인 역사 현실의 일부임과 동시에, 일반 사람에게 잘 알려져 있을 뿐만 아니라 역사가들의 서술에서 역사적 사실로서의 자격을 부여받은 역사(사실)의 한 부분이라는 것입니다. 양면성과 이중성을 갖는다는 것이지요.

역사적 사실이 '과거에 일어났던 객관적인 사실 그 자체'를 의미한다는데 대해서는 이론이 없을 것입니다. 문제는 그것이 '사실에 대한 서술'을 의미한다는 점입니다. 이에 대해 좀 더 이야기해 봅시다.

1914년 6월 28일 보스니아의 수도 사라예보에서 오스트리아의 황태자 페르디난트 부처가 암살되면서 일어난 1918년까지의 전쟁을 제 1차 세계대전이라고 합니다. 그 전에도 많은 대규모 국제적인 전쟁이 있었지만, 거의 대부분의 역사가들이 이를 제 1차 세계대전이라 한다면 그렇게 된다는 것입니다.

어떤 사람은 1592년에 터진 임진왜란을 세계대전으로 볼 수도 있다고 주장합니다. 당시 중국과 일본과 우리나라는 세계적 강국으로 이들 세 나라의 전쟁은 당시 세계정세로 보면 하나의 세계대전의 규모와 성격을 가진다는 것입니다. 전연 근거 없는 말은 아니나, 이러한 견해가 거의 모든 역사가에게 동의되지 않는 한 그것은 역사적 사실이 될 수 없습니다.

필자는 2002년 미국의 한 서점에서 눈에 번쩍 뜨이는 책 한 권을 발견했습니다. 미국 해군 제독 출신의 아마추어 역사가의 저술인데, 나름대로의 근거를 대면서 아메리카 대륙은 1492년 콜럼버스(Christopher Columbus, 1451-1506)에 의해 발견된 것이 아니라, 중국 명대(明代) 성조(成祖) 영락제(永樂帝, 재위 1402-1424) 때 황제의 명령으로 동남아 지역에 파견된 환관 정화(鄭和)의 대규모 함대에 의해 발견되었다는 주장이었습니다. 콜럼버스가 아메리카 대륙을 발견하기 근 1세기 전이라는 것이지요.

그런데 며칠 뒤 미시간 대학 역사학과의 중국인 교수를 만나러 그의 연구실을 방문하였습니다. 거기서 또 한 번 놀랄 일이 있었습니다. 연구실 문 앞에 큰 벽보가 붙어 있길래 무언가 보았더니, 아메리카는 정화의 함대에 의해 아메리카가 발견되기 이전의 기원전에 이미 중국인들에 의해 발견되었으며 아메리카 인디언들은 그들의 후예라는 것이었습니다. 어찌된 일이냐고 물으니, 그 교수는 태연하게 '당연한 것 아니냐'고 하였습니다.

반드시 중국인이 아닐지라도 아메리카가 콜럼버스에 의해 처음으로 발견되었던 것은 물론 아닙니다. 사실 '발견'이란 말 자체가 성립할 수 없지요. 그곳에 진작부터 터를 잡고 산 사람들은 '발견은 무슨 발견이냐'고 할 것이기 때문입니다.

사실 아메리카 대륙은 이들에 의해서 이미 기원전에 발견되었으며, 1000년경 노르만에 의해서도 발견된 바 있었지요. 다만 노르만에 의한 발견은 당시 유럽인들에게 아무런 관심도 끌지 못했습니다. 이러한 점을 고려하여 근래에는 '신대륙의 발견'이란 표현 대신 '대항해 시대의 개막'이니, '신항로의 개척'이니 하는 식으로 표현하는 경우가 많아졌지만, 우리가 콜럼부스의 아메리카 발견을 역사적 사실로 받아들이는 것은 한때 거의 모든 역사가들이 그렇게 생각하고 서술했기 때문입니다.

이러한 예는 훨씬 더 많이 들 수 있습니다. 통상 '종교 개혁'이라 하면 1517년 면죄부 판매를 비판하는 마르틴 루터(Martin Luther, 1483-1546)의 95개조 반박문으로 시작된 기독교의 종교개혁을 가리킵니다. 그러나 달마(達磨, ?- 528?)로 시작된 중국 선불교가 6대 조사 혜능(慧能, 638-713)에 이르러 '진정한 법을 얻으려면 조사를 죽이고, 부처를 죽여라'라고 하는 '살조살불(殺祖殺佛)'이나 '진정한 진리는 문자에 있지 않으니, 문자에 서지 마라'라고 하는 '불립문자(不立文字)'나 '불법(佛法)은 저자 거리에 있다'고 설파한 순간을 종교개혁이라 해도 전혀 무방할 것입니다. 부처와 경전의 절대성을 무너뜨리고 불교를 높은 곳에서 일반 서민의 낮은 곳으로 끌어내린 그 혁명성은 대단한 것이었기 때문입니다.

또는 불교, 도교에 가려 맥을 못 추던 유교에 대거 철학성을 확충하여 사상계의 지도권을 확립하고 중국뿐만이 아니라 조선과 일본에까지 큰 영향을 미친 성리학(주자학)의 성립을 종교개혁이라 해도 무방할 것입니다. 오히려 선불교나 성리학의 출현이 종교개혁의 의미에 더 가까울지 모릅니다. 다만 이들 개혁의 경우 그것을 둘러싸고 많은 사람을 죽이는 전쟁을 벌이지 않았으니, 서양의 종교개혁이 후일에 미친 영향력의 측면-전쟁으로 인한 인명 살상의 측면-에서는 더 중요할지 모르지만, 종교 개혁 자체로서는 덜 중요할 수 있다는 것입니다.

루터의 면죄부 판매 비판으로 시작된 개혁을 종교개혁이라 하는 것은 사실상 기독교에 국한할 경우에만 타당할 것입니다. 그런데도 그것을 종교개혁이라 하는 것은 서양 역사학자들이 그렇게 본 탓이지만, 그들이 그렇게 본 데에는 동양 종교에 대한 무지와 함께 기독교의 서구가 세상을 지배하는 현실 때문이기도 할 것입니다.

이러한 의미에서 역사적 사실이란 '인정받은 판단이나 의견'에 불과하다고 할 수도 있습니다. 이러한 시각에 의하면, '무엇이든지 역사가들 사이에 공통적으로 인정받은 것은 역사 사실적인 것'이 됩니다. 그 자체로서 진실이라고 널리 인정된 진술의 경우, 그것이 진실이라는 데 대한 더 이상의 증명을 필요로 하지 않을 경우, 그것은 하나의 역사적 사실이 된다는 말입니다.

그러나 사실이 지닌 역사적 의미에 대한 역사가의 판단은 매우 다양하여, 모든 역사가들의 전체적 합의에 이르지 못한 것이 대부분입니다. 사실이 지닌 역사적 의미에 관한 판단은 곧 역사가의 해석이며, 그 해석은 상당히 자유로운 의견이 되어버릴 수도 있습니다.

사실은 역사가의 특정한 관점에 따라 해석되기 마련이고, 그럴 때 사실과 해석 사이의 차이는 분명치 않게 되며, 결과적으로 양자가 동일시되기도 합니다. 이 점에서 '사실이란 공인받고 있는 하나의 해석이나 진술'일 수도 있게 되지요. '우리들이 읽는 역사는 사실을 토대로 한 것이지만, 엄밀히 말해서 결코 사실 그 자체가 아니라, 인정된 판단체계에 불과하다'라는 말도 이러한 상황을 염두에 둔 비판입니다. 심지어 '역사가는 사료에 입각해 판단을 내림으로써, 사실을 창출해낸다'는 비아냥까지 있을 정도입니다.

그러나 단순한 사실이 역사적 사실이 되는 것은 그것이 역사적 의미를 갖는가 그렇지 못한가에 달려 있고, 단순한 사실이 역사적 의미를 갖는가 못 갖는가에 관한 역사가들의 합의는 쉽게 이루어지지 않습니다. 하나의 사실이 역사적 사실로 간주되려면, 상당수의 역사가들이 '타당하고 의의가 있다'고 인정할 때 가능한 것이지요.

그렇게 되면 역사적 사실로서의 사실은 결국 해석이 되고 마는 셈입니다. 역사가는 순수 과거에 속하는 사실들 중 어떤 사실을 선별하여 역사적 의미를 부여합니다. 따라서 역사가가 중요하다고 선택한 사실과 사실 그 자체가 가지고 있는 중요성 사이에는 괴리가 있습니다.

그러나 중요한 것은 문학가나 미술가와 달리 역사가는 '사실에 근거하지 않은 그 어떤 인위적 창조'를 할 수 없다는 점입니다. 단순 사실을 역사적 사실로 판단할 때 역사가의 주관과 가치 등이 개입되긴 하지만, 그렇다고 하여 역사가가 선택한 역사적 사실이 역사가가 만들어 낸 '창조물'은 아니라는 것입니다. 그러기에 단순한 순수 과거를 얼마만큼 충실하고 객관적으로 인식할 수 있는가, 그리고 그의 시각과 관점이 얼마만큼 타당성을 획득할 수 있는가 하는 것은 역사가에게 매우 중요한 과제입니다.

5) 제 5 측면

역사적 사실에 관한 제 5측면이 남아 있습니다. 그것은 무엇일까요? 제 4측면을 보면서 대충 감을 잡았겠지만, 그것은 역사적 사실이란 것이 '역사가의 주관적 요소가 전연 개입되지 않은 본래 그대로의 것인가, 아니면 역사가의 행위의 결과 또는 역사가가 적용하는 일정한 사관(이론)의 산물인가' 하는 문제입니다.

결론적으로 '역사적 사실에서 본래 그대로의 사실은 있을 수 없고, 역사가의 행위의 결과 또는 역사가가 적용하는 사관(이론)의 산물이다'는 것입니다. 이미 제 4 측면에서도 보았지만, 우리가 인식 일반이나 역사학에서 다루는 사실은 항상 인식 주체에 의해 영향을 받기 때문입니다.

만약 그렇다고 하면 중대한 의문이 발생합니다. 역사적 사실이 역사가에 의해 영향을 받는다면 역사적 사실이란 결국 '주관주의의 산물'이 아닌가 하는 의문입니다. 그러나 이는 지나친 우려입니다. 왜냐하면 주관주의가 사실에 전연 구애받지 않는데 반해, 역사적 사실은 객관적으로 존재하는 그 어떤 사실로부터 출발하여 그것들 중에서 선택한 것이기 때문입니다.

다시 말해 역사적 사실 자체는 자의적일 수 없습니다. 사실 자체는 객관적으로 존재하는 것입니다. 그것은 역사가의 창조물도 아니고 발명품도 아닙니다. 역사가들이 하는 일은 객관적으로 존재하는 사실을 선택하는 일입니다.

역사가가 객관적으로 존재하는 여러 사실들 중 어떤 사실을 선택할 때 그 전제는 무엇일까요? 그것은 역사가의 사관(이론)입니다. 사관(이론)은 선택의 기준이 되는 것이지요.

다시 말해 아무런 전제 없이 사실을 '그 자체로서' 수집할 수는 없습니다. 사관(이론)이 사실의 선택에 선행하는 것입니다. E. H. 카의 다음의 말은 이러한 점을 비유적으로 잘 설명한 멋진 명언입니다.

> 사실이란 결코 생선가게의 좌판 위에 놓인 생선과 같은 것이 아니다. 그것은 광활하고, 어떤 경우에는 접근할 수 없는 대양에서 이러 저리 헤엄쳐 다니는 물고기와 같은 것이다. 역사가가 물고기를 건져 올리는 것은 때로는 우연에도 의거하지만, 주로 그가 어디에서 물고기를 낚느냐와 그때 어떤 도구를 사용하느냐에 달려 있다. 물론 이 두 가지 요소는 그가 어떤 종류의 물고기를 잡으려고 하는가에 따라서 결정된다. 이처럼 대개 역사가는 자기가 원하는 종류의 사실들을 건져 올리는 것이다.

어부가 아무 것도 보이지 않는 바다 속에서 물고기를 낚아 올리는 일은 얼핏 보면 어부의 그 어떤 관점도 개입되지 않은 듯합니다. 별 생각 없이 그냥 낚는다고 보이지요. 물론 그럴 수도 있지만 대부분의 경우 그렇지 않습니다. 어부는 바다로 나가기 전에 이미 어떤 물고기를 낚을 것인가를 생각합니다. 낚으려고 하는 물고기에 따라 어느 바다로 나갈 것인지, 어떤 도구를 사용할 것인지가 결정되고, 어부는 결국 자신이 낚으려고 하는 물고기를 낚아 올린다는 것입니다.

중요한 전제는 어부가 어떤 물고기를 잡으려고 하는가 입니다. 바다로 나가기 전에 이미 어부의 관점이 개입된다는 것이지요. 그러나 여기서 중요한 것은 어부의 관점이 개입되더라도 그가 건져 올리는 것은 바다에 객관적으로 존재하는 물고기이지, 어부가 만들어 낸 주관적 창조물은 아니라는 것입니다.

이와 같이 역사가가 객관적으로 존재하는 수많은 사실들 중에서 역사적 사실을 선택할 때, 역사가의 능동석 역할 때문에 주관(사관)이 개입될 수밖에 없습니다. 어부와 같이 역사가 역시 사실의 바다에 나가기 전에 이미 어떤 사실을 낚을 것인가를 생각하고 결국 자신이 낚으려고 하는 사실을 낚아 올립니다. 당연히 주관이 개입되는 것이지요.

그러나 역사가가 수많은 사실들 중에서 선택한 사실은 객관적으로 존재하는 사실이지, 역사가가 자기 멋대로 창조한 사실은 아닙니다. 따라서 역사가가 어떤 사실을 선택하는 행위는 사실에 구애받지 않아도 되는 '주관주의'와 다르며, 역사가에 의해 선택된 역사적 사실은 '주관주의의 산물'이 아니라는 것입니다. 참으로 멋진 비유입니다.

역사적 사실이 주관주의의 산물이 아님은 분명하지만, 우리가 위에서 인용한 카의 말에서도 볼 수 있듯이 역사적 사실을 선택하는 과정에서의 역사가의 능동적 역할 역시 분명합니다. 바다로 나가기 전에 이미 어부가 어떤 물고기를 낚겠다고 하는 생각이 결국 낚아 올리는 물고기를 결정하듯이 말입니다. 따라서 역사가의 능동적 역할이나 주관이 개입되지 않은 역사적 사실은 존재할 수 없습니다. 역사가의 능동적 역할에 따른 주관의 개입과 역사적 사실의 관계에 대해 E. H 카는 다음과 같이 말했습니다.

> 역사상의 사실은 '순수한' 형태로 존재하지 않으며 또한 존재할 수도 없기 때문에, 우리에게 결코 '순수하게' 다가서지 않는다. 사실들은 기록자의 정신 속에서 항상 굴절한다. 역사책을 손에 쥐게 될 경우, 우리가 최초로 관심을 갖는 대상은 책 속에 담겨져 있는 사실이 아니라 그 책을 쓴 역사가이다.

역사가는 수많은 사건이나 과정, 그리고 그 산물 중에서 어떤 것은 역사적 사실로서 선택하고 어떤 것은 제외합니다. 어떤 시대, 혹은 어떤 학파의 역사가들에게는 역사적으로 아무런 의미가 없는 사건으로 간주되던 것이 다른 시대, 혹은 다른 학파의 역사가들에게는 역사적 사실로서의 권위를 인정받기도 합니다. 이러한 현상은 사실 그 자체가 가진 권위 때문이 아니라, 역사가가 권위를 인정하기도 하고 그렇게 하지 않기도 하는데서 말미암습니다.

인간생활에는 무수한 사건과 과정, 그리고 그 산물들이 나타나게 되는데 그것들은 모두 역사적 사실이 될 수 있지만, 그것들 사이에 존재하는 관계들이나 상호 작용 중에서 얼마 되지 않는 극히 일부만이 역사적 사실로서의 자격을 갖게 되는 것은 무엇 때문이던가요? 이미 보았듯이 그것은 인류의 발전에 다소간 중요한 역할을 했던 사실만이 역사적 사실로서의 자격을 가질 수 있기 때문입니다.

문제는 어떻게 해서 사실들의 그러한 역할을 알아 낼 수 있는가 하는 점입니다. 여러 가지 사실들은 스스로를 눈에 띄게 하는 특별한 흔적을 가지고 있지 않습니다. 더구나 역사가들은, 특히 서로 다른 시대에 사는 역사가들은 때때로 사실들을 평가하는데 있어 매우 심각한 견해차를 보이기까지 합니다.

당시까지 별 볼 일 없던 것이 역사적 사실로서의 역할을 부여받고, 반대로 이전에는 매우 중요하게 간주되던 것이 그 역사적 중요성을 박탈당한 채, 하찮은 일상적 사실로 격하되는 현상은 당연히 역사가들의 붓대에 달려 있습니다. 어떤 사실이 중요한 역할을 했는가의 여부는 사실 그 자체가 아니라 역사가가 알아내는 것이지요.

그럴 때 역사가의 그러한 일이 제멋대로이거나 순전히 주관적이거나 역사가 개인의 자의에 의한 것이 아닌가 하는 의문이 제기되지만, 이미 보았듯이 반드시 그러한 것은 아닙니다. 역사적 사실을 선택하는 것은 인간인 역사가일지라도, 사실 그 자체는 역사가가 자의적으로 만들어 낸 창조물이 아니기 때문입니다.

역사가는 사실의 내용을 구성하는 사료들을 선택하며, 그런 의미에서 사실들을 구성합니다. 그는 모든 일상적인 사실들 중에서 자신의 사관에 따라 역사적 사실을 선택합니다. 그러므로 '본래 그대로의 사실'이란 있을 수 없습니다. '본래 그대로의 사실'처럼 보이는 것도 역사가의 사관(이론)에 의한 가공의 산물이며, 그렇게 하는 것이 역사가의 일이고 권리입니다.

역사가가 자신의 사관에 따라 역사적 사실을 선택하는 것은 역사의 객관성에 치명적 악영향을 미치는 독약일까요? 독성을 지녔음은 분명하나, 그것이 없으면 역사라는 것 자체가 성립될 수 없는 필수 요소인 것도 분명합니다. 사관(이론)에 의한 고찰에 기초하여 사실을 적절히 선택하지 않는다면, 아무리 '스스로' 역사적 사실이 되는 '본래 그대로의' 사실일지라도 역사적 사실이 될 수 없기 때문입니다.

역사가와 사실 사이의 이 난해한 관계에 대한, 다음과 같은 에드워드 카의 말은 또 하나의 명언입니다.

> 역사가나 역사상의 사실은 서로가 필요한 존재들이다. 사실을 갖지 못한 역사가는 뿌리를 내리지 못하며 아무런 열매도 맺게 할 수 없다. 역사가가 없는 사실은 생명이 없는 무의미한 것이다. 따라서 '역사란 무엇인가'라는 질문에 대한 나의 최초의 해답은 결국 다음과 같다. 역사란 역사가와 사실 사이의 끊임없는 상호작용의 과정이며, 현재와 과거 사이의 끊임없는 대화이다.

역사가와 사실 모두 그 어느 하나가 없으면 존재의미를 상실하게 되는, 말하자면 둘 사이의 운명적 관계를 잘 말해 주는 멋진 말입니다. 카의 멋진 말들을 보았지만 대학 시절 이 책을 읽을 때에는 어떻게 하여 이 멋진 말들이 보이지도 않았는지요? 대학 때 읽었던 책에 이들 부분이 누락된 게 아니라면, 필자의 안목에 문제가 있었을테지요.

| Chapter **8** |

실증주의와 현재주의

E. H. 카의 말처럼 사실을 갖지 못한 역사기나 역사가를 만나지 못한 사실 모두 생명력이 없으며, 결국 '역사란 역사가와 사실 사이의 끊임없는 상호작용의 과정'이라 할 수 있습니다. 그러함에도 불구하고 역사가와 사실의 끊임없는 상호작용 과정에서의 역사가의 역할이나 사관은 역사의 객관성 문제와 관련하여 항상 문제가 될 수밖에 없습니다. 이 문제에 대해서는 서로 대립되는, 실증주의와 현재주의 역사관을 통해 더 이야기해 볼 수 있습니다.

1. 개괄적 이해

근대 이후 우리나라 역사학계에 큰 영향을 미친 것은 실증주의 역사관이었습니다. 그것은 우리의 전통적인 고증학적(考證學的) 토양에 근대 서양에서 발달한 실증주의 역사학이 이식된 것으로, 오늘날까지도 우리나라 역사학계에 강력한 영향을 미치고 있습니다.

송대(宋代, 960-1279)에 성리학이 완성되어 맹위를 떨쳤지만, 명대(明代, 1368-1644)에는 그에 대한 반발로 양명학(陽明學)이 일어났습니다. 그러나 모두 현실과 유리된 형이상학적 관념론이었던 점에서는 마찬가지였지요.

그러다 몽골의 원나라에 의해 전 중국이 지배당한데 이어 1644년 역사상 두 번째로 또다시 '오랑캐'인 만주족의 청나라에 의해 전 중국이 지배당하는 일대 사건이 발생하였습니다. 이러한 상황에 엄청난 충격을 받았던 지식인들에 의해 이(理)와 기(氣), 심(心)과 같은 형이상학이 아니라 현실 문제에 관심을 가지고 이를 탐구하는 경세학(經世學), 즉 실학(實學)이 대두하였습니다.

경세학이란 '세상을 경영하는 학문'이라는 의미로 '실제를 탐구하는 학문'이라는 실학과 같은 의미였습니다. 세상의 원리가 아니라 세상 자체로 눈을 돌린 것입니다. 이를 학문적으로 뒷받침하는 차원에서 고증학(考證學)이 일어났는데, 현실 개혁론의 근거를 마련하기 위해서는 보다 확실한 증거가 필요했기 때문이었습니다.

양난 후 우리나라에 일어난 실학과 고증학 역시 중국의 이러한 학문적 변화에 영향을 받았습니다. 물론 우리도 이때 임진왜란과 병자호란의 엄청난 국가적 위기를 겪으면서 성리학적 관념에서 벗어나 먹고 사는 현실문제로 눈을 돌리고 있었습니다.

양국에서 거의 동시에 학문적 변화가 일어난 것은 우리의 임진왜란과 병자호란이 대명(大明)에서 오랑캐 만주족의 대청(大淸)으로 바뀐 격변과 서로 연결된 동시대의 사건이었기 때문입니다. 따라서 양국에서 거의 동시에 실학이 일어나고 그 보조학문으로 고증학이 일어나 실증을 중시하는 학문 경향이 일어났습니다.

바람직한 현상이기는 하였지만 서양의 실증이 주로 과학적 실험에 의거한 반면 우리나 중국 고증학의 경우 과학적 실험이 아니라 문헌에 의한 고증에 치중한 것이 큰 한계였습니다. 근대세계를 연 과학혁명이 이쪽이 아니라 저쪽에서 일어난 원인이 여기에도 있었습니다.

1930년대부터 이병도(李丙燾, 1896-1989) · 김상기(金庠基, 1901-1977) · 이상백(李相佰, 1904-1966) 등이 주도한 우리의 실증주의 역사학이 큰 영향력을 발휘하며 해방 후 1950년대까지 이어지고, 1960년대 이래 어느 정도 영향력이 줄어들었음에도 여전히 계속되고 있는 데에는 우리의 고증학적 전통도 영향을 미쳤습니다.

우리의 실증주의 역사학은 일제 강점기 때부터 시라토리 쿠라키치(白鳥庫吉, 1865-1942) · 이케우찌 히로시(池內宏)와 같은 일본인 학자들이 주도하는 실증주의 사학에 영향을 받았습니다. 이런 점들로 인해 식민사관으로 비판되고 실증이란 명분의 장막 뒤에 숨어 민족의 아픔과 고통을 외면한 비겁자라는 오명을 뒤집어쓰기도 하였지만, 식민 지배를 정당화하려는 일제의 식민사관에 정면으로 대응하기보다 실증으로 맞설 수밖에 없었던 시대 상황도 작용하였습니다.

이에 반해 신채호(申采浩, 1880-1936)나 박은식(朴殷植, 1859-1925) 등은 실증 사학이 맹위를 떨치는 상황에서 민족주의라는 관점에서 우리의 역사를 해석하였습니다. 식민지 지배 상태에서 우리 민족의 우수성과 역사의 주체적 발전을 강조하여 민족의 정체성을 확보하려고 한 것이지요. 이러한 민족주의 사학 역시 우리나라 역사학계에 강한 영향을 미치고 있습니다. 이러한 조류는 일종의 현재주의 역사관의 입장으로, 현재적 관심과 필요에서 역사를 해석하려는 것입니다.

일본의 교과서 왜곡이나 중국의 동북공정(東北工程)은 이러한 조류의 극단적 현상입니다. 일본은 대만과 우리나라를 식민지로 만든 후 1931년 9월 '만주사변'으로 만주를 괴뢰국으로 만들어 사실상 식민지로 삼고, 그것도 모자라 전 중국을 먹으려 1937년 7월 '중일전쟁'(1937-1945)을 일으킵니다. 전쟁 발발 5개월여 만인 1937년 12월 중화민국의 수도 남경(南京)에 입성한 후, 30~50만 명의 무고한 시민들을 학살하는 이른바 '남경대학살'을 자행했습니다. 수많은 여성들을 강간하고 유방을 도려내는 등 온갖 몹쓸 짓을 했지요.

그런데 일본 교과서에는 '남경에 입성하는 과정에서 약간의 불미스러운 일이 있었다'라고 서술하였습니다. 그럴 정도이니 우리에 대해서도 자기들의 식민 지배가 우리의 근대화에 큰 도움을 주었다는 이른바 '식민지 근대화론'으로 미화하면서, 온갖 악행들은 덮어 버리거나 우리를 비하하려 했던 것은 당연하였지요. 군국주의 일본은 마침내 세계 최강 미국을 공격하였습니다. 1941년 12월 하와이 진주만을 가미가제(神風) 특공대로 폭격하면서 '태평양 전쟁'을 일으켰던 것입니다. 이때 쯤 군국주의 일본은 제 정신이 아니었습니다.

그런데 미국 공격의 이유가 참으로 웃깁니다. 미국이 만주사변을 일으킨 일본에게 만주에서 물러나라고 하고, 중일전쟁 후 중국 침략을 중지하라 강요하여 이를 거부하자 석유 등의 수출을 금지하고 미국 내 일본인의 재산까지 동결하는 조치를 취하였기 때문에 할 수 없이 미국을 공격했다는 것입니다. 자신들의 집단 광기적인 군국주의나 뿌리 깊은 침략성은 묻어 둔 채 말입니다. 똥 뀐 놈이 성내는 꼴입니다. 만주나 중국을 침략하지 않았으면 미국이 그렇게 할 이유가 없었겠지요. 자기들의 잘못은 생각하지 않고 죄를 뒤집어씌우는 전형입니다.

일본의 역사 왜곡만 해도 화가 나 죽을 지경인데, 이제 믿었던 중국까지 나서서 이른바 '동북공정'의 일환으로, 고구려와 발해의 역사를 중국사의 일부로 편입시키려는 왜곡을 진행하고 있습니다. 동북공정이란 '동북 지방에 대한 프로젝트'라는 의미로서 만주를 포함한 동북지역에 대한 여러 사업들을 말합니다.

고구려사와 발해사 왜곡은 그 여러 사업들 중 하나로서 고구려나 발해는 현재의 중국 영토 내에서 수립된 국가이므로 당연히 중국사의 일부라는 것이지요. 이런 식의 역사왜곡은 모두 현재적 관점에서 과거를 해석하는 현재주의의 극단적 결과들이라 할 수 있습니다.

이러한 중국의 논리는 크게 '통일적 다민족 국가론'과 '금위고용론(今爲古用論)'에 기초하고 있습니다. 통일적 다민족 국가론이란 '중국은 예나 지금이나 다민족으로 이루어진 통일국가'라는 것이고, 금위고용론은 '현재가 옛날의 기준'이라는 것입니다.

이 두 논리는 다음과 같은 논리를 이끌어 내기 위한 것입니다. '중국은 현재 한족과 55개 소수 민족으로 구성된 통일적 다민족 국가다. 현재 통일적 다민족 국가인 중국을 구성하는 소수 민족의 역사는 어디에 속하는가? 당연히 중국의 역사에 속한다. 과거에도 중국은 통일적 다민족 국가였다. 과거 통일적 다민족 국가였던 중국을 구성한 소수 민족의 역사는 어디에 속하는가? 당연히 중국의 역사에 속한다'는 논리입니다.

이 논리에 입각한 고구려사와 발해사 왜곡은 이러합니다. '고구려와 발해의 역사는 어디에 속하는가? 당연히 중국의 역사에 속한다. 왜냐하면 고구려와 발해는 통일적 다민족 국가였던 중국의 한 지방정권으로서, 현재의 중국 영토 내에 존재했기 때문이다'는 것입니다.

'현재'를 기준으로, 중국의 현 영토 내에 존재한 민족의 과거 역사는 모두 중국사의 일부라는 것입니다. 만약 이처럼 현재를 기준으로 과거 역사를 해석한다면, 어느 한 민족의 역사는 그 민족이 앞으로 속할 영토에 따라 계속 달라지는 우스운 현상이 일어날 것입니다.

2. 실증주의

1) 실증주의 역사학

역사인식을 대표하는 두 가지 경향은 실증주의(positivism) 역사학과 현재주의(presentism) 역사학입니다. 모두 19세기의 토양에서 성장한 것이지만, 현재까지도 매우 큰 영향을 미치고 있습니다.

독일의 레오폴드 폰 랑케(Leopold von Ranke, 1795-1886)는 실증주의 역사학의 대표자입니다. 그는 역사학을 현실의 철학이나 정책에서 해방시켜 역사학 독자의 연구시야와 방법을 개척하였다는 점에서 '근대 역사학의 아버지'라 일컬어지는 인물입니다.

그는 역사가의 임무는 과거를 평가하거나 교훈을 주는데 있는 것이 아니라, 단지 과거의 사건을 '본래 있는 그대로' 보여주는 것이라고 주장하였습니다. 그의 이러한 주장은 실증주의 학파의 움직일 수 없는 구호가 되었으며, 오늘날까지도 많은 역사가들이 견지하는 입장이기도 합니다.

랑케의 실증주의 사학은 다음과 같은 점들을 전제로 하고 있습니다. 첫째, 인식 주체인 역사가는 인식 대상, 곧 '사실 그 자체'라는 의미에 있어서의 역사와 완전히 분리되어 있으며, 상호 독립적이라는 것입니다.

둘째, 역사가의 사실에 대한 인식은 기계론적 모델과 일치한다는 전제입니다. 역사가는 '사건 그 자체'를 아무런 감정의 개입 없이 관조적, 수동적으로 바라볼 수 있고 본 그대로를 기계적으로 그려낼 수 있다는 것입니다. 마치 실물이 거울에 비치듯이, 역사가는 '사실 그 자체'를 기계적으로 별 오차 없이 그려낼 수 있다는 것입니다.

셋째, 일반적으로 인식 주체로서의 역사가는 어떤 집단의 이해관계에 얽매이지 않는 비(非)당파성을 견지할 수 있다는 전제입니다. 역사가가 역사적 사건을 평가할 때 어떤 감정이나 공포심, 혹은 편견들을 극복할 수 있을 뿐 아니라, 역사적 사건을 지각할 때 작용하는 모든 사회적 제약들을 거부하거나 회피할 수 있다는 것입니다.

랑케의 실증주의 역사관은 구체적 현실이 아닌 형이상학적 관념에 치중하는 사변철학(思辨哲學), 특히 철학적이고 도덕적인 역사 서술에 대한 저항이 널리 일어나던 시기에 형성되었습니다. 사변철학이나 도덕을 강조하는 조류에 대한 반발의 하나였던 것이지요. 마르크스(Karl Marx, 1818-1883)나 엥겔스(Friedrich Engels, 1820-1895) 역시 사변철학을 '철학의 종말'이라 몰아 부치며 강하게 반발했던 점에서는 마찬가지였습니다.

랑케는 '본래 일어난 그대로'의 사실을 확인하는 일에만 그치는 기술적 역사를 요구하면서, 비당파적이고 어느 편에도 가담하지 않으면서 자기가 연구하는 과거의 분쟁이나 사회적 투쟁에 대해서조차 평가와 판단을 유보하는 초월적인 역사가를 이상으로 삼았습니다. 역사가는 자신이 연구하는 대상을 '분노나 애정 없이' 냉정하게 바라봐야 한다는 것이지요.

그의 입장은 곧 역사가는 사건을 단지 수동적으로 기록하는 역할만 하고 능동적 역할을 해서는 안 되며, 어느 한편에 가담하는 역할을 해서도 안 되고 또 할 수도 없다는 것이었습니다. 역사가가 아니라 '사실로 하여금 역사를 말하게 하라'는 것이었습니다.

이러한 실증주의 사관은 랑케 이후 3세대 동안 역사가들에게 강한 영향을 미쳤습니다. 19세기 후반을 풍미하고, 20세기에 들어와서도 여전히 그 위력을 떨쳤던 랑케 류의 실증주의 역사학은 당시까지의 철학적이고, 도덕적이며, 역사가의 평가와 판단을 중시하면서 교훈을 주려는 역사연구에 큰 변화를 야기하였습니다. 랑케 학파의 역사학은 역사학의 과학성을 크게 발전시키고, 연구방법 · 연구기술 · 사료

수집 · 사료이용 등의 분야에서 큰 변화를 가져왔습니다.

랑케의 실증주의 역사학은 사료의 탐사 · 수집 · 정리 · 음미 · 해석 등 역사 연구법을 학문적으로 체계화하여 역사학을 실증적 기초 위에 선 과학으로 발전시키는데 크게 공헌하였습니다. 오늘날 많은 역사가들이 랑케 이래 실증주의 역사학에 큰 빚을 지고 있는 것도 부정할 수 없습니다.

역사 연구는 기본적으로 사료의 비판과 해석에 의해 이루어집니다. 랑케 사학은 역사연구의 기초인 사료학과 사료비판에 큰 기여를 하였습니다. '사료학'은 사료의 수집법과 정리 분류법을 주 내용으로 합니다. 사료를 발견하고 수집하는 길을 만들고 그것을 연구에 편리하도록 분류하고 정리하는 기초 작업입니다.

'사료비판'은 외적 비판과 내적 비판으로 나누어지는데, '외적 비판'은 사료 그 자체의 진위 여부, 원 사료에 대한 타인의 첨가 여부, 필사인 경우 오류의 문제, 혹은 사료가 만들어질 단계의 작자 · 장소 · 연대 · 전거(典據) 등을 비판적 입장에서 분석하여 사료적 가치를 음미하는 것입니다.

이에 반해 '내적 비판'은 사료의 내용 자체를 분석하는 것입니다. 사료라고 하여 반드시 역사적 진실이라고는 할 수 없으므로 사료의 내용이 신뢰할 만한 것인가를 분석하고 검토하여 그 성격을 밝히는 작업입니다. 즉 사료의 내용을 분석하고 내용 각각에 관해 신뢰할 수 있는 근거와 이유를 조사하는 것입니다. 역사 연구는 실증주의 역사학이 이룩한 이 분야의 성과에 큰 영향을 받았습니다.

2) 실증주의 역사학에 대한 비판

역사학의 객관성과 과학성을 확립하는데 큰 공헌을 하였음에도 불구하고 랑케의 실증주의 역사학은 후일 많은 비판도 받았습니다. 랑케를 비판하는 사람들은 그의 저술들이 자신의 주장을 스스로 부정하였음을 증명하고자 했습니다. 역사를 비당파적으로, 그리고 분노와 애정 없이 냉정하게 써야 한다는 주장에도 불구하고, 그의 저술은 계급적 편향과 정치참여의 한 표본이었다는 것입니다.

랑케의 역사 저술이 객관적 사실들에 기초하려 한 것은 사실이라고 하더라도,

가령 그는 게르만 민족의 열등함을 보여주는 사실에는 눈을 감고 게르만 민족의 우수성을 드러내 주는 객관적 사실들에만 관심을 가졌다는 것입니다. 게르만 민족의 우월성을 보여주는 객관적 사실들을 충실히 반영한 점에서 '객관적'이라 할 수 있을지 몰라도 그 반대되는 사실들에 눈감은 점에서 '반(反) 객관적'이었다는 것입니다. 그가 말하는 객관적 역사가 되기 위해서는 게르만족의 우수성만이 아니라 열등함을 보여주는 사실도 충실하게 반영했어야 한다는 것이지요.

수백만의 유대인을 죽음으로 몰고 간 히틀러의 게르만 우월주의도 랑케 사학의 영향을 받았다는 비판은 이러한 점에 근거하였습니다. 그는 자신의 주장과 달리 독일 민족의 우수성을 강조하는 등 자신의 정치적 · 계급적 · 당파적 입장이 녹여져 있는 '객관적' 역사를 저술함으로써, 스스로 자신의 주장을 위배하였다는 비판을 받았습니다.

그러나 이처럼 랑케의 저술이 자신의 주장과 모순된다는 사실 자체가 문제가 아니라, 랑케 사학의 이론적 전제들 그 자체가 더 큰 문제라는 비판도 있습니다. 랑케 사학의 이론적 전제 자체에 심각한 내적 모순이 도사리고 있다는 따가운 비판인 것입니다.

랑케 실증사학의 첫 번째 전제는 역사가와 그의 인식 대상인 '사실 그 자체'가 완전히 분리되어 있으며, 상호 독립적이라는 것이었습니다. 두 번째 전제는 역사가의 사실에 대한 인식은 기계론적 모델과 일치한다는 것으로 역사가는 '사건 그 자체'를 관조적, 수동적으로 바라볼 수 있고 본 그대로를 기계적으로 그려낼 수 있다는 것이었습니다. 마치 실물이 거울에 비치듯이, 역사가는 '사실 그 자체'를 기계적으로 별 오차 없이 그려낼 수 있다는 것이었습니다.

이러한 전제에 따르면 '사실 그 자체'로의 역사는 존재론적 의미에서나 인식론적 의미에서 객관적으로 존재하는 것이 됩니다. 그렇다면 실증주의에 있어 역사는 인식 가능한, 단지 수집하여 기술하기만 하면 되는 역사적 사실들의 집합으로 존재하게 될 것입니다. 또 만약 그렇다면 일단 한번 발견된 역사는 고정적인 형태를 갖게 되어, 그 뒤 누군가가 다시 보더라도 동일한 모습으로 나타나게 될 것입니다.

실증주의는 역사가의 능동적 역할을 부정하고 오로지 역사적 사실에만 최고의 가치를 부여함으로써 역사가를 수동적이고 관조적인 사실 기록자에 불과한 것으로 만들어 버렸다는 것입니다.

그의 세 번째 전제는 역사가는 비(非)당파성을 견지할 수 있고 어떤 감정이나 공포심, 혹은 편견들을 극복할 수 있을 뿐 아니라, 역사적 사건을 지각할 때 작용하는 모든 사회적 제약들을 거부하거나 회피할 수 있다는 것이었습니다. 그것이 과연 가능할까요? 오늘날에도 정치권력, 특히 그것이 독재 권력일 경우 독재자의 눈치를 살피지 아니하고 직필할 수 있을 것인지 의문이 드는 것입니다. 공포 분위기 속에서 유신헌법이 압도적 찬성으로 국민투표를 통과하고 공포되던 1972년 고등학교 3학년이었던 우리들은 헌법을 가르치시던 선생님에게 유신헌법이 '민주헌법'이냐고 물었습니다.

선생님은 얼굴이 벌게진 채 아무 말씀도 못하셨습니다. 민주헌법이라 하자니 거짓말이 될 것이고, 독재헌법이라고 하다가는 목이 날아가는 것은 고사하고 정보부에 끌려가 실컷 두들겨 맞고 감방에 갈 것 같았기 때문이었을 것입니다.

이런 생각을 하다보면 일제 강점기 때 이광수, 최남선 등 수많은 지식인들이 생각납니다. 일본이 '만주사변'으로 만주를 먹고 '중일전쟁'에 이어 최강 미국을 공격한 것은 앞서 이야기한 바 있습니다.

대만, 조선, 만주를 먹고 다시 중국과 태평양으로, 급기야 미국 · 영국 · 프랑스 등의 식민지에까지 전선이 확대되면서, 일본 내에는 남자들이 거의 없었습니다. 엄청나게 확대된 전선에 우리의 젊은 남성들은 총알받이 병사로, 젊은 여성들은 '종군 위안부'란 이름의 성노리개로, 청장년층은 전쟁 물자 조달을 위한 광산 같은 곳에 징용으로 끌려갔습니다.

이때 이 나라 최고의 지식인들이 조선, 동아 등의 신문에 게재한 글은 '조선의 젊은이여, 이 거룩한 성전에 기꺼이 목숨을 바쳐라'라는 구호성 격려였습니다. 일부 신문사 사주들은 비행기 헌납을 위한 성금 모금에 앞장섬으로써 힘을 보태었습니다.

굳이 역사 서술은 아니라 하더라도, 인간이 과연 시대 상황이나 자신이 처한 상황을 초월하여 글을 쓴다는 게 가당한 일일까요? 이 나라 최고의 지성인 이광수, 최남선, 신문사 사주들이 뭐가 모자라 그러한 글들을 썼을까요? 자신들의 신념 때문이었을까요? 일제의 직접적 압력 때문이었을까요? 아니면 일제의 대한 막연한 공포심 때문이었을까요? 이들은 이후에도 영광과 명예를 누렸지만, 전쟁터나 위안소나 징용터에서 죽거나 겨우 생존한 자들은 가난에 시달리며 그 어떤 보상도 받지 못하였습니다.

의문은 끊이지 않습니다. 정치권력이나 재벌, 신이나 종교에 대한 역사를 막연한 공포감 없이 쓸 수 있을까요? 이들 거대 권력들이 관심을 갖는 것은 사실의 진실 여부가 아니라, 자신들에 대한 유불리(有不利)일 것이기 때문입니다. 랑케의 선제는 지극히 타당하지만, 낭만적인 측면이 없었던 것이 아니었습니다.

실증주의의 전체 자체에 심각한 내적 모순이 있다고 비판한 사람들은 이상에서 본 실증주의의 전제와 달리 다음과 같은 전제를 제시하였습니다. 첫째, 역사의 인식주체와 객체인 사실은 역사인식에 있어 하나의 유기적 전체를 형성하며, 상호 영향을 미친다. 둘째, 시대구분관계는 결코 수동적·관조적이 아니라, 그 관계 속에 있는 시대구분 주체의 역할 때문에 항상 능동적이다. 셋째, 역사가의 인식과 인식에의 참여 방식은 사회적으로 제약을 받을 수밖에 없기 때문에, 항상 '당파적'일 수밖에 없다는 전제였습니다.

3. 현재주의

1) 현재주의 역사학

반(反)실증주의 사학의 가장 날카롭고 대표적인 형태는 이탈리아의 철학자 크로체(Benedetto Croce, 1866-1952)에서 시작하여 미국의 듀이(John Dewey, 1859-1952), 영국의 콜링우드(C. Collingwood, 1889-1943)로 이어지는 현재주의 학파였습니다.

철저한 주관주의적 입장의 크로체는 실증주의 사학이 '역사적 과정은 객관적이고 과거는 완성된 상태에서 역사가를 기다리며, 역사가는 풍부한 양의 사실들을 수집하여 그것들을 근거로 과거를 충실하게 묘사할 수 있다'고 하는 주장을 공격했습니다. 또 실증주의 사학이 '역사가는 모든 형태의 사회적 제약에 대하여 중립적이라는 의미에서 비당파적 · 비연관적 · 객관적일 수 있으며 또한 마땅히 그래야만 한다'고 하는 주장도 공격했습니다.

그는 '존재하는 모든 것이 정신의 창조물이라면 역사적 사실도 정신이 창조한 것이며, 객관적으로 존재하는 과거는 있을 수 없다'고 주장하였습니다. 존재하는 것은 오로지 정신이 창조한 사실뿐이며, '모든 역사는 항상 현재에 활동하는 정신의 산물로서 현재의 역사'라고 하였습니다. 그 정신이 '현재의 관심과 동기에 영향을 받아 역사상을 창조해낸다'고 하면서, '모든 진정한 역사는 현재의 역사'이며 역사는 '현재의 필요에 의해 야기된 우리 자아(自我, ego)의 투영'이라고 주장하였습니다.

그의 사상은 그의 책을 영어로 번역한 영국의 콜링우드를 거쳐, 듀이와 같은 영향력 있는 철학가에 의해 미국의 토양 속으로 이식되었습니다. 존 듀이는 다음과 같이 주장하였습니다.

> 모든 역사 구성은 필연적으로 선택적이다. 과거는 완벽히 복제될 수 없으며 또 다시 재생될 수 없기 때문에, 이는 너무도 자명하다. 따라서 이 원칙은 중요하다고 부를 만한 가치조차 없을 정도이다.
>
> 그러나 이 원칙은 당연히 받아들이지 않으면 안될 만큼 매우 중요하다. 역사를 서술할 때 이 원칙에 따라 사실들의 선택을 규제해야 하기 때문이다. 이 원칙은 과거의 사건에 부과되는 비중을 결정하며, 또한 무엇을 선택하고 무엇을 생략해야 하는지를 결정한다. 아울러 선택된 사실들이 어떻게 정리되고 배열될 것인가도 결정한다.
>
> 사실들의 선택이 기본적이고 중요하다고 한다면, 우리는 '모든 역사는 필연적으로 현재의 관점에서 쓰이는 현재의 역사'라는 사실을 인정하지 않을 수 없다. 다시 말해 '역사는 동시대인들이 현재에 가장 중요하다고 판단한 것들에 대한 기술'

이라고 하는, 피할 수 없는 결론에 다다르게 되는 것이다.

과거의 완벽한 복제나 재생이 가능하다는 실증주의의 명제를 거부하고, 역사 구성은 필연적으로 선택적일 수밖에 없으며 따라서 모든 역사는 현재의 관점에 의해 쓰이는 현재의 역사라고 보았습니다.

현재주의의 또 한 사람의 대표적 인물인 미국의 찰스 베어드(Charles A. Beard, 1874-1948)는 1930년대 발표한 글들에서 랑케가 오직 사료 연구에 기초한 객관적 · 실증적 · 비당파적 역사를 소리 높여 외쳤지만, 실제로는 역사를 '신의 계시', 또는 '신의 발걸음'으로 해석하였다고 비판하였습니다. 랑케가 비록 역사에 있어 사회경제적 이해관계를 고집스럽게 무시했지만, 그는 19세기가 낳은 가장 '당파적' 역사가 중의 한 사람이었다고 비판하였습니다.

그는 자기의 주장을 뒷받침하기 위해 랑케가 정기 간행물 『역사정치 잡지』에서 추구했던 편집방향이 당파적 성격을 지녔다는 사실을 지적했습니다. 또 복고왕정(復古王政)을 타도한 프랑스 7월 혁명(1830년) 이후 독일 내의 언론 자유에 대한 그의 태도가 부정적이었다는 점도 지적했습니다.

또 랑케가 프랑스 2월 혁명(1848)으로 야기된 독일 연방 국가들의 민주헌법 수립 운동 과정에서 이를 탄압한 빌헬름 4세에 협력한 사실이나 1870~1871년 프러시아와 (나폴레옹 3세의) 프랑스 사이의 전쟁인 보불전쟁(普佛戰爭)에서 프러시아가 승리한 것을 프랑스 혁명에 대한 유럽 보수주의의 승리라고 긍정적으로 평가한 사실 등도 지적했습니다.

이러한 비판에서 베어드는 '지나가 버린 현실'로서의 역사와 '과거에 대한 현재의 사고'로서의 역사를 구분했는데, 그가 연구하려고 한 대상은 후자였고 그것은 곧 역사 서술이었습니다. 그에 의하면 역사는 '과거에 대한 현재의 사고이며, 항상 하나의 선택의 결과'였습니다. 사실들은 '역사가가 생각하는 바에 따라' 선택되고 정리된다는 것이지요.

그는 역사란 '하나의 신념행위'이고, 역사는 역사가의 '주관적 창조물'이라고 주장하였습니다. 그러므로 '역사는 역사가에 종속되어, 창조주인 역사가가 변화하면 역사 자체도 변화한다'고 하였습니다. 랑케 사학의 객관주의를 비판하면서 역사 서술에 있어서의 당파성을 선언한 셈이었지요.

미국의 칼 베커(Carl Becker, 1873-1945)는 현재주의의 가장 대담한 주창자였습니다. 그는 1930년대 발표한 글들을 통해 역사를 '역사에 관한 견해' 즉 '역사학'과 동일시하면서, 역사는 '상상력에 의한 하나의 창조물'이라 하였습니다. 역사는 우리들 각자가 자신의 개인적 경험으로부터 만들어 낸 미학적, 혹은 정서적 욕구에 적응시켜 자신의 심미적 취향에 어울리도록 꾸민 '한 개인의 소유물'이라고 주장하였습니다.

그는 역사가에게는 '창조적인 예술가로서의 자유'가 당연히 부여되어야 하며, 역사가는 역사를 서술할 때 반드시 사실과 상상을 혼합시켜야 한다고 확신하였습니다. 역사란, 역사가가 존재하고 있는 특정한 현재에 의하여 어떤 식으로든 제약을 받는 하나의 '주관적 산물'이라는 것이지요. 그는 역사를 '끊임없는 재해석'이라 하면서, 다음과 같이 주장하였습니다.

> 각 시대는 시대 자체의 목적에 맞도록 과거를 재해석한다. 역사가들은 아무리 초연하려고 해도 그들이 살고 있는 시대의 가장 일반적인 선입견으로부터 완전히 자유로울 수 없다. … 평온한 시대의 역사가들은 과거에 만족하는 경향이 있다. … 그리고 그와 같은 시대에 그들은 실제 과거에 발생했던 것을 그대로 기록하는 습관에 쉽게 빠진다. …
>
> 그러나 모든 것이 뒤죽박죽인 상태라고 생각되는 불안한 시대의 역사가들은 현재에 만족하지 않으며 과거에도 만족을 느끼지 않는다. 이러한 시대의 역사가들은 과거를 신랄하게 추궁하며, 과거에 행해졌던 것들에 대해 판정을 내리고 싶어 한다.
>
> 그리고 현재의 불만에 따라 그것들을 인정하기도 하고 부인하기도 한다. 과거는 각 세대가 자신들의 장래의 모습을 투영하는 일종의 스크린이다. 인간의 가슴 속에 희망이 샘솟는 한, '새로운 역사(New History)'는 계속 되풀이되는 현상일 것이다.

현재주의자들의 견해는 일견 타당하다고 보입니다. 우리대학의 첨단 과학 전공

교수들은 필자를 보고 '역사 교수는 좋겠습니다. 역사는 바뀌지 않으니 말입니다'라고 하며 부러워합니다. 역사는 바뀌지 않으니 한번 공부해 두면 세월이 흘러도 강의할 수 있지만, 첨단과학은 순식간에 바뀌어 도무지 따라갈 수 없다는 것이지요.

이들 교수들의 말은 한편으로 맞고 한편으로 틀렸습니다. 몇 천 년이 지나도 고구려가 아니라 신라가 3국을 통일한 것은 바뀌지 않을 것입니다. 그러나 그 배경이나 원인에 대해서는 언제든지 다른 해석이 나올 수 있습니다.

4 · 19 혁명과 5 · 16 군사 쿠데타도 마찬가지입니다. 전자가 학생들에 의해 일어나고 후자가 군인들에 의해 일어난 사실은 영원히 바뀌지 않습니다. 그러나 4 · 19를 학생 의거로 볼 것인가, 혁명으로 볼 것인가? 5 · 16을 혁명으로 볼 것인가, 군사 쿠데타로 볼 것인가는 계속 바뀝니다. 4 · 19를 뒤엎은 5 · 16세력은 4 · 19를 혁명이 아니라 학생 의거 즉 '학생들의 의로운 거사'로 평가 절하 하였습니다. 그래야 5 · 16의 정당성이 살아나기 때문이었습니다. 아예 4 · 19를 부정적으로 평가하고 싶지만 그럴 수는 없으니, 적당히 '의거'라고 한 것이지요.

그러나 5 · 16으로 정권을 탈취당한 세력은 5 · 16을 군사 쿠데타로 규정하였습니다. 어느 세력이 정권을 잡느냐에 따라 명칭과 성격이 바뀌는 것입니다.

이러한 예는 수도 없이 많습니다. 동학(東學)에 대해서도 민중들의 반란이 이로울 게 없다고 판단되면 그 의미를 축소하여 '동학 운동'이라 하다가 민중의 항거가 필요하면 '동학 혁명'이라 하는 것입니다.

필자가 대학 강단에 처음 섰을 때만 해도 강의 내용에 불교에 대한 내용이 거의 없었습니다. 아는 것이 거의 없었기 때문입니다. 그러나 지금은 많이 달라졌습니다. '진정한 진리를 얻으려면 스승도 죽이고 부처도 죽여라'란 '살조살불(殺祖殺佛)'의 네 글자에서 받은 충격 때문이기도 하지만, 그것을 강의하지 않고 중국이나 우리의 사상 · 철학 · 종교는 물론이고 역사 자체에 대한 강의를 제대로 할 수 없었기 때문입니다. 그러는 사이에 불교에 대한 인식에도 많은 변화가 있었습니다. 현재의 관심과 필요성, 시각의 변화에 따라 역사인식도 큰 변화를 경험한 것입니다.

미국의 코니어스 리드(C. Read) 역시 1950년대에 발표한 글들에서 사료의 선택은 현재의 관심에 의하여 제약을 받으며, 역사는 그 선택에 의하여 현재의 요구를 드러내고자 하는 역사가의 창조물로 변형된다고 주장하였습니다. 역사에 적용되는 모델은 시대에 따라 변하며 과거에 관한 문제 제기도 변하는데, 바로 이러한 사실들이야말로 '모든 세대가 역사를 다시 써야만 하는 이유를 설명할 수 있게 해 준다'고 주장하였습니다.

사마천은 전대의 여러 기록을 참조하고, 여러 지역을 직접 답사한 점에서 실증주의가 주장하는 역사의 객관성과 과학성을 견지하고 이를 실천한 역사가였습니다. 그런데 그 역시 역사가의 현재적 관심이나 능동적 역할을 부정하지 않았을 뿐 아니라, 이를 자신의 저술 속에서 실천했습니다.

우리가 앞서 본 『사기』「백이열전」에서 공자의 제자 안연이 마치 파리가 말의 꽁지에 붙어 천리를 가는 것처럼 공자에 의해 이름이 알려졌다고 하고, 역사적 인물이 되느냐 묻혀 버리느냐 하는 것은 역사 서술 주체(역사가)의 붓대에 달려 있다고 한 것은 역사가의 능동적 역할에 대한 그의 자각을 잘 보여주는 것입니다.

백이·숙제를 70편에 달하는 '열전'의 첫머리에 놓은 자체가 그러한 자각의 표현이었습니다. 앞에서 보았지만 백이·숙제는 제후 자리를 박차고 도망친 일을 제외하고 그리 내세울 게 없는 인물이었습니다. 세속적으로 무슨 그리 큰 공을 세운 적도 없었습니다. 충효를 내세우며 무왕의 출정을 만류한 것은 조금 생뚱맞은 돌출 행동이었습니다. 그러다 안 되니 수양산에 들어가 고사리를 캐먹으며 연명하다가 무왕이 이겼다는 소식을 듣고 그 마저도 먹지 않고 굶어 죽은 엉뚱한 인물이었습니다. 일종의 기행이었고, 전후관계에 중대한 영향을 미친 것도 아니었습니다.

그런데도 사마천은 백이·숙제를 수많은 영웅호걸들이 득실대는 '열전'의 첫머리에 놓았습니다. 사마천은 '열전'의 첫머리를 장식하는 인물은 첫머리에 놓이는 자의 세속적 성취가 아니라 역사가인 자신의 손에 달려 있다고 보았을 것입니다. 그것이 역사가의 권리라는 것을 사마천은 잘 자각하고 있었던 것이지요.

그러한 자각의 밑바탕에는 사마천 자신의 주관적·현재적 관심이 깔려 있었습니다. 그리고 그것은 곧 사마천 자신과 백이·숙제의 깊은 상처와 슬픔에 대한 정서적 동질감이었습니다. 필자가 『사기』의 여러 글 중에서도 이 「백이열전」을 무척이나 좋아하는 이유도 여기에 있습니다. 처음 이 글을 읽었던 것은 학생들과 동양사 교육 관련 사료를 읽는 강좌에서였는데, 그 수려한 문체도 문체려니와 그 내용이 가슴에 절절하게 와 닿았기 때문입니다. 글을 읽어 내려가면서 사마천이 처한 깊은 상처와 슬픔이 느껴져 왔던 것이지요.

기원전 145년에 태어난 사마천은 아버지의 뒤를 이어 기원전 108년 38세 때에 역사를 담당하는 태사령(太史令)의 직위에 올랐습니다. 때는 한(漢) 무제(武帝) 시대, 중국을 괴롭히던 북방의 흉노에 대해서만이 아니라 사방에 대한 대대적인 공격이 감행되던 때였습니다. 위만 조선이 망하면서 한 4군이 설치된 것도 이때(기원전 108년)였습니다. 남월(南越, 오늘날 중국 남부와 베트남 북부)도 이때쯤 망하여 중국의 지배를 받게 되었지요. 사마천의 시대는 말하자면 동아시아의 일대 격변기였습니다.

아버지의 유언이기도 했던 『사기』를 저술하기 시작한 것은 기원전 104년 42세 되던 해부터라고 합니다. 그런데 그가 48세가 되었을 때, 그 전 해에 흉노와 싸우다 패하여 항복한 장군 이릉(李陵, ?-기원전 74)이 흉노 선우(單于)의 딸을 얻고 우교왕(右校王)이 되어 병법을 가르치고 있다는 소문이 있어 그를 엄벌에 처해야 한다는 공론이 일어났습니다. 사마천은 별 연고도 없는 그를 적극 변호했습니다. 사실 이릉은 굴욕을 견디며 탈출을 꿈꾸고 있었습니다. 화가 난 무제가 이릉의 가족을 몰살하고 그를 변호한 사마천도 성 불구로 만드는 형벌에 처했습니다.

바른 말을 하다 졸지에 엄청나게 고통스러운 수치를 당한 사마천은 이때부터 발분하여 『사기』 저술에 전념하게 됩니다. 50세에 특사로 풀려나 중서령(中書令)이 되어 황제의 총애를 받기는 했으나, 파란만장한 삶이었죠.

『사기』는 55세(기원전 91년)경에 완성했다고 보입니다. 「백이열전」을 읽으면서, 그 애절함이 가슴 절절히 밀려왔던 것은 그의 이러한 삶을 알고 있었기 때문입니다. 사마천은 바른 말을 하였으나 받아들여지지 않자 수양산에 들어가 고사리를 캐먹다가 아사한 백이·숙제에게서 자신의 모습을 발견한 것이 아니었을까요? 「백이열전」의 내용을 더 볼까요?

> 공자의 제자 중 훌륭했던 일흔 분 중 공자는 오직 안연(顔淵) 만이 학문을 좋아한다고 하셨는데, 안연은 늘 의식에 궁해서 술을 짜고 남은 지게미나 겨도 배불리 먹지 못하고 요절했다. 하늘이 착한 사람에게 복을 준다는 것은 과연 정말일까?
>
> 도척(盜跖)은 날마다 죄 없는 사람을 죽여 사람의 간을 회로 만들어 먹고, 한없이 포악하여 수천 명의 도당을 모아 이끌며 천하의 사방을 휩쓸고 다녔건만, 끝내 천벌을 받음이 없이 제 명대로 살다 죽었다. 그것은 또 무슨 덕으로 그랬단 말인가? 위에 든 것은 모순의 현저한 예다.

사마천은 학문을 좋아했지만 가난하여 술을 짜고 남은 지게미나 겨도 배불리 먹지 못하고 요절한 안연에게서도 자신의 모습을 발견한 듯합니다. 자기나 백이·숙제, 안연이 모두 바른 말을 하거나 학문을 좋아한 착한 사람들인데도 병신이 되거나 아사하거나 요절한 점에서 동병상련의 아픔을 느끼면서, 그런 그들에게서 자신을 보았던 것이지요.

사실 「백이열전」에는 사마천의 내면적 정서와 현재적 관심이 잘 드러나 있습니다. 조금 더 인용하여 볼까요?

> 근세에 이르러서는 지조와 행동이 궤도에서 벗어나 방자하여 오로지 사람들이 싫어하고 미워하는 짓만 골라 하면서도 평생토록 편안하게 향락하며, 그 부귀는 자자손손에게 이어져 끊이지 않는 이가 있다. 그런데 이에 대하여 한 걸음 걷는데도 땅을 밟을 곳을 골라 밟고 한마디의 말도 꼭 해야 할 때에만 하며, 한 가지 행위도 사람이 적은 데서 행하는 것이 아니라 많은 사람이 보는 데서 당당히 행하고, 공명정대한 경우가 아니면 발분하지 않는 근신한 사람이면서도 화를 당하는 자가 하도 많음에 나는 이 현실을 보고 퍽이나 당혹한다. 대체 천도(天道)라는 것은 정당한 것인가, 그렇지 않은 것인가?

악인이 선인을 구축하는 현실을 비판하는 데서, 「백이열전」을 쓰고 이를 '열전'

70편의 첫머리에 놓은 그의 현재적 관심이 잘 드러나지 않습니까? 자기도 그러한 현실의 피해자라는 것이니, 바로 그러한 자기의 내면적 정서와 현재적 관심이 「백이열전」을 '열전'의 첫머리에 놓은 이유일 것입니다.

「백이열전」이 '열전'의 첫머리를 장식하게 된 것은 실제 역사 과정에서의 백이·숙제의 객관적 중요성 때문이 아니라, 역사 서술의 주체인 사마천의 역사가로서의 자각과 더불어 자기 자신과 백이·숙제 사이의 내면적 정서의 동질감, 그리고 천도(天道)와 달리 흘러가는 현재에 대한 원망과 관심 때문이었을 것입니다. 나는 사마천이 천도(天道)를 회의하는 장면에서 목이 메었습니다. 그의 깊은 상처와 슬픔이 가슴에 절절히 와 닿았기 때문이었습니다.

자신이 섬기던 왕조가 망하자 새 왕조에 출사하기를 거부하고 숨어 버린 인물들을 역사에서 발견하는 것은 그리 어려운 일이 아닙니다. '집에 틀어박혀 꼼짝 않는다'는 '두문불출(杜門不出)은 다음의 고사에서 연원합니다. 이성계(李成桂, 재위 1392-1398)가 조선을 건국하자 고려를 섬기던 신하 72명이 개경 부근 광덕산 두문동 산골짜기에 들어가 풀을 뜯어먹으며 삽니다. 이성계가 역성혁명(易姓革命)의 정당성을 확보하기 위해 조선의 관리가 되어 달라고 부탁하였지만, 그들은 거절하고 나가지 않았습니다. 잔뜩 화가 난 이성계가 불을 질렀지만 그래도 나가지 않고 다 타 죽었다는 고사입니다.

같은 무렵 남쪽의 구미 금오산에는 야은(冶隱) 길재(吉再, 1353-1419) 선생이 은거하며 '고사리를 캔다'는 의미의 '채미정(採薇亭)'이라는 움막을 짓고, 조선조에 출사하기를 거부하며 숨어 살다 여생을 마쳤습니다. 조선 초의 유명한 '삼은(三隱)'은 '세분의 숨어 지낸 은자(隱者)'를 말하는데, 삼은이나 두문동 72현의 롤 모델은 누구였을까요? 바로 백이·숙제였습니다.

뒷날 다시 세운 구미 금오산 채미정 입구

백이·숙제가 동쪽 땅 조선에서까지 이처럼 큰 영향을 끼친 것은 그들의 역사적 중요성 때문이 아니었습니다. 그들은 지금의 개념으로 보면 권력과 호사스러움을 헌신짝처럼 내던진 자유인일지 몰라도, 천하의 폭군 주(紂)를 치려는 무왕의 천하대사를 자칫 그르칠 뻔한 세상 물정에 어두운 인물이었습니다. 만약 그때 무왕이 신하로서 임금을 죽이는 것이 인(仁)이 아니라는 그들의 말을 듣고 폭군 주를 치지 않았다면 천하의 백성은 얼마나 더 폭군의 주지육림(酒池肉林)에 시달렸겠습니까? 명석한 무왕이 이 엉뚱한 도덕주의자의 말을 듣지 않았기에 망정이지 참으로 아찔한 순간이 아니겠습니까?

그럼에도 이들의 이름이 동쪽 땅에까지 알려지고, 이 땅의 수많은 사람들이 그의 행동을 따라 한 것은 그의 대단한 역사적 공적 때문이 아니라 사마천의 『사기』 때문이었습니다. 이들에게서 자신을 발견한 사마천이 역사적으로 별 중요성을 갖지 못한 이들을 '열전' 70편의 첫머리에 놓음으로써 이들은 보잘 것 없는 세속적 성취를 뛰어넘는 대단한 인물로서 역사의 무대에 성큼 등장한 것입니다.

일제 강점기를 당하여 망국의 한을 품고 방바닥의 장판을 걷어낸 후 거적을 깔고 소복차림으로 칩거하며 평생 두문불출한 이주희(李澍熙)선생의 극와고택(極窩古宅, 경상북도 성주군 월항면 한개 마을)은 두문불출로 일제에 항거한 수많은 애국지사의 고택 중 하나일 뿐입니다. 이들은 산에서 고사리를 캐먹지 않았을 뿐 조선의 수많은 백이 · 숙제에 다를 바 없었으니, 세속적 성취가 별로 없는 인물임에도 백이 · 숙제를 '열전'의 첫머리에 놓은 한 역사가의 깊은 상처와 슬픔의 위력을 어찌 작다고 할 수 있겠습니까?

현재주의에 의하면, 역사는 항상 '현재'의 관심과 필요성, 그리고 현재의 상황을 과거에 투영하는 것입니다. 역사는 항상 변화하는 현재의 함수이며, 그렇기 때문에 역사인식의 진실성도 시간과 장소와 상황에 따라 상대적으로 변한다는 것입니다. 사마천은 실증주의자이면서 현재주의자였던 셈입니다.

2) 현재주의 역사학에 대한 비판

오늘날 많은 사람들이 현재주의의 관점에 동조하고 있지만, 비판 역시 만만치 않습니다. 현재주의는 실증주의 역사 서술의 과오를 꾸짖고 있지만, 그들 스스로는 주관주의와 상대주의라는 치유될 수 없는 질병을 앓고 있다는 것입니다. 그 병이 악화되면 과학적인 학문(역사학)은 사망할 수밖에 없는 운명이라는 것이지요.

현재주의에 대한 비판자들은 '역사'라는 말은 '사실 그 자체'로서의 역사와 '사실의 서술'로서의 역사, 다르게 말해 '객관적 역사 과정'이라는 의미와 '역사 서술'이라는 의미로 구분할 수 있는데, 현재주의는 이러한 구분을 부정한다고 합니다. 현재주의는 현재의 관심과 필요성이라는 관점에서 역사를 바라보기 때문에 역사를 역사 서술, 혹은 역사에 대한 사유(thought about history)로 간주하기 마련이고 그렇게 되면 '사실 그 자체(객관적 역사 과정)'로서의 역사는 사라져 버린다는 것입니다.

사유를 중시하다 보니 사유와 사실 그 자체(객관적 역사 과정)의 일치, 즉 역사인식의 객관성이라는 문제는 관심 밖이고 오로지 주관적 요인에만 관심을 쏟는다는 것입니다. 역사가의 현재적 관심과 필요성에서 역사를 바라보는 한, 역사가의 능동적 · 주관적 요소가 개입되어 '주관주의'라는 심각한 질병을 앓게 된다는 것이지요. 만약 그렇게 되면 역사인식의 대상인 객관적 역사 사실은 온 데 간 데 없고, 주관주의라는 황량한 벌판에서 역사인식의 객관성과 객관적 진실은 사라져 버린다는 것입니다.

비판론자들은 현재주의가 주관적인 한, '상대주의'라는 질병도 같이 앓을 수밖에 없다고 지적합니다. 현재의 관심과 필요성이 어떤 식으로든 역사에 관한 견해를 규정하게 되면, 역사는 과거가 아니라 '과거라는 스크린에 투영된 현재' 이외의 아무것도 아니며, 역사는 현재적 관심과 필요성에 따라 끊임없이 새로 쓰여 져야 하고 그렇게 되면 동일한 사실에 대해 서로 다른, 심지어 상호 모순되기조차 하는 역사가 존재하게 된다는 것입니다.

비판론자들은 그럴 때 남는 것은 공리주의적 정의, 즉 '무엇이 진실인가'가 아니라 '무엇이 쓸모 있는가' 하는 문제뿐이라고 주장합니다. 역사인식이 어떤 특정한 필요성과 이해관계에 얼마나 도움이 되는가 하는 '유용성'의 문제만 남게 될 뿐이며, 그렇게 되면 결국 상대주의의 늪에 빠질 수밖에 없다는 것입니다. 왜냐하면 유용한가 않은가, 혹은 얼마나 유용한가에 따라 역사인식 역시 '상대적'으로 계속 변하기 때문이라는 것이지요.

비판론자들에 의하면 그 같은 상대주의는 과학으로서의 역사, 과학으로서의 역사가 성립할 수 있는 가능성마저 부정하는 대파멸이며, 그 같은 결론에 이르도록 하는 이론은 자기 스스로까지 파괴할 수밖에 없다고 합니다. 상대주의는 '진실은 상대적'이라는 입장으로, 현재주의는 어떤 역사인식이 진실로 간주되기 위해서는 '그 어떤 특정한 상황'과 맞아 떨어져야 한다고 보는 점에서 일종의 상대주의이며, 현재주의는 '그 어떤 특정한 상황'을 '현재'로 설정한다는 것입니다. 다시 말해 역사인식이 '현재'의 어떤 상황과 맞아 떨어질 경우에는 진실로 간주되지만, 그렇지 않을 경우에는 진실로 간주되지 않는다는 점에서 상대주의라는 비판인 것입니다.

4. 실증주의와 현재주의에서 무엇을 취할 것인가?

앞에서 보았지만 실증주의 역사학은 역사란 객관적으로 존재하는 것이며, 만일 충분한 사실들이 축적될 수 있다면 인간의 인식은 어떤 주관적 요소의 개입 없이 그 사실들을 충실하게 반영할 수 있다고 봅니다. 반면에 현재주의 역사학은 이를 부정하면서 역사를 현재의 관심과 필요성에 의한 함수로서 취급합니다. 따라서 현재주의는 주관주의적 입장을 취하며, 인식주체는 사회적으로 제약될 수밖에 없다는 점을 강조합니다.

실증주의 역사학은 역사인식에 있어 역사가의 주관적 요소의 영향을 받지 않은 (실제의) 과거 사실을 정확하게 복원하는 것이 가능하다고 주장합니다. 현재주의 역사학은 그 같은 가능성을 부인하면서, 역사란 현재의 사고와 관심으로 과거를 재해석하는 것이고 따라서 역사는 현재적 관심과 필요성에 의해 다시 쓰여 질 수밖에 없다고 주장합니다.

양자 간에 심각한 의견 대립이 있고 양자 모두 문제점을 안고 있지만, 우리들은 이 중요한 두 가지 입장에서 그 어떤 점을 타당한 것으로 받아들여야 할까요? 실증주의로부터는 역사인식의 객관성과 과학성을, 현재주의로부터는 역사가의 능동성과 역사인식의 가변성을 받아들여야 할 것입니다.

실증주의가 강조하는 역사인식의 객관성과 과학성을 부정하는 것은 학문으로서의 역사, 과학으로서의 역사의 존립 가능성마저 부정하는 대 파멸로서 도저히 받아들일 수 없습니다. 그럼에도 현재주의가 강조하는 역사가의 능동성과 역사인식의 가변성 역시 부정할 수 없습니다. 역사는 객관적으로 존재하는 사실과 그것을 인식하는 '살아있는' 역사가의 능동적 행위를 통하여 구성되는 것이고, 그렇다면 역사가에 따라 혹은 동일한 역사가라 하더라도 상황에 따라 역사인식을 달리 할 수밖에 없기 때문입니다.

실증주의와 현재주의의 다툼은 결국 역사인식의 객관성과 과학성을 중시하는 입장과 역사인식의 능동성과 가변성을 중시하는 입장의 충돌입니다. 역사인식 주체의 능동적 역할과 역사인식의 가변성을 인정해야 한다는 현재주의의 주장을 인정하더라도, 실증주의가 강조하는 역사인식의 객관성과 과학성을 확보하는 일은 모든 역사가가 피해 갈 수 없는 과제인 것입니다.

| Chapter **9** |

역사주의와 반(反)역사주의

역사에서 사실의 문제라든가, 역사에 대한 실증주의와 현재주의의 매우 다른 시각들을 보면서 역사라는 것이 그렇게 단순한 게 아니구나 하는 생각들을 했을 것입니다. 역사책에 서술된 것은 다 객관적 진실이라고 생각했는데, 역사가의 능동적 역할과 사회적 제약으로 인해 반드시 그러한 것도 아니라는 점을 느꼈을 것입니다.

역사의 이러한 속성을 어쩔 수 없는 것으로 인정한다면, 역사의 과학성과 객관성은 불가능한 것이 아닌가, 과학성과 객관성도 확보할 수 없는 것을 알아서 무엇하는가 하는 생각도 들 것입니다. 다시 이러한 문제를 역사주의와 반(反)역사주의를 통해 이야기해 보려고 합니다.

1. 역사주의

1) 다양한 의미

'역사주의(historicism)'라는 말은 사람에 따라 각기 다른 의미로 사용되어 통일적인 의미를 갖기 어려운 형편입니다. 프랑스의 한 유명한 철학사전의 '역사주의' 항목에는 '(이 용어의 사용은) 피해야 한다. 대부분 그 같은 유형의 용어들은 걸핏하면 논쟁을 야기하기 때문이다'라고 하는 경고로 끝을 맺고 있을 정도입니다.

'역사주의'라는 말은 서로 다른, 서로 모순되기조차 하는 의미를 포함하기도 합니다. 역사를 마치 정의를 심판하는 법정이나 신의 위치에 올려놓고 모든 것을 역사의 이름으로 재단하려 한다는 부정적 이미지와 함께, 모든 것은 역사를 통해 그 실체를 드러내며 따라서 신뢰하고 기댈 것은 역사뿐이라고 하는 긍정적 이미지를 갖기도 합니다.

역사주의는 대체로 현재에 대한 설명을 위해 과거에 대한 이해가 필수적이라는 기본 입장에서, 현재의 모든 현상을 역사적 과정으로 분석하고, 그 가치나 진리도 역사의 과정에서 나타난다고 보는 경향을 말합니다. 사회현상의 본질을 자연주의적 또는 초역사적으로 이해하는 것이 아니라 역사적 생성 · 발전 · 소멸의 과정에서 이해하고자 하는 입장의 총칭이라 할 수 있습니다.

19세기 말부터 인문 관련 과학에서 쓰기 시작한 새로운 개념이지만, 그 발생은 18세기 이래 성장한 시민계급의 역사에 대한 신뢰와 새로운 시대에 새로운 역사가 필요하다는 인식에서 싹트기 시작하였습니다.

역사주의를 학문적 용어의 단계에까지 올려놓은 것은 트뢸치(Ernst Troeltsch, 1865-1923)와 마이네케(Friedrich Meinecke, 1862-1954) 등으로, 트뢸치는 역사주의를 자연주의와 함께 '근대세계의 두 가지 위대한 학문적 창조물'이라고 간주하였습니다. 마이네케는 역사주의를 '라이프니츠로부터 괴테에 이르는 독일 사상에서 얻어진 새로운 생활 원리'인 동시에 '서유럽적 사유가 체험한 최대의 정신 혁명의 하나'이며, '단순히 정신과학 상의 방법에 머물지 않는 세계관이자, 인생관'이라고 주장하였습니다.

역사주의란 말의 의미에 대한 이해를 위해 역사주의란 용어가 갖는 역사적 성격을 살펴보는 것은 유용한 방법입니다. 역사주의에 관한 책들을 저술했던 저자들은 역사주의를 '계몽주의 시대의 이념에 반대하여, 혹은 그것과 충돌하면서 일어난 하나의 경향'이라는 점을 강조합니다. 계몽주의 시대의 합리주의가 불변의 인간성, 불변의 자연법이 존재한다고 본 것과 달리 역사주의는 인간과 자연과 사회 등 그 모든 것을 끊임없이 운동하고 변화하는 과정 속에서 파악하려는 경향이었습니다.

이처럼 계몽주의의 이념과 대비시켜보면 역사주의에 대한 보다 적절한 이미지가 떠오릅니다. 역사주의의 기치 아래 모였던 사람들은 주로 세계나 세계의 동력, 또는 세계의 끊임없는 변화에 관심을 가졌습니다. 다시 말해 사물이나 생명력이 있는 자연이나 인간 세상에서 일어나는 변화와 그에 대한 인식 방법에 관심을 가졌던 것입니다.

우리는 보통 인간과 자연과 사회를 자신의 종교적 도덕률이나 가치관에 따라 선험적으로 판단하고 평가하는 경향이 있습니다. 그러나 역사주의는 이를 거부하면서 그것을 끊임없이 운동하고 변화하는 과정에서 파악해야 한다고 주장합니다.

인간과 자연과 사회에서 일어나는 현상이나 사건에 대해 종교적 도덕률이나 가치관에 따라 선험적으로 판단하고 평가하고 믿는 경향은 도처에 널려 있습니다. 중국 선불교(禪佛敎) 즉 선종(禪宗)을 열어 초대 조사, 즉 '초조(初祖)'로 불리는 달마(達磨, ?-528) 대사는 원래 인도 선불교 28대 조사였다고 합니다. '달마가 동쪽으로 간 까닭은'이란 영화도 있었지만, 그가 동쪽 땅 중국으로 온 것은 당시 인도에는 브라만교를 계승한 힌두교가 일어나 불교가 쇠퇴일로를 걷고 있었기 때문입니다. 인도에서는 더 이상 불법(佛法)을 전하기 어려운 상황에서 동쪽 땅 중국에서 무한한 가능성을 발견한 것이지요.

달마가 중국에 온 것은 520년경으로, 당시 중국은 북방의 오랑캐 왕조와 남방의 한족 왕조로 분리된 이른바 남북조(南北朝) 시대의 혼란기였습니다. 그가 당도한 곳은 남조의 양(梁) 나라. 당시 양 나라는 '보살 황제'라고 불릴 정도로 불교에 독실했던 무제(武帝, 재위 502-549)가 다스리고 있었습니다. 정치를 잘 하였지만 국가예산으로 절을 짓는 등 지나치게 불교에 빠져들어 정치를 그르친 인물입니다.

양 무제를 만나 몇 마디 말을 나누어 본 달마는 그가 독실한 불교도일지라도 깨달음은 이루지 못했음을 간파했습니다. 이에 실망한 달마는 신발을 강가에 벗어두고 갈대 잎을 타고 양자강을 건너 오랑캐 선비족이 세운 북위(北魏)의 수도 낙양(洛陽)으로 갔습니다. 중국 그림 중에 자주 보이는 '달마 도강도(達磨 渡江圖)'는 이를 묘사한 것입니다.

달마는 낙양 동쪽 숭산(嵩山) 소림사(少林寺) 뒤편 산 중턱에 있는 동굴에 들어가 9년 동안 면벽좌선(面壁坐禪)하였습니다. 새가 날아와 앉기도 하고 벌레가 쏘

아대기도 하였지만 끄떡도 않고 동굴 벽만 바라보며 수도하여 다시 한 번 큰 깨달음을 얻었습니다. 사람의 마음이 본래 청정하다는 이(理)를 깨달아야 한다고 주장하면서 중국 선불교의 창시자가 되었습니다. 소림사는 영화의 제목으로 자주 등장하여 무협영화에 가려버린 듯하지만 무술이 아니라 초조 달마가 인도에서 중국에 와 선불교를 일으킨 선불교의 발상지이자, 중심 도량으로 더 유명한 곳이지요.

그런데 어느 날 진리의 법을 찾아 헤매던 혜가(慧可, 487-593)가 찾아 와 제자가 되기를 간청했습니다. 그러나 달마는 거들떠보지도 않았습니다. 흰 눈이 펄펄 내리는 차가운 날씨에 몇 시간이나 간청하였지만 마찬가지였습니다. 혜가도 물러서지 않고 눈을 맞으며 며칠이나 그 자리에 꼼짝도 않고 서 있었습니다. 어느 덧 달마가 문을 열어젖히며 '하늘에서 붉은 눈이 내리면 제자로 받아들이겠노라'라고 하였습니다. 혜가의 근기를 확인한 달마가 풀기 어려운 화두로써 제자가 되고 안 되고를 그의 손에 맡긴 것이었지요.

이 말이 떨어지기가 무섭게 혜가는 가지고 있던 칼로 자기의 팔을 내리쳤습니다. 팔이 떨어져 나가면서 붉은 피가 하늘로 솟구쳤고, 흰 눈을 붉게 물들였습니다. 그때서야 달마는 그를 제자로 받아들였습니다.

이른바 '팔을 끊어 진리를 구한다'는 단비구법(斷臂求法)의 고사인데, 그는 달마로부터 법을 전수받아 2대 조사(2조)가 되었습니다. 이렇게 전해진 법은 문둥이로 해탈 자재한 3조 승찬(僧璨, ?-606)을 거쳐 4조 도신(道信, 580-651), 5조 홍인(弘忍, 601-674) 대사에 이르렀습니다.

이어 달마의 도는 그 유명한 6조(六祖) 혜능(慧能, 638-713)에게 이어졌습니다. 그의 속성은 노(盧)씨. 가난하여 나무를 팔아서 노모를 봉양하던 어느 날, 장터에서 한 스님의 『금강경(金剛經)』 독경을 듣고 문득 깨닫는 바가 있어 황매산(黃梅山)의 5조 홍인대사를 찾아갑니다. 그러나 홍인대사는 무엇하나 가르쳐 주는 것 없이 디딜방아 찧는 일만 시켰습니다.

그러기를 8개월 째, 홍인대사가 제자들의 공부를 시험하는 자리가 열렸습니다. 일자무식이던 그가 시험을 자청하여 '누구라도 본래 부처인 자신의 불성(佛性)을 바로 보면 단박에 깨달음을 얻을 수 있다'는 '돈오(頓悟)'의 설을 설파하였습니다. 반면 원래 수제자로 후일 측천무후(則天武后)의 왕사(王師)가 되는 신수(神秀, 605-706)는 '깨달음은 꾸준한 수행과 공부를 통해 얻을 수 있다'는 '점오(漸悟)'의 설을 설파했습니다. 인간에 대한 무한 신뢰와 조건부 신뢰의 차이였습니다.

홍인대사는 시험이 끝난 그날 밤 나무꾼 노 씨가 일하고 있는 디딜방앗간을 뒷문으로 찾아와서는 지팡이로 땅을 '땅, 땅, 땅' 세 번 치고 뒷문으로 나가 버렸습니다. '오늘 밤 삼경(三更)에 뒷문으로 찾아오라'는 신호였습니다. 노 씨가 삼경에 홍인대사를 찾아가자 '6대 조사 자리를 그대에게 전한다'라고 하면서 징표를 주었습니다. 그리고는 '혹 다른 제자들이 해칠지 모르니 당장 남쪽으로 떠나라'고 하였습니다.

졸지에 6대 조사 자리를 물려받은 나무꾼이 남쪽으로 내려간다는 소식을 전해 들은 다른 제자들이 그를 따라가 잡았습니다. 나무꾼은 징표를 가져가라고 하였습니다. 그런데 바위 위에 올려 둔 징표가 도무지 떨어지지 않았습니다. 결국 바위마저 번쩍 들리자 그에게 합장하고 보내주었습니다.

남쪽으로 내려 온 나무꾼은 오늘날 광동성(廣東省) 광주(廣州)의 광효사(光孝寺)에서 정식으로 머리를 깎고 스님이 되었습니다. 그가 오랫동안 주석한 곳은 중국 남부 광동성(廣東省) 조계(曹溪)의 보림산(寶林山, 혹은 조계산) 남화선사(南華禪寺, 초기명은 보림사)였습니다. 이 지역을 조계라 한 것은 조씨(曹氏)들이 많이 살면서 이곳의 계곡을 조계라고 한데서 유래했습니다. 우리나라 불교 최대 종파인 조계종은 여기서 이름이 나왔던 게지요.

수많은 제자를 키우고 중생을 구제했는데, 말년에 옮긴 고향의 사찰에서 앉은 채 죽었습니다. 그의 시신을 두고 고향의 사찰과 남하선사가 서로 모시겠다고 다투어, 두 지역을 다스리는 자사(刺史)가 향을 피워 연기가 가는 방향으로 모시기로 하였습니다. 연기는 남화선사 쪽으로 흘러 시신을 그곳으로 옮기고 '등신불'로 만들어 모셨습니다. 등신불이란 시신에 옻칠을 하는 등으로 처리해, 사람 몸을 그대로 부처상으로 만든 것입니다.

육조 혜능대사는 부처가 재림한 듯 오늘날까지도 숭배의 대상입니다. 필자가 여행한 광주 광효사와 조계 보림산 남화선사에는 향을 사르며 빌고 있는 사람들로 넘쳤습니다.

신라인들도 그를 무척이나 존경하여, 성덕왕 21년(722) 대비(大悲)· 삼법(三法) 두 스님이 사후 등신불이 된 그의 목을 베러 갔습니다. 그의 목을 잘라 신라로 돌아왔는데 마땅히 모실 곳을 찾지 못했습니다. 꿈에 '지리산 눈 쌓인 계곡 칡꽃이 피어 있는 곳에 봉안하라'는 계시를 받고 호랑이의 인도로 육조의 목을 봉안하고 절을 세웠는데, 그것이 경남 하동 쌍계사(雙溪寺)라고 합니다.

지금도 쌍계사 대웅전에서 유턴(U Turn)해 돌아 나와 오른쪽에 있는 계곡을 건너면 계단이 나오고 이 계단을 올라가면 다른 전각들이 있는 영역이 나타납니다. 안으로 들어가 올라가면 그 마지막 자리에 '금당(金堂)'이란 현판이 있는 조그만 전각이 나옵니다.

그 전각 중앙에 돌로 만든 조그만 '육조정상탑(六祖頂相塔)'이 있습니다. 육조의 정상(頂上), 즉 머리를 모셔와 봉안한 것을 기념하는 탑입니다. '금당(金堂)'이란 현판의 글씨는 추사 김정희가 쓴 것인데, 그 금당 외벽에는 육조 혜능이 나무를 하다가 출가하여 5조 홍인으로부터 조사 자리를 물려받은 과정이 그려져 있습니다.

쌍계사는 우리나라 사찰로서는 거의 유일하게 석가모니의 영역만이 아니라 육조의 영역을 두었습니다. 바로 금당이 있는 영역입니다. 모든 절은 부처의 영역이지만, 특별히 육조의 영역을 둔 것은 그의 머리를 모셨다는 의미일 것입니다.

많은 불교도들은 달마나 육조를 부처가 재림한 듯 숭배합니다. 지금도 달마대사의 형상을 그려 벽에 붙여 놓으면, 악귀가 근접하지 못한다고 보기도 하지요. 육조의 설법을 기록한 법문집을 『육조단경(六祖壇經)』이라 하는 것은 그것을 부처의 설법에만 부여하는 경(經)의 위치에서 평가하는 것입니다.

그러나 그러한 숭배와 평가가 어느 정도 역사적 분석의 결과인지에 대해서는 의문이 많습니다. 달마가 실존 인물인지에 대해서조차 의문이 있는 형편입니다.

어느 날 신문에 최근에 찍은 육조의 등신불 사진이 게재되었습니다. 육조의 머리를 잘라 가지고 왔다면 등신불에는 머리가 없어야 하는데 그대로 있었습니다. 얼굴은 비록 나무꾼의 그것처럼 무식한 모습이었지만 말입니다. 기사를 읽어보니 신라 스님들이 그의 목을 베러 간 것은 사실인데, 중국인을 매수하여 시도하다 발각되어 실패했다는 것입니다. 중국인은 이로 인해 재판을 받았는데 그것이 중국 측 기록에 나타난다는 것입니다. 그 후 재발 방지를 위해 등신불 목에 철망을 둘러 두었다는 내용이었습니다.

공산 중국의 모택동 시절, 자본주의적 색채를 중국 문화에서 일소한다는 문화대혁명이 일어났습니다. 수천만 명이 자본주의를 추종한다는 이유로 죽었습니다. 인류 최대의 집단 광기였던 셈이지요. 이 광란의 와중에 공자와 석가, 혜능은 자본주의 사상의 원흉으로 몰렸습니다. 공자의 묘가 파헤쳐지고, 불상은 파괴되었습니다. 남화선사에 들이닥친 어린 홍위병들이 육조의 등신불을 내리쳤는데, 팔뚝의 뼈가 튀어 나오는 바람에 혼비백산하여 달아남으로써 겨우 보존되었다고 합니다.

2011년 겨울 우리대학과 자매결연을 맺은 광동성 광주의 화남사범대학(華南師範大學)의 초청으로 그 대학이 주최한 국제 세미나에 참석하였습니다. 중국, 한국, 일본, 러시아의 30여개 대학 총학장들이 모여 '사범 교육의 발전적 방향'을 모색하는 자리였습니다. 필자는 우리대학 사범대학 학장 자격으로 초청되었습니다. 세미나 일정을 마치고 투어 코스가 잡혀 있었는데 마침 남화선사가 들어 있었습니다. 눈이 번쩍 띄었지요. 육조의 등신불을 내 눈으로 확인하고 싶었던 소망을 이루게 된 것은 망외(望外)의 소득이었습니다.

조계지역에서 점심을 먹고 '붉은 무지개' 같다는 단하산(丹霞山)의 굽이굽이 붉은색 계곡의 절경을 본 후 남화선사로 향했습니다. 절 앞에 물이 흐르는 조그만 계곡을 만들어 두었는데, 조계를 상징하는 듯했습니다. 조계는 그 지역 명칭이 되어 있었습니다.

남화선사에는 중국 선종의 본산답게 사람들이 많이 붐볐습니다. 마침내 등신불을 보게 되었는데, 육조의 등신불 양 옆으로 두 개의 등신불이 더 있었습니다. 제자들의 등신불이라 하였습니다. 신문의 사진에서 본 그대로였습니다. 목은 있었습니다. 사진을 못 찍게 하였으나 그곳을 지키는 젊은 감시원을 꼬셔 몇 장을 몰래 찍었습니다. 이 책의 개정판을 낼 때 보여주기 위함이었는데, 등신불을 보호하기 위한 사각의 유리 보호창의 반사로 잘된 사진이 못되었습니다.

등신불의 사실 여부를 확인하기 위해 그곳 사람들에게 이것저것 물었습니다. 고승들의 경우 죽기 한참 전부터 곡기를 끊고 석회와 숯을 깐 자리 위에서 참선에 들어갔다가 그대로 앉아 죽었다고 합니다. 속에 든 것이 다 소진된 시신에 옻칠을 하고 금칠을 한 다음 법복을 입혀 등신불로 만들었다는 설명이었습니다. 귀국 행 비행기 안에서 그 진실 여부에 대한 생각이 머리를 떠나지 않았습니다.

장황한 이야기가 되었지만 그 어떤 사실에 대해 특히 그것이 신앙적인 것과 관련될 때 무조건 믿고 따르는 경향을 말하고자 함입니다. 달마나 육주에 대한 위아 같은 이야기에 사실에 반하는 내용들이 꽤 있었음을 보았습니다.

육조의 목이 그 대표입니다. 그의 목은 그대로 있으니 신라로 왔을 리가 없고 쌍계사에 모셨을 리도 없습니다. 신앙은 사실의 차원을 넘어서는 것이라고 주장되지만, 사실에 기초하지 않은 신앙이나 사실에 반하는 허구에 입각한 신앙은 신앙의 차원에만 국한되어야 합니다. 만약 그렇다면 그러한 신앙으로 인간을 가르치고 구속하고 단죄하는 일도 하지 말아야 할 것입니다.

나는 달마를 연구하려는 대학원 제자에게 달마를 종교적 신앙의 대상이 아니라 역사적 탐구의 대상으로 볼 것을 주문하였습니다. 달마를 종교적 신앙심이 아니라 철저히 역사적으로 바라보라는 주문이었던 것이지요.

한참 전에 마광수교수의 글을 읽은 적이 있습니다. 소설 『즐거운 사라』가 너무 외설적이라는 이유로 대학에서 해직된 상태에 있던 그가 모 신문에 기고한 '예수를 역사적으로 보자'라는 글이었습니다. 그의 논지는 예수에 덧붙여진 비역사적인 상들을 제거해야 예수의 참모습과 참다운 위대성이 나타난다는 것이고, 그러기 위해서는 예수를 신앙이 아니라 역사적으로 바라보아야 한다는 논지였습니다. 이 글을 읽으면서 마광수라는 소설가에게서 문학가가 아닌 역사가로서의 면모가 느껴졌습니다.

이처럼 세상을 어떻게 이해하고 해석할 것인가 하는 것은 매우 중요합니다. 세상을 운동과 변화, 즉 역사로 파악하게 되면 현재에 존재하는 모든 것은 과거에 일어났던 변화의 결과이자 객관적인 역사이며, 또한 미래에 일어날 변화의 출발점이라고 해석하게 됩니다. 따라서 역사가 발생에 관해 설명하게 되는 것은 필연적입니다. 또 변화를 현실의 속성으로 볼 경우, 그 변화가 '낮은' 형태에서 '고급' 형태로 나아가는 발전을 의미하는가 하는 의문도 세계상을 파악하는 핵심 문제로 등장합니다.

2) 역사주의의 주창자들

마르크스에게 크게 영향을 미쳤던 헤겔(Georg Wilhelm Friedrich Hegel, 1770-1831)의 변증법적 세계관은 각종 과학의 새로운 발전에 따라 끊임없이 제시되었던, 현실을 운동과 변화로써 설명할 수 있는 새로운 증거들에 영향을 받았습니다. 그 중에서도 가장 중요한 것은 다윈(Charles R. Darwin, 1809-1882)의 진화론이었습니다. 진화론은 우주와 인간이 어느 순간 현재와 같은 모습으로 신에 의해 창조되어 변함없이 그대로 지속되어 온 것으로 보던 당시의 일반적 인식에 일대 충격을 가했습니다.

그 충격이 너무 강렬하여 신에 의한 창조설을 고수하는 이들은 원숭이의 자손인 다윈주의자들과 상종할 수 없다고 주장했습니다. 그러나 다윈의 진화론은 자연계가 고정된 상태로 지속되는 것이 아니라 끊임없이 진화한다는, 운동하고 변화한다는 점을 확인시켜 주었던 것이지요.

자연계가 진화에 의해 끊임없이 운동하고 변화한다는 관점은 사회에 대한 분석에도 적용되었습니다. 자연계와 마찬가지로 사회 역시 끊임없이 운동하고 변화한다고 보게 되었던 것이지요. 사회도 유기적 생명체와 같이 운동하고 변화하면서 새로운 환경에 적응하지 못하면 도태되고, 적자만이 살아남는다고 보았던 것입니다.

물론 이러한 '사회적 진화론'은 제국주의 침략의 논리적 근거로 작용하기도 하였습니다. 제국주의 열강은 새로운 환경에 잘 적응하여 살아남은 적자이고, 그들에 의해 정복당한 식민지 사회는 새로운 환경에 적응하는데 실패했기 때문에 자연 도태되는 것일 뿐이라는 논리를 제공한 셈이지요. 그러나 진화론이 세상을 운동과 변화의 과정으로 이해하고 해석하는데 이바지한 공헌은 대단한 것이었습니다.

사회가 점진적으로 변화한다는 주장은 비단 역사주의나 진화론에서 만이 아니라, 이탈리아의 역사철학자 비코(G. Vico, 1668-1744) 등의 견해에서도 이미 나온 바 있었습니다. 비코는 역사 과정이 점진적으로 변화하는 주기에 따라 나선형적으로 발전한다고 주장한 것으로 유명합니다. 역사를 신의 시대, 영웅의 시대, 인간의 시대로 단계적으로 변화하는 것으로 보고, 각 단계가 다음 단계로 이행하는 것을 '인간화'의 과정으로 해석하였던 것입니다.

이는 불변의 자연법칙과 불변의 인간성을 신봉한 계몽주의 시대의 관점과는 다른 일종의 역사주의적 관점이었습니다. 이미 본 바와 같이 역사주의가 인간과 자연과 사회 등의 그 모든 것을 끊임없는 운동과 변화의 과정 속에서 파악하려는 경향을 의미한다고 하면, 계몽주의는 당연히 반(反)역사주의였습니다.

고전적인 독일 관념론 철학, 특히 헤겔의 관념론도 계몽주의적 풍조에 변화를 가져다주었습니다. 그는 변증법적으로 사물을 운동과 변화라는 관점에서 해석했던 것입니다.

그럼에도 헤겔 등의 관념론자들은 자신들의 사상에 형이상학적 사상을 부여해 버렸습니다. 헤겔은 '역사는 자유의 발전 과정이며, 자유는 역사의 목적'이라는 칸트(Immanuel Kant, 1724-1804) 철학에 영향 받아, 역사를 '자유'라는 형이상학적 기준을 중심으로 몇 단계로 변화한다고 보았습니다.

이에 반해, 낭만주의와 밀접하게 관련되어 있기는 했으나 관념론과는 다른 방향으로 발전하면서 헤겔의 관념론에 반대해 싸웠던 것이 실증주의였습니다. 그 사상을 가장 잘 표현한 것이 랑케의 저서들이었습니다. 실증주의는 현실을 관념의 소산이 아니라 역사적 산물로서 철저하게 역사적으로 해석하였으며, 하물며 관념까지도 역사적 산물로 해석했던 것입니다. 이러한 점에서 실증주의 사학은 대표적인 역사주의였습니다.

사회과학 분야에서 진화론에 필적할 만한 것은 마르크스의 역사주의였습니다. 마르크스는 현실을 운동과 변화의 관점으로 해석하는 헤겔의 변증법에 영향을 받았지만, 헤겔의 관념론적 역사관과 다른 물질주의적 역사관을 확립했습니다.

그는 한때 '나는 단 한가지의 과학, 즉 역사과학만을 인정한다. 역사는 자연의 역사와 사회의 역사라는 두 가지 측면을 포함하고 있다'고 한 바 있습니다. 이는 역사 연구의 중요성을 강조하고, 연구 대상을 발생적 측면에서 파악할 것을 요구하는 말이기도 했습니다. 마르크스는 역사주의자였습니다.

마르크스의 역사주의도 당시의 거의 모든 사람들이 역사주의라는 지적인 경향에 휩쓸려 있었기 때문에 예외적인 특수한 현상은 아니었습니다. 그러나 그의 역사주의는 여타 역사주의와는 성격이 달랐으며 매우 독창적이었습니다. 그의 역사주의는 크게 두 가지 특징을 갖습니다.

첫 번째 특징은 자연 현상이든, 사회 현상이든 모든 현상을 철저하게 역사적으로 해석한다는 점입니다. 그와 같은 해석 방식은 현상에 대한 단순한 지적 이해만이 아니라, 현상 그 자체에 대한 분석에까지 이르렀습니다.

다시 말해 존재하는 모든 것은 하나의 생성이며 과정이라고 보았습니다. 어떤 사물이나 현상이나 사유는 변화의 결과로서 발생하여 다시 사라져 버리고, 낡은 형태에서 새로운 형태로 탈바꿈한다는 것입니다. 모든 사물 · 현상 · 사유는 이와 같이 연계운동을 한다는 의미에서 생성이며 과정으로 해석하는 것입니다. 또한 마르크스주의는 역사적 변화의 과정에는 '낮은' 형태에서 '고급'으로 이행하는 발전의 과정도 포함된다고 보았습니다.

마르크스 역사주의의 두 번째 특징은 그것이 철저한 반(反)유심론적 존재론에 근거하였다는 점입니다. 모든 것을 하나의 과정으로 보면서, 세계와 현실은 인식하는 정신의 외부에서 그것과는 독립하여 '물질적으로 존재하며 객관적으로 실재한다'고 하였습니다.

마르크스의 역사주의는 모든 사물이나 현상의 동적이고 과정적인 성격을 강조함과 동시에 모든 사물이나 현상들을 인식할 때 역사를 파헤쳐 그 발생에 관해 인식해야 한다고 강조합니다. 또한 현상의 발생에 관한 인식만이 아니라, 정적인 의미에서의 그 구조에 관한 인식도 중시하였습니다. 그는 그것을 현상의 발생에 관한 인식에 있어 필수적인 보완요소로 보았습니다. 발생과 구조에 관한 2가지 인식 방법이 서로 연관되어 있었던 것입니다.

마르크스의 경우에서 잘 드러나듯이 모든 현상이나 실체를 운동으로, 과정으로 바라보는 것이 역사주의의 기초였습니다. 모든 현상이나 실체 – 객관적으로 존재하는 세계뿐 아니라, 사람의 마음속에 반영되는 세계– 를 끊임없이 변화하고, 발전하는 하나의 과정으로 해석하는 것입니다. 존재하는 모든 것은 역사적인 관점에서 해석되며, 사실상 그것 자체가 바로 '역사'라는 것이지요. 그럴 경우 현상의 발생에 대해 설명하게 되는 것은 필수적이며, 그것은 역사주의의 중요한 특징이었습니다.

앞에서 본 우주 발생에 대한 많은 신화들이나 하나의 민족 집단의 발생에 대한 많은 설명들은 바로 이러한 역사주의의 산물입니다. 어린 애가 '엄마, 누가 나를 낳았어?'라고 묻는 것도 일종의 역사주의의 발로인 셈입니다.

2. 반(反)역사주의

역사주의는 꽤 오랜 시간 동안 역사학만이 아니라 다른 과학에도 상당한 영향력을 끼치며 이어져 왔습니다. 그런 만큼 그에 대한 반론 역시 만만찮게 이어져 왔습니다.

역사주의에 반대하는 반(反)역사주의는 특히 역사주의의 상대주의적 성격을 비판하였습니다. 역사주의가 주장하는 것처럼 모든 사물과 모든 실체를 끊임없이 움직이고 변화하며 발전하는 하나의 과정으로 해석하게 되면 인간의 이념이나 원칙, 나아가 인간의 도덕률도 운동과 변화를 경험하게 됩니다. 그것은 곧 인간의 이념·원칙·도덕률을 역사적 여러 조건과 결부시킴으로써, 절대적 기준을 부정하는 결과를 초래합니다.

그럴 경우 역사주의는 '상대주의적'이란 비판이 일어나는 것은 당연합니다. 다시 말해 어떤 조건 하에서는 진정한 이념이지만, 다른 조건 하에서는 거짓 이념일 수 있다는 점을 인정하는 상대주의와 무엇이 다른가 하는 것입니다. 이러한 상대주의는 과학의 존립 자체를 위협하는 것이니, 과학은 절대적 객관성이 없이는 존립이 불가능하기 때문이라는 것입니다.

이러한 비판에 대해 역사주의자들은 역사주의의 상대주의적 성격을 인정하면서도, 그것이 통상적으로 말하는 '철학적 상대주의'와 다르다고 반박합니다. 사실 역사주의는 절대적 가치(특히 도덕적 가치), 절대적 판단(특히 미학적 판단), 절대적 규범(특히 윤리적 규범) 등을 주장하는 모든 이론들에 반대합니다. 그도 그럴 것이 역사주의는 경험적으로 확인할 수 있는 역사가 운동과 변화의 산물이라고 보기 때문입니다.

역사주의의 입장에서 인간의 사회생활에 대한 역사적인 분석을 가해보면, 모든 절대적 가치 · 판단 · 규범 등은 별 의미가 없게 됩니다. 가치 · 판단 · 규범과 같은 것도 결국 구체적인 역사의 여러 상황과 특정한 시공간적 조건에 영향을 받은 결과이기 때문입니다.

이를 뒤집어 말하면 가치 · 판단 · 규범이란 것도 일정한 조건과 상황의 맥락 속에서가 아니면 제대로 이해될 수 없다는 말입니다. 가령, 일정한 조건과 상황의 맥락 속에서가 아니면 어째서 가치 · 판단 · 규범 체계가 변화하여 왔는지, 어째서 그것이 바로 그 같은 형태로 되었는지 하는 등의 의문은 해결될 수 없다는 것입니다.

절대적 가치 · 판단 · 규범은 절대불변의 보편적 가치를 말하며, 따라서 어떤 기준도 필요로 하지 않는 것을 말합니다. 그러나 역사주의는 어떤 기준을 이용하지 않고 가치 · 판단 · 규범 등을 파악하는 것을 허락하지 않습니다. 즉 역사주의는 그것들을 상대적으로 파악하는 것이고, 이런 의미에서 역사주의 역시 상대주의일 수밖에 없다는 것이지요.

역사주의자들도 이 점에 대해 인정합니다. 그러나 역사주의자들은 반역사주의자들이 말하는 상대주의는 '언제, 누가, 어디서 판단을 내리는가에 따라 그 판단의 진실성이 좌우된다'는 철학적 상대주의라고 규정합니다. 이러한 철학적 상대주의는 '특정한 상황에서 진실이라고 여겨지는 판단도 다른 상황에서는 거짓이 될 수 있고, 특정한 상황에서 거짓이라고 여겨지는 판단도 다른 상황에서는 진실이 될 수 있다'고 믿는 상대주의라는 것입니다.

그러나 역사주의의 상대주의는 이러한 '철학적 상대주의'와는 다르다고 합니다. 역사주의의 상대주의는 특정한 상황에 따라 진실이 거짓이 되고 거짓이 진실이 되는 것이 아니라, 진실과 거짓을 판단하는 인식 자체가 역사적으로 변화되어 왔다는 것입니다.

따라서 역사주의의 경우 그 어떤 판단도 역사적으로 변화하기 때문에 '부분적 진실일 뿐'이라고 할 뿐, 때로는 완전 진실이 되고 때로는 완전 허위가 된다고 하지는 않는다는 것이 그들의 반박입니다. 따라서 그 어떤 판단도 항상 '부분적 진실'일 뿐이며, 절대적 진실은 이러한 무수한 과정의 맨 끝에서나 자리 잡게 된다는 것입니다.

절대적 진실, 즉 완전한 진실을 획득할 수 없다고 보는 점에서, 다시 말해 역사주의 역시 반(反)절대주의라는 점에서 역사주의 역시 일종의 상대주의라고 할 수 있습니다. 그러나 진실의 객관성이라는 문제는 진실의 절대성(불변성, 전체성)이나 완전성이라는 문제와는 다릅니다. 다르게 말하면, 진실의 객관성을 진실의 절대성이나 완전성과 혼동해서는 안 된다는 것입니다. '부분적 진실'은 절대적 진실은 아닐지라도 '객관적 진실'일 수는 있다는 주장입니다.

다시 말해 진실의 절대성과 진실의 객관성을 동일시해서는 안 된다는 것이지요. 역사주의가 상대주의가 되는 것은 진실의 절대성을 진실의 객관성으로 잘못 인식할 때, 즉 절대적 진실이라야 객관적 진실이라고 인식하거나 진실이 부분적이라는 이유로 객관성마저 결여된 것으로 생각할 때라는 것입니다.

역사주의 옹호자들은 진실의 절대성을 진실의 객관성과 동일시하는 것 자체가 잘못된 전제라고 주장합니다. 역사주의적 입장에 의한 역사인식은 완전하지는 않지만 부분적 객관성을 가질 수 있고, 따라서 부분적 진실을 획득할 수 있다는 것입니다. 반절대주의라는 점에서는 상대주의적 성격이 없는 것은 아니지만, 그렇다고 상대주의로 매도할 수는 없다는 것이지요.

나는 현실에 벌어진 어떤 상황을 이해하거나 판단해야 할 경우, 그 발생과 과정을 매우 정성들여 살펴보는 경향이 있습니다. 현실적으로 벌어진 상황을 역사적으로 바라보는 셈이지요. 이러한 점에서 나는 역사주의적 입장을 취하고 있는 셈입니다.

또 절대적 가치 · 판단 · 규범에 대해 늘 회의하는 데에서도 역사주의적 입장에 있다고 느낍니다. '절대적 진리는 절대 존재할 수 없는 게 아닌가'라고 생각하면서, 인간 세상이 혼탁한 것은 절대적 진리를 발견하지 못해서가 아니라, 절대적 진리가 아닌 것을 절대적 진리라 우기며 강요하고 이를 잣대로 만사를 평가하기 때문이라고 생각하는 쪽입니다. 말하자면 반절대주의라는 점에서는 나도 역사주의자인 셈입니다. 앞서 여러 사례를 들어 설명한 4장의 역사의 현재성, 5장의 사회과목으로서의 역사, 6장의 인문과학으로서의 역사에 대한 견해도 이러한 입장이 상당히 반영된 설명들이었습니다.

역사주의는 19세기부터 20세기에 걸쳐 발생한 '가치기준의 상실'이라는 시대적 위기에 대응할 수 없으며 그 자체가 '가치 상대주의'를 낳는다고 비판되었습니다. 또 인간 정신의 형성과 창조력을 간과할 위험이 있다는 비판도 받았습니다.

칼 포퍼(Karl Popper, 1902~1994)는 1945년 출간한 『열린 사회와 그 적들(Open Society and Its Enemies)』을 통해 역사주의를 역사적 법칙론, 유토피아론과 함께 전체주의적 성격을 갖는다는 점에서 통렬히 비판하였습니다.

유대인이었던 그는 '열린 사회'야말로 인류가 살아남을 수 있는 유일한 사회라고 주장하고, 자신이 말하는 열린 사회를 전체주의의 대립 개념인 개인주의 사회이자 부분적인 개혁을 시도하는 점진적 사회라고 정의하였습니다. 이러한 입장에서 역사주의 주창자들을 플라톤(Platon), 헤겔(Georg Hegel), 마르크스(Karl Marx) 등과 함께 '닫힌 사회'로 이끈 '열린 사회의 적들'이라고 혹독하게 비판하였습니다.

그는 혁명을 통해 단번에 이루어지는 완전한 사회란 있을 수 없으며 이 세상을 보다 나은 사회로 이끌기 위한 대안으로 '점진적 사회공학'이라는 개념을 내세웠습니다. 즉 폭력과 유혈을 동반하는 혁명은 자유를 파괴할 뿐 결코 문제를 해결할 수 없으며, 자유로운 토론과 비판을 통한 점진적 개선만이 인간답게 살 수 있는 유일한 사회를 만들 수 있는 길이라고 보았습니다.

『열린 사회와 그 적들』은 한때 마르크스주의자로서 사회주의 운동에 참여했으나 나치즘과 파시즘, 러시아혁명 등을 목격한 뒤 전체주의 이데올로기의 비인간성에 환멸을 느끼고 자유주의 이데올로기의 대변자로 변신한 그를 20세기 철학사에서 비판적 합리주의의 대표로 자리잡게 한 명저로 평가받고 있습니다. 그는 이 저서에서 역사주의를 전체주의를 야기할 가능성을 잠재한 '열린 사회의 적들'로 본 것입니다.

역사가 인간의 합리적인 스승의 역할을 할 수 있기 위해서는 역사에서 역사주의라는 괴물이 제거되어야 하고, 역사를 역사주의와는 다른 '반(反)역사주의'의 관점에서 바라보아야 한다는 것은 역사주의에 대한 보다 통렬한 비판입니다. 흔히 사람들이 자신의 주장을 옹호하기 위해 즐겨 사용하는 '역사가 평가할 것'이라든가, '역사 앞에 부끄러워 할 줄 알아야 한다'라든가, '역사적 결단'이라는 말들은 마치 역사를 정의를 밝혀주는 법정과 같은 심판대, 나아가 신의 영역으로까지 격상시킨 것으로 이런 사고야말로 역사주의가 낳은 병폐라는 것입니다.

역사는 정의의 심판대나 모든 것을 심판하는 신이 아니라 그 이름만으로도 인권을 짓밟을 수 있는 괴물로서, 역사를 그 같은 괴물로 만든 역사주의를 역사에서 걷어내어야 한다는 것이지요. 이 역시 역사주의가 닫힌 체계와 전체주의를 낳는다고 보기 때문입니다.

닫힌 체계는 인간 존재와 인간의 의식을 역사적 상황에 의해 구속되는 것으로 보기 때문에, 인간 이성의 자율성과 자기 초월성을 부정한다는 것입니다. 또한 전체주의는 역사가 지향하는 목표나 방향이 결정되어 있으며 사회가 하나의 유기적 전체라고 보기 때문에, 사회 구성원들을 사회가 나아가야 할 방향으로 통제하는 것이 합리적이라고 주장하게 한다는 주장입니다. 인간의 자율성과 존엄성을 위협

할 수 있는 닫힌 체계와 전체주의가 뿌리 내리지 않게 하려면 그 원천인 역사주의를 과감히 걷어내야 한다는 것이죠.

역사주의가 내포하고 있는 위험성에 대한 준엄한 비판들입니다. 그러나 역사주의가 낳을 병리적 현상보다도 모든 현상의 실체를 파악하기 위해 그것을 선험적으로 판단하지 않고 역사적 과정 속에서 바라 볼 것을 주문하는 역사주의의 입장을 냉소적으로 치부하면서 현상에 대한 역사적 사색을 게을리 하거나 무시하는 자세야말로 더 심각한 병리적 현상이 아닐까 하는 생각도 듭니다.

'역사가 평가할 것'이라는 등의 말들은 역사를 신의 영역으로 격상시킨 것이라기보다, 절대적 기준으로 군림해 온 신을 변화의 영역으로 끌어내린 결과이기도 할 것입니다. 신을 변화의 영역으로 끌어내린 것은 신의 이름으로 자행된 수많은 허위와 인간 살상을 역사가 낱낱이 파헤치며 그 실체를 보여 주었기 때문이기도 할 것입니다. 이런 점에서 역사주의와 반역사주의에는 불변과 변화, 진리의 절대성과 상대성, 신과 인간에 대한 견해차가 반영되어 있다고 할 것입니다.

| Chapter **10** |

역사인식을 위한 구분법

너무 어려운 문제들을 살펴보느라 머리 꽤나 아팠을 것입니다. 이제 머리도 식힐 겸 조금 덜 이론적이면서 실제의 역사인식이나 설명을 보다 쉽게 하기 위한 하나의 방법론에 대해 이야기 하고자 합니다.

보다 쉽게 역사를 인식하고 설명하기 위해 통상적으로 역사를 공간적(지리적), 시간적, 인간 삶의 다양한 측면으로 구분합니다. 우리가 배웠던 한국사나 세계사 교과서도 이러한 구분들에 의해 서술되었습니다. 우리가 배울 때에는 이러한 사실을 몰랐지만 이제 왜 그렇게 구분하는지, 어떻게 구분하는지에 대해 말하고자 합니다.

필자의 전공 강의 첫 시간은 이로부터 시작되고, 학생들의 리포트 역시 이로부터 시작됩니다. 강좌명이 '동양 중세사'니 '동아시아 근현대사' 등으로 되어 있어, 강좌명에 대한 설명이 선행되어야 하기 때문이지요. 이러한 강좌명에는 공간적 구분과 시간적 구분이 동시에 포함되어 있습니다. 그 중에서도 '중세', 혹은 '근현대'라고 하는 등의 시간적 구분은 특히 중요합니다. 역사는 본질적으로 시간적 변화에 관한 지식이며, '시간 속에 있는 인간'에 대한 이야기이기 때문입니다.

1. 공간적(지리적) 구분

과거에 일어난 사실들 중에서 의미 있고 가치 있는 것을 가려 진열(서술)한 것이 2차적 의미의 역사인데, 어떻게 진열하는 것이 보는 사람으로 하여금 보다 알기 쉽게 하는 것일까요? 중고등학교 역사책이 한국사와 세계사 책으로 나누어져 있는 데서도 볼 수 있듯이, 우선 공간적(지리적)으로 구분할 필요가 있습니다. 역사는 모든 지역에서 동일한 전개 과정을 거친 것이 아니기 때문에, 세계 모든 지역의 역사적 전개를 한꺼번에 이해하기보다 우선 공간적으로 구분하여 이해하는 것이 통상적 방법입니다.

그럴 때 그 어느 나라건 자기나라의 역사를 우선적으로 하나의 단위로 구분하기 마련입니다. 이는 세계적인 보편 현상으로, 미국 역시 공간적으로 미국사와 세계사로 공간을 구분합니다. 자기 민족 · 자기 나라의 역사를 아는 것이 무엇보다 중요하기 때문입니다. 우리도 마찬가지여서, 한국사를 독립된 지리적 공간으로 설정하는 것은 오래된 일입니다.

그러면 그 나머지는 어떻게 하면 좋을까요? 우리나라 중등학교에서는 한국사를 제외한 지리적 공간을 '세계사'로 구분하였습니다. 그런데 중등학교의 세계사 교과서를 들여다보면, 동양 각 지역의 역사와 서양 각국의 역사를 분리해 서술하고, 이를 단순히 붙여 놓은 것에 불과합니다. 말하자면 화학적 융합이 아니라, 물리적 통합인 셈이지요.

그러나 사실 화학적 융합은 엄청나게 어려운 과제입니다. 따라서 말로만 세계사이지 동양사와 서양사를 단순하게 합친 형태에 불과한 것이지요.

세계사는 세계 모든 지역의 역사를 다 포괄하므로, 시간적으로나 공간적으로 한국사보다 범위가 훨씬 넓고 분량도 많습니다. 그래서 역사를 전공하는 대학의 사학과 · 역사교육과의 교육과정은 중등학교의 역사관련 교육과정과는 체제가 다릅니다. 대학에서는 역사의 지리적 공간을 크게 한국사 · 세계사가 아니라, 한국사 · 동양사 · 서양사의 3개 영역으로 구분합니다. 일부 대학은 사학과를 아예 한국사학과 · 동양사학과 · 서양사학과의 3개 학과로 나누어 놓기도 했습니다.

이처럼 동양이니 서양하니 하여 공간적으로 구분한 것은 전통에 따른 것일 뿐입니다. 사실 동양을 서양이라 하고, 서양을 동양이라 해도 전혀 상관없습니다. 그런데 고대 그리스 사람들이 오늘날의 서아시아 지역을 '오리엔트(orient)'라고 부르면서, 그리스를 기준으로 이동(以東)을 동양이라 하고 이서(以西)를 서양이라 하면서 그렇게 되었습니다. 동양과 서양은 순전히 편의적 구분에 불과한 공간적 개념이었던 것이지요.

그런데 유의해야 할 것은 그리스 사람들이 사용한 '오리엔트'라는 말에는 이러한 지리적 구분의 의미만이 아니라, 오리엔트에 대한 문화적 편견과 멸시가 담겨 있었다는 점입니다. 자신들은 시민들이 권리를 갖는 민주제인데 반해, 오리엔트는 무지막지한 군주만이 권리를 갖는 전제 군주제라는 게 가장 큰 이유였습니다.

문제는 그리스에서 시작된 오리엔트에 대한 문화적 편견과 멸시가 서양에서 지금까지도 이어지고, 제국주의 침략의 심리적 요인으로 작용하였다는 점입니다. 이러한 편견과 멸시가 그리스 이래 서양인의 의식이나 학문은 물론이고 생활 곳곳에 깊숙이 침투해 보편화되어 있는 현상을 '오리엔탈리즘(Orientalism)'이라고 한 것은 에드워드 사이드(Edward Wadie Said, 1935-2003)였습니다.

세계적 석학이었던 그는 미국식 '에드워드'와 아랍식 '사이드'가 결합된 묘한 이름에서도 볼 수 있듯이 팔레스타인 출신 미국인으로, 그 어느 쪽에도 끼지 못하는 이방인이었습니다. 그는 서구 사회에 만연한 오리엔탈리즘을 낱낱이 폭로하여 세계적으로 큰 충격을 주었습니다.

필자 역시 이 책을 보면서 '동양'이라는 말에 공간적 개념 외에, 서양의 동양에 대한 문화적 편견과 멸시가 서구 사회 곳곳에 깊숙이 숨어 있다는 사실에 큰 충격을 받았습니다. 그런데 또 하나의 충격이었던 것은 필자의 고등학교 선배이기도 한 박홍규 교수가 이 책을 번역하면서 엄청난 분량의 원서에 거의 70여 페이지에 달하는 자신의 서문을 덧붙인 사실이었습니다. 그 역시 오리엔탈리즘에 대해 할 말이 많았던 것이겠지만, '괴짜(?)'라는 생각이 들었습니다.

그러던 어느 날 필자가 칼럼을 연재하던 모 신문에 법학도인 그가 쓴 영화 칼럼이 연재되는 것을 보고 또 한 번 놀랐습니다. 참으로 '대단한 괴짜(?)'라는 생각이 들었지만, 아직까지 한 번도 만난 적은 없습니다. 재개정판을 쓰면서 그의 생각이 나서 적어 보았는데 실례가 아닌지 모르겠습니다. 양해를 구하는 마음에서 이 책 한 권을 보내 드릴까 생각하고 있습니다.

역사관련 학과의 교육과정은 공간적으로 한국사, 동양사, 서양사로 구분하지만, 서양사만 하더라도 시공간적으로 엄청난 내용을 포괄합니다. 따라서 서양사를 더욱 세분하여 가령 유럽사·아메리카사 등으로 나누고, 다시 유럽사를 서유럽사·동유럽사로, 다시 서유럽사를 영국사·프랑스사·독일사 등으로 구분하게 되는 것입니다.

이는 동양사에 있어서도 마찬가지입니다. 가령 동아시아사·중앙아시아사·서아시아사로 구분하고, 다시 동아시아사를 동북 아시아사·동남 아시아사로 구분하고, 동북 아시아사를 중국사·일본사·북방민족사 등으로 구분해 들어가는 것입니다. 다시 하나의 국가사는 가령 경기도사(京畿道史)·서울시사(市史)·성주읍사(邑史) 등으로 더 세분해 들어갈 수 있습니다. 이렇게 세분된 각 지역사를 역순으로 통합해 들어가면 최종적으로 세계사가 되겠지요.

우리가 이처럼 역사에서 지리적 공간을 구분하는 것은 역사를 이해하고, 설명하는데 유용하기 때문입니다. 사실 역사를 전공하는 전문가들은 모두 자기가 전공하는 역사적 공간을 설정합니다. 그러다 보면, 다른 지역의 역사에 대해서는 연구할 시간적 여유를 가지기 어렵습니다. 한국사 전공자가 서양사나 동양사를 잘 이해하는 것은 그만큼 어려운 일이지요. 그 반대의 경우도 마찬가지입니다.

그러다 보니 한국사와 동·서양사를 유기적으로 연결시켜 통합적으로 이해하거나, 동·서양사를 한국사와 유기적으로 연결시켜 통합적으로 이해하는 데 한계가 있는 것이 사실입니다. 공간적으로 구분된 한 지역 역사에서 전문가가 되는데도 매우 어려운 과정을 거쳐야 하므로, 자신의 연구 공간을 설정할 수밖에 없는 것입니다. 그러나 자기가 연구하는 지역 공간의 역사적 특징을 더 잘 이해하기 위해서라도, 여타 지역 공간의 역사에 대한 보다 깊은 이해는 매우 필요합니다.

2. 시간적 구분

1) 시대구분의 효용성과 한계

과거의 역사 저술과 오늘날의 역사 저술에는 많은 차이점이 있습니다. 오늘날의 역사 저술의 내용들이 엄밀한 실증의 과정을 거쳤다든지, 소수의 영웅이 아니라 말없는 일반서민 대중들을 역사의 주인공으로 등장시켰다든지 하는 점들도 큰 차이일 것입니다. 역사연구에서 자연과학이나 사회과학의 도움을 받음으로써 방법론상으로도 큰 차이를 보입니다.

그런데 오늘날 역사서에서 쉽게 발견할 수 있는 시간적 구분법을 과거의 역사서에서는 거의 발견할 수 없다는 점도 차이점일 것입니다. 여러분이 중등학교에서 공부한 역사책에는 반드시 고대니, 중세니, 근세니, 혹은 근대니, 현대니 하는 식으로 시기를 구분한데 반해 과거의 역사저술에는 이러한 시간적 구분이 별로 없었다는 것입니다.

과거 역사를 몇 단계의 시기로 구분하여 인식하는 방법을 '시대구분'이라고 합니다. 그렇게 하는 이유와 목적은 크게 두 가지입니다.

우선 그 첫 번째 이유와 목적을 살펴볼까요? 역사는 본질적으로 시간적 변화에 관한 지식이며, '시간 속에 있는 인간'에 관한 학문입니다. 물리적 시간이 아무런 질적 변화나 굴곡이 없는 균질적인 데 반해 역사적 시간은 그와 다릅니다. 마치 개구리가 멀리 뛰기 위해 한껏 움츠렸다가 도약하듯이 역사적 시간은 먼 훗날 되돌아보았을 때 상당한 질적 전환과 굴곡의 순간을 갖기도 합니다.

우리는 역사를 시간적 연속 · 계기 · 변화로 인식합니다. 시간은 무한한 과거에서 출발하여 현재에 이르렀고 다시 미래로 여행을 계속할 것입니다. 시간관념은 역사 이해에 필수적입니다. 시간에 대한 관념 없이는 일어난 일의 성격은 물론 사건의 전후 관계나 사건 주역의 동기조차 알기 어렵습니다.

우리 모두는 매일 매일의 일상생활을 다람쥐 쳇바퀴 돌 듯 살아갑니다. 그날이 그날이지요. 변화된 것은 거의 없는 듯합니다. 우리의 지난날을 회상해보면, 어머니의 품에서 벗어나 어느 날 초등학교에 들어가고, 중학교에 들어가고, 다시 고등학교로, 대학으로 진학합니다. 그날이 그날인 것 같았는데 어느 순간에 중학생이 되고, 고등학생이 되고 대학생이 된 것입니다.

역사도 마찬가지입니다. 지금 이 땅의 모습은 우리가 어렸을 때 보고 경험한 모습과는 꽤 다릅니다. 어제 보았던 모습이나 오늘 보았던 모습이 그게 그것인 듯한데, 그런 것들이 모이고 모여 전연 다른 모습을 가지게 된 것이지요.

초등학교 입학 전날과 초등학교 입학한 첫날은 물리적으로 똑같은 시간입니다. 그러나 이제부터 인생이 꽤나 힘들게 되었습니다. 일찍 일어나 학교에 가야하고 공부도 해야 합니다. 좋은 시절 다 끝나고 고달픈 인생이 시작된 것이지요.

초등학교 6학년과 중학교 1학년, 중학교 3학년과 고등학교 1학년, 고등학교 3학년과 대학 1학년도 마찬가지입니다. 물리적 시간은 동일한데 그 전에는 경험하지 못한 다른 경험을 하게 됩니다. 특히 고등학교 3학년에서 대학 1학년이 되는 순간 엄청나게 다른 경험을 하게 됩니다. 담배도 피우고 술도 마시고 이성도 사귀고, 매일 새벽같이 학교에 갔다가 늦게 잠들지 않아도 됩니다. 강의가 있는 날 학교에 갔다가 귀가하여 일찍 잠들어도 됩니다. 고등학교 3학년 시절에는 꿈도 꾸지 못할 변화가 일어난 것입니다.

초등학교 6년 동안에도 우리는 많은 변화를 경험합니다. 그러나 중학교 1학년이 되어서야 경험하게 될 변화를 경험하지는 못합니다. 중학교 1학년이 되면 초등학교에서는 경험하지 못한, 색다른 경험들을 하게 되는 것입니다. 중학교 3년 동안과 고등학교 입학 후, 고등학교 3년 동안과 대학 입학 후의 경험 역시 상당히 다릅니다.

이처럼 초등학교 6년 동안 경험한 변화는 경험의 양적 확대입니다. 경험이 양적으로 확대된 것은 사실이나 특별히 질적으로 달라진 변화를 경험한 것은 아니었습니다. 중학교 3년, 고등학교 3년 동안 경험한 변화도 마찬가지입니다. 이때에도 당연히 많은 변화를 경험하지만 그게 그것인 변화에 불과했습니다. 질적인 변화는 고등학교에 입학하면서, 대학에 입학하면서 경험하게 되는 것입니다.

이처럼 변화에도 '양적 변화'와 '질적 변화'가 있습니다. 앞에서도 말한 적이 있지만 다시 한 번 상기해 볼까요? 말 1마리로 끌던 마차를 4마리로 끌게 되면 1마력이 4마력으로 확대되어 힘이 그만큼 커질 것입니다. 또 양초 1개에 2개 더하면 그만큼 밝아지겠지요. 그러나 이러한 변화는 '양적 확대'에 불과합니다.

'질적 변화'는 말로 끄는 마차가 자동차로 바뀌거나, 양초불이 전기불로 바뀌는 것과 같은 변화입니다. 말하자면 종전에 없던 전혀 새롭고 엄청난 변화를 '질적 변화'라고 하는 것입니다. 돌을 깎아 부처를 만든다면, 같은 돌이라도 의미가 달라지지요. 많은 사람들이 돌부처 앞에서 비는 것은 그것을 돌이 아니라 부처라고 보기 때문입니다

이러한 변화를 '질적 변화'라고 하는데 필자는 질적 변화를 '질적 전환'이라고 부르기를 좋아합니다. 그럴 때 그 변화의 의미가 더 잘 살아나는 듯하기 때문입니다.

한 사람의 인생에서 취직은 중요한 질적 전환이겠지요. 부모님으로부터 돈을 얻어 쓰는 소비자에서 돈을 버는 생산자로 바뀐 것입니다. 이제 내가 벌게 되었으니 그동안 하고 싶어도 할 수 없었던 일들도 할 수 있게 될 것입니다.

결혼도 그러합니다. 신랑이나 신부 모두 20~30년간 같이 살던 정든 가족을 떠나 남남이 만나 하나의 가정을 이룬다는 것은 정말 큰 질적 전환입니다. 그러다 아기를 낳게 되면 아버지와 어머니의 아들, 딸이었던 사람이 이제 아버지와 어머니가 되는 그야말로 질적 전환을 맞이하게 되는 것입니다. 나는 결혼의 이러한 질적 전환의 의미 때문에서라도, 가능하면 그 질적 전환을 경험해 볼 것을 권합니다.

질적 전환은 어느 날 갑자기 일어날 수도 있지만, 앞에서도 보았듯이 대개의 경우 양적 확대를 기초로 합니다. 양적 확대가 질적 전환을 유발하는 것이지요. 초등학교 6년 동안 양적 확대가 있었기에 중학교에 입학하는 질적 전환을 맞을 수 있듯이 말입니다. 만약 이러한 양적 확대 없이 초등학교 4학년을 마치고 중학교에 들어가면 왕따가 되기 십상일 것입니다. 같은 또래 중학교 1학년과는 양적 확대의 크기가 다를 것이기 때문입니다.

매일 매일, 한해 한해의 일은 그게 그거라고 느껴지지만, 변하고 변하여 먼 훗날 엄청나게 변한 것이 역사입니다. 대개의 경우 양적 확대에 머무르지만 마차가

자동차로 바뀌고 양초가 전기로 바뀌는 것처럼 종전에는 전혀 경험하지 못한 질적으로 완전히 다른 변화가 시작되는 순간이 있는 것입니다.

어느 날 갑자기 식민지가 되었다고 합시다. 유사 이래 좋든 싫든 내 나라가 있었는데, 이제 내 나라가 없어졌으니 억장이 무너질 것입니다. 독립도 마찬가지겠지요. 얼마나 좋겠습니까? 분단도 마찬가지입니다. 어제까지 평양에 들러 술 한 잔 마시고 백두산에 가서 천지를 구경하고 온천이나 하고 오려고 했는데, 남북이 갈려 못 간다고 하면 얼마나 황당하겠습니까?

이처럼 역사에도 완전히 질적으로 다른 시대가 시작되는 시점이 있고, 그 후의 변화는 그렇게 시작된 큰 틀 속에서 일어납니다. 그리고 그렇게 일어나는 각각의 변화는 큰 틀의 영향을 받을 수밖에 없습니다. 6 · 25전쟁은 남북 분단이라는 큰 틀 속에서 일어났습니다. 분단이 없었으면 6 · 25전쟁도 없었을 것입니다.

이러한 데까지 생각이 미치다 보면 역사를 양적 확대를 넘어 질적으로 전환하는 시기를 기준으로 몇 단계로 나누어 이해하면, 그 단계적 변화를 보다 실감할 수 있겠다는 생각을 하게 됩니다. 마치 우리가 우리의 과거를 초등학교 시절, 중학교 시절, 고등학교 시절, 대학 시절로 나누어 이야기 하듯이 말입니다.

이처럼 양적 확대에 머무르는 일정 시기를 하나로 묶고, 양적 확대가 진전되어 질적으로 상당히 달라진 일정시기와 구분하는 것을 시대구분이라 합니다. 3개의 단계로 구분할 수도 있고 4개의 단계로 구분할 수도 있습니다.

긴 역사를 매일 매일, 혹은 한해 한해마다 인식하고 설명하는 것은 불가능할 뿐 아니라 불필요하기도 합니다. 이처럼 긴 역사를 몇 개의 단계로 나누어 보면 이해하기도 좋고 설명하기도 좋은 것입니다. 말하자면 크게 볼 때 이러한 내용과 성격을 갖는 시대가 지속되다가 저러한 내용과 성격을 갖는 시대로 변화했고, 다시 그러한 시대가 지속되다가 또 다른 내용과 성격의 시대로 변화했다고 보자는 것입니다.

시대구분의 가장 중요한 목적은 이처럼 긴 역사를 성격이 다른 몇 단계로 나누는 작업을 통해 각 단계의 시대적 성격을 파악하고, 그럼으로써 긴 역사를 서로 성격을 달리하는 일정 시대가 단계적 · 계기적(繼起的)으로 전개되어 가는 변화의 과정으로 인식하려는 것입니다.

시대를 구분하는 두 번째 이유와 목적을 말해 볼까요? 그것은 시대를 구분함으로써 과거에 일어난 각각의 사건이 갖는 성격에 대한 이해에 큰 도움을 얻을 수 있다는 점입니다.

만약 오늘날 누군가가 자기 부인이 남자 아이를 낳지 못하였다거나, 부모에게 불효하였다거나, 질투를 했다는 이유로 칠거지악 운운하며 부인을 내쫓는다면 가만히 있을 부인은 아무도 없을 것입니다. 오히려 이혼을 당하거나 정신병원 신세를 져야 할 것입니다. 그러한 행위가 조선시대에 일어났다면 별 문제가 없었겠지만, 오늘날의 시대 성격에서는 일어날 수 없는 일이기 때문입니다. 같은 사건이라도 그 사건이 일어난 시대의 성격에 따라 사건의 성격이 달라지는 것입니다.

더 나은 이해를 위해 몇 가지 예를 더 들어 볼까요? 만약 많은 사람이 모인 자리에서 어떤 남자가 여자를 덥석 끌어안고 입술이나 뺨에 뽀뽀를 했다고 합시다. 어떤 경우에는 깔깔대며 박수를 받겠지만, 어떤 경우에는 따귀를 맞거나 쇠고랑을 차야 합니다. 어떤 경우들일까요? 유치원 남자 꼬마가 여자 꼬마에게 그렇게 하는 경우와 대학 강의실에서 남학생이 여학생에게 그렇게 하는 경우입니다. 비슷한 사건인데도 엄청나게 다른 결과를 빚는 것은 그 사건이 어떤 성격의 시대에 일어났느냐에 따라 달라지기 때문입니다.

또 많은 사람이 모인 자리에서 똥을 쌌다고 합시다. 그런데 어떤 경우에는 별일 아닌 해프닝으로 넘어가지만 어떤 경우에는 두고두고 사람들의 입에 회자되어 평생 잊고 싶은, 시쳇말로 '쪽 팔리는' 아픈 기억이 될 수 있습니다. 유아원에서 똥을 싸는 경우와 대학 강의실에서 강의를 듣다 똥을 싸는 경우입니다. 똑같이 똥을 쌌지만 엄청나게 다른 결과를 빚는 것은 똥을 싼 시대가 서로 다르기 때문입니다.

이처럼 같은 사건이라도 그 사건이 어떤 성격의 시대에 일어났느냐에 따라 그 사건의 성격 역시 달라지는 것입니다. 이러한 사례들은 그 어떤 사건의 성격도 그것이 일어난 시대의 큰 흐름에 대한 이해 없이는 정확하게 파악하기 어렵다는 사실을 말해 줍니다. 여러분도 어렵지 않게 이러한 사례를 떠 올려 볼 수 있을 것입니다.

만약 우리가 역사를 몇 개의 단계로 나누어 놓고 보면, 어느 시대에 일어난 일들이 그 자체 독립적 사건이라기보다 큰 시대적 성격 하에서 일어났음을 동시에 느낄 수 있습니다. 큰 맥락에서 어느 한 시기의 성격을 정리해 두면, 그 시기에 일어난 개별 사건의 성격도 그 맥락 속에서 인식할 수 있다는 것입니다. 긴 과거를 몇 단계의 시대로 구분하는 두 번째 이유와 목적이었습니다.

시대를 구분하는 이유와 목적을 크게 두 가지 방향에서 설명하였지만 이들 이유와 목적은 구분되어 있다기보다 서로 연결되어 있습니다. 가령 우리는 인상파라는 미술사조와 화가 고흐(Vincent van Gogh, 1853-1890)의 작품 몇 개쯤은 기억하고 있습니다. 고흐가 위대한 화가인 것은 그가 인상파이기 때문인 것은 아닙니다. 그가 위대한 것은 그의 그림 때문입니다.

그러나 그의 그림이 갖는 위대성을 인상파라는 그 시대의 큰 미술사조에 대한 이해 없이 단박에 간파한다면 그는 대단한 감별가일 것입니다. 고흐의 작품에 감탄하는 것은 반드시 그 작품 때문이라기보다 그가 유명한 인상파 화가라는 사실을 알기 때문입니다. 그렇게 감탄을 하며 고흐의 작품을 감상하다보면 인상파에 대한 이해도 깊어지는 것입니다.

고흐 작품의 진가를 간파하기 위해서는 고흐의 작품만이 아니라 인상파라고 하는 그 시대의 미술 사조를 알아야 하고, 역으로 인상파라는 당시의 미술 사조를 더 잘 알기 위해서는 고흐의 작품을 알아야 하는 것입니다. 고흐의 작품과 함께 고흐 당시의 미술 사조를 아는 것은 고흐의 그림이나 한 시대의 미술 사조를 이해하는 데에 다 같이 필요한 것입니다.

이처럼 시대구분에 의해 역사가는 잡다한 사실들에 대해 체계와 논리를 부여할 수 있게 됩니다. 더구나 역사가가 시간을 구분하고 무수한 사실들을 동류로 나누어 일반인에게 보여줄 때, 좀 더 쉽고 체계적으로 역사를 이해할 수 있게 되는 것이죠. 역사를 설명하는데 있어 일반화는 필요하며, 어떤 의미에서건 구분은 필요한 일입니다.

'역사학은 사고의 한 형태로서, 그것은 시대구분 작업에 의해 성숙된다'는 콜링우드의 말은 시대구분의 의미를 잘 표현하고 있습니다. 또 '시대를 구분하는 것은 단순히 사실을 확인하는데서 나아가 그것을 해석하기를 두려워하지 않는 성숙된 역사적 사고'라는 크로체의 견해 역시 시대구분의 의미를 잘 표현한 말입니다.

물론 시대구분이 보다 더 큰 효용성을 가지기 위해서는 그것이 타당성을 결여하거나 편견에 사로잡힌 것이어서는 곤란할 것입니다. 역사가의 자의적 독선이 아니라, 시대구분의 보편타당성이 추구되어야 함은 말할 필요도 없습니다. 그러기에 시대구분이 도식화된 어떤 공식이 아니라, 보다 많은 사실들에 대한 성숙한 인식에 기초해야 한다는 것은 또 하나의 공식일 것입니다.

'역사란 죽은 것에 대한 역사가의 농간'이라는 볼테르(Voltairc, 1694- 1778)의 말도 있듯이, 시대구분은 어디까지나 역사의 단계적 변화의 모습을 이해하기 위한 편의적 방법에 불과하고 논리적으로나 실제적으로 상당한 모순도 안고 있습니다. 시대구분 그 자체는 하나의 완결된 객관적 사실이 아니라, 상대적 의미를 가진 일종의 작업가설 혹은 사고의 틀로서 역사 이해의 길잡이일 뿐입니다. 그것은 개괄적으로 한 시기의 특징을 파악하기 위한 필요한 수단이자, 역사에 대한 사고와 해석을 위한 하나의 방법인 것입니다.

따라서 전통적 시대구분법에서 벗어나, 문화적 특성과 사회적 특징을 적절히 표현할 수 있는 구분법을 추구하는 것은 시대구분의 한계에서 비롯되었습니다. 가령, 서양사에서는 르네상스, 종교개혁, 절대주의, 시민혁명, 산업혁명 등의 토픽별로 한 시대를 이해하려는 경향이 있습니다. 이럴 때 전통적 시대구분은 관례상의 의미만을 지니게 되겠지요. 그럼에도 시대구분은 위와 같은 이유와 목적 때문에 역사가 존재하는 한 버릴 수 없는, 역사인식과 설명의 중요한 방법론인 것입니다.

2) 시대구분의 흐름

(1) 초보적 시대구분

과거의 역사 저술에는 시대를 구분하려는 시도가 별로 없었습니다. 그해 그해의 중요한 일을 충실히 기록한 역사 서술을 연대기(年代記)라 합니다. 연대순으로 기록했다는 의미입니다. 연대기는 중국이나 우리의 개념으로 편년체(編年體)인데, 연대순으로 편집했다는 의미이지요.

공자의 『춘추(春秋)』는 그 대표적인 것으로서, 공자가 태어난 것은 주(周) 왕조의 여러 봉건제후국들 중의 하나인 노(魯)나라였습니다. 공자는 중국 전체가 아니라 자신이 태어난 노나라를 역사적 공간으로 설정하고, 시간적으로는 노나라 은공(隱公) 원년(기원전 722)부터 애공(哀公) 14년(기원전 481)까지의 242년간의 역사를 서술하였습니다.

과거에 일어난 중요한 사건들을 봄 · 여름 · 가을 · 겨울별로 충실하게 서술하였는데, 만약 봄에 중요한 일이 없었으면 건너뛰었지요. 이러한 서술은 그 해에 어떤 일이 일어났는지를 아는 데에는 유용합니다. 그러나 그 서술이 시간적인 배열에 따라 이루어진 점에서 시대구분의 의미가 전연 없는 것은 아니나, 시대의 큰 변화를 인식하는 데는 한계가 있었습니다.

공자가 역사에서의 변화를 인식하지 않았던 것은 결코 아닙니다. 그는 요순시대의 태평시대와 주(周) 왕조를 건설한 무왕(武王)의 동생이자 성왕(成王)의 삼촌으로서 주 왕조의 기틀을 닦은 주공(周公) 때의 태평 시대가 점차 타락하여 무너졌다고 보았던 것입니다. 전통시대의 중국 사람들은 대체로 요순과 같은 고대 성왕이 이룩한 태평성세가 시대를 내려오면서 타락했다고 보는, 다시 말해 '옛날을 숭상'하는 상고주의(尙古主義), '옛날을 중시'하는 중고주의(重古主義)의 역사관을 가지고 있었습니다. 그러나 이러한 변화 의식을 편년체인 『춘추』에서 드러내기는 어려웠습니다.

한 지역의 역사를 이해하려면, 그 지역의 과거로부터 현재까지의 역사를 통사적으로 이해하는 것이 유용한 방법입니다. 우리가 '통사(通史)'라고 부르는 것은 이러한 부류의 역사입니다. 오늘날에도 '한국 통사'니, '중국 통사'니 하는 역사서들이 있지만, 과거에도 이러한 부류의 역사서들이 존재했습니다.

기원전 100년경에 저술된 사마천의 『사기(史記)』는 그 대표적인 것입니다. 『사기』는 중국 고대의 오제(五帝)시대로부터 시작해 하(夏)→은(殷)→주(周)→진(秦)→한(漢) 왕조 초기까지의 역사를 통사로 서술하였는데, 사마천 자신이 살던 한(漢) 무제(武帝) 당시까지를 다루었습니다. 그가 다룬 역사적 공간은 물론 중국이 중심이었지만, 중국과 관련된 중국 이외 지역도 대상으로 하였습니다.

통사를 서술한 사마천의 작업은 무척 어렵고 고된 일이었을 것입니다. 시공간적으로 엄청난 내용을 엄밀한 실증을 거쳐 서술해야 했기에 그렇습니다. 사마천은 그 고된 작업을 아주 훌륭하게 수행했던 것이지요.

일제 강점기 박은식이 저술한 『한국 통사(韓國 痛史)』는 통사(通史)의 형태지만, 우리 민족의 아픈 역사라는 의미에서 관통한다는 '통(通)'자가 아니라, 아플 '통(痛)'자를 쓴 것입니다. 우리 민족의 고달픈 역사를 통하여 민족주의를 고취하려 한 것이지요.

한 지역의 역사를 통사적으로 이해하는 것이 힘겹고 고된 작업이기는 하나, 그것이 포괄해야 하는 시공간적 내용이 너무 광범하기 때문에 역사적 사실로 승격될 수 있는 사실들이 탈락하는 경우도 많았을 것입니다. 그러나 어느 지역의 통사를 만약 1개 단계로 설정해 역사적 전개를 나열한다면 변화를 포착하는데 큰 어려움이 있을 것입니다. 사마천은 왕조의 교체로서 중국 통사의 시기를 구분하였습니다. 그러나 왕조 교체를 중심으로 한 시대구분은 최상위 권력자의 변동이란 변화 외에, 사회 저변의 큰 변화를 보여주지는 못합니다.

전한(前漢) 시대의 사마천보다 뒤에 태어난 후한(後漢) 시대의 반고(班固, 32-92)는 사마천과 다르게, 하나의 왕조에 충실한 역사서를 저술했습니다. 그것을 단대사(斷代史)라 합니다. 그 모범이 그의 『한서(漢書)』입니다.

김부식의 『삼국사기』도 삼국을 역사적 공간으로 설정하면서, 자신의 시대를 제외한 삼국의 역사를 서술한 단대사였습니다. 오늘날에도 이러한 단대사들은 많이 존재합니다. 가령 신라사, 고려사, 조선사 등의 제목으로 나온 역사서를 많이 볼 수 있는 것이죠.

중국 역대 왕조에서 편찬된 25종의 정사(正史)를 '25사(二十五史)'라 하지만, 사마천의 『사기』를 제외하고는 거의가 단대사입니다. 중국인들의 경우 왕조는 흥망성쇠를 겪으면서 교체된다고 보는 역사관을 가지고 있었습니다. 한 왕조의 교체는 천명(天命)에 의한 것으로, 천명이 바뀌면 왕조도 바뀐다고 보았던 것이지요.

또는 각 왕조는 오행(五行)이 순환되는 것처럼 순환된다고 보기도 했습니다. 이들 역사서는 천명이나 오행의 덕(德)에 의해 왕조 교체가 되풀이된다고 볼 뿐, 역사를 변화나 발전으로 보는 데서는 벗어나 있었습니다. 이들 역사서에 포함된 사회경제적인 변화에 대한 각종 '서(書)' 나 '지(志)'의 내용들은 일종의 변화 의식을 보여주지만, 치자(治者)의 통치 자료를 제공하기 위한 목적이 컸습니다.

우리의 『삼국사기』에서는 신라사를 상대(上代) · 중대(中代) · 하대(下代)로 구분하고, 『삼국유사』에서는 상고(上古) · 중고(中古) · 하고(下古)로 구분하였습니다. 나름의 기준에 의한 구분이기는 하나, 단대사 내의 시기 구분에 불과했을 뿐 아니라 오늘날의 시대구분과는 구분의 기준에서도 큰 차이가 있었습니다.

중국에도 진보적 역사관이 없었던 것이 아니었습니다. 공자의 『춘추(春秋)』는 말하려고 하는 큰 뜻을 숨긴 이른바 미언대의(微言大義)의 어려운 역사서였습니다. 따라서 이에 대한 해석서들이 다수 나왔는데, 그 중 유명한 3가지를 '춘추삼전(春秋三傳)'이라 합니다.

그 중의 하나가 『춘추공양전(春秋公洋傳)』인데, 하휴(何休, 129-182)는 이를 다시 해석하면서 역사는 쇠란세(衰亂世)→승평세(升平世)→태평대동(太平大同)의 세상으로 나아간다고 보았습니다. 공자를 기준으로 공자가 전문(傳聞)을 통해 전해들은 증조부 · 고조부의 시대를 쇠란세, 조부의 시대를 승평세, 공자 당대를 태평시대로 보면서 역사를 발전적으로 보았던 것입니다.

서양의 경우, 기원전 8세기 헤시오도스(Hesiodos)는 금의 시대→은의 시대→청동의 시대→철의 시대로 나아간다는 발상을 보였지만, 각 시대의 출현을 신의 작품이라 보았습니다.

기원후 4세기 오로시우스(Orosius)와 히에로니무스(Hieronymus)는 역사발전을 역사상 실존한 제국들과 결부시켜, 바빌론→아프리카→마케도니아→로마, 혹은 앗

시리아→바빌론→페르시아→마케도니아→로마로 이행한다고 하였는데, 왕조교체를 통해 역사를 순환적으로 보았던 발상과 유사합니다. 그러나 그것이 순환하는 것이 아니라, 마지막 제국인 로마는 영원할 것이며 그것의 몰락은 세상의 종말을 의미한다고 보는 점에서 차이가 있었습니다.

서양에서도 순환론적인 역사인식이 있었습니다. 홍수나 화재와 같은 대재난이 일어나 세상은 다시 옛 모습으로 돌아간다고 보거나, 군주정→귀족정→민주정이 순환한다고 보기도 했습니다.

또 역사를 한 인간의 생애에 비유하기도 했습니다. 로마의 역사를 탄생→흥기→성숙→강성의 4단계로 구분하였던 것이지요. 중세 교부철학의 대부였던 아우구스티누스(St. Augustinus)는 순전히 기독교적 발상에서 역사를 아담→노아→아브라함→다윗→바빌론 유수→예수의 6시기로 구분하여, 인간의 유년기→소년기→청년기→중년기→장년기→노년기와 결부시켰습니다. 그러나 그는 역사를 순환적으로 파악하지 않고, 예수가 재림하는 최후의 심판 후 신의 영원한 제국이 이루어진다고 보았습니다.

(2) 3분법과 4분법

시대구분이 보다 유용한 역사인식의 방법이라면, 시대를 몇 개 단위로 나누는 것이 좋을까요? 1개 단위는 과거의 연대기나 통사와 다름없는 것이니 의미가 없습니다. 그렇다고 10개 단위쯤으로 구분하는 것은 너무 많은 듯합니다. 그래서 통상 3개 단위, 아니면 4개 단위로 나누는 것이 보통입니다. 이를 3분법·4분법, 혹은 3시기 구분법·4시기 구분법이라 합니다.

『삼국사기』나 『춘추 공양전』 등에서 역사를 3분법으로 인식하는 것을 보았지만, 서양 중세의 종교 사가들은 예수의 탄생을 기준으로, 그 이전을 예수의 탄생을 준비하는 어둠의 시기→예수의 탄생이 실현된 광명의 시기의 2단계로 보기도 하고, 여기에 한 단계를 더 추가하여 앞으로 나타날 미래의 성신(聖神)의 지배 시기의 3단계로 구분하기도 했습니다.

3분법을 정착시키는 데는 르네상스의 인문주의자들의 역할이 컸습니다. 르네상스 시기의 인문주의자들은 자신들의 시대를 '새로운 시대'라고 평가하였는데, 이는 자신들의 시대에 대한 명확한 시대 인식을 가지고 있었다는 의미입니다.

그들은 시대와 시대의 단절성을 인식하고 이를 역사 서술에도 반영하였습니다. 각 시대의 성격이 같다고 보지 않고, 우수한 시대와 열등한 시대로 구분한 것입니다. 그들은 그리스·로마의 고전문화를 가장 높이 평가하여 그 시대를 가장 우수한 시대라 하고, 자신들의 시대는 그 부활(르네상스, renaissance)이라고 간주했습니다.

그런데 이러한 인식은 중간에 끼인 시대에 대한 평가를 수반하기 마련입니다. 그들은 이 중간에 끼인 시대는 서로마 제국 멸망 이후 야만과 암흑이 지배하는 고딕 양식의 시대이며, 고전시대와 자신들의 시대 사이에 끼여 있는 '중간 시대'일 뿐이라고 생각했습니다. 이들 역시 옛날을 숭상하는 상고주의자였던 점에서 공자나 그의 제자들과 같았습니다. 다만 공자는 자신의 시대를 새로운 시대가 아니라 타락한 시대라고 본 반면, 그들은 고전시대의 부활로 보았습니다.

3분법은 르네상스 인문주의자들의 시대의식에서 출발하여, 이성을 중시하고 낙관주의에 입각하여 인간의 진보를 확신한 17,8세기 계몽주의자들의 역사관에 의해 확립됩니다. 원래 문예 분야에서 시작된 3분법은 역사학 분야로 파급되어, 고대사-중세사-근대사란 명칭으로 시대를 구분한 역사책도 선보였습니다. 그러나 그때의 중세는 암흑을 상징하는 것이었습니다.

이러한 중세관에 도전한 것은 감성을 중시한 낭만주의자들이었습니다. 그들은 중세 역시 어느 시기 못지않은 창조적 시기였다고 보면서, 중세 문화는 다가올 모든 문화적 업적의 근본이며 기초였다고 주장했습니다.

낭만주의자들의 중세에 대한 재평가는 3분법을 더욱 강조하는 결과가 되었습니다. 중세 특유의 사회와 문화를 강조함으로써, 3분법은 확실한 역사구분이 되었던 것입니다.

그러면 이렇게 구분된 3시기를 각각 어떻게 표현하면 좋을까요? 시기 순으로 가장 멀리 존재한 시기는 고대, 자신들의 시대는 근대, 그 중간에 있는 시대를 중세라고 부른 것입니다. 그런데 이렇게 성립된 고대-중세-근대의 시대개념은 역사적 연속성보다 그 단절성을 강조하는 것입니다. 중세는 고대의 부정과 극복이고, 근대는 중세의 부정과 극복이라는 것이죠.

이들에게 있어 고대·중세·근대라는 명칭은 이러한 의미를 담고 있기는 하였지만, 사실 고대·중세·근대라는 명칭 자체는 별 의미를 가지고 있지 못합니다. 그것은 단지 시간적 선후의 개념일 뿐입니다. 더 중요한 것은 그러한 시대 명칭에 어떤 내용과 성격을 부여할 것인가 하는 점입니다. 내용과 성격이 부여되면서, 가령 고대는 고전문화와 노예제 사회, 중세는 기독교 사상과 문화 및 봉건사회, 근대는 시민사회와 자본주의 사회라고 하는 것과 같은 의미를 가지게 되는 것입니다

르네상스 이래 3분법이 크게 유행하였지만, 근래에는 3분법의 한계를 고려하여 한 단계를 추가한 4분법이 3분법과 함께 유행합니다. 3분법의 한계와 4분법에 대해서는 뒤에서 다시 볼 것입니다.

(3) 시대구분의 기준

양적 확대와 질적 전환

시대구분을 위해 시기를 구분할 때 무엇을 기준으로 하면 좋을까요? 무턱대고 어느 시점을 뚝 잘라 고대니, 중세니, 근대니 할 수는 없는 노릇입니다. 당연히 중요한 변화가 기준일 터인데, 앞에서 이미 보았듯이 '양적 확대'가 아니라 중요한 '질적 전환'이 그 기준이 될 수 있습니다.

질적 전환은 여러 측면에서 발생할 수 있습니다. 가령 정치적 측면에서 질적 전환이라 할 수 있는 변화들로서는 어떤 것들이 있을까요? 국가의 발생, 통일과 분열, 봉건제의 성립, 중앙집권체제와 절대왕정의 확립, 시민혁명, 근대국가의 성립, 제국주의, 공산혁명 등등을 거론할 수 있을 것입니다. 물론 사람에 따라 각기 질적 전환으로 평가하는 사건들이 다를 것입니다. 그러나 위와 같은 변화들이 없었다면, 우리는 오늘날에도 왕이라는 권위 하에 자행되는 온갖 불합리한 처사에 시

달리고 있을지 모릅니다. 따라서 이러한 변화들은 그 어떤 정치적 측면의 변화들보다 중요한 질적 전환에 해당한다고 볼 수 있을 것입니다.

사회적 측면에서는 어떤 변화를 질적 전환이라 할 수 있을까요? 노예제와 농노제의 발생과 폐지, 자유 계약 노동자의 출현, 양민과 천민제의 성립과 철폐, 골품제의 확립과 폐지, 귀족제의 성립과 폐지, 시민의 성장, 봉건영주 계급의 몰락, 불수불입권의 회수, 천부인권 사상의 구현, 여성의 정치참여, 노동자의 정치참여, 노조의 합법화, 공산사회의 성립, 서얼제도의 폐지 등등을 거론할 수 있을 것입니다. 만약 이러한 변화가 없었다면, 우리들 중의 그 누군가는 노예로 혹은 농노로, 혹은 천민으로 살아가고 아버지를 아버지라 부르지 못한 홍길동의 한을 품고 살아가야 할지 모릅니다.

이런 점에서 필자는 신라의 골품제도를 참으로 이상한 제도라고 생각합니다. 태어날 때 뼈다귀에 무슨 차이가 있겠습니까? 순수한 피를 보존하기 위함이었지만, 신라 하대 왕실이 엉망이 된 것은 순수한 혈통 보존을 위해 삼촌과 결혼하는 등의 이상한 짓거리도 그 원인이었습니다.

일본 왕실 역시 순수 혈통 보존을 위해 최근까지도 근친결혼을 하였습니다. 당연히 유전병과 기형아 출산이 많았을 것입니다. 메이지(明治, 재위 1867- 1912)를 이은 다이쇼(大正, 재위 1912-1926) 시대의 이른바 '다이쇼 민주주의'는 민주주의의 가치를 인정한 결과가 아니라 저능아였던 다이쇼 국왕의 통치 능력의 결핍 때문이었다고들 합니다. 극비사항으로 확실히 알려진 바는 없지만, 다이쇼 국왕은 순수 혈통 보존을 위한 근친결혼에 의한 유전병이나 장애를 가졌던 것이지요.

참으로 우스운 일들입니다. 최근 일본 왕실이 근친결혼을 포기하고 외부인과 결혼하게 된 것은 자신들의 혈통이 국왕 가문만의 위대한 혈통이라는 착각을 포기해서라기보다 근친결혼에 의한 심각한 부작용을 다이쇼를 통해 경험했기 때문일 것입니다.

필자가 인류 역사상 가장 웃기는 제도를 신분제라고 보고, 그 폐지야 말로 가장 중요한 진보라고 보는 이유도 여기에 있습니다. 링컨의 노예 해방이 구태여 흑인의 인권을 보호하기 위한 것이 아니라, 남부의 흑인노예를 해방시킴으로써 북부의 산업혁명으로 부족하게 된 노동자를 공급하기 위한 불가피한 선택이었을지라도 위대한 결단이었습니다. 우리는 이보다도 한참 늦은 1894년의 갑오개혁(甲午改革)때나 되어서야 유사 이래 처음으로 사노비 해방이 단행되었습니다.

경제적 측면에서 질적 전환으로 거론할 수 있는 것으로 어떤 게 있을까요? 농경과 목축의 발생, 우경의 사용, 화폐와 시장의 확대, 청동기와 철기의 사용, 이모작의 확산, 사유재산 제도의 발생과 폐지, 대토지 소유제(장원)의 발생, 빈부 격차의 심화, 선대제와 매뉴팩처, 산업혁명, 과학 기술의 발달, 제국주의, 대공황, 집단농장(인민공사)의 성립 등등을 거론할 수 있을 것입니다.

문화적 측면에서는 토테미즘 · 애니미즘 · 샤머니즘의 발생, 윤리와 도덕의 발생, 나신교의 선개, 유일신 종교의 발생, 무신론의 전개, 불교의 전래, 선불교의 성립, 계몽주의, 낭만주의, 성리학, 서민 문화의 성장, 동서양 문화의 만남 등등 학문과 사상과 예술 등에서의 획기적 변화들을 들 수 있을 것입니다. 이러한 질적 전환이 없었다면 우리는 개나 돼지와 같이 인간으로서의 그 어떤 품위도 지니지 못한 동물과 같은 존재일지 모릅니다.

이상에서 인간 삶의 여러 측면에 있어서의 질적 전환으로 볼 수 있는 일단의 변화들을 보았습니다. 여러분들이 보기에도 그렇게 생각되는지 모르겠지만, 이는 보는 사람에 따라 얼마든지 추가하거나 제외할 수 있습니다.

그런데 또 하나 알아두면 좋은 명백한 사실은 역사서를 저술하거나 시험 문제를 출제하거나 할 때에는 이처럼 질적 전환이라고 할 만큼 중요한 변화들을 중심으로 한다는 것입니다. 앞에서 어떤 사실이 역사적 사실이 되는가 하는 것을 보았지만, 바로 이러한 질적 전환과 관련된 사실들이 역사적 사실로 승격하게 되는 경우가 많은 것이지요. 그러기에 여러분이 배운 역사책에도 이처럼 중요한 질적 전환과 관련된 내용들이 가득 메우고 있는 것입니다.

여기까지 생각하고 보면 이런 의문이 들 것입니다. '질적 전환이란 게 너무 많은 거 아냐? 이 많은 질적 전환을 어떻게 다 고려하여 시대를 구분한단 말인가?'

하는 의문입니다. 시대를 구분할 때에는 이러한 질적 전환을 가능한 한 많이 고려하는 것이 최선일 것입니다.

사실 여기서 우리가 질적 전환이 될 만한 중요한 변화들을 거론해 보았지만, 사람에 따라서는 '그게 뭐 질적 전환이야?' 할 수도 있고, '이것보다야 저것이 훨씬 중요한 질적 전환이지' 라고 할 변화들도 있을 것입니다.

자기가 생각할 때 질적 전환이라 보이는 변화들을 다 고려하면 좋겠지만, 그것이 어렵다면 자기가 생각하는 다양한 질적 전환의 범위를 좁혀, 정치적 · 사회적 · 경제적 · 문화적 측면의 몇 가지 질적 전환을 기준으로 삼는 방법이 있을 것입니다. 또 그것이 마음에 들지 않으면, 다양한 질적 전환 중에서도 가장 중요한 질직 전환을 기준으로 시대를 구분할 수도 있습니다. 그 대표적인 사람은 마르크스입니다.

마르크스의 기준

마르크스를 흔히 엥겔스와 함께 유물론(唯物論)의 대표자라고 합니다. 이들 역사적 유물론 창시자들이 그 어떤 변화, 특히 정신적 변화보다도 '물질적' 변화를 훨씬 더 중시했기 때문입니다.

말하자면 배가 고플 때와 부를 때의 생각이 달라지듯이, '정신'이 물질을 결정하는 것이 아니라 물질에 의해 정신이 결정된다는 것입니다. 이들의 이러한 입장을 '오직 물질을 중심으로 한다'는 의미의 '유물론'이라 합니다. 이들은 그 어떤 질적 전환보다도, '물질적 변화'를 질적 전환의 최고 자리에 앉혔습니다.

정신과 물질의 관계는 다른 말로 '의식'과 '사회적 존재' 사이의 관계로서, 이들에 의하여 '하부구조'와 '상부구조' 간의 관계로서 비유적으로 표현되었습니다. 이들에 의하면 '상부구조'는 인간의 정신과 이념, 그에 상응하는 제도 등으로 이루어진 복합적인 구조물로서, 하부구조를 토대로 혹은 그것에 종속되어 발생합니다. 인간의 정신과 이념이 모든 것을 결정한다는 유심주의와 정반대되는 전제입니다.

'하부구조'는 '생산력'과 '생산관계'를 핵심으로 합니다. '생산력(Productive forces)'은 '인간(노동)'과 토지나 도구와 같은 '자원(생산 수단)' 2가지를 포함합니다. 생산력은 이 양자의 통합입니다. 그것은 곧 인간이 생산 수단을 사용하는 노동의 과정으로, 이 과정에서 부단한 개량을 가해서 새로운 발명을 이루고 동시에 자기 스스로 노동에 대한 훈련을 쌓아 부단히 발전하고 전진합니다. 생산력은 역사상 나타난 각 사회의 기초를 이루며, 그에 따라 생산관계(Relation of production)가 규정되고, 생산양식도 규정됩니다.

'생산관계'는 생산과정 상의 인간관계와 생산수단의 소유관계를 포함한 다양한 관계로, 단순화하면 노예-노예주, 농노-영주, 계약 노동자-자본가의 관계가 됩니다.

생산수단의 소유관계는 생산관계의 핵심으로, 역사상 '사적(私的)' 소유와 '사회적' 소유의 두 형태로 존재하여 왔습니다. 사적 소유의 시기에는 생산관계에 계급 대립이 생겨 생산 수단을 아무것도 가지지 못했거나 조금밖에 가지지 못한 사람들은 생산수단을 완전히 장악한 소수의 사람들에 의해 피착취 · 피지배의 관계에 놓이게 됩니다. 생산관계가 지배-피지배의 계급 관계를 형성한 것입니다.

이와 달리 '사회적' 소유 시기에는 계급 대립은 소멸하고 평등하게 협력하여 노동하는 관계를 가지게 된다고 합니다. 전자는 노예제 · 봉건제 · 자본주의의 생산관계로서 나타나고, 후자는 원시공동체 · 사회주의 · 공산주의의 생산관계로 나타난다는 것이지요.

사회의 발전은 우선 생산력의 발전에 의해 이루어지며, 생산력이 발전하면 그때까지 합치되었던 생산관계를 이미 낡은 것, 자신에게 맞지 않는 것으로 규정합니다. 바로 이러한 '생산력과 생산관계의 모순'이 새로운 생산관계를 요구하게 됨에 따라, 새로운 생산관계가 만들어지며 '생산양식'도 변화시킵니다. 즉 생산력의 발전은 기존 생산관계에 제약되는 대로 머물러 있는 것이 아니라, 오히려 그 관계를 타파하고 자신에게 맞는 새로운 생산관계로 변화시킵니다. 이러한 시기가 바로 사회혁명의 시기입니다. 생산력이 발전적, 동적(動的)인 데 비해 생산관계는 일정한 테두리 내에서는 일단 성립한 것에서 변화하지 않는, 정체된 성격을 띠게 됩니다.

이처럼 '생산관계'와 '생산력'의 상호관계 및 조화는 모든 사회운동과 사회발전에 큰 역할을 하며, 또 특정한 시대의 생산력과 생산관계는 사회적 하부구조, 사회적 존재, 혹은 '생산양식'을 만들어 냅니다.

그리고 이러한 변화에 의해 사회 전체가 변화합니다. 생산력 발달의 주요 동인은 바로 인간의 노동입니다. 이 노동 덕분에 노동 수단이 활용되고 생산이 실제로 전개될 뿐 아니라 노동 수단을 개선 · 변혁시켜 생산력을 증대시키고 사회를 진보시키게 된다는 것입니다.

'사회의식(상부구조)'이 '생산양식(하부구조)'에 종속된다는 이 이론은 의식 발생에 있어서의 사회적 제약성을 강조합니다. 의식은 현실 및 그 변화를 통하여 발생하며, 인간 정신에 있어서의 구체적 현실의 반영이라는 것입니다. 의식은 완전히(오로지 주체의 의지에만 의존한다는 의미에서) 스스로 생성되는 것이 아니고, (순전히 이념의 소산이라는 의미에서) 자율적인 것도 아니라는 것입니다. 하부구조가 상부구조에 영향을 미친다는 그들의 이론은 결국 의식 및 의식의 제 변화가 사회적으로 제약을 받는다는 것입니다.

'하부구조'의 변화가 최종적으로, 또한 상호작용의 과정 속에서 '상부구조'의 변화를 야기한다는 이들의 이론은 어디서 본 듯한 내용과 연결되어 있는 듯합니다. 그렇습니다. 앞장의 역사주의와 연관되어 있습니다.

그들은 이러한 신조(유물사관)에서 인류의 역사를 크게 3단계로 구분하였습니다. 인류의 역사는 필연적으로 원시 공동체 사회→노예제 사회→농노제 사회→자본주의 사회→공산사회로 이행한다는 것입니다.

그런데 공산사회는 자본주의 사회가 붕괴되고 필연적으로 도래하는 미래 사회로 상정하였으므로 제외하고, 원시공동체 사회는 그들의 유물론적 관점의 시대구분에서 별 의미가 없으므로 제외하고 보면, 이들의 시대구분은 결국 노예제 사회-농노제 사회-자본주의 사회의 3단계설이 되는 셈입니다. 각 단계는 시대 순으로 각각 고대-중세-근대가 됩니다.

이들은 인류 역사의 이러한 이행을 필연적인 법칙이라 하였습니다. 그러나 이들의 이론은 유럽의 역사 경험에 토대를 둔 것으로, 비유럽지역의 역사 변화에는 그대로 적용되기 어렵습니다. 하물며 유럽 역사의 변화에도 항상 적합하게 적용되지는 않습니다. 가령 유럽에서도 가장 낙후되고 자본주의가 덜 성숙된 러시아가 공산화된 반면, 자본주의가 가장 성숙된 영국이나 미국 등은 공산사회로 이행되지 않았던 것입니다. 그러나 이들의 유물사관은 그 타당성 여부를 떠나, 명백한 기준으로 역사의 발전을 가장 명쾌하게 구분하였던 것입니다.

따라서 사회주의 진영만이 아니라, 자본주의 진영에서도 엄청나게 큰 영향을 미치고 있습니다. 사회주의 진영에서는 그 이론의 과학성을 입증하기 위해, 자본주의 진영에서는 그 그릇됨을 입증하기 위해서라도 이들의 이론에 관심을 기울이지 않을 수 없었습니다. 이러한 현실 때문에 꽤 상세하게 이들의 이론을 설명하였습니다.

아마도 여러분은 중고등학교 시절 역사 교과서에서, 옛 무덤에 순장된 사람들이 노예인가 아닌가, 혹은 고려 · 조선시대의 대토지 소유제 하의 소작인인 전호(佃戶)가 농노인가 자유민인가, 혹은 조선시대의 노비의 비율이 어느 정도였으며 그들이 솔거노비(가내 노비)인가 생산노비인가, 자본주의 맹아가 언제 있었는가 하는 등의 내용들을 읽고, 선생님의 설명도 들었을 것입니다.

왜 그런 사항들을 역사책에 기술했을까요? 바로 그러한 사항들이 한 시대의 성격을 밝히는, 다시 말해 그 시대가 고대인지 중세인지를 밝히는 마르크스적 시대구분과 연관된 핵심 문제이기 때문입니다. 만약 조선시대의 노비의 비율이 50%나 되었다고 하면, 마르크스의 이론에 따를 경우 조선시대는 노예제 사회의 성격을 가지며, 우리나라 역사의 고대에 해당할 것이기 때문입니다.

뚜렷한 기준에 의해 역사를 구분한 예는 마르크스주의 창시자들 외에도 더 있습니다. 헤겔은 '자유'를 기준으로 인류의 역사를 동방 사회→그리스 사회→로마 사회→게르만 사회의 4단계로 구분하였습니다. 동방사회에서는 전제 군주만이 자의적 자유를 누렸고, 그리스 · 로마사회에서는 소수의 사람만이, 게르만 사회에서는 게르만족이 기독교를 수용하고 이를 자신들의 이념으로 삼으면서 자유가 일반화되었다는 것입니다.

그의 역사인식은 '역사는 자유의 발전과정이며, 자유는 곧 역사의 목적'이라는 칸트 철학에 영향을 받았는데, 마르크스의 물질주의적 역사관에 상반되는 이상주의적 역사관이었습니다.

한편 실증주의의 창시자인 콩트(Comte, 1798-1857)는 역사가 신화적 단계→형이상학적 단계→실증적 단계로 이행한다고 하였습니다. '신화적 단계'에서 인간은 자연현상을 신이나 초자연적인 힘의 작품으로, '형이상학적 단계'에서는 신 대신에 추상적인 존재를 내세우며 형이상학적으로 사고했으며, '실증적 단계'에서는 현상들의 여러 관계를 분석하는 단계라는 것입니다. 마지막 단계는 과학적인 단계지만, 형성 중이고 완성된 것은 아니라 하였지요.

그는 인간이 혁명을 피하고, 도덕적 발전을 이루기 위해서는 문명의 발전 과정 속에 있는 법칙을 발견해야 하며, 그 법칙은 실증주의적 방법으로 발견될 수 있다고 보았습니다. 자연현상에 대한 과학적인 분석을 강조하고, 자연과학의 발전을 사회현상에 적용시킴으로써 환경과 문명을 더 잘 지배할 수 있다고 보았던 것이지요. 그의 역사인식은 자연환경이나 사회적 집단현상 등에 대한 분석을 중요시한 점에서 물질주의적 역사인식과 비슷한 측면이 있지만, 어디까지나 인간의 사유양식에 근거한 역사인식이었습니다.

18세기 이탈리아 출신 철학가인 비코(Vico)는 역사 과정이 점진적으로 변화하는 주기에 따라 나선형적으로 발전한다고 주장하였습니다. 그는 역사에는 원시적이며 신적인 시기→시적이며 영웅적인 시기→시민적이며 인간적인 시기의 3단계가 계속 번갈아 출현한다고 생각하였습니다. 이 3단계는 인간의 정신활동에서의 감각→표상력(表象力)→이성의 3단계에 호응하여 번갈아 출현하지만, 그것을 운명론적인 것으로 보지는 않았습니다.

각 단계가 다음 단계로 이행하는 것은 '인간화의 과정'임과 동시에 '신으로부터의 소외 과정'이고, 세 번째 단계는 '문명화된 야만'으로 끝나며, 여기에서 또 하나의 주기가 시작된다고 하였습니다. 법과 사회질서의 원칙은 영원불변한 인간성의 반영이 아니라 계속 변화하는 역사 과정의 산물이라고 한 그의 이론은 앞서 본 역사주의의 입장입니다. 그는 바로 역사주의의 주창자 중 한 사람이었습니다. 그의 시대구분은 역사현상이 일정한 주기에 따라 반복된다는 일종의 주기론, 순환론이었던 셈입니다.

또 세계사에 있어서의 정치 · 경제 · 문화 중심지가 이동하는 것을 중심으로 지중해→유럽→대서양의 시대로 이행한다는 의견을 제시한 인물도 있었습니다. 이상은 모두 여러 측면의 질적 전환을 두루 고려하는 것이 아니라, 가장 강력한 질적 전환을 기준으로 시대를 구분한 대표적인 사례들입니다.

3) 시대구분의 실제

(1) 3분법의 실제

고대의 종말과 중세의 시작

대부분의 역사가들은 인간 삶의 여러 측면의 질적 전환을 가능한 한 많이 고려하여, 시대를 구분하는 입장을 취합니다. 그런데 그렇게 하더라도 어떤 측면을 보다 중시하기 마련입니다. 또 그러다 보면 한 시대의 종말과 시작을 어디에 설정할 것인가에 대해서도 심한 차이를 보이게 됩니다. 이제 3분법의 실제와 한계를 이야기해 봅시다.

서양 고대의 종말과 중세의 시작에 대해, 가령 19세기 이래 영국에서는 콘스탄티누스(Constantinus, 재위 306-337) 대제가 2명의 정제(正帝)와 2명의 부제(副帝)가 다스리는 4두체제의 로마를 통일적으로 지배하기 시작한 323년을, 프랑스에서는 로마제국이 동서로 분할된 395년을, 독일에서는 게르만 민족의 이동을 고대 세계의 핵심 기반을 흔들어 놓은 결정적 단절로 보고 서로마 제국이 멸망한 476년으로 잡았습니다.

그러나 로마 말기의 정치적 위기로부터 프랑크 왕국에 이르기까지 로마의 사회적 · 경제적 · 문화적 요소들이 메로빙거 왕조(486-751) 말기까지 지속된다고 보고, 메로빙거 왕조의 종말을 고대의 종말로 보는 견해도 있습니다.

또한 '지중해 세계'라는 개념으로 8세기 이전까지 고대 지중해 세계의 경제가 존속하다가 8세기 이후 프랑크 왕국과 이슬람의 충돌로 그것이 완전히 중단됨으로써 지중해가 폐쇄되고 상업이 소멸했음을 중시하여 이 시점(8세기)을 고대의 종말로 파악하기도 했습니다.

나아가 로마제국의 쇠퇴하는 문화가 메로빙거 왕조(486-751)와 카롤링거 왕조(751-987)의 새로운 유럽문화로 이행했다고 하며 그 연속성을 강조함으로써, 고대의 종말을 훨씬 뒤시기에 잡기도 합니다. 이러한 견해들은 정치적인 측면이 아니라 문화적·사회경제적 측면에 중점을 두고, 고대의 문화적·사회경제적 발전의 지속성을 중시하는 것이지요.

우리나라의 고대의 종말과 중세의 시작은 어느 시기에 설정할 수 있을까요? 삼국 통일을 고대세계의 완성으로 보고 이것이 무너진 때와 고려 성립을 고대의 종말과 중세의 시작으로 볼 수 있을 것입니다. 아니면 그 이전 삼국 통일 시점을 고대의 종말, 중세의 시작으로 삼을 수도 있을 것입니다.

중국사의 경우에도 고대의 종말과 중세의 시작에 대한 여러 견해가 있지만, 특히 일본의 중국사학계가 이를 둘러싸고 큰 논쟁을 벌였고 지금도 진행 중입니다. 도쿄(東京)대학 출신이 많고 마르크스주의자가 대부분인 이른바 도쿄학파는 3분법의 입장에서 고대의 종말과 중세의 시작을 당(唐)이 망하고 송(宋)이 건국되는 시점(960년)으로 보는 견해를 발표하여 큰 반향을 불러일으켰습니다.

그런데 뒤에 다시 보겠지만 대부분 교토(京都)대학 출신인 이른바 교토학파는 4분법의 입장에서 700년이나 앞선 한(漢) 왕조의 멸망과 삼국시대의 시작(220년)을 고대의 종말과 중세의 시작이란 견해를 발표하여 큰 대조를 이루었습니다. 양측 모두 당과 송 사이의 역사적 단절성(질적 전환)에 동의하면서도 전자는 당을 고대의 종말로, 후자는 중세의 종말로 본 것입니다.

여러 측면을 고려한 것이지만, 이러한 시기 구분에도 마르크스의 사적 유물론의 영향은 강합니다. 마르크스의 사적 유물론은 사실 우리나라나 중국이 아니라 서양 역사를 분석하여 도출된 이론이지만, 이쪽 지역의 역사를 분석하는데도 큰 영향력을 미치고 있습니다. 그의 공산주의 이론이 이들 지역에서도 현실화되어, 중국 공산당이 중국을 지배하고 조선 노동당이 북한을 지배하고 있다는 현실도 하나의 배경일 것입니다.

위와 같은 시기 구분상의 시각 차이는 노예제 사회 혹은 농노제 사회의 존재여부에 대한 시각차를 반영하고 있습니다. 마르크스는 그리스 로마의 경우 노예가 생산의 주력이었으나 전쟁의 종결 등으로 노예 공급이 줄어들면서 노예보다는 조건이 일부 개선되었지만 여전히 주인에게 예속된 농노가 생산의 주력으로 등장하는 변화를 기준으로 노예제를 고대, 농노제를 중세로 보았습니다.

따라서 우리나 중국에서도 어느 시점에서 노예제가 농노제로 이행했는가 하는 문제가 발생하였고, 치열한 논쟁이 지금도 계속되고 있습니다. 노예제 사회를 증명하기 위해서는 다량의 노예의 존재가 확인되어야 하고, 그 노예가 가내노예가 아니라 생산노예였음이 증명되어야 합니다.

공산화된 북한이나 중국의 마르크스주의 역사학자들에게 고대는 마르크스의 이론에 따라 당연히 노예제 사회여야 했습니다. 따라서 그들은 노예의 존재를 밝히기 위해 순장에 주목했습니다. 중국의 경우 천여 명이나 되는 순장은 노예의 존재를 밝혀주는 유력한 증거였습니다.

그러나 많은 의문이 일어납니다. 노예제 사회에서 중요한 재산인 노예를 주인이 죽었다고 그렇게 묻을 수 있는가? 노예가 아닐 수도 있다. 그러면 누구인가? 전염병에 의한 집단 사망, 혹은 집단과 집단의 싸움에 의한 사망자나 포로, 혹은 정치적 위험 세력에 대한 집단 제거 등 여러 요인에 의한 것이 아니냐 하는 등의 반론들이 제기되었습니다. 그 외에도 노예제를 증명하기 위한 여러 노력들이 있지만, 이 역시 마르크스의 사적 유물론에 큰 영향을 받은 결과입니다.

순장은 이처럼 한 시대의 성격을 파악하기 위한 유력한 증거의 하나지만 필자에게 그것은 인간의 본질을 보여주는 유력한 증거의 하나입니다. 필자는 이 제도를 인류의 가장 수치스러운 죄악으로 보고 있습니다. 또 이를 통해 인간을 '이 정도밖에 안 되는 존재'로 보는 것입니다.

인간을 제외한 그 어떤 동물이 이 같은 짓을 하였습니까? 살아있을 때의 삶도 아닌 죽음 이후의 삶을 위해 다른 사람의 목숨을 하나가 아니라 수백 명까지 앗아가는 게 인간이었습니다. 그러고도 인간을 이 세상에서 가장 뛰어난 존재, 신이 자신의 형상으로 빚어 특별히 사랑하는 존재라고 할 수 있는가 하는 것입니다. 인간은 어쩌면 신이 만든 작품들 중 가장 잘못 만든 실패작이거나 졸작일지도 모릅니다.

노예의 존재만이 아니라 농노의 존재를 밝히기 위한 많은 노력들도 마르크스의 사적 유물론에 큰 영향을 받았습니다. 대토지 소유제(장원)의 존재와 그 소작인인 전호(佃戶)의 사회적 신분에 대한 수많은 논쟁은 상당수의 역사학자가 마르크스의 사적 유물론에서 자유롭지 못함을 보여주고 있습니다.

앞서의 도쿄학파가 당의 멸망으로 고대가 종결되고 송대부터 중세가 시작되었다고 보는 가장 중요한 이유도 여기에 있습니다. 그들은 국가가 토지를 고르게 분배하던 균전제(均田制)가 무너진 이후 수립된 송대 이후에 장원이 본격적으로 발달하고, 그 장원의 전호는 거주이전의 자유가 없고 법률적으로도 차별받은 점 등에서 토지에 묶여있는 '예속적 농노'의 신분이었다고 파악하면서, 장원이 본격적으로 발달하기 시작하는 송대부터 중세가 시작된다고 주장하였습니다.

이에 반해 교토학파의 경우 균전제는 사실상 실시되지 않았고, 한(漢) 왕조 멸망 후 시작된 삼국시대부터 장원이 본격적으로 발달하였으며 그때의 생산 주력이 농노적 신분이었다고 보면서, 삼국시대~당 멸망이 중세라고 주장하였습니다.

이렇게 발달하기 시작한 장원이 송대 이후에도 계속된 것은 사실이나 이때에는 오히려 장원의 해체기로, 장원의 형태 또한 많은 토지를 한 곳에 집적한 집중형이 아니라 몇 개 지역의 토지를 느슨하게 집적한 분산형으로 지주의 전호에 대한 지배 또한 분산적일 수밖에 없었다고 주장합니다.

그러한 형태의 장원에 소속된 전호는 기본적으로 거주 이전의 자유가 있었고 법률적 차등 적용 또한 전호의 신분 상승에 대한 지주와 국가의 대응으로, 오히려 전호의 신분 상승을 보여주는 증거라고 주장하였습니다. 또한 지주에 대한 소작료 인하 혹은 감면 요구 시위인 전호의 항조(抗租)운동이 송대 이후 빈번해 진 것도 전호의 신분 상승의 증거라고 하였습니다.

그뿐 아니라 통상 주곡에 한해 일정 지분으로 나누는 분배 관행을 활용하여, 전호들은 보다 빨리 주곡을 생산한 후 밀이나 보리 등을 다시 심어 그 생산물을 자신의 것으로 하고 수공업 등 가내 수공업을 통해 수입을 증대시킴으로써 지주로부터 그만큼 자유로워 질 수 있었다고 합니다. 1년 2모작은 전호들의 이러한 생존전략으로 광범하게 보급되었고, 다양한 시비법의 개발과 조생종 벼의 보급도 1년 2모작을 위한 전호들의 전략이었다는 것입니다. 송대 이후 밀가루가 본격적으로 생산되면서 분식이 널리 보급된 것도 이러한 상황의 결과였다고 합니다.

땅을 빌린 이상 어느 정도 지주에게 예속되는 것은 어쩔 수 없다고 하더라도, 이때의 전호는 농노가 아니라 자유민으로서 지주-소작 관계 역시 어쩔 수 없는 강제의 소산이 아니라 자유민과 자유민의 계약관계였다는 것입니다. 지주의 땅을 빌릴 것인가 아닌가는 결국 전호의 자유 의지에 의한 것이므로 계약관계라 할 수 있고, 따라서 전호는 농노가 아니라 자유민이었다는 해석입니다. 먹고 살기 위해 계약을 맺고 노동을 제공했을 뿐이고, 먹고 살 다른 방도가 있어 노동을 제공할 필요가 없거나 싫으면 그 관계 자체를 맺지 않아도 된다는 것입니다.

이들 학파의 수많은 논문들 중 장원이나 전호에 관한 논문이 많은 비중을 차지하는 것은 장원이나 전호 자체를 파악하기 위한 것이라기보다 그것이 한 시대의 성격을 파악하는 관건이기 때문입니다. 균전제에 대한 수많은 논문들도 마찬가지입니다. 그 실시 여부와 붕괴 등에 대한 이해는 균전제라는 토지제도만이 아니라 그것이 시대 성격을 파악하는 중대한 문제이기 때문인 것입니다.

박경리의 대하소설 『토지』는 이러한 점에서 매우 시사적입니다. 최 참판 댁의 토지를 빌려 겨우 살아가는 소작인들은 여러분이 볼 때, 어떤 사람들이었습니까? 그들이 최 참판 댁의 노비인 것은 아닙니다. 노비 같은 존재는 최 참판 댁에 기거하는 길상이 같은 사람들입니다. 소작인이 노비가 아니라면 농노적 존재이거나 자유민인데, 과연 어느 쪽일까요?

만약 그들이 농노와 같은 존재라면, 박경리가 그리고 있는 시대는 농노제 사회로서 중세적 성격의 시대일 것입니다. 그러나 그렇게 말하기 위해서는 최 참판 댁과 같은 대지주가 소유한 토지가 전체 토지 중 어느 정도 비율이었는지도 따져 보아야 하고, 당시의 정치 · 경제 · 사회 · 문화의 성격도 따져 보아야 할 것입니다. 일단 그러한 유형의 대지주가 우리나라 토지의 상당 부분을 소유하고, 대지주에게 예속되어 자유를 유보당하고 있는 소작인들이 그 땅을 빌려 농사를 지었다면, 마르크스가 말하는 농노제의 중세 사회적 성격이 짙은 것입니다.

『토지』는 20세기 최고의 영화중의 하나인 '바람과 함께 사라지다'를 연상시킵니다. 미국 남부 조지아 주 타라 농장의 딸 스칼렛이 남북전쟁이라는 거대한 '바람'에 모든 것을 빼앗기는 어려움 속에서도 강인하게 살아가는 모습과 그녀를 사랑하는 강인한 남자 레트 버틀러의 이야기입니다.

비비안 리(Vivien Leigh, 1913-1967)가 열연한 스칼렛이 붉은 먼지가 일렁이는 폐허의 대지를 밟고 일어서면서 '내일은 내일의 태양이 다시 뜰거야'라고 외치며 새로운 도전을 시작하는 것은 그 많던 토지를 빼앗기고 이를 다시 되찾으려는 서희의 당찬 모습과 오버랩됩니다. 그들에게 땅은 새로운 희망이자 생명의 원천이었던 것이죠. 마가렛 미첼(Margaret Mitchell, 1900-1949)이 이 대작을 쓴 조지아 주 아틀란타의 그녀의 집(현재는 기념관)을 둘러보면서, 나는 박경리의 『토지』를 떠올렸던 것입니다.

중세의 종말과 근대의 시작

중세의 종말과 근대의 시작에 대해서도 견해의 차이가 큽니다. 19세기 말 랑케에게 배운 스위스의 위대한 문화사가인 부르크하르트(Jacob Burckhardt, 1817-1897)는 『이탈리아 르네상스의 문화』(1860)에서 르네상스의 사회와 문화의 독특함을 강조하면서, 르네상스의 문화가 근대사회의 출발점이 된다고 주장하였습니다.

그의 이러한 시각은 역사의 연속성보다 단절성을 중시한 것으로, 지지와 함께 반발도 받았습니다. 호이징가(Johan Huizinga)는 르네상스를 새로운 문화내용을 가진 시기이거나 중세로부터 근대로 넘어가는 과도기라기보다, 중세의 특징이 쇠퇴하는 '중세의 가을'이라고 보았습니다. 또 9세기 초의 '카롤링거 르네상스', 10세기의 '오토 대제의 르네상스', 프랑스를 중심으로 한 '12세기의 르네상스' 등 중세에 이미 고전문화의 부흥운동이 계속 일어났음을 근거로, 15세기의 르네상스는 특별한 의미가 없다는 주장도 나왔습니다. 이처럼 근대적인 요소를 중세적인 요소로, 중세적인 요소를 근대적인 요소로 파악할 수도 있는 것이죠.

3분법에서 말하는 '근대'는 오늘날의 시대를 말하고, 근대의 시작은 오늘날의 시대가 시작된다는 것입니다. 서양사의 경우 르네상스의 인문주의자들이 자신들의 시대를 '새로운 시대'라고 하는 주장을 보았는데, 그들은 자신들의 시대를 근대의 시작으로 보았습니다. 그러나 그 후에도 1500년 전후의 신대륙의 발견이나 종교개혁, 그 후의 과학혁명이나 시민혁명, 산업혁명 등을 경험하면서 르네상스를 과연 근대의 시작으로 볼 수 있을 것인지에 대한 많은 의문이 일어나게 되었습니다. 따라서 오늘날에는 그 이후의 프랑스 대혁명이나 산업혁명 등을 근대의 시작으로 설정하기도 합니다.

비서양지역의 경우, 서양의 충격이 가해지는 시점을 중세의 종말과 근대의 기점으로 삼는 게 일반적입니다. 서양의 충격을 강조하여 우리나라는 1876년의 개항을, 중국은 아편전쟁(1840-1842)을, 일본은 1868년의 메이지(明治)유신을 중세의 종말과 근대의 기점으로 보는 것이지요.

서양의 충격을 강조하는 이러한 시각에는 많은 저항이 있습니다. 이러한 시각은 서양 중심주의, 식민사관, 동양을 멸시하는 일종의 오리엔탈리즘(orientalism)의 발로라는 것이지요. 사실 서양의 충격을 강조할 경우, 비서양 지역은 서양의 충격이 가해지는 한에서만 근대적 변화를 시작하는, 피동적이고 정적인 사회로 그려집니다. 당연히 이들 지역 자체의 근대적 요소는 묵살되거나, 그 어떤 전통들은 근대적 이행을 가로막는 장애물로 간주되곤 하지요. 비서양지역은 서양이라는 '미녀'의 입맞춤이 있어야, 변화를 시작하는 '야수'와 같은 존재가 될 수밖에 없습니다.

서양의 충격으로 긴 잠에서 깨어나 근대세계로 나아가게 된다는 이러한 시각에 대해서는 크게 2가지 측면에서 대항할 수 있습니다. 하나는 서양의 충격이 없었더라도 근대사회로 이행할 수 있었음을 증명하는 것입니다. 그것은 이들 사회 자체 내에도 근대적 요소, 달리 표현하면 근대성(modernity)이 충만했음을 증명하는 일입니다.

아마 여러분은 중고등학교 시절의 역사시간에 광작(廣作)이니, 경영형 부농(富農)이니, 개성의 상인자본 혹은 광산자본이니, 메뉴팩처니, 임노동자니, 실학(實學)이니, 자본주의 맹아와 같은 내용을 강조하는 듯한 느낌을 받았을 것입니다. 그것은 이들 지표들을 통해 우리 사회 자체 내에도 근대성이 있었음을 증명하려는 시도의 일부였습니다. 우리의 근대로의 진입은 구태여 서양의 충격이 가해진 이후가 아니라, 이러한 지표들이 왕성하게 전개된 시기부터 이미 시작되었다고 보려는 것이지요.

중등학교 한국사 교과서에서 개항이 아닌, 양난(兩亂) 이후에 이미 근대가 시작되었다고 보는 것은 이러한 노력의 결과입니다. 중국의 경우 18세기나 그 이전 시점에서 근대가 시작되었다고 보고, 중국 사회 내의 근대성을 발견하려는 노력을 많이 기울이고 있는 것은 아편전쟁을 근대의 기점으로 삼아 서양의 충격을 강조하는 시대구분법에 대한 반발입니다.

서양의 충격으로 근대가 시작된다는 시각에 대항하는 또 하나의 방법은 제국주의 침략론, 즉 식민지 수탈론으로 제국주의의 침략과 수탈로 자체의 근대화가 가로막히거나 지연되고 왜곡되었음을 강조하는 것입니다. 이러한 논리는 전통 사회 자체 내에 근대성이 있었음을 증명하는 방법과 연관된 것으로, 전통 사회 자체 내에 근대성이 싹트고 있었지만 제국주의의 침략과 그로 인한 수탈로 근대성이 제대로 꽃피기도 전에 말라 죽거나 비정상적인 방향으로 왜곡되었다고 주장하는 것입니다.

이는 피식민지 지역의 정서에 잘 부합하는 논리로서, 실제 우리 국사 책에도 이러한 식의 논리가 강하게 깔려 있습니다. 그러나 실은 제국주의 침략의 폐해성을 강조하면 강조할수록, 민족적 정서에는 부합할지 모르나 심각한 논리적 모순에 빠질 수 있습니다. 제국주의 침략의 폐해성을 강조하면 할수록, 피식민 지역의 역사 전개가 거의 전적으로 외부적 요소(제국주의)에 달려 있다는 논리로 환원되어, 피식민 사회 자체 내의 근대성은 왜소화되어 버리기 때문입니다.

3분법의 한계

한 시대의 종말과 새로운 시대의 시작을 어느 시점에 설정할 것인가 하는 것은 무엇을 중요하게 볼 것인가 하는 견해의 차이를 반영하는 것으로서 매우 어려운 문제입니다. 이상에서 3분법의 여러 측면을 보았지만, 3분법에 의할 경우 다음과 같은 문제가 있을 수 있습니다. 가령 고려를 중세의 시작으로 보고 개항을 근대의 기점으로 보게 되면 조선은 고려와 함께 중세로 묶이게 됩니다. 일본의 경우에도 첫 번째 바쿠후를 중세의 시작으로 보고 메이지 유신을 근대의 기점으로 보게 되면 3차례의 바쿠후 시대가 모두 중세로 묶이게 되는 것이지요.

그러나 조선은 고려와 연속성(동질성)도 많지만, 단절성(차별성)도 만만치 않았습니다. 조선의 경우 중앙집권이 강화되고, 문벌 위주의 귀족 대신 능력 위주의 사대부가 사회 주도세력으로 성장하며, 귀족문화가 서민문화로 대체되고, 중심 사상 또한 불교에서 유교 성리학으로 전환되었던 것입니다.

일본의 3차례 바쿠후도 연속성과 단절성을 동시에 가집니다. 마지막 바쿠후인 도쿠가와 바쿠후(德川幕府: 에도 바쿠후, 1603-1867)는 앞의 두 바쿠후보다 지방 다이묘(大名)에 대한 바쿠후의 통제력이 훨씬 강하였습니다. 일종의 중앙집권적 바쿠후였던 것이지요. 또 그를 위해 명분을 중시하는 성리학을 정통학문으로 수용했습니다. 이러한 단절성에도 불구하고 고려와 조선, 3차례 바쿠후를 모두 중세로 함께 묶는 것은 그들 사이의 단절성을 무시하는 문제를 안고 있습니다.

서양의 경우 르네상스의 인문주의자들이 자기들 시대를 '새로운 시대'라고 하는 주장을 보았지만, 이후의 중요한 변화들을 고려하면 르네상스를 과연 근대의 시작으로 볼 수 있을 것인지에 대해 많은 의문이 들게 됩니다. 따라서 3분법에 의거하되 종교개혁이나 그 이후의 프랑스 대혁명, 산업혁명 등을 근대의 시작으로 설정하기도 했던 것이죠.

3분법에서 말하는 근대는 오늘날과 같은 사회가 시작되는 어떤 시기로부터 오늘날까지를 포괄합니다. 그런데 가령 르네상스(혹은 종교개혁)를 근대의 시작으로 볼 경우, 근대 시작 당시의 서양과 오늘날의 서양은 달라도 너무 다릅니다.

그런데도 3분법을 고수하여 르네상스(혹은 종교개혁) 이후를 근대라고 한다면, 르네상스(혹은 종교개혁) 당시와 오늘날을 같은 성격의 시대로 보는 문제가 있습니다. 또 이런 문제 때문에 르네상스(혹은 종교개혁)를 중세에 포함시키게 되면, 르네상스가 갖는 변화의 의미를 너무 축소한다는 문제가 발생합니다.

(2) 4분법의 실제

이상에서 몇 가지 사례를 보았지만 3분법은 상당한 무리를 안고 있는 것이 사실입니다. 이러한 무리를 극복하는 하나의 방법은 가령 르네상스(혹은 종교개혁)의 새로운 시대로서의 의미도 살리고, 현재 사회의 시작은 딴 곳에서 찾는 방안입니다. 그래서 나타난 것이 3분법에 하나의 시기를 추가한 4분법입니다.

3분법이 4분법으로 바뀌었으니 각 시대 명칭도 바뀔 수밖에 없습니다. 4분법이 나올 당시 고대-중세-초기 근대(early modern)-근대(modern)라고 표현하고 지금도 그렇게 표현하기도 하지만, 고대-중세-근세(recent)-최근세(most recent)라 표현하는 것이 보다 일반적입니다.

3분법 지지자들은 4분법 자체에 냉담하지만 시대명칭에 대해서도 불만입니다. 4분법의 경우 고대-중세-근세-최근세로 표현하는 것이 일반적인데, 그럴 경우 중세와 근세는 각각 고대와 중세와의 단절을 의미하는데 반해, 최근세는 근세의 단절이 아니라 심화로서 연속을 의미함으로써 시대 명칭이 갖는 의미의 일관성을 상실했다는 것이죠. 3분법의 중세-근대처럼 일관되게 단절을 의미하는 식이 아니라는 것입니다.

3분법의 문제를 극복하기 위해 4분법이 나왔고 그것이 오히려 대세로 자리 잡아 가고 있지만, 4분법 체제에서는 한 시대의 종말과 시작이 달라질 수밖에 없습니다. 서양의 경우 이제 한결 수월하게 르네상스(혹은 종교개혁)의 새로운 시대로서의 의미를 살리되 오늘날의 시작으로서의 의미를 줄여, 르네상스(혹은 종교개혁)를 경계로 중세의 종말과 근세의 시작으로 삼게 되었습니다.

한편 근세의 종말과 최근세의 시작에 대해서는 보통 1789년의 프랑스대혁명으로 보고 있습니다, 19세기의 자유주의, 민족주의, 사회주의, 제국주의 등의 경향성을 대두시킨 사회변화의 근거를 프랑스 혁명 전후의 여러 변화, 특히 근대국가 수립과 산업사회의 시작에서 찾는 것입니다. 근대국가의 수립과 기계의 발명, 생산력의 변화가 인간의 의식과 생활을 크게 변화시켰다고 보는 것이지요.

한국사의 경우에도 이제 고려와 조선의 단절성에 무게를 두어, 고려의 멸망으로 중세가 종말을 고하고 조선의 개국으로 근세가 시작된 것으로 구분할 수 있게 되었습니다. 최근세의 시작은 여전히 개항으로 보기도 하지만, 혹은 그 이전에서 찾기도 합니다.

일본사의 경우에는 3차례 바쿠후 중 마지막 도쿠가와 바쿠후(1603-1867)와 그 이전 2차례 바쿠후의 단절성에 무게를 두어, 도쿠가와 바쿠후를 근세로 구분하게 되었습니다. 최근세는 통상 메이지 유신에서 시작된다고 봅니다.

중국사의 경우, 상당한 논란이 있습니다. 3분법 지지자들이 당 왕조의 멸망, 송 왕조의 수립(960)으로 고대가 종말을 고하고 중세가 시작된다고 보는 반면, 4분법 지지자들은 시기를 훨씬 앞당겨 한(漢) 왕조의 멸망(220)으로 고대가 종말을 고하고, 중세가 시작된다고 봅니다. 이민족의 침입이 겹쳐 서로마제국이 멸망하고, 대분열이 일어나면서 고대가 종말을 고하는 서양의 현상과 너무 흡사하다는 것이지요. 사실 한(漢) 왕조 멸망 조금 뒤에 이미 중국 내지로 침투해 거주하던 이민족이 반란(永嘉의 亂, 311)을 일으키고, 중국 정통왕조가 멸망당하는 큰 이변이 일어났습니다.

그러면 4분법 지지자들은 중세의 종말과 근세의 시작 시점을 어디로 볼까요? 당연히 예상되듯이 당 왕조의 멸망과 송 왕조의 수립(960) 시점으로 보았습니다. 3분법론자들이 이 시점을 고대의 종말과 중세의 시작이라고 본 데 반해, 이들은 중세의 종말 즉 근세의 시작으로 본 것이지요. 말하자면 4분법론자들은 3분법론자들에 비해 무려 700여 년 전을 중세의 시작으로 보았습니다.

송 이후를 근세로 보는 것은 한 왕조 멸망(220) 이후 당말(960)까지의 약 700여 년간의 중세가 전반적으로 분열 지향적이며, 미약한 황제권, 귀족 사회, 자급자

족적 장원경제, 귀족 문화와 불교의 시대였다면, 송대 이후(근세)에는 전반적으로 근세적 재통일이 일어나고, 강력한 중앙집권, 사대부 사회, 화폐경제, 서민문화와 성리학의 시대로 변화했다는 것입니다. 특히 성리학은 불교에 눌린 유교의 부흥이라는 의미에서, 말하자면 서양의 르네상스나 종교개혁과 같은 의미를 가진다고 보았지요.

일본의 중국사학계는 시대구분 문제를 둘러싸고 일대 논전이 일어나, 지금까지 계속되고 있습니다. 마르크스주의자들은 여전히 3분법을 지지하지만, 이른바 교토학파에서는 4분법의 타당성을 논증하기 위한 많은 노력들을 기울였습니다. 양대 산맥에서 발표하는 논문들은 은연중 자파가 내세우는 시대구분론의 타당성을 논증하는 것이 많습니다.

앞에서도 말했지만 특히 장원의 이해와 관련하여 논쟁이 끊이지 않는데 그것은 장원의 발생 시기, 구조, 장원 내 전호(佃戶)의 신분 문제가 결국 송대가 중세인가, 근세인가를 밝히는 핵심 주제이기 때문입니다. 송대 장원의 전호가 농노적 신분이면 송대는 중세, 자유민이면 근세적 성격의 사회라는 것이지요. 한편 4분법론자들은 근세의 종말과 최근세의 시작에 대해서는 아편전쟁(1840-42)이나 청조(淸朝)가 타도되는 신해혁명(辛亥革命, 1911) 등을 거론합니다.

4분법은 여러 비판에도 불구하고, 가령 조선을 고려와 같은 중세로 보지 않고 근세로 규정하여 그 단절성을 살리면서, 오늘날 사회의 직접적 기원으로 보지 않아도 되는 이점을 가지고 있습니다. 이러한 이점으로 4분법은 보다 널리 사용되는 시대구분법이라 할 것입니다.

(3) 현대

통상 '현대'라는 말은 지금 우리가 살고 있는 시기를 말하는데, 현대사를 영어로는 'contemporary history'라고 합니다. 통상 3분법이나 4분법 모두 근대나 최근세의 마지막 일정 부분을 떼어내어 편의적으로 '현대'라는 시기를 하나 더 설정합니다. 현대라는 하나의 시대가 추가되면 3분법의 근대나 4분법의 최근세는 '오늘날

시대'가 아니라 그 직접적 기원이 되는 시대가 되고 현대는 바로 오늘날의 시대 그 자체라는 의미가 될 수 있습니다.

이러한 점들 때문에 '현대'라는 시대 개념은 혼란을 초래합니다. 어떤 경우에는 근대, 혹은 최근세를 현대라 부르기도 하고, 근세를 현대라 부르기까지 합니다. 역으로 현대를 근대, 혹은 최근세, 근세라고 부르기도 합니다. 사실 시대 명칭은 중요한 것이 아닙니다. 그 속에 시대 성격을 부여하여 전후 단계와 구별하는 게 중요하기 때문입니다. 가령 고대-중세-현대라 하거나 고대-중세-근세-현대라고 해도 무방하다는 것입니다.

통상 시대구분은 3분법 아니면 4분법에 의거합니다. 3분법에서는 고대-중세-근대, 4분법에서는 고대-중세-근세-최근세로 부르는 것이 일반적이라고 한 바 있습니다. 그럴 경우 3분법에서의 근대, 4분법에서의 최근세의 시작이 곧 오늘날 사회의 시작입니다.

그것이 기본이고 원칙이지만 그럴 경우 3분법에서의 근대의 시작이나 4분법에서의 최근세의 시작 당시 사회와 오늘날의 사회는 같은 시대로 묶이지만 상당한 차이가 느껴지는 문제가 있습니다. 따라서 그러한 차이를 인정하여 근대, 최근세 중에서도 그야말로 오늘날의 사회가 시작되는 일정 시기를 떼 내어 그 이후를 '현대'로 부르기도 합니다.

그럴 때의 현대는 (3분법의) 근대나 (4분법의) 최근세의 부정과 극복이 아니라, 그 연장과 심화로서 그야말로 편의적으로 설정한 시대 단위일 따름입니다. 그러나 그 어느 시대보다 현재성이 가장 큰 현대에 대한 관심이 많다는 점을 고려하여 현대를 설정하는 것이 대세로 자리 잡으면서 사실상 3분법이 4분법으로, 4분법이 5분법으로 변한 모양새가 되었습니다.

그렇게 했을 때의 현대의 기점에 대해 1945년 이전까지 서양에서는 주로 제국주의가 본격화되는 1870년으로 보았습니다. 그러나 오늘날의 대부분의 역사가들은 유럽 중심주의의 종식과 미국의 등장, 러시아 혁명을 분수령으로 1차 세계대전을 그 기점으로 삼습니다.

또 일부에서는 19세기 이념들은 1차 세계대전 이후에도 잔존했고, 민주주의의 위기, 파시즘의 극성, 윌슨 이상주의의 실패가 뒤따랐으므로, 19세기적인 특징이 진정으로 전환된 것은 2차 세계대전을 통해서라고 보고 2차 세계대전이 끝나는 1945년을 현대의 기점으로 보기도 합니다.

우리나라는 보통 1945년의 광복을, 일본은 1945년의 패전을 현대의 기점으로 봅니다. 중국은 2천여 년 간의 황제 전제체제를 무너뜨리고 아시아 최초로 공화국을 수립한 1911년의 신해혁명(辛亥革命)이나 힘없던 민중들이 반제 반봉건의 과제를 하나로 연결시켜 대규모로 반제 반봉건의 정치투쟁을 선도한 1919년의 5·4 운동이나 공산당이 대륙을 석권하는 1949년의 중화인민공화국의 성립을 현대의 기점으로 삼습니다.

3. 주제에 의한 구분

이상에서 역사를 공간적으로 구분하는 방법과 시간적으로 구분하는 방법들에 대해 이야기해 보았습니다. 이제 3번째 방법으로 주제에 의해 역사를 구분하는 방법에 대해 이야기해 보겠습니다. 주제에 의한 역사를 분류사, 혹은 주제사라고 하기도 합니다.

주제에 따른 구분은 가령 역사의 주도세력, 사상조류, 문예양식, 정치·외교적 사건, 또는 사회 경제적 운동 등의 주제로 구분하는 것입니다. 계몽주의와 낭만주의, 고전주의, 자연주의, 프랑스혁명, 자유주의와 민족주의, 과학혁명과 산업혁명 등 훨씬 더 많은 예를 거론할 수 있습니다.

근래 회자되는 커피의 역사·설탕의 역사·철의 역사·화장의 역사·책의 역사·성의 역사·풍속의 역사 등의 제목을 붙인 것들은 바로 주제에 의한 역사서들입니다. 주제에 의한 역사는 근래 큰 유행이기도 합니다.

모 대학의 '성의 역사'라는 강좌에 수천 명의 수강 신청자가 몰리는 바람에 애를 먹었다는 말을 들은 적이 있습니다. 그러나 '성'이라는 단일 주제에 의한 14~

15주의 강의가 학문성을 갖추기란 매우 어려운 것이 사실이라면, 이러한 강좌는 단지 학생들의 말초나 자극하는 천박한 유행의 산물이라 하지 않을 수 없습니다. 그 뒤 수강 신청자가 급감한 것도 이름만 그럴듯한 강좌의 실상이 드러났기 때문일 것입니다.

이처럼 주제에 의한 역사가 다양할 수 있는 것은 인간의 삶이 다양한 측면에서 이루어지기 때문입니다. 그런데 다양한 인간의 삶을 크게 분류해 보면, 정치 · 경제 · 사회 · 문화로 압축할 수 있습니다. 신문이 크게 정치면, 경제면, 사회면, 문화면으로 지면을 나누는 것과 같은 이치입니다. 이렇게 압축시켜 보면 주제별 역사, 즉 분류사는 크게 정치사 · 경제사 · 사회사 · 문화사의 4개 주제로 대별할 수 있습니다.

그런데 이렇게 분류하였지만, 이들 4분류는 각각 분리 독립적인 것이라기보다 상호 밀접한 연관성을 가지고 있습니다. 특히 경제와 사회는 불가분의 관계에 있습니다. 가령 마르크스가 노예제 사회 · 농노제 사회 · 자본주의사회라고 할 때, 그것은 우선 사회적 측면에서 노동 주체의 계급이 노예인가, 농노인가, 자본가와의 계약에 의한 자유노동자인가를 표현한 것이지만, 동시에 경제의 생산 주체가 누구인가 하는 경제적 측면을 동시에 표현한 것입니다. 따라서 이러한 측면을 고려하여, 사회와 경제를 통합하여 '사회경제사'라 하기도 합니다.

이상에서 본 3가지 구분법들을 종합해 보면 어떤 모습이 될까요? 여러분은 역사 교과서에서 가령 '한국 근세의 정치'나 '서양 중세의 문화'와 같은 소제목을 본 기억이 있을 것입니다. 이는 이상의 3가지 구분법을 종합한 것으로, 우선 공간적으로 구분(한국, 서양)하고, 다음으로 시간적으로 구분(근세, 중세)한 후, 다시 주제별로 구분(정치, 문화)한 것입니다.

| Chapter **11** |

종교로 본 인간의 역사

제 10장에서 시대구분을 위한 여러 구분법들을 살펴보았습니다. 이제 3분법이나 4분법의 전통적 시대구분에서 벗어나 자유롭게 시기를 구분하면서, '종교'라는 주제로 보는 인간의 역사를 하나의 사례로 제시해 보고자 합니다. 여기서는 10장까지의 역사의 본질에 대한 이론적인 내용과 달리 구체적인 역사 사실을 다루게 되므로 문체를 달리합니다.

1. 머리말

인간은 무엇인가? 인간은 인간만의 품성을 지녔기에 인간이라 하며, 인간만의 품성을 인성(人性)이라 한다. 인간은 인간만의 품성인 인성을 지닌 존재로서, 인성을 지니지 못한 존재는 비록 몸은 인간이라 하더라도 인간이 아닐 수 있다.

성리학(性理學)에서 치열하게 전개된 주리론(主理論)과 주기론(主氣論)의 논쟁도 결국 인성이 무엇인가 하는 문제가 핵심이었다. 주리론자들은 인간의 형체를 갖추었다고 하더라도 개나 돼지의 품성을 가졌다면 인간이 아니라 보았다. 인간이 인간인 까닭은 인간의 몸을 가졌기 때문이 아니라 인간으로서의 품성, 즉 인성을 갖추었기 때문이라는 것이다. 이에 반해 주기론자는 인성이 중요한 것은 사실이나, 인간으로서의 몸이 없다면 인성도 발붙일 곳이 없으니 인간으로서의 형체가 먼저라는 것이다.

그 어느 쪽이 맞는지에 대한 판단은 유보하더라도, 비록 인간의 몸을 가지고 있지만 인간으로서의 품성이 온전하지 못하다면 온전한 인간이라 할 수 없는 것은 당연하다. 물론 그 어떤 인간을 온전한 인간이라 규정하기는 쉽지 않다. 그러나 보다 온전한 인간이기를 포기하지 않는 것이 인간의 본성이라면 보다 온전한 인간이 되려고 하는 노력 자체를 포기할 수는 없다.

그러면 보다 온전한 인간이 되기 위해 어떤 노력을 해야 할 것인가? 무엇보다 인간의 자기 이해가 중요한 전제일 수밖에 없다. 자기 이해에 바탕을 두고 있지 않는 온전한 인간은 존재할 수 없을 것이기 때문이다.

인간의 자기 이해는 어떻게 가능할 것인가? 인간의 자기 이해의 길 역시 여러 가지가 있을 것이다. 그 중 유력한 하나의 방법은 지금까지 인간 세상에 심대한 영향을 미쳐왔으며, 현재에도 그러하고 미래에도 그러할 종교라는 주제로 인간의 역사를 살펴보는 것이다. 종교는 인류가 오랜 세월동안 몰두해 온 사색들, 즉 우주와 신에 대한 사색, 인간에 대한 사색, 인간의 바람직한 삶에 대한 오랜 사색의 결정체를 담고 있다고 생각되기 때문이다. 종교는 결국 인간 이해의 총합, 혹은 그 핵심적 회답을 담고 있는 것이다.

지금까지 인간 세상에 심대한 영향을 끼친, 또한 현재에도 끼치고 있는 대표적인 종교로서 불교와 기독교 · 이슬람교 · 도교 등을 들 수 있다. 이 글에서는 이들 종교를 당연히 살펴볼 것이나, 여기에 유교도 추가할 것이다.

유교가 과연 종교인가 하는 점에 대해서는 논란이 있다. 유교는 신과 내세에 대한 믿음, 교단과 교조화된 교리를 가지고 있지 않은 점에서 기성의 종교와는 다르다. 그러나 종교의 본질이 인간을 바람직한 길로 인도하는 것이고, 그 나머지는 그를 위한 부차적인 것이라 할 때 유교도 당연히 종교의 범주에 포함될 수 있다. 유교도 이 점에서는 다른 종교와 동일할 뿐 아니라, 더욱이 우리의 심성 속에는 우리도 모르는 사이에 유교적 윤리와 도덕이 깊게 자리 잡고 있는 것이다.

이 글은 공간적으로 어느 한 지역이 아니라 세계 각 지역을 대상으로 하고, 시간적으로 고대에서 현재까지를 포괄한다. 포괄하는 범위와 내용이 광범하다는 점에서, 이 글은 독자에게 상당한 혼란을 줄 우려가 있다. 이를 감안하여 이 글에서는 전통적 시대구분법에서 벗어나 자유롭게 구분한 단계별 변화 속에서 종교를 주제로 한 인간의 역사를 살펴볼 것이다. 이러한 시대구분은 설명을 보다 쉽게 하기 위한 편의적 설정에 불과하고, 결코 절대적인 것이 아님은 물론이다.

제 1단계는 온갖 신들이 인간세상을 지배한다고 믿었던 시기이다. 이는 동서양의 보편적 현상으로 인류 역사의 대부분은 이 단계에 머물렀다. 이 단계에서 인간은 신의 피조물이자 신에 지배되는 존재였다. 그리스 · 로마의 무수한 신들에 대한 믿음이 대표적이다.

제 2단계는 온갖 신들이 인간세상을 지배한다는 1단계에서의 보편적 믿음에 대한 도전이 일어나 그것을 붕괴시키고, 새로운 사고체계를 전개하는 시기이다. 시작과 발단은 동서양에서 비슷하였지만 전개양상은 사뭇 달랐다. 서양의 경우 유일신 신앙에 의해 기존의 다신교적 형태가 철저하게 대체된 반면, 동양의 경우 다신교적 믿음이 유일신이 아닌 무신론에 의해 상당히 대체되었지만 그렇게 철저한 것은 아니었다. 이는 매우 중요하다. 그 차이가 오늘날까지도 엄청난 영향을 미치고 있기 때문이다.

제 3단계는 제 2단계에서 성숙된 종교적 믿음의 자체 내에서 또 다른 도전이 일어나, 그 개혁이 전개된 때로부터 시작되었다. 현재는 말하자면 이 단계의 연속인 셈이다.

2. 제 1 단계: 인류 초기의 다신교적 믿음

인류 역사 초기에 인간은 자신과 자신을 둘러싸고 있는 자연에 대해 합리적으로 해석하지 못했다. 예컨대 고대 중국인들은 기원 전 1600년경 은(殷, 혹은 商)이라는 국가를 건설할 정도였지만, 하늘에 태양이 하나가 아니라 10개가 있다고 생각하였다. 하나의 태양이 매일 지구를 도는 것은 너무 힘이 들므로, 10개의 태양이 하루에 하나씩 번갈아 지구를 돈다고 생각하였던 것이다.

그들은 이 10개의 태양에 이름을 붙였다. 그 이름이 갑(甲) 을(乙) 병(丙) 정(丁) 무(戊) 기(己) 경(庚) 신(辛) 임(壬) 계(癸)로, 오늘날까지도 우리가 사용하는 10간(十干)이라는 것이다. 뒷날 12지(十二支)와 결합되고, 그 최소 공배수에 의한 60진법(이를 한 갑자라 한다)이 만들어져, 오늘날까지도 시간의 기본단위로 사용되고 있다. 61살에 회갑(回甲)을 지내는 것은 한 갑자(甲子)를 돌아 다시 원점에 왔다는 의미로, 살만큼 살았으니 축하한다는 의미이다.

이는 무엇을 말하는가? 당시 사람들이 국가를 만들 정도로 무력은 강하였지만, 자연현상이나 인간에 대한 이해의 정도는 매우 낮았다는 의미이다. 그래서 그들은 어떤 행위를 하기 전에, 점을 쳐 신의 뜻을 묻는 절차를 거쳤다. 국가도 마찬가지로 전쟁을 하거나, 사냥을 하거나, 누구를 죽여야 할 경우 점을 쳐 신의 뜻을 물었다. 이처럼 점을 통해 '신의 뜻(神託)'을 물어 중요한 사항을 결정하는 정치형태를 신정(神政)이라 하는데, 은나라의 정치는 바로 이 신정의 형태였다.

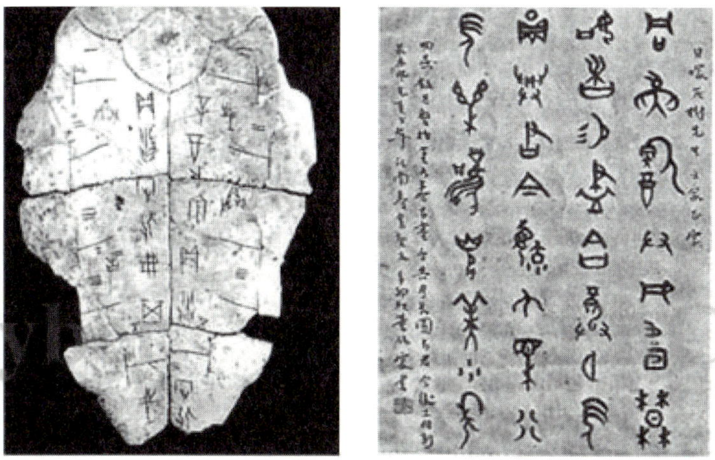

거북 등껍질에 새겨진 원래의 갑골문(왼쪽)과 붓으로 베낀 갑골문(오른쪽)

중국 은나라 때 점을 치는 방법은 거북의 등껍질(귀갑)이나 짐승의 어깨뼈(견갑골)에 불을 쬐어 금이 가게하고, 그 터진 금을 보고 신의 뜻을 알아내는 식이었다.

당시 인들은 점을 친 내용을 거북의 등껍질과 짐승의 뼈에 새겨 두었는데, 그 글을 갑골문(甲骨文)이라 한다. '갑'은 거북의 등 껍집을, '골'은 짐승의 뼈를 말하는데 그것에 새겨진 글이라는 뜻이다. 갑골은 신의 뜻을 적은 것이므로 당연히 신성시되었다. 그래서 그것을 차곡차곡 쌓아 두었다. 그러다 기원전 1100년경에 나라가 망하면서 땅에 묻혔는데, 약 3천여 년이 지난 1900년경에 다시 발견되었다.

갑골에 새긴 글자가 오늘날의 한자의 원형인데, 이들 증거를 통해 당시 인들이 무슨 일을 하기 전에 점을 쳐 신의 뜻을 물었던 것은 지어낸 이야기가 아니라, 사실임이 증명되었다. 이 사실은 적어도 중국인들의 경우 어느 시점까지 인간이 아니라 신에게 자신들의 운명을 맡겼음을 의미한다.

그런데 이러한 현상은 비단 중국에서만 일어난 것이 아니었다. 그리스 · 로마에도 수많은 신과 그들을 모시는 신전이 있었다. 제우스 · 헤라 · 아폴로 · 포세이돈 등 많은 신들의 이름을 기억하겠지만, 『로마인 이야기』를 저술한 시오노 나나미(鹽野七生, 1937-)에 의하면 놀랍게도 로마에는 무려 30만 명의 신이 있었다고 한다.

메소포타미아의 도시국가들도 많은 신들을 섬겼다. 수메르 인들은 우주가 태초에 신에 의해 창조되고, 신의 뜻에 따라 우주 및 자연 현상이 합리적으로 운행된다고 믿었다. 안(An)은 우주 최고의 신으로 천상에서 신들의 회의를 주재하고, 그의 아들 엔릴(Enlil)은 대기와 폭풍과 홍수의 신으로, 수메르 인들이 가장 두려워한 신이었다.

이들의 다신교 신앙은 천지창조와 홍수에 관한 서사시에서 잘 나타나지만, 이들 서사시는 기독교의 『구약성서』에 나오는 이야기의 원형을 이루었다. 창세기에 나오는 '노아의 홍수' 이야기는 수메르 인들이 남긴 길가메쉬 서사시에 나오는 홍수 이야기에서 유래된 것으로 말해진다. 6일 동안 밤낮으로 폭우가 내려 모든 것이 물에 잠겨 진흙으로 변하고, 홍수가 멈춘 뒤에도 6일 동안 배가 산꼭대기에 매달려 있었다는 이야기는 유프라테스-티그리스 강의 범람과 홍수의 참상을 잘 말해주는 것이었다. 그들이 도시 중심에 쌓은 지구라트는 신을 모시는 신전으로, 많은 역사가들은 성서에 나오는 바벨탑 이야기를 이 지구라트에 관한 것이라고 본다.

수메르 인들이 우주가 태초에 신에 의해 창조되었다고 한 것은 가장 오래된 우주창조설로서, 인간이 이제 자기의 정체를 확인하기 시작했음을 의미한다. 이는 한 인간이 자기의 정체성을 확인해 가는 과정과 거의 일치한다. 보통의 아이들은 5,6살 쯤 되어 느닷없이 엄마에게 자기를 누가, 언제, 어떻게, 어디로 낳았는지를 묻는다. 이러한 물음은 일단 자기가 누구에 의해, 언제, 어떻게 만들어졌는지에 대한 사실 자체를 확인하려는 것이다.

그러나 그보다 훨씬 중요한 의미를 담고 있다. 그것은 결국 그 질문을 통해 자기 자신을 발견하려는 것이다. 다시 말해 자기라는 존재의 정체를 밝히고자 하는 것이다. 따라서 수메르 인들이 믿은, 우주가 태초에 신에 의해 만들어졌다는 것은 사실이라기보다 우주와 그 속에서의 자신들의 정체를 밝히기 위한 하나의 가설적 회답이었다.

인류사에서 이러한 가설적 회답이 많은 것은 각 지역의 인간들이 거의 예외 없이 우주와 그 속에서의 자신들의 정체를 확인하는 과정을 거쳤기 때문이다. 인도인이나 중국인들도 마찬가지여서, 그들 역시 우주와 그 속에서의 자신들의 정체에 의문을 품고 이에 대한 회답을 내놓았다. 그것이 인도의 '생식창조설'과 '자기 해체적 창조설', 중국의 '반고(盤古) 전설'과 '여와의 천지창조설'(제 1, 3장 참조)이었던 것이다. 그것 역시 우주와 그 속에 존재하는 인간의 원초적 태생을 밝힘으로써, 자신들의 정체를 발견하려 하였던 것이다.

인간이 우주와 그 속에 존재하는 자신의 정체를 확인하기 위한 이러한 가설적 회답은 이외에도 상당히 많다. 그런데 이러한 천지창조설은 무시하지 못할 독선적 논리도 동시에 배태하고 있다. 그것이 결국 인간이 자기 정체를 확인하기 위한 과정에서 인간이 만든 것이라고 할 때, 지극히 인간 중심주의적일 수밖에 없기 때문이다.

그것은 다른 모든 존재에 대한 모독일 수 있었다. '스스로 그렇게 된' 자연(自然)은 자기도 모르는 사이에 인간의 사고에 의해 간단하게 창조되고 만 것이다.

이러한 인간 중심주의는 인간을 제외한 나머지 모든 존재는 모두 인간을 위해 존재하고 희생되어도 좋은 것들이라는 독선적 논리를 또한 낳게 한다. 신에 대한 제사에 희생물로 사용된 수많은 가축들과 하물며 사람들, 그들은 이러한 독선에 희생되었다.

수메르 인들이 신과의 관계 속에서 자기를 확인하는 작업을 시작했음은 고대적 정신세계의 진보를 의미하지만, 신에 대한 믿음 자체에는 변함이 없었다. 이집트 역시 다신교 사회로, 영혼의 불멸과 사후세계를 믿었다. 태양신 레(Re)의 아들인 왕(파라오)의 영혼이 거처할 집을 거창하게 만들었으니 그것이 피라미드였다. 미라도 영혼불멸의 믿음에 대한 산물이었다.

인도는 지금도 다신교 사회지만, 브라만을 비롯한 수많은 신들이 인간의 운명을 결정한다고 보았다. 우리나라 역시 예외가 아니어서 불교가 들어오기 전까지 죽은 조상이 신이 되는 것은 물론, 곰과 같은 짐승이나 큰 나무, 심지어 바위 같은 것에도 신성이 있다고 믿는 다신교 사회였다.

이러한 사실들은 대체로 다음과 같은 보편적인 사실들을 말해 준다. 첫째, 인류 역사의 초기 단계에는 거의 예외 없이 온갖 신들이 인간 세상을 지배한다고 믿는 다신교 사회였다. 그 다신교는 지금까지도 내려온다. 신은 오직 한 분뿐이라는 유일신 사상은 극히 이례적인 현상으로 유대인들의 신앙이 대표적이었다.

둘째, 인류 역사의 초기단계에 인간은 자신의 의지가 아닌 신의 뜻을 읽어 낼 수 있는 소수의 사람(주로 왕이나 신관)을 통해 신의 뜻을 물어 자신들의 행위와 운명을 결정하였다.

셋째, 인간의 윤리나 도덕도 이러한 다신교적 믿음에 기초하였다. 따라서 자의적이고 독단적인 것들이 많아, 현대인의 눈으로 보면 터무니없는 윤리와 도덕들이 난무하였다.

넷째, 그 윤리 도덕은 인간이 아니라 신을 중심으로 하는 것이었다. 신에 대한 공경과 같은 덕목이 인간 윤리의 가장 중요한 기준이었다.

신의 뜻에 의해 모든 것이 결정되고, 가치나 윤리 도덕의 잣대도 인간이 아닌

신을 중심으로 하는 이러한 고대적 정신세계는 무척이나 오래 지속되었다. 인류 역사를 400만년 정도로 보았을 때, 그 대부분은 그러한 상태였다. 지금으로부터 2500년(기원전 500년)전쯤 되어서야 겨우 그러한 정신세계에서 약간이나마 벗어날 수 있었다. 그것도 당시의 선진 문명 지역에서나 그러하였다.

신라는 기원 후 500년경까지도 그러하였다. 신라 귀족들은 하늘신을 내세워 하늘신의 자손 또는 하늘에서 내려온 무리라는 식으로 자신들의 지배를 합리화하였다. 이때 최고 지배자인 왕 역시 하늘신의 자손이었다.

중남미의 잉카·아즈텍 문명은 기원 후 1500년경까지도 그러한 단계에 머물다 서양의 침입자에 의해 멸망했다. 그 가장 중요한 이유는 바로 그러한 정신세계였다. 매일 어린 소년 소녀의 붉은 심장을 바쳐야 태양이 사라지지 않는다고 생각할 뿐 아니라, 점괘를 보고 서양의 침입자를 신이 보낸 구원자로 생각하였으니 어찌 망하지 않겠는가? 오늘날 풍요의 땅 미국에 산 인디언들 역시 서양인의 침입 이전까지 그러한 단계에 머물다 총과 담배와 술과 같은 문명에 의해 사라질 운명이었다.

잉카문명 유적지 마추픽추. 페루 남부 쿠스코시 북서쪽 우루밤바 계곡 소재. 주위를 둘러싼 뾰족한 봉우리들이 잉카문명을 외부 세계와 격리시키고 있다.

우리는 텔레비전에 방영되는 오지 탐험 프로그램들을 통해, 아직도 그러한 세계가 존재하는 것을 볼 수 있다. 아프리카나 남미, 인도네시아의 원시림에서 우리와 함께 이 시대를 살아가는 많은 원주민들의 경우, 아직도 많은 신들이 인간의 운명을 지배한다고 믿고 있음을 이 프로그램들은 잘 보여 주고 있는 것이다.

3. 제 2 단계 : 다신교에 대한 도전과 세계종교의 탄생

1) 제 2 단계의 발단

(1) 석가모니와 불교

‘천상천하 유아독존(天上天下 唯我獨尊)’

앞에서 우리는 지역이 다를지라도 인류사회는 거의 예외 없이 여러 신들이 인간세상을 지배한다고 보는 다신교적 신앙 단계를 거쳤음을 보았다. 그러나 다신교적 정신세계에 대한 도전들이 시작되었으며, 그에 기초하여 세계종교가 탄생하여 인류를 또 다른 방향으로 인도하였다.

여러 신들이 인간세상을 지배한다는 믿음에 대한 도전은 그 전에도 종종 있었겠지만, 가장 일찍이 또한 가장 체계적으로 다신교적 믿음에 도전하고 그러한 정신세계에서 벗어난 대표적 인물은 인도의 석가모니(Śakyamuni, 釋迦牟尼, 기원전 563?-기원전 483?)였다. 그는 신이 아닌 인간을 중심으로 사고하였는데, 그 시기는 대체로 기원전 500년경이었다.

석가모니가 룸비니 동산에서 마야 부인의 옆구리로 탄생하여 동서남북으로 일곱 걸음을 걸으며 한 손으로 하늘을 가리키고, 한 손으로 땅을 가리키며, ‘천상천하 유아독존(天上天下 唯我獨尊)’이라 하였다는 말에는 거짓과 진실이 동시에 존재한다. ‘천상천하에 오직 내가 홀로 존귀하다’는 이 말을 석가가 탄생하자마자 하였다는 것은 진실이 아니다. 그러나 그 말 자체는 석가가 이 세상에 전하고자 하는 중요한 메시지를 담고 있다.

이 말을 해석하여 석가가 지독한 우월감으로 자신의 뛰어남을 과시하였다는 식으로 해석하는 것은 석가의 진의를 왜곡하는 것이다. 이 말은 크게 다음과 같은 의미로 이해된다.

첫째, ‘이 세상에 오직 내가 존귀하다’는 것은 모든 존재는 자기 나름대로의 존엄성을 가지고 있다는 말이다. 그것은 곧 모든 존재가 다 자기 나름대로의 존엄성을 가지고 있으므로 모두 평등하다는 것이다. 모든 존재는 스스로 깨달아 부처의 경지에 이를 수 있는 ‘불성(佛性)’을 타고 나는 점에서도 평등하다. 그것은 곧 기존의 브라만교에서 주장하듯이 나면서부터 신분(카스트)이 정해져 있는 것이 아니라는 선언이기도 했다.

둘째, 모든 존재가 다 존엄성을 가지고 있다는 것은 모든 존재가 다 본질적으로 선한 존재라는 것이다. 모든 존재의 존재 가치와 존재 의미에 대한 신뢰이기도 하다.

셋째, 모든 존재가 존엄성을 가진 선한 존재라는 것은 모든 존재는 '구원되어야' 할 존재가 아니라 이미 '구원된' 존재라는 것이다.

넷째, 모든 존재가 이미 구원된 존재라는 것은 구원의 존재, 즉 신을 부정하는 말이었다.

인간을 존엄한 존재로 보는 것은 인간을 선한 존재로 보고 그 완전성을 신뢰하는 것으로, 누군가에 의해 구원되어야 할 존재로 보지 않는 것이다. 그럴 때 구원자로서의 신은 부정될 수밖에 없다. 이는 브라만교의 무수한 신에 대한 믿음에 대한 일대 도전이었다. 석가는 스스로에 대한 신격화도 거부하였다. 자신을 신이 아니라 '깨달은 자'라고 하였을 뿐이다.

석가의 무신론

석가는 신을 부정했던가? 당시 인도의 브라만교는 유물론과 회의론, 운명론과 쾌락주의를 주장하는 이른바 육사외도(六邪外道)가 성행하여 쇠퇴하기는 하였다. 그러나 여러 신들이 인간을 지배한다는 믿음 자체는 그다지 변하지 않았다.

'천상천하 유아독존'이라는 석가의 탄생 후 외침이 이미 신에 대한 부정을 선언하고 있지만, 그가 신을 부정하게 되는 것은 그의 깨달음으로 볼 때 당연한 귀결이었다. 그리고 그것이 핵심적 깨달음의 하나이기도 했다.

석가의 가르침은 흔히 '삼법인(三法印)'으로 대표된다. '삼법인'이란 마치 '도장(印)을 눌러 찍은 것처럼 움직일 수 없는 세 가지 진리'라는 의미로서, '일체개고(一切皆苦)', '제행무상(諸行無常)', '제법무아(諸法無我)'를 가리킨다.

첫째, '일체개고(一切皆苦)'는 '일체는 모두 괴로움이다'는 것이다. 모든 존재의 속성은 나고 늙고 병들고 죽는 괴로움(苦)의 연속에서 벗어날 수 없다. 그 원인과 벗어나는 길을 밝힌 것이 '고집멸도(苦集滅道)'의 '사성제(四誠諦)'로서 괴로움(苦)은 집착이 원인이며(集), 괴로움에서 벗어나 해탈의 경지에 이르기 위해서는 집착을 끊어야 하며(滅), 집착을 끊어 해탈의 경지에 이르기 위해서는 여덟 가지의 도(道)에 의거해야 한다는 것이다.

사성제 고집멸도의 '도'는 곧 '팔정도(八正道)'로서, 바르게 보고(正見), 바르게 생각하고(正思), 바르게 말하고(正語), 바른 업을 짓고(正業), 바르게 따르고(正命), 바르게 정진하고(正精進), 바르게 생각하고(正念), 바르게 수행한다(正定)는 여덟 가지이다. '팔정도'는 말하자면 석가가 제시한 윤리 도덕의 여덟 가지 기준이었다.

둘째, '제행무상(諸行無常)'은 '모든 것에 항상된 것은 없다'는 것이다. 다르게 표현하면 '모든 것은 변하지 않는 것이 없다' 혹은 '모든 것은 다 변한다' 혹은 '절대불변의 항상(恒常)된 것은 없다'는 것이다.

석가는 이어지는 두 찰나의 순간에도 변하지 않는 것은 없다고 설파하였다. '찰나'라는 것은 극히 짧은 순간을 말하는데, 가령 눈 깜짝할 순간에도 변하지 않는 것은 없다는 것이다. 항상 연속되는 찰나와 찰나를 살지만, 어린아이가 어른이 되고 노인이 되듯이, 모든 존재는 순간순간으로 보면 변한 것이 없는 것 같지만 끊임없이 변하고 있다는 것이다. 다시 말해 이 글을 처음 읽기 시작할 당시의 여러분은 지금 이 순간에는 없어진 존재지만 다시 존재하면서 이 글의 이 부분을 읽고 있듯이, 모든 것은 사라짐과 동시에 존재하고 다시 사라지므로 절대적으로 있는 것도 아니요, 절대적으로 없는 것도 아니다.

'모든 것이 다 변한다'면 절대불변은 있을 수 없다. 절대불변이 없다면 절대불변의 실체도 없고, 절대불변의 진리도 없으며, 절대불변의 신(神)도 없다. 석가는 이 깨달음을 통해서도 무신론에 도달하였다.

셋째, '제법무아(諸法無我)'는 '모든 법은 내가 없다는 것이다.' 다르게 표현하면 '모든 진리의 핵심은 내가 없다는 것이다', 혹은 '내가 없다는 것이 모든 진리의 핵심이다'는 것이다.

'제행무상'에서 이미 절대적 실체가 없음은 말했지만, '제법무아'로서 절대적 실체로서의 내가 없다는 것을 다시 한 번 말했던 것이다. 내가 잘나서 이렇게 존재하는 듯해도 아버지와 어머니가 없었다면 존재할 수 없다. 땅이 없어도 존재할 수 없고 하늘이 없어도 존재할 수 없다. 하물며 눈에 보이지 않는 박테리아가 없어도 존재할 수 없다. 박테리아가 없다면 온갖 쓰레기와 나뭇잎에 파묻혀 도무지 살아갈 수 없다. 그렇다면 나는 이들을 초월하여 절대적으로 존재하는 것이 아니다. 이들의 도움 속에 존재하므로 나는 절대적 실체가 아니다. 절대적 실체가 되려면 이들의 도움을 전혀 받지 않고도 존재할 수 있어야 한다. 그렇지 않으므로 나는 절대적 실체가 아니다. 이처럼 내가 절대적 실체가 아니라는 것은 모든 깨달음의 핵심이라는 것이 '제법무아'다.

삼법인과 연관된 핵심의 하나가 공(空)이다. '제행무상'이므로 모든 존재는 한시도 변하지 않는 것이 없다. 순간적으로 존재하면서 사라지고 다시 존재하다 사라진다. 따라서 절대적으로 있는 것이 아니요, 절대적으로 없는 것도 아니다. 절대적으로 있는 것이 아니니 유(有)가 아니요, 절대적으로 없는 것도 아니니 무(無)도 아니다. 이러한 존재성을 무엇이라 할 것인가? 바로 공(空)이다. '공(空)'은 '색즉시공 공즉시색(色卽是空 空卽是色)'을 말하는 『반야심경(般若心經)』의 그 공이다. 모든 존재가 공(空)하다면 절대불변의 실체도 없고, 절대불변의 진리도 없고, 절대불변의 신도 없다. 모든 것이 공(空)하니 집착할 것도 없다.

또 하나의 핵심은 '연기설(緣起說)'이다. 내가 절대적 실체가 아니라면 나는 무엇인가? 다른 무수한 존재와 '연기'되어 있는 존재이다. 내가 독립적 실체로 존재하는 듯해도 인과에 연기되어 있는 존재다. 절대적 실체가 아니라 다른 존재와 연기되는 한에서만 존재한다. 연기에서 벗어난 절대적 실체는 없다. '나'라는 존재도 코를 통해 공기를 들이마시지 않으면 곧 죽고 만다. '나'라는 존재도 대기와 연기되면서 존재할 뿐, 절대적 실체로서 '나'는 존재할 수 없다.

산소가 부족해도 죽고 너무 많아도 죽듯이, 나무가 물이 너무 많아도 죽고 너무 없어도 죽듯이, 모든 존재는 다른 존재와 연기된 상태에서만 존재할 수 있다. '나'라는 존재도 내가 잘나서 대단한 독립적 실체로서 존재하는 듯해도, 다른 존재와 연기될 경우에만 존재한다. 따라서 이를 초월한 절대적 실체는 없다. 그 모든 것이 이와 같다면 이를 벗어난 절대적 실체도 절대적 진리도 절대적 신도 없다.

또 하나의 핵심은 '중도관(中道觀)이다. 존재를 존재(유)한다고 하거나 존재하지 않는다(무)고 하거나 모두 잘못된 것이다. 존재는 존재하는 것도 존재하지 않는 것도 아니라는 것이 중도이다. 중도는 곧 공(空)의 다른 표현이다.

석가는 이러한 깨달음으로써 절대불변의 실체도, 절대불변의 진리도, 절대불변의 신도 없다는 결론에 도달했다. 절대불변의 실체를 부정하게 되면 절대불변의 진리를 부정하게 되고, 절대불변의 신도 부정할 수밖에 없게 된다. 석가의 깨달음은 무신론으로 귀착되기 마련이었다.

그러나 이렇게 볼 때 중대한 문제가 발생한다. 진리를 부정하면 불교가 부르짖는 진리는 무엇이며, 어떻게 추구할 것인가? 그러나 바로 그것이 불교가 말하는 진리였다. 모든 것은 공(空)하며, 변화하지 않는 것은 없으며, 절대불변의 진리나 신도 있을 수 없음을 깨닫고, 절대불변의 진리라 보이는 것도 끊임없이 회의하여 깨뜨리고 깨뜨려 더 이상 깨뜨릴 수 없는 단계에 이르면 그래도 진리라 할 수 있을 정도의 것이 겨우 보일 뿐이라는 것이며, 그것이 진리를 추구하는 방법이라는 것이다.

석가는 당시까지 유행한, 신이 인간을 지배한다는 믿음에 단호히 도전하여 신이 없다는 대담한 무신론을 전개하고, 인간평등론에 입각하여 8정도(八正道)를 윤리적 기준으로 제시하면서 불교를 창시하였다. 이미 구원된 인간에게 신은 필요치 않았다. 그 핵심을 담고 있는 메시지가 '천상천하 유아독존'이었다.

(2) 공자(孔子)와 제자백가(諸子百家)

공자와 유교

석가와 거의 같은 시기에 신이 인간을 지배한다는 믿음에 도전하고 나온 또 한 분의 인물은 공자(孔子, 기원전 551-기원전 479)였다. 공자는 중국 고대의 문화적 전통을 계승하여 새롭게 발전시킨 인물로 그가 생존했던 주나라 후기, 즉 춘추시대(기원전 770-기원전453)는 기존의 질서가 무너지는 대 혼란의 시기였다.

주공(周公)이 만들었다고 하는 봉건적 질서가 무너지고 제후국들끼리의 전쟁이 끊이지 않았으며 기존의 윤리와 도덕과 가치가 극심한 혼돈을 겪던 시기였지만, 한편으로 새로운 질서를 모색하는 시기이기도 했다. 전쟁과 같은 냉엄한 현실이 펼쳐짐으로써 다수의 사람들이 인간세상을 신이 지배한다고 믿는 정신세계에 회의하였지만, 그래도 그러한 정신세계는 견고하였다.

공자는 이러한 정신세계에 단호히 도전하였다. 그러한 도전은 다음의 몇가지 증거로써 증명될 수 있다. 공자의 어록인 『논어(論語)』의 「선진편(先進篇)」에 다음과 같은 제자와의 문답이 있다.

공자의 제자인 계로(季路)가 "감히 귀신을 섬기는 데 대해 묻겠습니다(敢問事鬼神)"이라고 하자, 공사는 "사람도 능히 다 섬기지 못하는데, 어찌 귀신을 섬길 수 있으리요(未能事人 焉能事鬼)"라고 대답하였다. 이에 다시 제자가 "감히 죽음에 대해 묻겠습니다(敢問死)"라고 하자, "삶도 다 알지 못하거늘, 어찌 죽음을 알리요(未知生 焉能死)"라고 대답하였던 것이다.

물론 공자가 귀신을 완전히 부정했는가에 대해서는 의문이 없지 않다. 공자가 "그 귀신이 아닌데 제사를 지내는 것은 아첨이다"라고 하거나, "제사를 지낼 때에는 마치 계신 듯하고, 신을 모실 때에도 마치 계신 듯해야 한다"고 하였기 때문이다. 이는 신을 긍정하는 말들로 보인다.

신의 존재에 대한 공자의 이러한 상반되는 말을 어떻게 이해해야 할까? 그러나 신의 존재를 긍정하는 듯한 공자의 말도 기실 귀신을 믿어서라기보다 또 다른 이유들 때문이라 이해된다. 당시까지도 일반 민중들은 여전히 신을 믿고 신에 의지하였다.

그러한 상황에서 공자가 아무리 신을 부정하는 입장이었다고 하더라도 그것을 단호히 말하기는 어려웠을 것이고, 또 그렇게 한다고 하여도 공자가 말하려는 바를 위해 별 도움이 되지 않는다고 생각했기 때문으로 이해된다. 조상신에 대한 제사를 긍정하는 것은 조상신의 존재 자체를 긍정해서라기보다, 제사라는 의식을 통해 '효(孝)'라는 윤리 도덕의 핵심가치를 강조하려 했기 때문이다.

공자는 자주 '하늘의 뜻'이라는 의미의 '천명(天命)'을 말하였다. 공자가 자신의 인생을 회고하면서, '사십에 흔들리지 않게 되고(不惑), 오십에 천명을 알았다(知天命)'라고 한 것도 그 하나의 예다. 그런데 공자가 그렇게 강조한 천명은 신의 존재와 관련된다. 결론적으로 말하면 공자는 '신'의 자리에 '하늘(天)'을 가져다 놓고, '신의 계시(神託)'를 '하늘의 뜻(天命)'으로 바꾸었다.

공자는 왜 천명을 그처럼 강조하였던 것일까? 처음 중국에서도 하늘은 인격신의 성격을 띠고 있었다. 그것이 더 발전했더라면 중국에서도 인격신인 '하느님'을 믿는 신앙이 주류로 자리 잡았을 것이다. 그러나 공자 이래의 하늘은 초월적 힘을 가진 인격신의 하느님이 아니라, 인간이 지켜야 할 도리, 즉 윤리와 도덕적 근원을 말하였다. 하늘은 곧 인간이 터해야 할 근원이었던 것이다.

공자의 정통 후계자인 맹자(孟子, 기원전 373-기원전 289)가 '민심(民心)이 곧 천심(天心)'이라 한 것도 하늘을 초월적 신으로 보지 않는다는 표현이다. 공자나 맹자는 '하늘의 뜻(天命)'도 '하느님의 뜻'이 아니라, 인간이 지켜야 할 윤리나 도덕의 기준인 '인간의 뜻(人心)'으로 본 것이다. 하늘을 초월적 신이 아니라 인간이 터해야 할 근원으로 보았기 때문에, 그들이 말한 천명은 신을 긍정하는 것이 아니라 오히려 부정하는 것이었다.

공자가 인(仁)의 실천을 강조한데서 나아가 맹자는 인간이 왜 인(仁)을 실천할 수 있는가를 밝혀 공자의 주장에 힘을 실었다. 바로 성선설(性善說)이었다. 인간의 본성이 원래 착하기 때문에 인(仁)을 실천할 수 있다고 한 것이다. 그가 또 인간의 가장 중요한 품성, 즉 인성(人性)으로 공자가 강조한 인의예지(仁義禮智)의 단서, 이른바 사단(四端)을 밝힌 것도 그 덕목의 실천이 가능함을 밝힌 것이다. 측은하게 여기는 마음(惻隱之心), 자기의 옳지 못함을 부끄러워하고 남의 옳지 못함을 미워하는 마음(羞惡之心), 사양하는 마음(辭讓之心), 옳고 그름을 가리는 마음(是非之心)을 통해 인의예지(仁義禮智)를 실천할 수 있다고 한 것이다.

그들은 신에 의해 세상이 지배된다는 오래된 믿음에 일대 도전을 감행하고, 신이 아닌 인간 중심의 세상을 만들려 했다. 그들은 신의 섭리가 아니라 인간 내면의 윤리 도덕심(양심)을 세상의 중심에 놓음으로써 중국의 고대적 믿음에 충격을 가한 개혁가들이었다.

이러한 해석을 반박하는 주장도 가능할 것이다. 그러나 단편적인 몇 가지 사항으로 공자와 그의 제자들이 수립한 유교의 본질을 오도해서는 곤란하다. 유교의 본질은 무신론이었다. 그것은 이후의 유교의 역사가 증명하는 바다.

성리학은 신을 내세운 종교들에 의해 쇠락할 대로 쇠락한 유교를 다시 되살리려는 일종의 유교 자체의 개혁운동이었다. 성리학자들은 모든 존재의 원리를 그렇게도 어려운 이(理)와 기(氣)라는 형이상학적 개념을 동원하여 설명하면서도, 정작 우리가 생각하는 '신'이라는 말은 끝내 입에 올리지 않았다. 신은 단지 기(氣)의 작용으로 볼 뿐이었다. 신을 거론함으로써 너무나 간단하게 끝낼 수 있는 문제를 그렇게도 어려운 형이상학을 동원하여 설명하려 한 것은 그들의 무신론적 입장을 유감없이 보여 주고도 남는 것이다.

공자나 그의 제자들이 가장 귀하게 여긴 것은 신이 아니라 인간이었다. 필자가 공자를 중국이나 우리나라를 망친 유교의 창시자로 경멸하는 대신 인간을 진정으로 사랑한 위대한 스승으로 보는 이유의 하나도 이 점에 있다. 공자는 그리스나 로마, 이집트에서 노예를 물건처럼 사고팔고 마음대로 죽이던 기원전 500년경에 죽은 자를 위해 산 사람을 죽여 같이 묻는 순장(殉葬)은 고사하고 그 유사한 행위조차 극렬하게 비판했다.

공자는 '처음 용(俑)을 만든 자, 그 후손이 없을진저'라고 하였다. 용(俑)이란 나무나 흙으로 사람처럼 만든 인형을 말한다. 여러분도 한번쯤 본 바 있는 신라 토용(土俑)과 같은 것이다. 진시황의 유명한 병마용(兵馬俑)은 그 대표적인 것이다.

중국 고대에는 많은 순장이 있었다. 어떤 경우에는 천여 명을 순장하기도 했다. 그러다 어느 순간 그 잔혹함을 느끼고 풀을 대충 사람처럼 묶은 추령(芻靈)을 인간 대신 넣는 것으로 바뀌었다. 또 그러던 어느 순간 나무를 깎거나 흙으로 빚어 거의 사람과 비슷하게 만든 용으로 바뀌었다. 공자가 비난한 것은 이 용을 만들어 죽은 자와 같이 묻는 행위였다.

추령만 하더라도 풀을 대충 묶어 사람처럼 만들었을 뿐이지만, 용으로 바뀌면서 눈과 귀와 입이 있는 얼굴과 몸통까지 갖춰 훨씬 더 사람과 비슷한 모습이 되었다. 이를 추령 대신 순장으로 사용한 것인데, 사람을 죽여서 같이 묻는 순장에 비해서는 인간적이었다.

그런데 공자는 '처음 용을 만든 자, 그 후손이 없을진저'라고 하며 극렬하게 비난하였다. '처음 용을 만든 놈의 씨가 말라라'라고 하는 것은 욕 중의 욕, 쌍욕이었다. 공자가 욕을 하는 경우는 거의 없었는데, 아마도 이 부분에서 가장 심하게 욕을 하였을 것이다.

그 점잖은 공자가 왜 이처럼 심한 쌍욕을 했을까? 죽은 사람을 위해 풀을 대강 묶은 추령을 사용하는 것은 그런대로 봐 줄만한 데, 눈과 귀와 입이 있는 얼굴과 몸통까지 갖춰 훨씬 더 사람과 비슷한 모습이 된 용을 죽은 사람과 같이 묻는 것은 곧 사람을 죽여 묻던 순장을 흉내 낸 것으로 사람의 존엄성을 무시하는 일로 본 것이다. 사람의 고귀함을 생각하지 않는, 사람의 목숨을 경시하는 행위라고 본 것이다.

인간을 가장 귀한 존재로 본 공자에게 죽은 자를 위해 산 사람을 함께 묻는 순장에 대한 분노는 말할 필요도 없었다. 기원전 500년경에 이처럼 인간을 존엄한 존재로 본 사람은 인도의 석가나 공자 정도였을 것이다. 인간을 신이 가장 잘못 만든 졸작이거나 실패작에서 벗어나게 해 준 것은 바로 이런 분들 덕분이었다. 인간이 가장 귀한 존재일 때 그들에게 신은 문제되지 않았다.

노장(老莊)과 제가백가(諸子百家)

그 실존여부에 대해 의문이 있는 도가(道家)의 대표자 노자(老子, 기원전 579?-기원전 499?)나 장자(莊子, 기원전 369-기원전 286) 역시 기본적으로는 신을 부정하는 입장이었다. 그들은 신이 아니라 인간의 말과 글로써 도저히 표현할 수 없는 '도(道)', 인간의 말과 글로써 표현하면 이미 왜곡되어 버리는 절대적 가치로서의

'도(道)' 자체를 체득하여, 그에 합당한 삶을 사는 것을 최고의 이상으로 보았다.

그들이 말하는 '도'는 무엇인가? 노자는 도를 직접적으로 설명하면 도의 의미가 상실된다고 본 모양이다. 그래서 도를 직설이 아닌 역설의 방법으로 설명하였다.

노자 『도덕경(道德經)』에서 "도(道)를 도(道)라 하면, 이미 상도(常道)가 아니다(道可道 非常道)"라는 식으로 도를 규정한 것이다. '그 어떤 것을 도라고 규정하면 이미 도가 아닌, 그런 것이 도'라는 의미이다. 인간이 그 무엇을 도라고 규정하는 순간 이미 도 자체가 아니라 말하는 자의 도에 불과하게 되는, 그런 것이 도라는 것이다.

도가에서 말하는 '도'는 공자가 말한 '천명'과 일맥상통한다. 진리의 절대적 기준을 '신'이 아닌 '도'로 설정한 것이 특히 그러하다. 신의 뜻에 맞게 살라하면 될 것을 도에 합당한 삶을 살라고 하였으니, 공자가 천명을 알라고 한 것과 같다.

노자 역시 신이 인간세상을 지배한다는 고대적 믿음에 대한 도전자였다. 그러나 도가에 터를 둔 '도교(道敎)'는 도가에서 도의 개념을 차용했을 뿐, 민간 신앙과 결합하여 다시 무수한 신들을 만들어 신앙하였으니, 도교는 도가의 이단자이거나 혈통을 달리하는 신앙체계였다.

신이 인간세계를 지배한다는 고대적 정신세계에 대한 또 한 무리의 도전자는 이사(李斯, ?-기원전 208?), 한비자(韓非子, 기원전 280?-기원전 233)로 대표되는 법가였다. 그들은 보다 자율적인 윤리·도덕 대신 이를 '강제화한 윤리 도덕', 즉 '법'을 최고의 가치로 보았다. 그것만이 인간의 악한 본성을 억누르고 사회의 질서를 바로 잡을 수 있다고 보았다.

묵자(墨子, 기원전 480-기원전 390)로 대표되는 묵가는 신을 긍정하였다. 이 점에서 유가와 묵가는 대비된다. 유가는 신의 존재를 믿지 않으면서도 장례와 제례를 강조하였다. 그러나 묵가는 신의 존재를 인정하면서도 화려한 장례(厚葬)와 제례에는 반대하였다.

유가인 공맹자(公孟子)가 '귀신은 없지만 군자는 반드시 제례를 배워야 한다'고 하자, 묵자는 '귀신이 없다고 우기면서 제례를 배우라는 것은 마치 손님이 없는데 손님을 대접하는 예를 배우라는 것과 같다'고 비판하였던 것이다.

둘 다 모순인 듯하나 그렇지 않을 수도 있다. 유가가 제례를 강조한 것은 귀신을 믿어서라기보다, 제사를 통해 '효'를 함양할 수 있다고 보았기 때문이었다. 묵자 역시 모순이 없다고 할 수 있다. 묵자가 귀신의 존재를 인정한 것은 초자연적인 존재에 관심이 있어서라기보다 자신의 주장을 보강하기 위해서였다. 묵자가 "이제 만일 천하의 모든 사람으로 하여금 신이 현명한 사람에게 상을 주고 포악한 사람에게 벌을 준다는 사실을 믿도록 한다면, 천하가 어찌 혼란하겠는가"라 한 것이 그것을 말해준다.

그 역시 신의 존재 자체를 믿었다기보다 신이 존재한다고 믿게 하는 것이 인간의 교화와 세상의 혼란을 극복하는데 유효하다고 보았던 것이다. 중국의 고전문명이 형성된 춘추전국 시대의 공자나 맹자를 포함한 이른바 제자백가는 기본적으로 종전까지의 신 중심의 가치관에 도전하여, 신을 부정하고 인간 중심의 윤리·도덕 체계를 수립하려 한 것이다.

(3) 그리스의 유물론 철학자와 소크라테스

서양 고대에도 다수의 신에 의해 인간세상이 지배된다는 믿음은 오랫동안 지속되었다. 그러나 대체로 기원전 500년경 그에 대한 도전이 시작되었는데, 이 점에서 인류 정신사에서 기원전 500년경은 획기적 전환점이었다. 석가와 공자가 인도와 중국에서 무신론을 전개한 것도 이때였기 때문이다.

서양에서 첫 도전을 시작한 이들은 그리스의 유물론 철학자들이었다. 우주의 창조와 그 창조에 의해 생긴 존재의 근원에 대한 사색(우주론과 존재론)에서, 그들은 종전과는 전연 다르게 해석하였다. 신이 모든 것을 창조하여 지배한다고 보는 믿음에 대항하여 기원전 585년 일식을 예고한 탈레스(Thales)가 만물의 근원을 물이라 한데 이어 만물의 근원을 불이다, 흙이다, 공기다라고 하면서 신이 아닌 물질이야말로 존재의 근원이라 해석한 것이다.

마침내 데모크리투스(Democritus, B.C. 460-B.C. 370)는 영혼불멸과 정신세계의 존재를 부정하면서 존재의 본질을 원자로 규정하여, 합리주의적 유물론을 완성하였다. 그는 우주의 근원을 '더 이상 쪼갤 수 없는 존재인 원자(atom)'라 하였는데, 오늘날 원자보다 더 작은 존재들이 발견되었지만 '더 이상 쪼갤 수 없는 존재'라고 한 점에서 가장 정확하게 표현하였다고 할 수 있다.

이들 유물론은 신이 아닌 자연 현상에 관심을 돌린 무신론적 입장이었다. 이는 신에 대한 중대한 반란이요, 서양의 고대적 정신세계에 대한 심각한 도전이었다. 이들을 유물론 철학자라 하는 것은 '신'의 자리에 '물질'을 가져다 놓았기 때문이다.

유물론 철학자의 출현은 고대적 정신세계에 대해 다수의 사람들이 심각하게 회의하기 시작했음을 의미한다. 그러나 그것은 큰 모험이자 신에 대한 불경이었다. 그 선봉에 선 유물론 철학자들은 서양의 정신세계를 새로운 방향으로 이끌었지만 그들은 불량한 신세대였다.

신에 대한 불경은 위험한 일이었다. 여러 신들이 인간을 지배한다는 믿음 역시 매우 견고하였기 때문이다. 누군가는 희생될 운명이었다. 신의 절대성을 무너뜨리고 신이 관장하는 정신의 세계와 독립적인 물질의 세계를 추구한 유물론자의 입장은 신으로부터 인간의 독립을 추구하며 인간을 만물의 척도로 보는 소피스트를 거쳐 인간 행위의 근원을 이성에서 찾는 소크라테스(Socrates, B.C. 469-B.C. 399)로 이어졌다. 그가 바로 그 희생양이었다.

소크라테스를 재판한 그리스 재판정은 그가 신을 모독했다고 판정하고 사형에 처했다. 그 판정은 정확하였다. 그는 신이 인간세계를 지배한다는 믿음을 배척하고, 그 믿음에 기초하여 만들어진 윤리와 도덕과 가치를 부정하였다.

핵심은 신을 부정함으로써 모독한 것이었다. 그가 끊임없이 '너 자신을 알라'라고 한 것은 석가모니가 일찍이 설파한 '천상천하 유아독존'과 서로 통하는 말이다. '나'라는 존재가 신에 의해 존재하는 것이 아닌데도 불구하고, 그렇게 믿고 있는 너 자신을 바로 보라는 것이었다.

그러할 때 진리도 다시 보이고, 윤리와 도덕과 가치도 새롭게 보인다는 것이다. 말하자면 '너 자신을 알라'라는 말은 신에 의해 지배된다는 믿음에 대한 도전이었다.

따라서 아테네 법정이 그에게 신을 모독한 죄를 물어 사형에 처한 것은 잘못된 판결이 아니었다. 그는 신을 부정하는 불경을 범함과 동시에 신이 인간세계를 지배한다는 믿음에 기초하여 만들어진 윤리와 도덕과 진리를 다시 볼 것을 말함으로써, 그리스 사회를 큰 혼란에 빠트릴 수 있었다. 그런 자를 그냥 둘 수는 없었다.

그러면 소크라테스가 감옥에서 탈출할 수 있음에도 불구하고, 탈출하지 아니하고 기원전 399년 처형된 이유는 자명해진다. 그가 스스로 죽음을 택한 것은 '악법도 법'이기 때문에 지키려는 준법주의자였기 때문이 아니라, 죽음도 그의 믿음과 신념을 꺾을 수 없음을 보여 주기 위함이었다. 말하자면 자신의 믿음에 대한 순교였던 것이다. 그가 갇혔던 감옥은 아테네의 아크로폴리스 아래에 있는 바위굴에 만든 것인데, 나는 그 앞에서 그의 죽음을 준법주의의 결과가 아니라 자신의 믿음에 대한 순교라고 쓴 이 부분이 과연 옳은 것인지를 생각하느라 가이드의 말을 거의 들을 수 없었다. 질문도 하지 않았다. 가이드는 이런 나를 보고 핀잔을 주었다. "교수님, 왜 그렇게 띵하세요? 그렇게 물어대시더니…"

(4) 예수와 기독교

여러 신들에 의해 인간의 운명이 결정된다고 보는 신앙체계에 가장 큰 영향을 미치고 그것을 철저하게 깨트려버린 것은 예수(Jesus Christ, B.C. 4?-30)가 창시한 유일신 사상의 기독교였다. 예수가 우선 도전한 것은 유일신을 신앙하지만 지나치게 엄격한 유대교의 율법주의였다.

그러나 예수 생존 시의 이스라엘이 로마의 지배를 받는 상황이었음을 감안하면, 유대민족의 유일신 신앙이 로마의 다신교적 신앙에 의해 크게 위협 받았을 가능성을 무시할 수 없다. 이 점을 인정할 수 있다면, 예수 역시 다신교적 신앙에 도전하여 그 허위를 부수려고 하거나, 유일신 신앙을 수호하고자 하는 입장이었다고 할 수 있다.

만약 그렇게 볼 수 있다면, 예수를 십자가에 매단 것은 유대교의 엄격한 율법주의만이 아니었다. 로마의 다신교 신앙이 그것을 묵인한 탓이기도 했다. 그들은 예수를 십자가에 매닮으로써 승리하는 듯했다.

그러나 예수가 십자가의 고통으로써 유대교의 엄격한 율법주의와 로마의 다신교적 믿음에 도전하고, 그의 제자들이 스승의 가르침에 대한 믿음으로 순교함으로써, 그 승리는 순간적인 것이었음이 곧 드러났다. 예수의 사랑과 용서의 메시지는 힘에 의한 지배와 다신교에 매몰된 로마를 서서히 잠식해 들어갔다. 기원 후 곧 시작된 이 도전은 예수와 베드로, 사도 바울의 피만이 아니라 로마의 여러 시민들의 피를 동반하였다.

예수와 기독교의 탄생을 이 단계에 위치시키는 것은 문제가 있을지 모른다. 위에서 본 석가·공자 등 중국의 사상가들, 그리스 유물론 철학자와 소크라테스가 다신교만이 아니라 신 자체를 부정한데 반해 예수는 신을 긍정하였기 때문이다. 당연히 이 점에서는 이들 간에 차이가 있다. 그러나 온갖 신들이 인간 세상을 지배한다는 다신교적 믿음에 도전하였던 점에서는 동일하다. 그리고 그 점에서 같은 단계에 포함시킬 수 있을 것이다.

그러나 그 시기와 방법, 파괴력에서는 차이가 있었다. 시기적으로 석가나 공자가 가장 빨랐고, 이어 유물론 철학자와 소크라테스가 뒤를 잇고 예수가 가장 늦었다. 그러나 방법적으로 석가와 공자, 유물론 철학자와 소크라테스는 무신론으로 이를 허문데 반해 예수는 유일신으로써 그것을 허물어버렸다.

가장 늦게 유일신으로 도전한 예수와 기독교의 파괴력이 가장 강력했다. 인도와 중국에서 무신론이 확산되는 상황에서도 의연히 다신교적 신앙이 한쪽 자리를 차지하거나 다신교 신앙이 다시 부활하여 지배적 위치를 차지한 반면, 유일신 신앙의 기독교를 수용한 지역에서 다신교적 신앙이 거의 발을 붙이지 못한 이유도 바로 여기에 있었다.

(5) 마호메트와 이슬람교

시기적으로 가장 늦었지만 다신교적 믿음을 가장 철저하게 깨뜨린 또 하나의 종교는 마호메트(Mahomet, 570-632)가 창시한 이슬람교였다. 마호메트가 출현하기

전까지 아라비아 사막의 유목민과 오아시스의 정착민들은 다신교적 믿음에 사로잡혀 있었다. 메카는 오아시스 대상교역의 중심지로서, 각 부족의 우상을 모신 중요한 순례지였다. 부(富)가 급증함으로써 빈부의 갈등이 심해지고 우상숭배가 만연하면서, 도덕과 윤리도 심각하게 타락되어 있었다.

메카의 명문에서 탄생한 마호메트는 기독교와 유대교에 영향을 받으면서, 오랜 명상을 통해 40세인 610년에 신으로부터 계시를 받아 이슬람교를 창시하였다. 이슬람은 절대자이고 유일신인 알라에 대한 절대적 복종을 의미하며 평화를 의미하기도 하였다.

그의 유일신은 삼위일체의 기독교식 유일신 사상과 달리 예수와 자신의 신격화를 부정하는 철저한 일원론적 유일신이었다. 그는 성경에 나오는 아브라함과 모세와 예수를 시대적 임무를 띤 훌륭한 인간 예언자로 인정하면서, 자신은 예수 이후 신에 의해 보내진 마지막 예언자로 복음을 완성하는 사명을 가졌다고 하였다.

이슬람교 역시 아라비아 반도에 만연한 다신교적 믿음에 도전하는 가운데 탄생되었다. 마호메트가 도전한 방법은 석가나 공자와 같은 무신론이 아니라 예수와 같은 유일신 신앙이었다.

큰 차이는 이미 말한 대로 삼위일체적인 기독교식 유일신이 아니라 일원론적인 유일신이었던 점이다. 동시에 그는 예수와 달리 자기 자신에 대해서도 신이 아닌 최후의 예언자라 하고, 자신의 신격화를 금지하였다. 자신을 인간으로 자리매김한 것이다.

마호메트는 우상숭배자들의 극심한 배척을 받았다. 622년 추종자와 함께 메디나로 이주하여 이곳에 굳건한 이슬람 공동체를 결성하고, 3차례의 전투 끝에 630년 메카에 무혈 입성하여 이슬람교의 발판을 구축하였다.

지금까지의 인류 역사에서 다신교적 믿음을 깨고 나와 새로운 세계종교를 창시하기로는 마호메트가 가장 늦은 편에 속한다고 할 수 있다. 그러나 그가 창시한 이슬람교는 다신교 신앙에 대한 파괴력에서 가장 강력하고 철저했다. 이슬람을 신앙하는 지역에서 지금까지도 다신교적 신앙이 발을 붙이지 못하는 데서도 그 파괴력이 얼마나 강하고 철저했던가를 잘 볼 수 있다.

이 점에서는 기독교도 마찬가지였다. 다신교의 힌두교와 도교가 인도와 중국에서 다시 큰 세력을 구축하게 되는 후일의 역사에서 볼 때, 다신교적 정신세계를 부수는데 불교와 유교가 내세운 무신론의 파괴력은 그렇게 강하지도 철저하지도 못했다.

그것은 인간이 결국 그 어떤 초월적 힘에 의지하려는 나약한 존재이며, 그만큼 이기적인 존재라는 점을 증명해 주는 것이기도 했다. 이처럼 다신교적 믿음에 대한 파괴력과 철저함의 차이는 유일신 신앙과 무신론의 차이만이 아니라 인간의 본질적 특성과도 연관되어 있었다.

(6) 다신교적 믿음의 두터운 벽

이상에서 본 도전들은 고대문화의 선진지역에서 이루어진 대표적인 사례들이다. 그러나 세계 어느 지역을 막론하고 선후의 차이는 있지만 이러한 도전들은 일어나게 마련이었다.

우리나라도 예외가 아니었다. 우리나라는 아마도 이차돈(異次頓, 506-527)의 순교가 그러한 도전의 상징적 사건일 것이다. 이차돈은 온갖 신들에 의지하는 신라인의 믿음에 자신의 깨달음을 중시하는 불교로써 도전하다 순교하였다. 그것은 공자에 비해 무려 1,000년이나 늦은 527년의 일이었다. 이차돈의 순교는 소크라테스의 죽음처럼 그 오래된 정신세계를 깨고 새로운 정신세계를 여는 과정이 얼마나 어려운 일이었던가를 상징적으로 보여주는 사건이었다.

일본에서 백제계가 정권을 장악하여 쇼토쿠 태자(聖德太子, ?-622)를 내세워 종전과는 다른 차원의 정치를 펼칠 수 있었던 것도 불교 공인을 신호탄으로 하였다. 587년의 불교 공인은 신화적 세계관에 대한 도전이자 기존 정치권력에 대한 또 하나의 도전이었다. 그 도전의 선봉에 선 것이 문화 선진국 백제계 출신들이었고, 백제 선진 문화의 핵심은 불교였다.

우리나라나 일본은 그래도 빠른 편이었다. 이보다 늦은 곳이 훨씬 많았다. 이슬람이 탄생한 아라비아 반도만 하더라도 600년대가 되어 마호메트에 의해 그러한 도전이 겨우 일어났다. 마야 · 잉카 · 아즈텍은 우리보다도 다시 1000년이나 늦은 시기까지 그러한 도전이 일어나지 않았다. 도전이 일어나기도 전에 서양의 침입자에게 멸망당하였다. 아직도 아프리카나 인도네시아, 남미 원시림에는 그러한 고대적 정신세계에서 천진난만한 삶을 살고 있는 많은 사람들이 있다.

온갖 신들이 인간세상을 지배한다는 믿음에 대한 도전은 큰 반발을 받아 소크라테스나 이차돈과 같은 순교자가 나왔다. 많은 신들이 인간세상을 지배한다는 믿음 역시 철벽처럼 단단하였기 때문이다.

공자와 맹자가 당시 대부분의 군주로부터 외면당한 것도 같은 맥락에서 이해된다. 무신론적 입장에서 새로운 내용의 도덕성을 강조하는 그들을 각국의 군주들은 이상한 사람으로 생각하였다. 석가 역시 마찬가지였다. 당시 석가와 그의 제자들에 대해 브라만은 이들을 깔보며 비아냥대었다. 예수가 십자가에 매달리는 고통을 당한 것도 유대교의 엄격한 율법주의와 새로운 지배자인 로마의 다신교적 믿음의 묵인 탓이었다. 마호메트가 메디나로 도망친 것도 우상숭배자들의 핍박 때문이었다.

이들 모두 자신의 당대에 고대적 정신세계를 완전히 무너뜨릴 수 없었다. 고대적 정신세계의 벽이 너무나 견고하였기 때문이다. 그러나 그들에 의해 인류는 비로소 미몽에서 깨어나 인간을 다시 볼 수 있게 되었으며, 세상과 진리와 윤리와 도덕과 가치를 다시 세워갈 수 있었다.

2) 제 2 단계의 전개

(1) 불교의 발전과 동방 전래

불교의 발전

석가에 의해 성립한 불교는 기원전 322년경 인도를 처음으로 통일한 대제국 마우리아 왕조의 3대 왕 아소카(Vardhana Aśoka, 재위 B.C. 273-B.C. 232)의 보호와 후원을 받음으로써, 인도 종교를 넘어 세계종교로 발전하였다. 중국이나 우리나라에서 '아육왕(阿育王)'으로 번역된 그는 마우리아 왕조를 세운 찬드라굽타

(Chandragupta, 재위 B.C. 322?-B.C. 298?)의 아들로서 '살륙왕'으로 불릴 만큼 많은 사람을 죽였다. 그러나 후일 깊이 후회하면서 불교를 보호하여 인도를 불교화할 뿐 아니라, 세계에 불국토를 건설하기 위해 각지에 전도사를 파견하였다. 오늘날 동남아시아 불교는 이 전도사들에 의해 싹이 텄다.

불교는 그 발전 과정에서 크게 두 개의 분파로 나뉘어졌다. 먼저 성립된 초기 불교, 즉 오늘날 동남아시아에서 성행하는 이른바 소승불교(小乘佛敎, 소승이란 '작은 수레'라는 의미로 대승불교가 낮추어 부르는 말)는 엄격한 수행으로 깨달음을 얻은 존재인 아라한(阿羅漢, 줄여서 羅漢)을 목표로 하고, 대중의 구제에는 그다지 관심을 두지 않았다.

여기에 대항하여 나온 것이 대승불교(大乘佛敎)인데, 대승이란 '큰 수레'란 의미로 많은 대중을 싣고 구원의 길로 인도한다는 뜻이다. 자기 자신이 아니라 대중의 구제를 우선한다는 것, 즉 이기행(利己行)이 아니라 이타행(利他行)을 실천한다는 상징적 의미이다.

대중 구제를 위해 새로 설정된 존재가 자신의 해탈까지도 유보하는 존재인 관음보살 · 문수보살 · 지장보살 · 미륵보살과 같은 '보살'로서, 소승불교의 아라한과 달리 따뜻한 가슴을 지닌 존재였다. 한 사람의 대중이라도 더 많이 구제하기 위해, 천 개의 눈과 천 개의 팔을 가진 '천수천안 관음보살(千手千眼 觀音菩薩)'은 대승불교가 무엇을 지향하는가를 잘 보여준다. 보살은 깨달음을 이루었으나 구제해야 할 대중이 없을 때까지 스스로의 해탈을 미루고 있는 존재, 가령 산의 정상을 보고 밟은 경지가 부처라면 정상을 보았지만 밟는 것은 미루고 있는 존재이다.

그런데 두 종파는 이러한 차이 외에, 보다 근본적으로는 석가를 보는 시각에서 큰 차이를 가지고 있었다. 석가는 신을 부정하고, 자신을 신격화하지 말 것을 엄격히 당부하였다. 소승 불교에서는 석가를 깨달은 인간으로 볼 뿐, 신으로 보지 않았다.

그러나 대승불교는 석가를 신격화하였다. 개인이 아닌 대중의 구제를 목표로 할 때, 석가의 신격화는 필수적이었다. 석가를 신격화하는 것이 대중 구제에 훨씬 강력한 힘을 발휘할 수 있었기 때문이다.

석가를 신격화하는 과정에서 나온 유명한 논리가 '삼신론(三身論)'이다. 석가는 석가라는 인간 자체로서는 위대할 것이 없다. 그가 위대한 것은 깨달은 존재이고, 법(法, 진리) 자체이기 때문이다. 석가는 그 법을 인간에게 전하고 대중을 구제하기 위해 인간의 모습으로 이 세상에 왔다는 것이다. 따라서 법 자체인 법신(法身), 법신이 인간의 모습으로 나타난 석가모니불인 화신(化身), 오랜 수행으로 무궁무진한 공덕이 갖추어진 보신(報身, 혹은 應身)의 '삼위일체적'인 존재라는 것이다.

여기서 '삼위일체적'이라 한 것은 기독교의 그것이 아니지만 큰 의미로는 서로 상통하기 때문이다. 또 하나 유의해야 할 것은 대승불교에서 말하는 '삼신'은 세 분의 '신(神)'이 아니라, 세 가지 '몸(身)'이라는 의미라는 점이다. 불교의 삼신론은 세 가지 몸이 하나로 되어 있다는 의미인 것이다.

논리 자체는 전연 새로운 것이 아니다. 3이라는 수에 인간의 사고를 접합시키는 것은 동서고금의 보편적 현상이었기 때문이다. 역학적으로 양(陽)의 수(홀수)인 1이나, 음(陰)의 수(짝수)인 2는 완전한 수가 아니고, 음과 양이 합쳐진 3이야말로 완전한 수라는 사고도 그러하다.

우리나라에서도 형태를 달리하는 삼신론이 많다. 환인-환웅-단군이 그러하고 삼신 할매가 그러하다. 아버지-어머니-나, 할아버지-아버지-나, 혹은 아버지-나-자녀, 나-아내-자녀, 천지인(天地人)의 관계도 3으로 연기되어 있다. 불교가 성립되기 전 인도에서 확립된 브라만-시바-비슈누의 삼신체제도 그러하다. 불교의 삼신론은 이러한 류의 삼신론에 영향을 받았을 것이다.

이러한 논리에 의해 석가는 신격화되어 갔다. 순전히 문화사적으로 볼 때 그것은 석가에 대한 왜곡이었다. 그러나 석가 자신이 신을 부정하고, 불교 교리 상으로도 신은 부정될 수밖에 없는 것이기에, 석가의 신격화가 그렇게 철저하게 진행되지는 않았다. 교주를 인간이 아니라 초월적 존재로 신격화하는 것은 거의 대부분의 종교에서 나타나는 보편적인 현상으로, 그렇게 해야 훨씬 강력한 전도력을 갖게 되기 때문일 것이다.

언제인가 어떻게 인연이 되어 우리나라 최고의 학승으로 동국대 총장을 역임한 지관(智冠, 1932-2012) 스님을 해인사에서 뵙게 되었다. 몇 번이나 망설이다 스님에게 물었다. "스님, 석가는 인간입니까? 신입니까?" 너무나 물어 보고 싶었던 물음이었지만, 당돌한 물음이었다. 스님은 "인간이기도 하고, 신이기도 하고…"라고 하셨지만, 더 이상 설명은 하지 않으셨다. 뒷날 조계종 총무원장으로 봉직하시고 열반에 드신, 잔잔한 미소가 천진하셨던 스님을 다시 뵐 수 없게 되었지만 지금도 그 말씀이 뜻하는 바를 생각해 보곤 한다.

태국·버마·스리랑카·실론 등 동남아시아 지역에는 아소카 대왕에 의해 기원전 300년경 소승불교가 전파되었다. 그 후 지금까지 거의 변함없이 소승불교가 이 지역의 종교와 윤리의 중심이 되고 있다. 중국에도 소승불교가 들어왔지만 크게 성행하지 못했다.

중국에서 크게 발흥한 것은 석가를 신격화한 대승불교였다. 중국에서 소승불교가 아니라 대승불교가 성행한 것은 문화적 전통이 강한 중국인을 개종시키는데, 석가를 신으로 보는 대승불교가 보다 유리하였기 때문이었을 것이다. 우리나라는 중국에서, 일본은 우리나라에서 불교가 전래되었으므로 당연히 대승불교가 성행하였다.

인도에서는 아소카 대왕의 보호로 소승불교가 크게 발흥하였고, 이후 쿠샨 왕조의 3대 왕 카니슈카의 보호를 받으면서 대승불교가 크게 성행하였다. 그러나 320년경 시작된 굽타 왕조(320-550) 이후 불교는 서서히 쇠퇴하는 대신, 카스트 제도를 긍정하는 다신교의 브라만교가 민간 신앙과 결합한 힌두교가 일어났다.

700년대 초에는 이슬람세력이 인도 북부로 들어와 힌두교와의 갈등이 시작되었다. 그 갈등은 간디의 암살과 인도로부터 파키스탄의 분리를 가져왔으며, 오늘날까지도 분쟁의 핵심 원인을 제공하고 있다.

불교는 탄생지인 인도에서 크게 쇠퇴하였다. 대승불교의 성립은 불교를 세계종교로 발전시키는데 크게 공헌하였지만, 인도에서의 불교의 쇠퇴를 가져왔다. 대중의 구제를 위해 신의 성격이 강화된 석가의 여러 모습과 보살들이 힌두교의 신들과 유사하였기 때문에, 힌두교와 불교의 차이가 희미하게 된 것이 가장 큰 이유였다. 살생을 금하는 불교 교리도 한 원인이었다.

민중들은 불교보다 민간 신앙과 잘 결합된 힌두교를 선호하였다. 달마대사는 바로 이러한 때 인도를 떠났다. 520년경 달마가 인도에서 동쪽으로 온 까닭은 무엇이었던가? 불법을 펴기에 인도는 더 이상 좋은 땅이 아니었다. 불법을 펼 곳은 동쪽이었다.

불교와 동방의 만남

불교가 처음 중국에 들어 온 시기는 대체로 기원 전후로 보인다. 실크 로드를 따라 중국에 처음 들어온 불교가 점차 뿌리를 내릴 수 있었던 중요한 이유의 하나는 당시 중국의 정치적 사회적 혼란이었다.

당시 중국은 고대 통일제국인 진(秦)나라와 한(漢)나라가 망하고, 유비와 관우와 장비가 활약한 삼국시대를 거치면서 기존의 윤리 도덕에 일대 혼란이 발생하였다. 급기야 서양의 게르만에 비견되는 흉노를 위시한 오랑캐들이 중원을 장악하여 16개의 나라를 건설하는 극심한 혼란의 시대를 맞이하였다.

오랑캐 왕조들은 그들이 지배하는 한족의 유교를 받아들일 수 없었다. 화이관(華夷觀), 즉 중화는 (짐승과 같은) 오랑캐와 다르다는 관점을 가진 유교에서는 오랑캐가 중국 한족을 지배할 수 있는 논리를 발견할 수 없었기 때문이다. 여기서 인간은 그 누구라도 존엄하며 부처가 될 수 있는 '불성(佛性)'을 지니고 있다는 점에서 평등하다는 불교는 더없이 매력적이었다.

만인이 평등하다면 오랑캐라도 한족을 지배할 수 있었다. 그들은 또한 황제를 부처의 화현(化現), 즉 다른 모습의 부처라고 주장함으로써 동족만이 아니라 한족에게도 황제에 대한 숭배를 부처에 대한 숭배처럼 요구할 수 있다고 보았다. 다시 말해 황제는 부처와 같은 존재이므로 부처처럼 믿고 따라야 한다고 주장할 수 있었던 것이다. 이는 불교가 이들 오랑캐 왕조만이 아니라 중국과 우리나라의 왕실에서 보호받은 이유이기도 했다. 더구나 불교는 그들이 지금까지 믿어 왔던 신앙

보다 훨씬 논리적이고 심오하였다.

이들은 열광적으로 불교를 받아들이고 보호하였다. 현재 남아있는 거대한 석굴 사원인 운강(雲崗) 석굴과 용문(龍門) 석굴, 돈황(敦煌) 석굴이 그들의 불교에 대한 애호를 웅변적으로 보여준다. 우리나라의 석굴암은 이들에 비해 매우 작은 규모에 불과하지만, 불교에 대한 신심이 동쪽 끝 토함산에서 꽃피운 최고의 걸작품임에 틀림없다.

불교가 중국에서 쉽게 뿌리를 내린 중요한 배경으로, 중국인의 무신론적 사고라는 토양과 사회 혼란에 따른 허무주의의 확산을 거론할 수 있다. 무신론적 사고의 확산은 춘추전국 시대의 공자와 제자백가에 의해 그 길이 열려 불교가 발흥할 당시에도 상당한 영향력을 가지고 있었다. 또한 세상사에 무관심한 허무주의자들인 죽림칠현(竹林七賢)도 불교가 막 발흥할 즈음 대나무 숲 속에서 거문고를 뜯으며 초연하게 살았다.

무엇보다 불교가 성행한 중요한 배경은 인간의 욕망을 메워주지 못하는 유교 자체의 한계 때문이었다. 유교는 현실적인 윤리 도덕적 차원에서는 손색이 없었지만, 인간과 우주에 대한 보다 본질적인 물음에 대해 명확한 회답을 하지 않았으며, 인간이 의지할 절대자를 부정하였다. 종교적이지 못했던 것이다.

이는 심각한 역설을 잉태한다. 비종교적이고 비철학적이기 때문에 막스 베버(Max Weber, 1864-1920)의 분석처럼, 유교는 그 어떤 종교보다도 현실적이고 합리적이라 할 수 있었다. 그러나 그러한 유교의 속성이야말로 유교의 최대의 한계였으며, 유교의 한계는 곧 인간의 한계에서 비롯되었다. 인간은 지극히 현실적이면서도 비현실을 통해 자신의 한계를 뛰어 넘으려는 이기적 존재이기 때문이다. 바로 이러한 유교의 한계를 비집고 들어가 자란 종교가 불교와 도교, 특히 불교였다.

현장이 인도로부터 가져 온 불경을 모셔 두기 위해 손수 벽돌을 날라 쌓았다는 대안탑(서안시 소재). 당 태종의 여덟 번째 아들 고종이 모친의 은혜에 보답하기 위해 지은 자은사(慈恩寺) 안에 있다.

초기 불교는 경전의 번역작업으로 시작되었다. 그러나 당시 불교 용어를 적당히 번역할 말을 찾지 못하여, 도교의 개념을 끌어다 사용했다. 불교의 핵심개념인 공(空)은 도교의 무(無)로 번역되었다. 이는 완전한 곡해로서, 찰나의 순간에도 끊임없이 사라지면서 다시 존재하는 존재성의 표현인 공(空)은 존재 자체를 부정하는 무(無)로 표현될 수 없는 것이었다.

경전에 대한 보다 정확한 번역은 이후에도 끊임없이 요구되었다. 현장(玄奘, 602?-664)의 인도 순례 역시 이러한 요구에서 비롯되었다. 당시의 인도 순례는 상상을 초월하는 고행과 위험의 연속이었다. 그 험난한 여정을 그린 소설이 '서쪽으로의 유람기'라는 『서유기(西遊記)』로서, 현장의 인도 순례에 무한한 능력을 지닌 손오공 같은 존재가 등장한 것에서도 이 여정이 얼마나 어려운 일이었던가를 볼 수 있다.

그런데 손오공이 불교가 아닌 도교의 신으로 추앙되는 것은 재미있으면서도 시사적이다. 무신론적인 불교와 범신론(다신론)적인 도교의 극명한 차이를 여기서도 발견할 수 있는 것이다.

불교는 수나라와 당나라를 거치면서 중국 사상계를 지배하다시피 했다. 이때쯤 되어 인도에서는 이미 불교가 쇠퇴하고 다신교인 힌두교가 발흥하였다. 그러나 불교는 중국에서 다시 전성기를 맞이하여 유교는 중국인의 정치적, 사회적 삶을 규제하는 윤리적 책무도 제대로 수행하기 어려웠다.

정신적 · 신앙적 세계는 말할 것도 없고, 윤리 · 도덕의 세계에서도 불교와 도교는 유교를 압도하였다. 우리나라나 일본 역시 이때쯤 불국토(佛國土)의 세계가 건설되기 시작하였다.

(2) 유교의 영광과 오욕

유교의 국교화와 영광의 시대

중국에서는 유가 · 도가 · 법가가 성행하면서 온갖 신들이 인간 세상을 지배한다는 고대적 정신세계가 서서히 물러가고 무신론이 확산되었다. 다신교적 사고가 철저히 파괴된 것은 아니었지만, 적어도 지배층의 경우 중국은 당시 세계에서 가장 무신론적 경향이 강한 지역이었다. 이는 중국 문화의 중요한 특색이자 근대 이전 우리 문화의 중요한 특색이기도 하였다.

공자나 맹자는 신의 자리에 도덕과 윤리를 가져다 놓았다. 그들은 말하자면 윤리와 도덕지상주의자들이었다. 그들이 이처럼 법이 아닌 도덕과 윤리를 중시한 것은 인간의 본성에 대한 그들의 기본적 입장과 연관되어 있었다.

그들은 인간의 본성을 착한 것으로 보았으며, 그러기에 인간은 윤리와 도덕을 실천할 수 있다고 보았다. 그들 역시 석가와 같이 인간은 더 이상 신에 의해 구원되어야 할 존재로 보지 않았으며, 따라서 신도 필요치 않았던 것이다. 세상에 나타나는 온갖 잘못은 본래 착한 인간의 마음에서 우러나는 윤리와 도덕이 무너진 탓이라고 보았으며, 본래 착한 인간의 본성을 회복하여 윤리와 도덕을 바로 세우면 인간세상의 온갖 잘못도 바로 잡을 수 있다고 보았다.

그들은 윤리와 도덕 지상주의의 입장에서 당시 유행하던 법률 지상주의를 우습게 여겼으며, 진정한 부국강병은 법을 통해 이루어지는 것이 아니라고 주장했다. 그러나 매일 싸움으로 지새던 살벌한 시대에 이는 너무나 안일한 처방으로 간주되었다.

따라서 그들은 당시 군주로부터 별로 환영받지 못하였다. 그들이 정치가가 아닌 교육가로 남은 것이나, 법률 지상주의자에 패배한 것은 우연이 아니었다. 춘추전국시대를 종식시키는 일은 그들이 아닌 법률 지상주의자, 즉 법가의 몫이었고 그 대표자는 진시황(秦始皇, 재위 기원전 246-기원전 210)이었다.

진시황 능의 일부(병마용갱). 항우에 의해 도굴되고 파괴된 후 2천여 년 간 묻혀 있다가, 1974년 우물을 파던 한 농부에 의해 발견되었다. 흙으로 빚은 병마용으로 재현한 막강한 진나라 군단을 사후 세계에 대동하고자 하였다.

진시황의 진나라도 불과 십 수 년 만에 패망함으로써 법률지상주의 역시 심각한 패배를 맛보았다. 항우(項羽, 기원전 232-기원전 202)와 천하를 건 싸움 끝에 유방(劉邦, 기원전 247?-기원전 195)이 한(漢)나라를 건설하였는데, 그 7대 황제 무제(武帝, 재위 기원전 141-기원전 87)는 법가가 아닌 유가로써 천하통치의 이념을 삼았다. 유가는 오랜 인고의 세월 끝에 국가정통의 학문으로 자리 잡았다. 유교에 영광의 시대가 도래하였다. 그 시기는 기원전 100년경이었다.

진시황릉(서안 소재) 위에서 본 관중 평야의 일부:
이 광활한 평야를 두고 항우와 유방 간에 이른바 초한전(楚漢戰)의 격전이 벌어졌다.

유교가 국교화된 배경은 무엇인가? 가장 중요한 배경은 유교의 약점이었던 바로 그 도덕 지상주의 자체에서 발견할 수 있다. 연약하게 보이는 윤리 도덕이 강한 것처럼 보이는 법이나 형벌보다 명분적으로나 현실적으로 훨씬 더 강한 힘을 지니고 있다는 점이다. 원래 유교는 현실사회에서의 인간의 도리를 주장하는 강한 윤리적 성격을 띠고 있었다. 비현실적, 신비주의적, 형이상학적인 관심은 무시되거나 회피되었다. 대신 구체적인 인간 삶의 현장에 필요한 도덕 윤리적 덕목을 중시하였다. 법과 힘과 형벌에 의한 인간 규제의 한계를 지적하고 인간의 본성은 선하다고 보면서, 그 선한 본성에서 발하는 윤리와 도덕으로 인간사회를 법이 아닌 윤리와 도덕의 힘으로 바로 잡고자 하였다.

인간 사회의 질서를 유지하는 가장 중요한 힘은 법인 듯하지만, 실상 법은 윤리와 도덕에 강제성을 부여한 것에 지나지 않는다. 법의 본질도 윤리 도덕이다. 그러나 윤리 도덕은 인간의 본성을 선하다고 전제할 때 유효하다. 인간의 본성이 악하다면, 윤리 도덕은 맥을 못 춘다. 지켜도 좋고 안 지켜도 그만인 윤리 도덕을 악한 본성의 인간들이 자율적으로 지키려 하지는 않을 것이기 때문이다.

인간의 본성이 악하기 때문에 윤리 도덕과 같은 자율적인 덕목으로 규제할 수 없다면 어떻게 해야 하는가? 윤리 도덕을 강제적으로 지키게 할 수밖에 없다. 그것이 법이다. 법가의 대표인 한비자(韓非子)와 진나라 재상 이사(李斯)가 인간의 본성을 악하다고 본 순자(荀子)의 문하에서 배출된 이유가 여기에 있다.

그러나 법은 윤리 도덕의 보조적 장치로서 필요악적 존재에 불과했다. 법에 의한 규제는 강제력의 과다한 행사를 동반할 수밖에 없으며, 또 그렇게 해서 규제되는 사회는 이상적이지도 못했다. 선한 본성에 따라 법이 아니라 윤리와 도덕에 의해 가정처럼 자율적으로 규제되는 국가는 강제력의 행사를 최소한으로 줄일 수 있으며, 바로 그런 국가가 이상적이었다.

법의 강제적 집행에 의해 타율적으로 규제되는 국가는 이상적인 것이 아니었다. 국가라는 말 자체가 이러한 지향의 산물이었다. 가정과 같은 나라인 국가(國家)는 이러한 이상적 국가를 말하였다. 백성들이 유교에서 가르치는 도덕 윤리에 따라 국가에 충성하고, 어버이에 효도하며, 모든 사람을 사랑으로 대하고, 스스로를 규제한다면 법이 필요 없는 지상낙원이 될 것이었다.

인간 스스로의 윤리 도덕적 책무를 강조하고 가르치는 유교를 국교로 한다면 이러한 이상 국가를 만들 수도 있다. 유교가 국교화된 것은 바로 이러한 이유 때문이었다. 국교화되면서 유교는 영광의 시대를 맞았다.

전통시대에 국가마다 국교를 둔 것은 이러한 맥락에서 이해할 수 있다. 종교에서 가르치는 윤리 도덕으로써 백성들이 자기 스스로를 규제해 준다면 더 이상 이상적일 수 없었다. 그러나 특정 종교(사상)의 국교화는 한편으로 영광을 보장해 주었지만 또 한편으로는 국가권력과의 결탁, 그로 인한 타락을 동시에 준비하는 것이기도 했다.

유교의 오욕

유교의 영광은 오래가지 않았다. 그 가장 중요한 이유는 고도의 철학성을 갖춘 불교와 도교의 성행 때문일 것이다. 그러나 유교 자체의 한계를 지적하지 않을 수 없다. 한계의 한 가운데 유교의 무신론이 있었다. 유교의 국교화는 무신론의 확산을 가져왔다. 그러한 사실은 유가 내의 한 학파가 공자의 신격화를 꾸준히 진행시켰지만 결국 좌절하는 과정에서 발견할 수 있다.

공자는 스스로 신을 부정하고, 또한 신이 되려 하지 않았지만 그의 제자들은 그를 신으로 만들려 했다. 대승불교가 석가를 신격화함으로써 대중 전도를 용이하게 하려 했듯이, 이들 역시 공자를 신격화함으로써 공자의 가르침을 훨씬 더 잘 민중에게 전할 수 있다고 보았던 것이다.

유교가 두 개의 분파로 나뉜 것은 진시황의 분서갱유로 불살라진 유교 경전의 복원 과정에서 두 종류의 경전이 나타났기 때문이다. 먼저 성립된 금문학파(今文學派)는 공자의 신격화를 꾸준히 시도하였다. 그들은 공자를 하느님인 흑제(黑帝)라 하였다. 이보다 뒤에 성립한 고문학파(古文學派)는 공자를 성인이자 위대한 스승으로 볼 뿐, 초인간적인 존재로 보지 않았다.

그러면 누가 승리하였던가? 금문학파가 승리하는 듯하였으나 결국 공자를 인간으로 보는 고문학파가 승리하였다. 고문학파가 금문학파를 누르고 승리한 것은 고문학파의 학문적 축적이 금문학파의 그것을 능가하였기 때문이라 하지만, 필자의 생각은 다르다. 고문학파가 승리한 보다 근본적인 원인은 금문학파가 추진한 공자의 신격화의 잘못 때문이었다.

공자의 신격화는 공자를 왜곡하는 것이었다. 대부분의 지식인들은 공자를 신이 아니라 인간의 위대한 스승으로 보는 정직함을 택했던 것이다. 서양 열강의 침략이 거세진 청조(淸朝) 말 중국을 개혁하려 한 강유위(康有爲, 1858-1927)는 흔히 우리나라의 김옥균(金玉均, 1851-1894)에 비유되는 개혁 운동가이지만, 금문학파의 대가로서 또다시 공자를 신격화하려 했지만 결국 실패했다. 공자의 신격화가 계속 좌절되는 과정에서 볼 때 유교의 무신론적 입장은 확고하였다.

그렇다면 공자의 신격화가 좌절된 이유는 무엇인가 하는 점이 궁금하다. 공자의 신격화 시도가 좌절된 가장 중요한 이유는 아마도 공자가 신을 부정하였기 때문일 것이다. 신을 부정한 사람이 신이 될 수는 없었다.

그러면 공자를 신격화하려는 시도가 좌절된 것이 공자나 유교의 앞날에 좋았던 것인가? 공자는 신을 부정하고도 상당한 기간 동안 존경받을 수 있었다. 그러나 마침내 자신의 무덤이 모택동을 추종하는 홍위병들에 의해 파헤쳐지는 수모를 당해야 했다. 이제 그가 탄생한 중국에서나 그를 신봉했던 다른 지역에서도, 그는 더 이상 최고의 존경을 받는 대상에서 멀어졌다.

어떤 학자가 말하기를 '공자가 죽어야 나라가 산다'고 한 것은 공자를 나라 발전의 원수로 보는 것이다. 공자가 이렇게 매도되는 이유는 그의 말이 헛된 진리이기 때문이라기보다, 역대의 군주들이 그의 사상을 전제의 수단으로 오용했기 때문이다. 더 근본적인 이유는 그가 신을 부성함으로써 신이 되지 않았기 때문이다. 신을 부정하여 신이 되지 않은 그가 계속 존경될 수는 없었다. 그가 계속 존경의 대상으로 남으려 했다면, 신을 긍정하고 스스로 신이 되었어야 했던 게 아니었을까?

법이 아닌 윤리 도덕에 기초한 유교가 법에 기초한 법가보다 비현실적이고 강력하지 못했던 것은 당연하다. 그러나 유교는 인류사 그 어떤 종교보다 현실적이었다. 그러한 유교에서 공자의 신격화는 유교의 본질을 훼손하고 공자를 욕보이는 일이었다.

다수의 중국인은 공자를 신격화하는 유혹에 빠지지 않고, 끝내 공자를 최고의 성인으로 보는 데서 더 나아가지 않았다. 그럼으로써 유교는 종교가 아닌 현실의 윤리 도덕으로 남았다. 유교가 계속 성행하려면 공자가 신이 되고, 유교는 종교가 되었어야 했다.

유교가 불교나 도교에 압도당한 또 다른 이유는 유교가 무신론에 기초함으로써 인간의 한계와 인간의 이기주의에 큰 도움을 줄 수 없었기 때문이다. 신이 되지 못한 공자를 시조로 하는 유교가 민중의 정치적 삶이나 사회적 삶이 아닌 정신적 삶, 신앙적 삶을 지도하면서 인간의 한계를 메워주고 이기주의를 충족시켜 주기에는 역부족이었다. 그들은 신을 부정했을 뿐 아니라, 죽음의 공포에서 벗어나려는 인간의 이기주의에 그 어떤 도움의 말도 하지 않았다.

죽음에 대한 유교의 입장

죽음이라는 현실을 어떻게 볼 것인가? 죽음 앞에 모든 존재가 공포와 슬픔을 느끼는 것은 그것이 현실이기 때문이다. 죽음은 현실로서의 공포요 슬픔이다. 그러기에 죽음도 자신의 죽음보다도 사랑하는 사람의 죽음이 더욱 큰 슬픔이고 공포인 것이다. 죽은 뒤의 내가 나의 죽음을 슬픔으로 느낄 수는 없기 때문이다. 사랑하는 사람의 죽음이 현실적으로 나에게 가져다 줄 엄청난 시련과 슬픔과 고통이야말로, 죽음을 그토록 무서워하게 하는 것이다.

죽음이란 현실이 공포일수록 인간은 그것으로부터 벗어나고자 한다. 그것은 분명히 비현실적이다. 그러나 그러한 비현실을 추구하는 것이 인간이며, 그것은 극단적인 인간 이기심의 발로다. 죽음의 공포로부터 벗어나는 방법에는 몇 가지가 있을 수 있다. 우선 영원히 죽지 않고 사는 것이다. 영원히 죽지 않는다면 죽음은 애시 당초 문제가 되지 않을 것이다. 둘째, 죽어서 더 좋은 곳에 가는 것이다. 죽은 후 더 좋은 세상으로 갈 수 있다면 죽음은 그렇게 무서운 것이 아니다. 셋째, 다시 살아나는 것이다. 계속해서 다시 살아난다면 죽음 따위는 별 의미가 없다. 넷째, 죽음을 인정하고 당연한 것으로 받아들이는 것이다. 죽음으로부터 오는 슬픔이나 고통도 숙명으로 감내하는 것이다.

대부분의 종교는 공포의 대상인 죽음과 관련되어 있다. 종교에는 죽음에 대한 인간의 오랜 사색의 결정이 스며있다. 도교는 첫 번째 방향을 대표한다. 인간은 오랜 옛날부터 죽지 않음으로써 죽음으로부터 탈출하는 방법을 사색했다. 그러한 인간의 오랜 사색과 소원이 도교 탄생의 중요한 밑거름이었다. 말하자면 도교가 그러한 교리를 만들어냈다기보다, 죽음으로부터 초월하고자 하는 인간의 소원이 도교를 만들어냈다.

도교는 죽음에서 벗어나는 오랜 동안의 인간의 사색을 정교하게 다듬었을 따름이다. 복잡한 불로장생과 신선술은 이리하여 나왔다. 진시황도 이 방향을 신봉한 듯하나, 냉혹한 현실주의자인 진시황이 이를 완전히 신봉했는지는 의문이다.

두 번째 방법을 말한 종교로 불교를 들 수 있다. 죽어서 극락에 간다면 죽음이 무엇이 두려우랴? 그러나 잘못하면 지옥에 떨어진다. 그러니 지옥에 떨어지지 않기 위해 좋은 일을 많이 해야 한다.

따라서 극락이나 지옥과 같은 것은 죽음의 공포로부터 벗어나고자 하는 측면보다 이 세상에서 잘못을 저지르지 말라고 하는 경고의 성격이 짙다. 말하자면 진리의 세계로 인도하기 위한 방편에 불과할 것이다. 다만 후세 사람들이 진리의 세계로 인도하기 위한 방편을 진리로 믿었을 따름일 것이다. 기독교도 두 번째 방향이라 보인다.

세 번째 방향은 전 세계적인 현상으로, 우리나라의 민간신앙에서도 자주 발견된다. 우리의 민간신앙에 나오는, 다시 살아난 무수한 사람들에 대한 이야기는 죽음의 공포부터 벗어나는 인간의 소망과 사색을 고스란히 담고 있다.

다시 살아나는 것은 인간을 둘러싸고 있는 자연에서 얼마든지 볼 수 있는 현상이다. 봄이 되면 다시 살아나는 풀들과 나무 잎 새들을 보면서 사람들은 그러한 현상이 인간에게서도 실현되기를 염원하였던 것이다.

그런데 유교는 위 세 가지 방법 그 어느 것도 부정하였다. 죽음을 인정하고 당연한 것으로 받아들이면서, 죽음으로부터 오는 슬픔조차도 숙명으로 감내하는 길을 택하였다. 유교는 그만큼 종교적이지 못했다.

죽음의 공포에 더 많이 노출된 일반 민중이 이를 받아들일 수 있을 것인가? 유교는 죽음의 문제에 대해서도 민중의 위안이 되기에 역부족이었다. 이러한 유교의 한계들이 민중으로 하여금 불교와 도교의 세계로 빠져들게 했다. 유교는 불교와 도교의 위세에 눌려 고전을 면치 못하는 신세가 되었다. 오욕의 시절이 도래한 것이다.

(3) 도교의 발흥과 유불(儒佛)과의 갈등

불교가 한참 발흥할 때, 중국에서 도교가 발생하였다. 기원 후 200년 경, 환관들이 세상을 주무르던 후한(後漢) 말의 혼란기에 상부상조와 병 치료를 주목적으로 하는 조직들이 만들어진 것이 발단이었다.

도교는 앞서 말한 대로 도가의 이단이거나, 별종이었다. 도교는 도가의 시조인 노자를 태상노군(太上老君)이라 받들고, 도(道)나 무(無)와 같은 도가의 개념을 차용하였지만 범신론적인 민간신앙과 결합하여 많은 신들의 세계를 만들어냄으로써 도가의 무신론적 입장을 배반했다. 또한 호흡과 식이요법, 약물복용과 같은 방법을 통해 늙지 않고 죽지 않는 불로장생의 신선술을 추구함으로써, 유가의 윤리 도덕이나 법가의 강제적 윤리 도덕(법)을 뛰어넘는 진정한 도를 체득하여 유유자적한 삶을 추구한 도가의 입장을 위배했다.

도교가 성장함에 따라 유불(儒佛)과의 갈등도 시작되었다. 여기서 나온 유명한 도교 측 이론이 '노자 화호설(老子 化胡說)'과 같은 것이다. 『도덕경』 5,000자를 써 주고 사라졌다는 노자가 서쪽으로 가서 인도의 오랑캐를 교화시켰는데, 석가는 그의 교화를 받아 깨달음을 얻은 자라는 설이다. 혹은 노자가 서쪽 인도로 가 석가가 되었다고 하기도 한다. 진실이 아님은 당연한데, 불교와 도교의 투쟁이 본격화되었음을 상징하는 것이다. 온갖 신들과 미신을 신앙하는 도교가 무신론의 유교에 의해 조롱의 대상이 된 것은 당연하였다.

그러나 유불과의 투쟁은 도교의 교리를 풍부하게 하였다. 존재의 본질에 대해 본격적으로 논의하고, 불로장생의 윤리 도덕적 측면을 보강해 불로장생을 위해서는 권선징악과 같은 윤리 도덕적 삶이 필요하다는 점을 강조하게 되었던 것이다. 이러한 윤리 도덕적 측면의 강조는 중요하다. 윤리 도덕적 측면에서 도교나 불교, 유교는 서로 공통부분을 가지게 되었기 때문이다. 유불도(儒佛道) 3교 합일론이 유행하게 된 것은 이러한 배경에서였다.

(4) 기독교의 영광과 오욕

예수가 싹을 틔운 사랑의 메시지와 유일신 사상은 피에도 굴복되지 않았다. 로마 전도 초기의 베드로와 바울의 피는 그 신호탄에 불과했다. 많은 신자들이 단지 신앙을 위해 죽어갔다. 그러나 그것은 기독교가 세계종교로 발전하는 밑거름이 되었다.

기독교는 네로 황제의 악랄한 박해에도 수그러들지 않았다. 로마의 정치가 혼란을 겪는 가운데 콘스탄티누스(Constantinus, 재위 306-337) 황제는 313년 마침내 금령을 풀어 기독교에 대한 믿음을 공식적으로 허가했다.

이때가 당시 로마인들에게 가장 혼란스런 시기의 하나였을 것이다. 로마에 전도된 지 300년이 경과한 이즈음 로마인들은 자신들이 오랫동안 그렇게 숭배해 온 여러 신들을 그대로 모실 것인가, 아니면 그들이 그렇게 숭배한 신들이 모두 가짜이므로 버리고 진짜인 새로운 유일신을 받아들여야 할 것인가 하는 기로에 섰던 것이다. 그러나 혼돈도 점차 정리되어 갔다. 결국 로마인들은 자신들이 그동안 그토록 믿어왔던 무수한 신들이 모두 가짜였음을, 자신들의 신앙 역시 허위 가짜였음을 고백하지 않을 수 없었다. 392년 테오도시우스(Theodosius, 재위379~395) 황제가 기독교를 로마의 유일한 종교, 즉 국교로 선언한 것은 그러한 고백의 결정판이었다.

로마는 다신교 신앙에서 유일신 신앙으로 일대 전환을 하게 되었다. 여러 신들을 믿은 로마인들의 수많은 조상들이 모두 허위를 믿은 바보였음이 이제야 드러난 것이다. 수십만 명의 신들이 인간 세계를 지배한다는 로마의 고대적 정신세계는 이쯤해서 종말을 고하였다. 그만큼 로마의 다신교적 믿음은 동양보다도 더 정교하고 철저하였다. 그리고 다신교적 신앙체계에 대한 기독교의 파괴력은 보다 강력하고 철저했다.

이후 기독교는 1,000여 년 간 서양의 정신세계만이 아니라 일상적인 삶까지도 지배하였다. 그러나 불교가 소승불교와 대승불교로 갈리고, 유교가 금문학파와 고문학파로 분리된 것처럼, 기독교도 서유럽의 로마 가톨릭과 비잔틴 제국의 그리스 정교회로 양분되었다. 동시에 유교가 국교화되면서 영광과 오욕을 겪었듯이, 기독교도 영광과 오욕을 겪으며 타락해 갔다.

4. 제 3 단계: 종교개혁

1) 선불교의 발흥

(1) 달마와 그의 제자들

제 3단계의 징후는 우선 중국에서 기존 불교를 대신해 선불교(禪佛教), 즉 선종(禪宗)이 일어나 크게 유행하고, 여기에 촉발되어 주자학(성리학)이 성립되고, 서양에서 종교개혁이 일어난 데서 발견된다. 우리나라는 불교를 국교로 한 고려를 대신해 조선이 들어서면서 성리학을 국가 정통학문으로 삼은 것이 이 단계에 해당할 것이다.

중국에서 선불교가 일어난 것은 제 3단계의 시작을 의미한다. 말하자면 세계종교 자체 내의 종교개혁으로 가장 빠른 단계에 해당할 것이다.

선불교를 개창한 달마가 중국에 온 것은 520년경이었다. 석가의 수제자인 마하가섭이 이심전심(以心傳心)으로 석가의 도통을 이어받아 인도 선불교가 열리고, 달마(達磨, ?-528?)가 그 28대 조사였다는 것은 너무나 설화적이라 믿을 바가 못된다. 선불교는 인도에 전해지던 선학(禪學)과 중국 불교의 결합에 의해 탄생되었으며, 결국 중국 불교의 자기혁신의 산물이었다. 이 점에서 달마는 그 접점이었던 셈이지만, 선불교는 순전히 중국 불교였다.

그가 동쪽으로 와 처음 발을 디딘 지점은 오랑캐에 밀려 남쪽에 정착한 양(梁)나라였다. 달마는 불교 후원자였던 양 무제(武帝)를 만났지만 곧 실망하고, 북쪽 낙양 부근의 소림사에서 9년 동안 동굴의 벽을 마주하고 참선에만 열중하였다. '9년 면벽(面壁)'의 고사이지만, 그에 대한 이야기는 설화적인 요소가 다분하여 믿기 어려운 측면이 없지 않다.

달마를 초대 조사로 하여, 팔을 끊어 가면서 달마의 제자가 된 2대 조사 혜가(慧可, 487-593)를 거쳐, 문둥이로 혜가를 만나 해탈 자재한 3대 조사 승찬(僧璨, ?- 606)), 이어 4대 도신(道信, 580-651), 5대 홍인(弘忍, 601-674) 조사를 거쳐 6대 조사 혜능(慧能, 638-713)에 이르러 선불교는 크게 발흥하였다.

6대 조사라는 의미의 육조(六祖) 혜능대사는 중국 선불교에서 석가와 같은 반열에서 존경받는 인물이지만, 본래 나무꾼에 불과하였다. 어느 날 장터에서 스님의 『금강경』 독경을 듣고 문득 깨닫는 바가 있어, 홍인대사를 찾아가 제자가 되고자 하였지만 8달 동안이나 디딜방아만 찧게 했다.

그러던 어느 날 깨달음을 나타내는 게송을 짓는 자리에서, 누구라도 부처가 될 수 있는 '불성(佛性)'을 바로 보면, 즉 견성(見性)하면 단박에 깨달음에 이를 수 있다는 돈오(頓悟)를 설하였다. 중국 선불교의 진정한 탄생을 알리는 순간이었다. 나무꾼은 점진적 수행과 공부를 통해 깨달음에 이를 수 있다(漸悟)고 읊은 홍인대사의 수제자 신수(神秀, 606?-706)를 제치고, 홍인대사가 몰래 전해 준 법통을 이어받아 단박에 6대 조사(육조)가 되었다.

서안 소재 비림(碑林)의 한 비석에 새겨진 달마도: 달마가 남쪽 양나라의 황제에게 실망하고, 북쪽 소림사로 가기 위해 갈대 잎을 타고 양자강을 건너는 모습을 돌에 새겼다.

이로부터 선종은 혜능 계통의 남종선(南宗禪)과 신수 계통의 북종선(北宗禪)으로 갈렸다. 남종선은 돈오를, 북종선은 점오를 중시하는 이른바 '남돈북점(南頓北漸)'의 형세가 되었다.

6조 혜능이 오랫동안 주석한 곳이 중국 남쪽 광동성(廣東省) 조계(曹溪) 지역의 보림산(寶林山, 일명 조계산) 남화선사(南華禪寺)로 우리나라 조계종도 여기서 발원한다. '조계'란 이름은 과거 조씨(曹氏)들이 이 지역을 흐르는 계곡을 '조씨의 계곡', 즉 '조계'라 한데서 유래하였다.

하늘이 높은 화창한 가을 어느 날 학생들과 고적답사 차 전라남도 장흥의 보림사(寶林寺)를 찾았다. 국보가 많은 사찰로서 주위 경관도 무척이나 아름다웠다. 그런데 설명을 자청한 주지 스님이 '보림사는 한국 선불교의 종찰(宗刹)'이라 하여 어리둥절하였다. 불교에 대해 잘 모를 때라 무슨 말인가 하였는데, 나중에야 우리 조계종의 법맥이 6조 혜능이 오랫동안 주석한 중국 보림산 남화선사(원래 보림사)에 닿아 있기 때문에, 우리나라에서도 보림사가 선불교의 종찰이라는 의미로 이해되었다.

6조 혜능의 뒤를 이어 제자인 남악(南嶽) 회양(懷讓), 청원(靑原) 행사(行思) 스님의 두 계통이 당 말기 이후 선종의 주류를 이루었다. 후에 이들 계통이 남종(南宗)의 5가 7종(五家 七宗)으로 발전하여 크게 성행하였다.

남악 회양 스님 계통으로는 백장(百丈) 회해(懷海)-위산(潙山) 영우(靈祐)-앙산(仰山) 혜적(慧寂) 스님에 의한 '위앙종(僞仰宗)'이 당말(唐末)에 번성하였다. 그러나 이 계통으로 가장 번성한 것은 백장 회해-황벽(黃檗) 회운(希運)-임제(臨濟) 이현(義玄) 스님에 의한 '임제종(臨濟宗)'이었다. 임제종은 다시 자명(慈明) 초원(楚圓)-황룡(黃龍) 혜남(慧南) 스님의 황룡파와 양기(楊岐) 방회(方會) 스님의 양기파로 갈라졌는데, 황룡파는 일찍이 쇠퇴하였으나 양기파는 북송 사대부의 큰 환영을 받아 명말(明末) 청초(淸初)에 이르기까지 크게 번성하였다.

한편 청원 행사 스님 계통은 그의 손제자 약산(藥山) 유엄(惟儼)-동산(洞山) 양개(良价)-조산(曹山) 본적(本寂) 스님에 의한 '조동종(曹洞宗)'으로 발전하였는데 임제종만큼 번성하지는 못했다. 천황(天皇) 도오(道悟)-법안(法眼) 문익(文益) 스님에 의한 '법안종(法眼宗)'은 송대 초기에 융성하였다. 천황(天皇) 도오(道悟)-운문(雲門) 문언(文偃) 스님에 의한 '운문종(雲門宗)'은 법안종의 뒤를 이어 강남지방에서 발전하였지만 북송 말기에는 쇠퇴하였다.

필자도 자주 찾는 경북 청도 운문사(雲門寺)는 무척이나 정갈하고 아름다운 비구니 도량으로 필시 조계종 계통일 것이다. 그런데도 운문사라 한 것은 과거 운문종과 어떤 연관이 있었던 때문으로 보이지만 아직까지 확인해 보지는 못했다. 매년 여러 말의 막걸리를 먹으면서 싱싱한 자태와 드넓은 품을 자랑하는 운문사의 '처진 소나무'는 우리나라 최고 걸작품의 하나일 것이다. 그 앞에 서면 나는 한없이 작아진다. 위앙종, 임제종, 조동종, 법안종, 운문종을 '5가'라 하고, 여기에 임제종 계통의 황룡파와 양기파를 합하여 '5가 7종'이라 하는 것이다.

그 중에서도 임제(臨濟) 의현(義玄, ?-867)이 일으킨 임제종이 가장 성하였는데, 우리나라 조계종도 이 임제종 계통으로 임제종은 일본에서도 크게 유행했다. 앞서 말한 지관(智冠, 1932-2012) 스님과의 인연으로 해인사를 찾았다가 해인사 입구에서 '해동 임제종 해인사(海東 臨濟宗 海印寺)'라고 새긴 큰 돌을 보고 의아해 물었다. "스님, 해인사가 조계종이 아니라 임제종입니까?" 스님은 빙그레 웃으시며, "그게 그거여" 하셨다. 지금 생각해도 부끄러운 물음이었다. 내가 그런 정도밖에 되지 않았으니, "석가가 인간입니까? 신입니까?"라는 나의 당돌한 물음에 "인간이기도 하고, 신이기도 하고…"라고 하셨을 것이다. 그런데 지금 생각해도 고마운 것은 그런 나를 전혀 탓하지 않으셨던 것이다. 조계종은 조계 보림산 남화선사에 오랫동안 주석한 6조 혜능, 혜능에서 발원한 남종선 5가 7종 가운데서도 임제종에 법맥이 닿아 있는 것이다.

(2) 살조살불, 불립문자, 이심전심

이들의 가르침은 '살조살불(殺祖殺佛)'과 '불립문자(不立文字)'와 '이심전심(以心傳心)'으로 상징된다. '진정한 법을 얻으려면, 조사를 만나거든 조사를 찔러 죽이고, 석가를 만나거든 석가를 찔러 죽여라'는 것이 '살조살불'로서, '문자에 서지 않는다'는 '불립문자'와도 일맥상통한다. 진리라 보이는 모든 것들, 문자로 기록된 불경은 말할 것도 없고, 진리 자체로 상징되는 석가나 조사(스승)까지도 부정할 때 진정한 법(진리)이 겨우 보일 정도라는 말이다.

'이심전심' 역시 이들과 일맥상통하는 것이니, 아무리 말이나 글로써 '사랑'을 전하더라도 거짓일 수 있다. 말이나 글로 하는 사랑이 아니라 '마음'으로 하는 사랑이 진정한 사랑이고, '마음'으로 전해지는 사랑이 진정한 사랑이다. 눈이나 귀로 아는 것은 아는 것이 아니다. 마음으로 알아야 진정으로 아는 것이다.

우리나라의 성철(性徹, 1912-1993) 스님이 설한 '산은 산이요, 물은 물이다'란 유명한 법어도 따지고 보면 같은 맥락의 말이다. 문자나 언어로 말해지는 그 어떤 것도 산이나 물 자체일 수 없으니, 산은 이러하고 물은 저러하다고 말하고 쓰는 순간, 이미 언어나 문자로 말해지고 쓰인 산이나 물에 불과할 뿐, 산이나 물 그 자체는 아니라는 것이다. 노자 도덕경의 "도를 도라 하면 이미 상도가 아니다"고 한 것도 같은 말이다. 인간의 필설이나 기존 관념에 의한 진리는 이미 진리가 아니라는 것이다.

'살조살불'이나 '불립문자', '이심전심'의 의미는 심하게 말하면 문자로 쓰인 불경은 말할 것도 없고, 석가나 조사까지도 단지 강을 건너기 위한 배나 똥을 닦기 위한 휴지에 불과하다는 것이다. 강을 건너게 해준 배가 고마워 짊어지고 다니거나, 똥을 닦게 해 준 휴지가 고마워 주머니에 넣고 다닐 수는 없는 법, 문자로 기록된 불경이나 조사나 석가는 모두 진리에 도달하기 위한 방편에 불과하니 그 방편에 매달려서는 아니 된다는 것이다.

놀라운 선언이다. 만약 다른 종교에서 이런 주장을 하였다면 죽음을 면치 못했을지 모른다. 자기 종교의 창시자나 그 말씀을 적은 경전을 이렇게 보는 것은 엄청난 불경이기 때문이다. 그러나 이런 것이 선불교였다. 물론 구태여 석가를 부정하고 불경을 부정하라는 의미는 아니었다. 구도의 최대의 적은 그 무엇을 진리라고 믿어버리는 데 있음을 경계한 것이다.

이는 경전과 석가에 대한 교조화 · 신격화에 대한 엄청난 도전으로, 이로써 경전과 석가까지 상대화되었다. 진리에 대한 끊임없는 부정을 통해 진리에 다가가고자 함으로써, 석가와 진리를 맹신하고 교조화하는 기존 불교에 일대 도전을 감행한 것이다. 바로 이런 점에서 살조살불이나 불립문자의 정신을 핵심으로 한 선불교의 성립은 불교 자체 내의 종교개혁이라 할 수 있다. 세계종교 자체 내에서의 유력한 종교개혁으로서는 첫 번째 사례라 할 것이다.

선불교, 선종은 수당 시대를 거치면서 한동안 시대를 풍미하였다. 기존의 종교적 관념과 수행방법을 우습게 여기는 그 자유분방함은 통일신라에도 전해져, 진골에 비해 낮은 신분의 신라인들의 애호를 받으며 9산 선문(九山禪門)으로 발전하고, 일본에도 전해져 오늘날까지 그 맥을 이어오고 있다. 토인비가 20세기 최대의 사건으로 불교와 서양의 만남을 거론할 때, 그 불교는 대체로 선불교였다.

2) 신유학(新儒學)의 전개

(1) 성리학의 성립과 전개

성리학, 주자학은 불교와 도교, 특히 선불교에 눌려 맥을 추지 못하면서 민중의 지도사상으로서 지위를 잃어버린 암울함 속에서 대두하였다. 유학은 우주 만물의 근원에 대해 말하지 않았으며, 현실을 떠난 공허한 관념론에 사로잡히지 않는 현실적인 윤리 도덕률이었다. 고도의 철학을 갖춘 불교에 밀린 중요한 이유 중의 하나도 거기에 있었다. 성리학은 불교와 도교, 특히 선불교를 강하게 비판하면서도 그 철학에 깊은 영향을 받으며 이론적 단초를 열었다. 욕하면서 배우는 식이었다.

이렇게 나온 성리학은 기존 유교의 단점을 상당한 정도로 보완하였다. 이(理)와 기(氣), 성(性)과 정(情)과 같은 형이상학적 개념을 구사하여, 존재의 원리와 인간의 심성을 사색하였다. 현실적 윤리 도덕의 자리에 형이상학적 철학을 가져다 놓았던 것이다. 유교는 여기서 도불에 대항할 수 있는 상당한 철학성을 갖추게 되었다.

그러나 유교 본질에 대한 어느 정도의 훼손은 어쩔 수 없었다. 현실 대신 관념이 안방을 차지하였기 때문이다. 성리학은 말하자면 기존 유교로부터의 중요한 일탈이었다. 이렇게 하지 않고 불교나 도교가 가진 고도의 철학성에 대항하기는 어려웠다.

유교의 고민은 여기에 있었다. 본질을 훼손하고서도 살아남을 것인가, 아니면 소수의 지지자들의 현실적 학문으로서만 남을 것인가? 성리학은 전자를 택했다. 어찌 보면 주자학자들은 유학의 또 다른 발전에 공헌한 공로자일지라도, 공자의 진정한 계승자는 아니었다. 공자의 현실주의를 이탈하였기 때문이다.

그럼에도 공자의 진정한 계승자는 아닐지라도, 그들이 불교나 도교의 제자가 아닌 공자의 제자인 것은 그들이 끝내 신을 이야기하지 않았다는 데 있다. 그들이 유학의 철학성을 보충하기 위해 사용한 것은 이(理)와 기(氣)와 같은 관념이었고, 결코 신이 아니었다.

따라서 그들은 공부와 수양의 목적을 성인(공자와 같은 인간)이 되는 데 두었다. 이는 이슬람이나 기독교와 사뭇 다르다. 공부와 수양에 의해 예수나 알라가 될 수는 없었다. 그러나 성리학자들은 공부에 의해 공자와 같은 경지에 들어갈 수 있다고 보았다. 누구라도 부처가 될 수 있다는 불교와 같은 수양론이다.

성리학적 사색은 크게 우주 만물의 근원을 추구하는 과정에서 이일원론(理一元論), 기일원론(氣一元論), 이기이원론(理氣二元論)으로 나누어졌다. 그러나 대체로 이기이원론이 주류를 이루었는데, 그것은 다시 주리론(主理論)과 주기론(主氣論)으로 갈라져 치열한 논쟁을 벌였다. 이원론인 한, 이원의 선후관계와 주종관계가 문제될 수밖에 없었던 것이다.

논쟁은 엄청나게 복잡하게 전개되었지만 핵심을 요약하면 이러하다. 예컨대 사람의 경우 사람으로서의 형체(氣)가 주인가, 아니면 사람으로서의 인성(理)이 주인가 하는 것이다.

주리론에서는 아무리 사람의 형체를 가지고 있다고 해도, 개나 돼지의 품성을 가지고 있다면 사람이라 할 수 없다는 것이다. 사람이 사람인 것은 사람으로서의 인성을 가지고 있기 때문이라는 것이다. 사람의 인성을 갖추지 못하면 아무리 사람의 형체를 가지고 있다고 하더라고 사람이 아니라는 것이다. 인성을 갖추지 못하면 개나 돼지와 같다는 것이다.

반면 주기론은 사람의 인성이라는 것도 사람의 틀을 가진 이후에야 갖추어지는 것이므로, 사람이란 틀 자체(氣)가 주라는 것이다. 사람이란 틀이 없으면 인성도 존재할 수 없다는 것이니, 개나 돼지에게 사서삼경을 가르쳐 봐야 이들이 인성을 갖추게 되는 것은 아니라는 것이다.

확대하면 임금과 신하관계, 즉 군신관계라는 틀이 중요한가, 아니면 군신관계를 군신관계이게끔 하는 충(忠)이라는 도리(理)가 중요한가 하는 것이다. 주리론은 임금과 신하관계라는 틀이 있다고 하더라도, 충이라는 도리가 작동하지 않으면 군신관계가 아닌, 보통 사람과 보통 사람과의 관계에 불과하다는 것이다. 그것이 군신관계인 것은 충이라는 윤리가 작동하기 때문이라는 것이다. 주기론은 충이라는 이

(理)도 군신관계가 존재할 때 깃들 수 있는 것이므로, 군신관계라는 틀 자체가 존재하지 않으면 의미가 없다는 입장이다. 이러한 논리는 군신관계 만이 아니라, 부자·부부·장유·붕우·지주와 전호, 주인과 노비, 중국과 오랑캐의 관계에 있어서도 마찬가지로 적용되었다. 각각 그 관계 자체가 중요한가, 아니면 그 관계라는 틀에 작용하는 원리가 중요한가 하는 논쟁이다. 여기서 보듯이 주리론이 명분을 보다 중시하였음은 분명하다.

주자(朱子, 1130-1200)나 우리나라의 이퇴계(李退溪, 1501-1570)는 주리론의 입장이었다. 이들에 의해 기존의 삼강오륜 등 윤리 도덕은 모든 존재의 근본 의미로 자리 매김 되었다. 그것이 없으면 존재 자체의 의미가 상실되었다.

중국 각 왕조와 조선이 성리학을 국가 정통학문으로 받아들여 보호한 것은 이러한 이유에서였다. 충이나 효와 같은 윤리 도덕은 이제 모든 존재(틀)를 존재하게 하는 의미 자체가 된 것이다. 말하자면 충이 행해지지 않는 군신관계는 이미 군신관계가 아니니, 충을 부정하거나 성실하게 행하지 아니하면 군신관계를 부정하는 것과 다름없으므로 군신관계에 있는 한 반드시 충을 성실히 행해야 한다는 논리였다.

이러한 논의는 인간의 심성(心性)에 대한 논의와 연결되어 있었다. 인간의 심성에 대한 파악 역시 2원론에 입각했다. 인간의 심(心)은 선한 본성인 '성(性)'과 그 자체로서 나쁜 것은 아니지만 치우치면 나쁘게 될 수 있는 본성인 '정(情)'을 동시에 가지고 있다고 보지만, 주리론의 경우 인간의 본성 중 단지 성(性), 곧 인의예지(仁義禮智)만이 인간으로서의 존재의미인 이(理)에 해당한다고 보아 '성즉리(性卽理)'라 하였다. 주자학을 성리학이라 하는 이유가 여기에 있다.

그럴 때 그 자체로서는 나쁜 것이 아니지만 치우칠 때 나쁘게 될 수도 있는 정(情: 희노애락애오욕)이 문제인데, 주자나 퇴계는 결국 정을 억눌려야 할 것으로 보았다. 억눌려야 할 것을 타고난다는 점을 인정하는 점에서, 이들은 인간의 본성을 착하다고 보면서도 온전하지는 않다고 본 것이다.

이러한 내용의 주자학이 성립한 것은 어떤 의미를 갖는가? 주자학의 성립은 기존 유학에 대한 중대한 수정으로서, 유교 자체 내의 일대 개혁이었다. 어떤 학자는 성리학의 성립을 중국 사상의 르네상스로 표현하였다. 이로써 철학성이 대폭 강화된 유교는 도불을 누르고 중국 사상계의 지도적 위치를 차지할 수 있었다. 우리나라에서도 불교를 산중으로 밀어내고, 조선 왕조 500년의 정통 이념으로 자리 잡을 수 있었다. 그러나 주자가 이원론의 입장에서 인간의 불완전성을 인정한 것은 문제였다.

(2) 양명학의 반동

주자 사망(1200) 후 약 300년 뒤에 탄생한 왕양명(王陽明, 1472-1528)은 주자학에 반발하였다. 양명은 성(性)과 정(情)이 동시에 내포된 심(心) 자체가 이(理)라는 '심즉리(心卽理)'를 주장하였다.

이는 말하자면 '성(性)이 곧 이(理)'라는 주자학의 '성즉리'를 부정하고, 성(性)만이 아니라 정(情)까지 이(理)로 보면서 긍정하는 것이다. 그가 '심즉리'라고 하였을 때의 '심(心)'은 성(性)만이 아니라 정(情)까지 포함할 것이기 때문이다.

그런데 정(情)을 이(理)라 하며 긍정하는 것은 곧 인간의 욕망과 본능을 긍정하고, 나아가 그 해방까지 지향하는 것이다. 정(情)은 '희노애락애오욕(喜怒哀樂愛惡慾)'으로서 인간의 욕망과 본능을 말하는데, 이를 이(理)라고 보기 때문이다. 이러한 양명학은 인간의 욕망과 본능을 긍정하여 그 해방을 지향하는 점에서 근대성을 가지고 있었지만, 주자학에 대한 반란이자 주자학에 기초한 기존 질서에 대한 중대한 도전이었다. 양명학이 조선에서 발을 붙이지 못하고 강화도에서 겨우 명맥만을 유지한 이유가 여기에 있었다.

이러한 양명의 주장은 인간은 누구나 '배우지 않고도 (理를) 알 수 있는' '양지(良知)'를 타고 난다고 보는 관점에 기초하였다. 예컨대 효가 인간으로서 해야 할 덕목이란 것은 배워서 알게 되는 것이 아니라, 누구나 타고 나는 것(양지)이라 보았다. 따라서 중요한 것은 이를 아는가가 아니라 실천하는가였다. 양지를 실현시키는 '치양지(致良知)'가 중요하다는 것이다.

그런데 모든 사람이 양지를 타고 난다는 주장은 선불교에서 모든 사람은 부처가 될 수 있는 '불성(佛性)'을 타고 나기에 단박에 깨치는 것이 가능하다는 주장과 유사하다. 따라서 양명은 석가와 같이 모든 사람은 평등하고, 나아가 모든 사람이 다 성인이라 하였다. 양지를 타고 난다는 점에서 누구나 평등하고, 또 그러하기에 다 성인이라는 것이다. 주자학자들이 양명학을 비판하여 '선학(禪學)의 아류'라 하는 이유가 여기에 있다.

따라서 양명학이, 주자가 중시한 '격물치지(格物致知)'의 주지주의(主知主義)를 비판하는 것은 당연하였다. 주자는 주리(主理)의 입장에서 '사물에 몰두하여 앎에 이르는', 즉 사물의 이(理)를 발견하는 것을 중시하였다. 주자를 주지주의라 한 것은 이처럼 객관적으로 존재하는 사물의 이(理)에 대한 발견을 중시하기 때문이다. 이러한 주지주의를 다르게 표현한 것이 '알기가 먼저이고, 행하기는 뒤'라는 '선지후행(先知後行)'이고, '알기는 어렵고 행하기는 쉽다'는 '지난행이(知難行易)'이다.

그러나 양명은 '효'가 자식으로서 마땅히 행해야 할 것이라는 점을 아는 '양지(良知)'를 누구나 타고 나기 때문에, 이를 아는 것 보다 실천하는 것이 중요하다고 하면서, 양지의 실천인 '치양지(致良知)'를 중시하였다.

그러나 '치양지'는 단순히 '지(知)보다 행(行)이 중요하다'거나 '알기는 쉽고 행하기는 어렵다'는 '지이행난(知易行難)'의 의미만이 아니라, 진정한 지식(良知)은 행동을 통해 완성된다는 '지행합일(知行合一)'을 의미했다. 또 지행합일은 '지식과 행동이 같아야 한다'는 의미만이 아니라, '진정한 지식은 행동을 통해 완성된다'는 의미이기도 했다.

누구나 양지를 타고 나고 그러하기에 누구나 평등하고 모두가 성인이라는 양명의 주장은 주자가 인간을 불완전하다고 보고 그 불완전을 해소하여 성인에 이르는 행위(수양과 공부)의 필요성을 말하는데 대한 도전으로서 자유분방할지라도 방종으로 흘러 사회질서를 어지럽힐 가능성도 내포하고 있었다.

명나라 조정이 양명학의 대가 이탁오(李卓吾, 1527-1602)를 잡아가둔 것이나 조선의 양명학 금지는 그러한 가능성을 차단하고자 하는 것이었다. 모두 다 성인이면 공자는 어찌되고, 공부와 수양은 무슨 소용이란 말인가?

그러나 주자학에 기초하면서도 그에 대한 도전인 양명학이 출현한 것은 유학 자체 내의 또 한 차례의 중요한 개혁이었다. 양명학에 의해 공자나 사서오경은 상대화되어 버렸다. 역시 주자학의 교조화에 대한 중대한 도전이었던 셈이다.

양명학은 인간의 본능을 긍정하고 그 해방의 길을 연 점에서 큰 의미를 가지고 있었으나, 주자학과 마찬가지로 지나치게 사변적이고 관념적이었다. 현실과는 유리된 공허한 형이상학으로 흐르고 말았던 것이다.

이에 대한 반발로 명나라가 망하는 망천하(亡天下)의 상황에서 경세학(실학)이 일어나고, 그것을 이론적으로 뒷받침하기 위해 고증학이 대두하였다. 경세학은 주리(主理)에서 주기(主氣)로 입장을 선회하여 현실에 대한 탐구를 시작한 점에서 의미가 있었으나 신유학의 그늘을 벗어나지 못했고, 더구나 군주 전제제도 자체에 대한 도전으로 연결되지 못한 점에서 근대성을 결여하고 있었다.

3) 기독교의 종교개혁

다신교적 믿음의 로마는 유럽과 서아시아, 북아프리카를 정복하여 대제국을 이룩하였다. 그러나 로마제국은 유일신 사상의 기독교에 의해 철저하게 정복되었다. 다신교를 밀어내고 그 폐허에서 화려하게 펼쳐진 기독교 세계는 이 지역 사람의 정신적 삶만이 아니라 일상적 삶까지도 지배했다.

그것은 이 지역의 문화적 동질성을 확보해 줌으로써 이후 이 지역의 역사 전개에 중요한 의미를 가진 일대 사건이었다. 이후 유럽에서는 기독교의 발전으로 인간중심적인 세속적인 문화는 위축되었다. 문화의 대표적인 분야는 철학이었으나, 철학은 '신학의 시녀'로서 기능할 따름이었다. 기독교적 가치가 모든 것의 척도였다.

그러나 절대 권위는 썩게 마련이었다. 유교의 금문학파가 오랫동안 국가의 보호를 받으면서 신비주의에 빠져들어 고문학파에 지배적 지위를 내어주고, 불교가 극성하면서 무진장(無盡藏: 불교 사원의 창고)한 재물을 모아 썩었듯이 기독교도 세속적 부와 욕망에 사로잡힌 사제와 교회에 의해 자행되는 부패가 만연되어 갔던 것이다.

기독교 내부의 부패와 자기 안일이 자체 개혁이 일어나게 되는 가장 중요한 배경이었지만, 외부적 배경도 무시할 수 없다. 가장 늦게 유일신 신앙으로 다신교 사회를 파괴한 이슬람과의 십자군 전쟁도 그 하나였다.

전쟁은 셀주크 투르크의 예루살렘 점령으로 촉발되었지만, 그 배경에는 중세 안정기에 축적된 인적 물적 자원과 중세인의 열렬한 신앙심, 동서 교회의 통합과 로마 교회세력을 확장하려는 교황 등의 교회 지도자들, 명예와 전리품을 획득하려는 세속 기사들, 새로운 시장을 발견하여 교역을 확대하려는 상인들의 현실적 욕구가 숨어 있었다.

전쟁은 일종의 소모전으로서, 많은 인명이 성스러운 '성전'이란 이름 아래 죽어갔다. 동시에 교황의 권위가 실추되고 기독교에 대한 열정도 위축시키는 결과를 빚었다. 기사들의 몰락과 외부 세계와의 교류 확대도 폐쇄적 중세 사회의 균열을 조장하였다.

십자군 전쟁의 실패로 야기된 교황권의 실추는 세속 군주와의 투쟁에서도 교황의 패배를 야기하였다. 1309년 교황이 로마가 아닌 프랑스 남부 아비뇽으로 옮겨져 프랑스왕의 통제를 받는 '아비뇽의 유수'는 그 상징적 사건이었다. 민족국가가 태동하면서 교황과 군주의 대결이 격화되었지만 결과는 교황의 패배였다.

종교개혁은 이러한 배경에서 태동하였다. 르네상스도 그것을 촉발하였다. 교회의 물질적 부를 보증해 주었던 면죄부 판매를 비판하는 루터(Martin Luther, 1483-1546)의 95개조 반박문은 1,500여 년 간 유럽인의 삶을 지배했던 기독교에 대한 자체 내부로부터의 심각한 도전이었다. 1517년에 터져 나온 이 비판에 대한 반발도 만만치 않아 교황은 루터를 파문할 수 있었다.

그러나 부패한 기존 교회에 등을 돌리고 신교를 지지하는 세력은 늘어갔다. 그렇게 될 수 있었던 또 하나의 배경으로 인쇄술의 발달을 거론하지 않을 수 없다. 인쇄술의 발달은 신부만이 아니라 일반 민중에게도 보다 저렴한 값으로 성경을 공급해 줌으로써, 지금까지의 신부들의 교리 해석이 터무니없이 자의적이었음을 만천하에 드러냈다.

루터와 그를 이은 캘빈(Jean Calvin, 1509-1564)이 개척한 새로운 기독교는 확대일로를 걸었다. 영국도 자신들의 국교회를 성립시켰다. 이러한 위기에 대응하여 가톨릭 내부에서도 예수회나 도미니크회와 같은 자기 개혁적 선교단체가 만들어져 교세 확장에 나섰다. 명나라 말 중국에 나타난 마테오 리치(Matted Ricci, 1552-1610)나 아담 샬(Adam Schall, 1591-1666)도 그들 중의 한 사람이었다.

신구교 간의 갈등은 다시 많은 사람의 피를 불렀다. 어떤 사람들은 신앙의 자유를 찾아 바다를 건너 신세계로 건너갔다. 그들에 의해 새로운 천국이 건설되는 동안, 그 땅에서 오랫동안 삶을 일궈 온 많은 사람(인디언)들은 종교적 신앙만이 아니라 삶의 터전 자체를 포기해야 하는 전혀 생각지도 못했던 상황을 맞이했다. 세상은 요동치고 있었다. 중세적 정신세계가 깨어지는 그 자리에 근대 세계가 조금씩 문을 열고 있었다.

이렇게 문을 연 근대 세계는 지리상의 발견, 과학혁명, 시민혁명, 산업혁명을 거치며 활짝 만개하여 새로운 세계를 눈앞에 펼쳐 보였다. 캘빈이즘은 직업 종사와 이윤 창출이 천국에 들어가는 문을 막아버리는 악이 아니라 '신의 소명'이라고 하는 에토스(윤리)를 제공해 줌으로써 자본주의 발전에 기여했다.

그 후 자본주의는 상품시장과 원료 공급지를 확보하기 위해 전 세계를 개방시켜 갔다. 이러한 시대 조류를 따라가지 못한 지역은 식민지로 전락하고, 종교적 정체성도 상실하게 되었다. 우리나라는 그 대표적인 케이스였다.

5. 맺음말

세계종교는 모두 윤리적, 도덕적 삶을 인간의 바람직한 삶의 길로 제시하였다. 그 창시자들은 모두 사랑을 인간의 삶에서 가장 중요한 덕목으로 가르쳤다.

석가가 말한 자비(慈悲)는 사랑(慈)과 그 사랑의 단서가 되는, 남의 처지를 안타깝게 생각하는 마음인 비(悲)를 동시에 표현한 것이다. 예수도 사랑과 함께 용서를 가장 중요시하였으니, 용서가 사랑의 전제이기 때문이었다. 맹자가 주장한 4단

(四端) 역시 유교의 가장 중요한 덕목인 인의예지(仁義禮智)의 단서를 표현하여, 그 실천 가능성을 말한 것이다.

이처럼 모든 종교가 징벌이 아니라 사랑을 강조한데도 불구하고, 종교는 지금까지 이 세상에 벌어졌던 많은 징벌(전쟁)의 중요한 단서를 제공하였다. 앞으로도 원자탄보다 훨씬 더 위력적인 인명 살상의 가능성을 종교가 가지고 있다는 생각은 단순한 기우에 지나지 않는 것일까?

지난 세기를 장식했던 이데올로기의 대결이 거의 종식되는 마당에 터진 것이 미국의 9·11 테러와 같은 사건이다. 이 가공할 만한 테러의 배후에 종교적 갈등이 숨어 있음을 숨길 수 없다. 이데올로기가 치열하게 대립할 때 종교적 갈등은 더 큰 대결의 장막 뒤에 숨어서 숨을 죽이고 있었다. 이제 그 장막이 걷히자, 장막 뒤에 숨어 있던 종교적 갈등이 무대 전면으로 등장한 것이 아닌가 생각된다.

이처럼 종교가 무서운 인명 살상의 잠재력을 가지고 있다면, 그것은 어처구니없는 역설이다. 모든 종교가 사랑을 가장 중요한 덕목으로 가르쳐 왔기 때문이다. 그러나 안타깝게도 역설은 과거에는 현실이었고, 미래에도 현실일 가능성이 높다.

그러한 가능성은 최소화되어야 한다. 그것은 어떻게 가능한가? 나의 종교만이 아니라 남의 종교를 이해하고 인정하는 것이 중요하다. 내가 믿는 신이 중요하다면, 남이 믿는 신도 중요함을 인정해야 한다.

그것은 어려운 일이고 부차적인 것일지 모른다. 오히려 그 무엇보다도 중요한 것은 역설에서 발견된다. 그것은 내가 믿는 진리가 진리가 아닐 수 있음을 인정할 수 있어야 한다는 것이다. 온갖 신들이 인간 세상을 지배한다고 굳게 믿은 무수한 옛사람들이 무신론이나 유일신 신앙에 의해 거짓된 허위를 믿은 바보들이었음이 드러났듯이, 태양이 지구를 돈다는 수천 년 동안의 믿음이 진리가 아님이 드러났듯이, 지금 내가 목숨을 걸고 반드시 진리라고 믿는 것도 허위일 가능성이 너무나 크다는 사실을 인정할 수 있어야 한다는 것이다. 과거에 내가 분명히 옳다고 생각한 것들이 잘못된 것으로 판명된 것들이 좀 많던가?

내가 믿는 진리가 진리가 아닐 수도 있음을 인정할 수 있다면, 인간 세상에 벌어질 갈등과 싸움의 반은 줄일 수 있을 것이다. 그것은 모든 종교가 자기 종교에서 말하는 바에 대한 교조화가 아니라, 진리의 상징까지도 찔러 죽이는 '살조살불(殺祖殺佛)'의 정신을 실천해 나갈 때 가능할 것이다. '살조살불'의 최종적인 대상은 석가나 조사가 아니라 내 자신과 나의 믿음이다.

내 자신을 죽일 수 있을 때 인류는 비로소 이 글이 미치지 못한, 미치려 해도 그럴 수 없었던 제 4단계의 새로운 정신세계에 진입할 수 있을 것이다. 진리에 대한 무조건적인 믿음이 아니라, 그 부정 또한 중요함을 이 글에서 볼 수 있었다.

그러한 부정이 없었다면 세계종교도 만들어질 수 없었다. 세상은 진리를 발견하지 못해서가 아니라, 진리도 아닌 것을 진리라 맹신하는 자들의 자기 독단과 기만에 의해 어지럽혀져 왔던 것이다. 이러한 사실들을 바로 볼 때 인간과 세상을 새롭게 보는 눈도 겨우 열릴 것이다.

| Chapter **12** |

중국 역사에서의 분열과 통일
: 우리의 통일에 대한 전망

1. 머리말

지금 우리 사회는 통일을 그다지 바라지 않는 듯한 추세로 흘러가는 것 같다. '우리만 잘 살면 됐지, 무엇하러 골치 아픈 동생 같은 북한과 합치자는 것인가?'하는 심리인 듯하다.

우리가 대학을 다닐 때만 해도 독재정권 종식과 통일은 지상과제였다. 회식 자리가 끝나면 통상 '우리의 소원은 통일, 이 나라 살리는 통일…이 목숨 다 바쳐 통일…통일이여 오라'로 이어지는 국민가요 '통일'을 목 놓아 부르곤 하였다. 독재정권 타도를 노래하다가는 쥐도 새도 모르게 잡혀갈 것 같으니, 통일을 노래하며 독재 타도도 동시에 생각했던 것이다.

이 나라의 진정한 시민혁명인 1987년의 '6월 항쟁'을 고비로 역대의 독재정권은 이 땅에서 사라졌지만 통일은 아직도 요원하다. 통일은 우리 세대만이 아니라 우리 후손들을 엄청난 무게로 짓누를 지상과제다. 통일을 달성하지 못하는 이상 같은 민족끼리 서로 죽이는 전쟁의 위험이 사라지지 않을 것이다. 그때의 전쟁은 굳이 단일전쟁으로 가장 많은 사람이 죽은 6 · 25전쟁의 무서운 살상력을 능가할지 모른다.

분단으로 인한 인명 피해는 고사하고 사회 문화적, 물질적 피해 역시 엄청나다. 이념 갈등에 의한 사회적 분열은 물론이고 교육이나 사회 복지 등 보다 나은 세상을 만드는데 지출해야 할 엄청난 재화를 분단으로 인한 전쟁 대비에 쏟아 붓고 있는 것이 현실이다. 한창 두뇌 활동이 왕성한 젊은이들로 하여금 전쟁에 대비한 훈련을 최소화하고 열심히 공부하고 연애하고 미래를 꿈꾸는데 시간과 정력을 바치도록 하기 위해서라도 통일은 반드시 필요하다.

이 글의 중심 되는 문제의식은 우리의 숙원과제이지만 좀처럼 그 돌파구를 찾기 어려운 통일에 대한 전망을 중국 역사를 통해 얻어 보고자 하는 것이다. 중국은 장구한 역사를 이어 오면서 잦은 분열과 통일의 과정을 거쳤다. 그럼에도 로마제국과 다르게 오늘날까지 거대한 통일국가를 유지하고 있는 거의 유일한 국가이다.

이 글은 젊은 시절 대구대학에 갓 부임한 후 쓴 '중국 역사에서의 분열과 통일: 우리의 통일에 대한 전망'을 다시 정리한 것이다. 정식 학술지에 게재한 것은 아니고, 같은 전공 분야를 공부하는 동학(同學)들 스터디 모임에서 발표한 글이다.

이 글을 여기에 다시 싣는 것은 잘 풀리지 않는 문제에 봉착할 때 역사를 통해 그 희미한 길이라도 발견할 수 있음을 보여 주고자 함이다. 특히 이 나라의 지도자들이 풀기 어려운 난제에 대한 회답을 역사를 통해 찾아보기를 권하는 소망 때문이기도 하다. 나아가 돈이 신으로 군림하는 세상에서 점차 설 자리를 잃어가고 있는 인문학이 그렇게 무용한 것이 아님을 보이고자 함이기도 하다.

특히 그 어떤 불안감 때문인데, 필자가 처음 이 글을 쓸 때에만 하더라도 죽음에 대한 막연한 불안감은 있었지만 그렇게 강하지는 않았다. 그러나 환갑을 지나고 보니 언제 죽을지도 모른다는 생각이 드는 것은 어쩔 수 없었다. 혹 내가 갑자기 죽게 되면 이 글이 영 묻히는 게 아닌가 하는 불안감이 뇌리를 스쳤던 것이다. 우리가 그토록 갈망하는 통일이 우리 세대에서 끝내 이루어지지 못하고 후대에 넘겨질 지도 모른다는 불안감도 더해져 여기에 이렇게 남겨 두고자 하는 것이다. 말하자면 이 글은 한 역사학도가 40여 년 간 고뇌하면서 짝사랑했던, 그렇게 고대하면서도 손을 잡아보기는커녕 한번 만나보지도 못한 우리의 통일을 생각하면서 적어 본 유서와 같은 것이기도 하다. 이 글을 통해 통일과 그 후 문제를 대비하는 비책의 가느다란 실마리라도 발견해 준다면 기쁠 따름이다.

2. 진(秦)의 통일과 분열

1) 진(秦) 통일 이전의 분열

중국 역사는 전설상 삼황(三皇)에서 오제(五帝)로 이어진다고 한다. 오제의 첫 임금이 황제(黃帝)로서 오늘날 중국인이 '황제(黃帝)의 자손'이라 하는 이유도 여기에 있다.

오제의 마지막 두 임금이 요순(堯舜)이다. 요 임금은 자기의 아들이 아니라 어질고 뛰어난 순에게 천하를 물려주었다. 순도 자기의 아들이 아니라 황하(黃河)의 치수를 잘한 우(禹)에게 천하를 물려주었다. 우도 어질고 유능한 이에게 천하를 물려주려고 하였으나 받지 않아, 할 수 없이 자기의 아들에게 물려주었다. 이렇게 하여 중국 최초의 왕조 하(夏)가 수립되었다고 한다.

이로써 천자 자리를 공적(公的)으로 보는 '공천하(公天下)'에서 사적(私的)으로 보는 '사천하(私天下)'로 바뀌고, 천자 자리를 하나의 관직으로 보는 '관천하(官天下)'에서 집안의 가장 자리 물려주듯이 보는 '가천하(家天下)'로 넘어갔다. 이를 '공사설(公私說)', 혹은 '관가설(官家說)'이라 하는데, 중국이나 우리나라의 임금들이 공사설(公私說)과 관가설(官家說)을 입에 올리는 순간 역적으로 몰았던 것은 그것이 전제군주제에 대한 비판이자 자신에 대한 비판임을 잘 알고 있었기 때문이다.

공사설(公私說)과 관가설(官家說)은 진시황 이후의 중국이나 우리의 선조들이 전제군주제를 직접 대놓고 비판하지 못하는 상황에서 우회적으로 비판하기 위한 논리였지만, 국가 통치의 이상을 잘 그려냈다. 임금 자리는 임금의 아들이 물려받는 것이 아니라 현명하고 능력 있는 자가 맡아야 한다는 이상이었다.

중국이나 우리는 이 이상을 실현시키지 못했지만, 그리스나 로마는 잘 실천했다. 그리스와 로마는 시민들이 권리를 갖고, 통치자를 자신들의 손으로 선출했던 것이다. 시저가 그렇게 믿었던 브루투스의 손에 피살당한 것도 오랜 전통을 자랑하는 로마의 공화제를 전제 군주제로 바꾸려고 시도했기 때문이다.

그의 뒤를 이어 양자인 옥타비아누스가 황제가 되면서 공화정이 제정으로 바뀌었지만, 그래도 공화정의 유산은 이후 5현제(賢帝)까지 이어졌다. 5현제의 경우 자신의 아들이 아니라 능력이 뛰어난 자를 양자로 삼았다가 황제 자리를 물려주었던 것이다. 전통의 강한 힘을 보여 주는 장면이지만, 전통의 힘에도 한계가 있는 법. 이 전통도 5현제 이후 완전히 사라지고, 잘나건 못나건 아들에게 황제 자리가 넘어 가면서 로마는 내리막길로 내달렸다.

영화 '글래디에이터(Gladiator)'는 5현제의 마지막으로 철학자 황제라고 불렸던 아우렐리우스(Marcus Antoninus, 재위 161-180)가 장군 막시무스를 양자로 삼아 황제 자리를 물려주려고 하였으나, 이상한 성격의 아들 코모두스(Lucius Commodus, 재위 180-192)가 아버지를 살해하고 황제 자리를 빼앗는 것으로 묘사했다. 막시무스는 살해의 위기를 겨우 모면했지만, 사랑하는 아내와 자식은 코모두스에 의해 살해되었다. 노예가 된 막시무스가 엄청난 고생 끝에 검투사가 되어 원수를 갚는 내용인데, 그의 가족을 향한 무한한 사랑은 많은 사람들의 눈물을 자아냈다.

중국 최초의 왕조라고 하는 하 왕조는 아직까지 미지의 왕조이다. 문헌 기록을 뒷받침할 물적 증거가 충분하지 않기 때문이다.

하 왕조의 폭군 걸(桀)이 나라를 망쳐 탕(湯)이라는 뛰어난 인물에 의해 타도되고, 탕이 상(商, 후일의 殷) 왕조를 세웠다. 이 왕조야말로 중국 역사상 실재 존재한 것으로 확인되는 첫 번째 왕조다. 1899년 이래 발견된 갑골문(甲骨文)이 결정적 증거였다. 왕이 불에 쪼인 거북의 등껍질이나 짐승 뼈의 터진 금을 보고 점을 쳐서 국가 중대사를 결정하고 그 점괘 내용을 적어 놓은 것이었다. 존재하지 않은 '신의 뜻'이란 명분을 내세워 자신의 결정을 절대적인 것으로 위장한 유치한 통치 방식인 신정(神政)의 유물이다.

상 왕조의 수립 시기는 기원전 1600년 전후로 보인다. 그러나 이 왕조 역시 폭군 주(紂)가 주지육림으로 나라를 망쳤다. 문왕(文王)과 무왕(武王)이 이를 타도하고 주(周) 왕조를 세웠다.

상(은) 왕조는 신정(神政)국가로 상당한 전제력을 구비하였다고 보이기도 하지만, 상(은) 왕조나 다음의 주 왕조는 중앙집권이 강한 단단한 통일국가는 아니었다. 대체적으로 이들 초기 국가는 유력 부족 집단이 주변 부족의 침입에 대한 공동 방어의 목적 등 여러 가지 요인에 의해 다른 부족들과 동맹을 맺으면서 수립되었다고 보인다.

상(은)도 초기에는 그렇게 성립된 국가 중 유력한 한 국가였는데 다시 주변 소국들을 전쟁이나 회유, 강박 등으로 편입하여 보다 확대된 상(은) 중심의 연맹 체제를 수립하고, 연맹의 맹주로서 명목상 전체를 지배하는 형태를 취했을 것이다.

은 왕조에서 주 왕조로 바뀌는 기원전 1100년경의 은주혁명(殷周革命)도 은 왕조 중심의 연맹 체제 하에서 주족(周族)이 성장하여 국가를 형성하고, 은 왕조 지배하의 소국들을 떼 내어 자기중심의 또 다른 연맹 체제를 수립함으로써 은 중심의 연맹 체제를 대체한 것으로 보인다.

은대 후기는 은 왕조를 중심으로 하는 연맹체제의 파탄기로 왕조 초기의 어느 정도의 통일마저 와해되고 분열되었던 시기였다. 주 왕조는 이러한 분열을 새로운 연맹체제에 의해 재통일한 것으로 이해된다.

주 왕조의 봉건제도 역시 이러한 측면에서 이해할 수 있다. 봉건제는 주 왕실의 일족이나 그 공신을 일사불란하게 봉건한 것이라기보다 은 중심의 연맹체제에서 떨어져 나와 주의 지배를 용인하는 소국들을 재봉건하는 형식을 통해 주 왕조 중심으로 재편하는 형태였다고 보인다.

물론 주 왕실이 일족이나 창건 공신에게 봉건하여 새로 탄생한 봉건 제후국도 있었지만, 봉건 제후국의 상당수는 기존의 은 대신 주의 지배를 승인하고 다시 봉건받은 기존의 봉건 제후국이었을 것이다. 그러나 그 후 왕실과 혼인 관계를 맺음으로써 주 왕조는 하나의 거대한 일가친척으로 연결되었다.

춘추시대(春秋時代, 기원전 770-기원전 453, 혹은 403)는 이렇게 수립된 주의 봉건질서가 해체되는 파탄기였다. 제(齊) 환공(桓公, 재위 기원전 685-기원전 643)과 진(晉) 문공(文公) 등으로 대표되는 춘추오패(春秋 五霸)는 이러한 분열 속에서 성장한 유력 제후들이었다. 이들은 기왕의 분열을 조장함과 동시에, 주 왕조를 대신해 그러한 분열에서 오는 혼란을 막으려 한 존재이기도 했다.

춘추시대는 봉건제라는 통치조직에 의한 느슨한 통일이 와해되는 시기로 이해되지만, 통일의 와해는 춘추시기가 아니라 이미 그 전에도 확고한 통일적 지배가 관철되기 어려운 봉건제의 구조적 취약성에서 이미 노정되어 있었다. 춘추시대에는 그 분열이 가속화됨과 동시에 통일을 지향하는 움직임도 일어났다.

그러나 이미 다른 국가들도 정치술이나 농업 기술, 철기 제작술 등을 발전시킴으로써 춘추오패 역시 전 중국의 통일은 고사하고 제후국 전체에 대한 통제권을 행사하지 못했다. 초(楚)와 오월(吳越)과 같은 양자강 유역 남방 국가의 성장도 그 장애였다.

춘추오패가 주 왕조에 의한 느슨한 통일이 붕괴되는 틈을 타 권역별 통일을 지향하는 의지를 가지고 있었다면, 전국시대(戰國時代, 기원전 453-기원전 221)의 칠웅(七雄)은 그러한 경향을 체제로 굳힌 존재였다. 따라서 전국칠웅(戰國七雄)은 분열을 기정사실화하고 고착시키면서 나름대로의 권역별 통일을 지향했던 존재였다. 권역별 통일은 다시 전국적 통일의 욕구를 분출시켜 대규모 전쟁을 유발하였다.

이러한 분열과 전쟁은 여러 변화를 초래하였다. 이 시기를 중국 역사상 보기 드문 변화의 시대라고 하지만 당시의 격렬한 정치, 사회경제적 변화는 물론이고 제자백가(諸子百家)의 출현도 그러한 변화의 반영이었다.

제자백가가 우주 자연의 좀 더 본질적 문제에 대한 해답을 추구하기보다, 우주 자연의 현상을 전제하고 그 질서와 조화를 추구했던 것도 무리가 아니었다. 그들은 특히 인간 사회의 질서와 조화, 나아가 평화를 갈망하였다. 전쟁으로 엄청난 사람들이 매일 죽어 나가는 상황에서 신은 별 의미가 없었다. 냉엄한 현실이 문제였다.

공자(孔子)는 전쟁이나 형벌이 아니라 윤리 도덕이 우선하는 봉건제의 회복을 통해 혼란을 종식시켜 보려고 하였다. 맹자(孟子)는 보다 적극적으로 윤리 도덕이 실천 가능하다는 것을 성선설(性善說)로 보강하고, 군주의 선한 의지가 경제적 여유와 백성의 교화로 나타나기 위한 장치로서 정전제(井田制)와 교육을 강조했다. 맹자는 토지 수여를 통한 백성의 경제적 안정의 '양민(養民)'과 윤리 도덕의 가르침을 통한 백성의 정신적 교화의 '교민(敎民)'을 왕도(王道)의 핵심으로 제시했다.

그가 이를 골자로 한 '천하에 왕 노릇하는 도', 즉 '왕천하지도('王天下之道)'로써 추구하려 한 것도 분열과 혼란의 종식이었다. 분열과 혼란, 나아가 전쟁을 종식시키는 것은 곧 누군가에 의한 천하의 통일이었다. 그것이 '왕천하지도(王天下之道)' 즉 '왕도(王道)'였다.

따라서 '왕도(王道)'는 흔히 말하듯이 '한 나라의 왕 노릇하는 도'가 아니었다. 그것은 '천하에 왕 노릇하는 도'로서 곧 '천하를 통일하는 도'였다. 맹자는 그것이 법이나 형벌과 같은 강제가 아니라, 인(仁)과 같은 윤리 도덕에 기초해야 한다고 보았다. 그리고 맹자는 인과 같은 윤리 도덕을 실천할 수 있는 근거로 '인간의 본성이 선하기 때문'이라는 성선설을 제시하였다. 맹자는 인간이 본래 선하므로 윤리 도덕의 실천으로 천하를 통일할 수 있다고 본 것이다.

법가나 도가, 묵가도 방법에서 차이가 있지만 전쟁의 종식과 통일을 지향하였다는 점에서 '왕도(王道)'를 추구하였다. 따라서 필자는 기존의 이해와 달리 왕도를 맹자만이 아니라 이들도 주장한 일반적인 의미로 사용해야 한다고 보는 입장이다.

만약 왕도를 단순하게 '한 나라의 왕이 해야 하는 도'라고 해석하면 맹자의 더 큰 지향을 왜소화하는 것이다. 맹자는 그보다 더 큰 '천하에 왕질하는 도'를 말했다. 법가나 묵가, 도가도 그러한 지향을 보였다는 점에서 방법을 달리했을 뿐 모두 '왕도'를 주장했다고 할 수 있다는 것이다.

유가만이 아니라 법가나 묵가, 도가의 공통된 지향은 분열과 전쟁을 종식하여 평화를 회복하고 질서와 조화를 이루며 살아가는 통일된 인간 사회였다. 유가는 인간의 본성이 선하다는 입장에서 인(仁)과 같은 윤리 도덕에 입각한 정치야 말로 천하의 민심을 얻어 통일을 가능하게 한다고 보았다.

반면 법가의 경우 인간의 본성은 악하므로 인(仁)과 같은 윤리 도덕이 아니라 이를 강제화한 법과 형벌을 강력하게 시행함으로써 가능하다고 보았다. 그러나 그들이 공통적으로 바란 것은 전쟁을 종식시킬 통일이었다.

따라서 제자백가는 전쟁을 싫어하는 '염전주의자(厭戰主義者)'이자 전쟁을 반대하는 '반전주의자(反戰主義者)'였고, 평화와 통일을 바라는 평화주의자이자 통일론자였다. 진시황의 통일에는 피비린내 나는 전쟁만이 아니라, 제자백가로 대표되는 당시 민중의 평화와 통일에 대한 염원이 깔려 있었다.

2) 통일과 진시황(秦始皇)의 통일정책

진시황(秦始皇, 기원전 259-기원전 210)의 통일(기원전 221)은 그러한 염원을 법가적 형태로 구현하였다. 은주의 분열적 상황을 고려하면 진의 통일은 사실상 통일다운 첫 번째 통일이었다. 은 왕조 이후 느슨한 연맹관계를 유지해온 상황을 끝내고 처음으로 통일다운 통일을 이룩한 것이다.

진시황이 분열을 끝내고 통일을 성취한 배경은 무엇인가? 법가의 채용, 상앙(商鞅, ?-기원전 338)을 비롯한 법술(法術)관료의 유효한 정책이나 신상필벌에 의한 강력한 기마 군단, 높은 생산력, 씨족적 사회를 가장 먼저 해체하여 가(家) 단위로 재조직한 점 등을 지적할 수 있을 것이다.

그러나 그 이면에 제자백가로 대변되는 전쟁의 종식과 통일에 대한 민중의 염원을 빼놓을 수 없다. 진 이전의 분열이 장기간의 고질적인 것이었고, 분열에서 오는 혼란과 전쟁이 지독한 것이었기에 제자백가의 저작에서 볼 수 있듯이 그러한 염원은 컸다고 할 수 있다. 빈번한 전쟁을 지겨워하는 염전론, 반전론이 광범하게 형성되었고 그것이 통일에의 열망으로 연결되었다는 것이다.

그러나 민중의 평화와 통일에의 염원도 자국 중심의 그것이었을 가능성이 크다. 자국이 통일의 중심에 있어야 한다고 생각했을 것이라는 것이다. 당시의 자국 중심주의는 어느 정도였을까? 자국(自國)을 떠나 타국에서 자기의 포부를 펴보려 했던 수많은 사인(士人)들의 존재라던가, 타국 출신으로 고관이 된 객경(客卿)을 축출하려는 시도에 대해 그 부당함을 통렬히 비판하는 객경 이사(李斯)의 '상축객령(上逐客令)'을 상기한다면, 자국 중심주의를 넘어서는 '천하주의'도 적지 않았다고 보인다. 객경 축출에 대한 주장과 그에 대한 이사의 반박은 그 갈등의 표출이었다.

'축객령(逐客令)'의 취소는 이사(李斯, ?-기원전 208)의 명문장 몇 줄에 의한 것이라기보다, 타국에서라도 자신의 포부를 펴보려는 사인(士人)들의 빈번한 이동

추세와 부국강병에 대한 염원, 그를 통한 자국 중심주의를 뛰어 넘는 천하주의, 천하 통일에 대한 열망을 보여준다. 만약 그러하다면 일반 민중의 자국 중심주의를 넘어선 통일과 전쟁의 종식에 대한 광범하면서도 절실한 염원이 진 통일의 배경에 있었던 것이다.

몰론 그 통일이 진에 멸망당한 6국의 왕이나 집권 세력의 희망 사항이 아니었음은 분명하다. 그들은 민중의 희망과 달리 자기들이 통일의 주역이 되거나 멸망당하는 일은 없어야 한다고 생각했을 것이다.

그러나 전쟁의 종식과 평화에 대한 염원을 실현시킨 통일이 과연 어느 정도 민중이 바라던 이상(理想)을 충족시켜 줄 수 있었던가 하는 것은 다시 보아야 할 문제이다. 그에 대한 해답은 통일 이후 진시황의 정책과 그에 대한 민중의 반응에서 찾아야 한다.

진시황은 중국 역사상 손꼽히는 폭군으로 말해진다. 그도 그럴 것이 그가 제정한 법이 하도 엄해, 사마천의 『사기』에는 진나라 당시 발목 잘린 사람이 신는 신발의 수요가 발목 성한 사람이 신는 신발의 수요보다 많았다고 한다. 이는 과장이겠지만 그의 법이 무척 가혹했음은 사실이다.

더구나 진시황은 수많은 노동력을 동원하여 대규모 공사를 벌임으로써 백성을 괴롭혔다. 달에서도 보이는 유일한 지구의 건축물이라고 하는 만리장성 축조와 관련된 수많은 애환서린 이야기들은 이 노역이 얼마나 힘들고 고달픈 작업이었는지를 말해 준다.

그의 아방궁은 하도 크고 넓어 한꺼번에 1만 명이 앉을 수 있었다. 진나라 수도 함양(咸陽)에 입성한 항우(項羽, 기원전 232-기원전 202)가 아방궁에 불을 지르자 석 달 열흘 동안이나 탈 정도였다고 한다. 또 어디 그뿐인가? 20세기 최고의 발견이라고도 하는 그의 병마용갱은 1974년 우물을 파던 한 농부에 의해 발견되었는데, 자그마치 8천 여 개의 흙으로 만든 도용(陶俑)을 묻은 거대한 지하 궁전이었다.

그러나 그것은 진시황을 묻은 본 능이 아니다. 부속 능이 그 정도였다. 그의 시신을 안치한 여산(驪山)의 본 능은 아직 발굴되지 않아 무엇이 묻혀 있는지를 잘 알 수 없으나, 그 규모가 산(山)만 한데, 지금은 관광지로 개발되어 그 꼭대기까지 올라가 볼 수 있다. 필자도 꼭대기까지 올라가 보았는데, '천하의 진시황도 죽어서 이렇게 내 발 아래 있구나' 하는 생각에 묘한 기분이 들었다.

거대한 건축물들을 조영하는데 동원된 민중들이 당한 고통은 헤아리고도 남을 만하다. 그들의 고통이 크면 클수록 진시황에 대한 원한도 깊어져 갔을 것이다. 이러한 점을 놓고 보면 진시황은 폭군이었음에 틀림없다. 이 점에서 보면 통일을 바라던 민중의 염원은 배반을 당하였다.

그러나 진시황을 폭군으로만 보아야 할 것인가? 그는 중국 역사상 그 어떤 인물보다도 큰 선물을 중국에 안겨 주었다. 무엇보다 춘추 전국시대는 물론이고 그 이전의 오랜 분열과 전쟁을 종식시키고 통일을 달성하였다. 통일은 이후 중국 역사 전개와 관련해 너무나 중요한 사건이었다. 만약 이 통일이 없었거나, 훨씬 늦어졌다면 오늘날 광대한 중국이 또 어떻게 되었을지 모를 일이다.

진시황이 폭군으로 불리는 가장 중요한 이유는 그의 가혹한 법 때문이지만, 여기에 대해서도 진시황은 할 말이 많을 것이다. 문제는 왜 그가 그토록 가혹한 법을 강력하게 밀어붙였는가 하는 것이다. 그것을 그의 포악한 인간성 탓만으로 보아야 할 것인가?

이를 이해하기 위해서는 몇 가지 측면을 고려해야 한다. 첫째 통일 전의 분열이 상당히 장기간이었다는 점을 고려해야 한다. 그의 통일은 사실상 중국 역사상 첫 번째 통일이었다. 통일 이전 전국시대만 하더라도 7국으로 분열되어 있었다. 춘추시대에는 수백 개의 제후국으로 분열되어 있었다. 둘째, 전국시대 7국만 해도 통치체제, 화폐, 도량형, 문자, 사상 등에서 상당한 차별성을 보이고 있었다는 점이다. 셋째, 영토를 통합한 이상 7국 사이의 상당한 차별성을 하나의 기준으로 통일하는 일이 무엇보다 중요하고 시급했다는 점이다.

따라서 진시황이 통일 이후 취한 일련의 정책은 이러한 시각에서 살펴보아야 한다. 필자는 그가 통일 후 취한 정책의 핵심은 바로 사회 각 분야의 신속한 '통합'

이었다고 단언한다. 그가 중앙집권적 군현체제를 채택한 것도 굳이 봉건제를 주장하는 유가를 미워해서라기보다 이러한 이유 때문이었다. 봉건제를 채택할 경우 또 다시 분열이 야기되고 전쟁이 일상화될 가능성을 내다보았던 것이다. 주 왕조가 채택한 봉건제의 말로를 직접 눈으로 확인할 수 있었던 것도 그 배경일 것이다.

반량전(半兩錢)으로 화폐를 통일한 것 역시 오늘날 유럽 연합이 통일을 위해 가장 먼저 취한 조처가 유로화로의 통일이었음을 상기하면, 각국마다 사용하는 화폐가 다른 상황에서 당연히 취해야 할 조처였다. 도량형의 통일도 오늘날 미터법으로 도량형을 통일하여 세계 표준화를 시도하는 것과 같이 오랜 분열을 통일한 국가로서는 당연한 일이었다.

분서갱유는 진시황의 폭군성을 상징하는 단어가 되었지만, 이 역시 유가적 입장이나 사상의 자유라는 오늘날의 관점에서 비방할 수만은 없다. 사상을 억압하기 위한 폭압이긴 하였으나 오랜 분열로 심화된 사상적 혼란을 통일하기 위한 작업이기도 했다. 그의 통합작업은 행정이나 문서작성은 물론 문자와 수레의 폭에 까지 미쳤다.

이처럼 진시황의 여러 정책이 사회 각 분야의 통일을 지향했다는 점을 부정할 수 없다면, 그가 강력한 법가 통치를 시행한 배경도 이와 관련시켜 이해할 필요가 있다. 오랜 분열로 심화되어 온 사회 각 분야의 차별성을 해소하고 통일하는 일이 시급한 지상과제였음을 인정하지 않을 수 없다면, 그의 강력한 법 집행도 이와 관련되어 있다고 보아야 한다. 오랜 분열로 심화된 사회 각 분야의 차별성, 그 통일의 불가피성과 시급성, 그리고 그것이 갖는 어려움의 정도는 법 자체나 법 집행의 정도와 연결되어 있었을 것이다. 이미 보았듯이 사회 각 분야의 통일은 그 불가피성과 시급성, 어려움에 비해 만만한 것이 아니었다. 진시황의 가혹한 법과 강력한 법 집행은 이러한 측면에서 불가피한 것이었다.

그의 강력한 법가 통치는 그의 포악한 인간성 탓이라기보다, 그 무엇보다 중요하면서도 어려운 사회 각 분야의 통합을 단기간에 실현시키기 위한 강력한 법집행의 불가피성 때문이기도 했다. 오늘날 미국의 강력한 법 집행이 세계 각지로부터 온 이민들로 구성된 다민족, 다문화 국가를 통합하는데 불가피하기 때문인 것과 같은 맥락이다. 진시황의 비극은 이처럼 불가피하게 사회 각 분야의 통합을 단기간 내에 달성해야 하는 시대적 과제와 마주할 수밖에 없었다는 것이다.

3) 진(秦)제국의 단명 원인

진시황은 매일 엄청난 분량의 보고서를 읽으며 제국 통치에 몰두했다. 자신의 눈으로 지방 행정을 확인하기 위한 순행(巡幸)도 게을리 하지 않았다.

그러나 아방궁과 만리장성, 그리고 자신이 죽은 뒤 묻히게 될 여산릉(廬山陵) 축조 등 대규모 토목사업을 벌이고, 흉노와 남월(南越) 정벌의 군대를 파견하는 등으로 백성들의 조세와 부역 부담을 가중시켰다. 또한 가혹한 법가 통치로 백성들의 원성을 샀다. 기원전 213년에는 순자의 제자이며 법가의 대성자로서 진시황의 승상이 된 이사(李斯, ?-기원전 208)의 건의를 받아들여 역사와 의약, 복서(卜筮), 종수(種樹) 이외의 책은 모두 불태워 버린 '분서(焚書)'를 단행했다. 이듬해인 기원전 212년에는 노생(盧生)과 후생(侯生) 등의 방사(方士)가 불로장생의 약을 구해 온다며 많은 재물을 사취(詐取)한 뒤 진시황을 비난하며 도망치자, 자신을 비방한 460명의 유생(儒生)을 산 채로 구덩이에 파묻어 죽이는 '갱유(坑儒)'를 저질렀다. 이처럼 분서갱유는 하나의 사건이 아니라 2개의 사건이었다.

진시황의 적장자인 부소(扶蘇, ?-기원전 210)는 분서갱유가 천하의 안정을 해친다며 여러 차례 시황제에게 간언(諫言)하였다. 진시황의 노여움을 산 부소는 흉노를 막기 위해 만리장성에 주둔하던 장군 몽염(蒙恬, ?-기원전 209)의 대군을 감독하기 위해 북방의 상군(上郡)으로 보내졌다. 시황제가 적장자인 부소에게 제왕의 자질을 키우기 위한 조처였을 수도 있다.

기원전 210년(始皇 37년), 진시황은 지방 순행 도중 사구(沙丘, 지금의 河北省 廣宗)에서 병으로 갑자기 죽었다. 진시황은 죽기 직전 승상 이사와 환관 조고(趙高, ?-기원전 207)에게 장자 부소에게 유서와 옥새를 전하고, 곧바로 수도 함양(咸陽)으로 가 장례를 주관하라는 명을 전하라고 하였다. 하지만 진시황의 막내아들 호해(胡亥)와 승상 이사, 환관 조고는 함께 모의하여 호해가 황위를 계승하도록 유서의 내용을 조작하였다.

이들은 시황제의 죽음을 비밀로 한 채, 부소에게 '이 조서를 보는 즉시 자결하라'는 시황제의 거짓 조서를 보냈다. 몽염은 시황제의 명령이 의심스럽다며 따르지 말 것을 권했지만, 부소는 아버지의 명령을 의심하는 것 자체가 올바르지 않다며 스스로 목숨을 끊었다. 몽염도 감옥에 갇혔다가 스스로 목숨을 끊었다.

진시황이 죽은 지 1년이 되던 기원전 209년 중국 최초의 농민반란으로 이야기되는 진승(陳勝, ?-기원전 208)과 오광(吳廣, ?-기원전 208)의 반란을 신호탄으로 각지에서 반란이 터져 나왔다. 이 와중에 2세 황제와 환관 조고, 승상 이사가 서로 죽이고 죽는 혼란 끝에 진시황의 제국은 만세(萬世), 만만세(萬萬歲) 동안 이어지기를 바란 그의 염원과 달리 2대만에 단명으로 끝나고 말았다.

그 원인은 무엇인가? 첫째, 가혹한 법과 과도한 노동력 동원이 직접적 주범이었다. 오랜 전쟁에 시달린 백성들에게 필요한 것은 휴식이었지만, 그들을 기다린 것은 가혹한 법과 노동이었다. 진시황은 백성들을 너무 몰아붙였다. 단, 가혹한 법에 대해서는 형량을 상당히 감해 주어야 한다. 그 이유에 대해서는 위에서 이미 지적하였다.

둘째, 역설적이지만 사회 각 분야의 통합 작업 그것이 진 단명의 원인이었다고 해야 한다. 사회 각 분야의 통합은 오늘날 아메리칸 스탠더드를 글로벌 스탠더드로 강제하는 것과 마찬가지로 진나라의 기준을 멸망시킨 6국에 강제한 것이다.

이것이 후일 중국의 통합에 긍정적 영향을 미쳤음은 분명하다. 그러나 당시 민중들, 특히 정복된 6국의 민중들이 받은 것은 그 혜택이 아니라 생소함과 이질감, 불편함뿐이었다. 당연히 반감이 많을 수밖에 없었다. 6국의 민중이 바란 것은 전쟁의 종식이었지 진나라 제도의 일방적 수용은 아니었다. 그 반감은 생소함과 이질감, 불편함이 크면 클수록 확대될 수밖에 없었을 것이다.

셋째, 진시황의 통일이 무력에 의해 강제된 통일이었음을 무시할 수 없다. 무력에 굴복하여 나라를 잃은 국가의 왕이나 수족들은 원통해 죽을 지경이었을 것이다. 자신들이 원해서 된 평화적 통일이 아니었으니 망한 후에도 호시탐탐 반격의 기회를 엿보고 있었을 것이다. 통일 후 자주 일어난 진시황 암살 기획은 비단 그가 폭군이기 때문에 처단해야 한다는 대의명분만이 아니라 망국의 원한을 풀기 위함이었을 것이다.

물론 거기에는 자국 중심주의가 있었다. 흡수된 국가들은 가혹한 법과 대규모 토목공사, 이질적인 진나라 기준의 강제에 대한 불만을 이용하여 분열을 조장하고 확대하여 자국 중심주의를 부채질하였다. 강력한 법가 통치에 의거한 통일 작업에 대한 민중의 불만 역시 멸망당한 국가의 후예들에게 교묘히 이용되었다. 진이 군사적으로 멸망시킨 국가가 한 나라가 아니라 여섯 나라나 되었던 것도 진시황으로는 불운이었나.

진승(陳勝)과 오광(吳廣)이 '왕후장상(王侯將相)에 씨가 따로 있는가?'라고 외치며 일으킨 반란에 초나라 사람들도 뭉쳤다. 항우와 유방 등 초나라 출신 반란세력들이 공동의 맹주인 의제(義帝)로 추대한 것은 망한 초나라 왕실의 후예였다. 그것은 반란 세력을 결집시키기 위한 수단이었을 뿐, 굳이 사라진 왕실에 대한 충성심 때문만은 아니었다. 진시황의 무력을 통한 강제적 통일에 대한 복수심도 있었을 것이다.

넷째, 무엇보다도 민중들이 통일을 통해 얻으려 했던 이상과 통일 후 전개된 현실 간의 심각한 괴리를 지적해야 한다. 민중들은 가혹한 법가 통치와 과도한 노동력 동원에 시달렸다. 가장 큰 괴리감은 사회 각 분야의 통합으로 강제된 기준들에 대한 생소함과 이질감, 불편함이었다. 망하기 전 자기 나라에서 문제가 되지 않던 행위가 진나라 법에서는 발목이 잘리거나 사형감일 수도 있었다. 통일 이후의 현실과 이상의 괴리는 모처럼의 통일을 끝내 붕괴시키는 가장 중요한 요인이었을 것이다.

이상의 네 가지 요인을 거론하였지만 그 무엇보다 중요한 주범은 진시황의 통일 이전 너무 오랫동안 분열되어 있었다는 사실 그 자체였다. 직접적 주범이 아니기에 우리의 눈에 보이지 않을 뿐 이보다 더 중요한 요인은 없었다. 위에서 말한 네

가지 요인이 모두 실은 여기서 출발했다.

통일 이전의 분열이 단기간이었다고 하면 각국 간의 차별성은 그다지 크지 않았을 것이고 그것을 해소할 시간적 여유와 정책적 여유를 가질 수 있었을 것이다. 진시황의 통일은 사실상 유사 이래 통일다운 첫 통일이었다. 그러나 불행하게도 통일 이전 분열의 기간이 너무 길었다. 전국시대만 하더라도 7개 국가로 200여 년간 분열되어 있었다. 분열의 기간이 길었던 만큼 각국 간의 차별성이 심화되어 있었다. 진은 바로 그러한 각국 간의 차별성을 단시간 내에 해소하기 위해 무리할 수밖에 없었다.

진시황의 비극은 각 분야의 통합을 시급히 이루어내야 하는 시대적 난제 앞에 강력한 법집행을 하지 않을 수 없는 불가피성 때문이었다. 그러나 사회 각 분야의 통합을 시급히 이루어내야 하는 시대적 난제가 통일 이전의 오랜 분열에서 기인했다면, 진시황의 비극은 통일 이전의 오랜 분열 자체였다. 위에서 본 여러 요인과 함께 피정복민의 반발, 대규모 공사에 따른 민중의 피로감까지 겹쳐 진시황 사후 곧 반란이 일어났다.

진시황은 강력한 통일정책의 입안자이자 집행자로서, 그의 폭군성은 포악한 인간성 탓이라기보다 이러한 시대적 과제들 때문이었다. 자신의 제국은 빨리 붕괴되었지만 진시황은 중국에 광대한 영토와 스탠더드를 수립해 줌으로써 중국적 정체성의 기초를 세운 최고의 공로자였다.

3. 한 무제(漢 武帝)의 통일정책

중국 최초의 통일 제국 진은 기원전 206년 초나라 출신 유방((劉邦, 기원전 247-기원전 195)에 의해 수도 함양이 함락됨으로써 멸망했다. 강적들을 물리치느라 유방보다 뒤에 함양에 입성한 항우(項羽, 기원전 232-기원전 202)는 아방궁을 불 지르고 진시황의 능을 도굴했다. 항우의 이러한 행동은 진시황에 대한 민중의 깊은 원한을 대변한 것이었지만, 충동적인 천하장사로서의 그의 이미지를 강화했다.

초패왕(楚霸王) 항우에 의해 한왕(漢王)으로 밀려난 유방은 천하를 두고 항우와 일생일대의 결전에 돌입했다. 5년여에 걸친 이들 사이의 초한전(楚漢戰)은 사면초가(四面楚歌)에 몰린 항우가 애첩 우미인(虞美人)의 자결 후 장렬하게 싸우다 자결함으로써 끝이 났다. 기원전 202년의 일이었다. '초(楚)'와 '한(漢)'으로 나누어 전투를 벌이는 장기는 이들 사이의 파란만장한 싸움을 축소한 가상의 초한전이다.

수많은 전략과 전투로 점철된 초한전은 이후 무수한 이야기 거리를 제공했다. 중국인들은 승리한 유방보다 패배한 항우를 더 좋아한다. 꾀가 많은 유방보다 한 여인을 사랑하며 짧은 생을 불꽃처럼 살다간 천하장사 항우의 삶을 더 애틋하게 여기기 때문일 것이다. 항우와 우미인, 즉 우희(虞姬)의 비극적 사랑은 외국인들로부터 '베이징의 오페라'라고 불리는 경극(京劇)으로 만들어져 많은 사랑을 받았다.

진개가(陳凱歌)가 감독하고, 장국영(張國榮)과 공리(鞏莉)가 열연한 영화 '패왕별희(霸王別姬)'는 '패왕(霸王)이 우희(虞姬)와 이별하다'란 제목에서도 볼 수 있듯이, 항우와 우희의 비극적 사랑을 영화 속으로 끌어 들였다. 중국 현대사의 격변기를 살아가는 두 경극 배우의 인생 역정을 그린 걸작으로, 1993년 제 46회 칸 영화제에서 '피아노(The Piano)'와 공동으로 황금종려상을 수상했다.

경극학교에서 혹독한 훈련을 받으며 형제처럼 자란 데이(장국영)와 샬로(장풍의)는 경극 '패왕별희'의 주인공을 맡아 일약 유명해진다. 일본이 중국 본토를 침략한 1930년대 말, 샬로가 홍등가의 유명한 창녀 주샨(공리)과 사랑에 빠지자 데이는 묘한 질투를 느낀다. 경극 '패왕별희'에서 오랫동안 패왕을 사랑하는 우희 역을 맡으면서 경극이 아닌 현실에서도 패왕 역의 샬로를 사모하고 있었던 것이다. 데이의 온갖 훼방에도 샬로와 주샨이 결혼하자 실망한 데이는 아편에 손을 대고, 당대의 세력가 원대인에게 몸을 맡긴다.

중일전쟁(1937-1945)의 와중에 일본군을 위해 노래했다는 죄목으로 국민당에 의해 기소된 배우들은 그들의 연기를 보고 싶어 하는 국민당 유력인사에 의해 풀려난다. 시대의 거친 흐름에 휩쓸리게 된 배우들은 중국 공산당의 집권과 함께 공산당의 이념에 충실한 경극으로의 변신을 요구받게 되고 이들은 결국 경극 배우

생활을 청산하기에 이른다.

1966년 모택동(毛澤東, 1893-1976)이 주도하는 문화대혁명의 집단 광기 속에 자본주의 사상에 물들었다는 이유로 홍위병들에 의해 모진 박해를 당하는 과정에서 이성을 잃은 샬로는 데이의 동성애 전력을 폭로하고 데이는 이에 맞서 주샨의 과거를 들추어낸다. 샬로는 살기 위해 사랑하는 아내 주샨의 홍등가 생활을 폭로하여 그녀를 자살로 이끌고, 데이 역시 마지막 경극 무대에서 극 중의 우희가 아니라 역사 속 우희처럼 실제로 자결해 버린다. 문화대혁명 당시 사람들 앞에서 아버지를 비판하고 모욕한 바 있는 감독의 쓰라린 경험이 반영된 작품으로, 중국에서는 상영이 금지되었다.

데이가 성 정체성의 혼란을 겪는 것은 청조 정부를 이은 군벌정권과 국민당 정권, 중일전쟁과 공산정권으로 이어지는 급변 속에 무엇이 무엇인지도 가리지 못한 채 이리저리 내몰려야 했던 중국인의 정체성 혼란을 상징하며, 경극과 현실을 구분하지 못하고 항우 역의 샬로를 질투하고 자결한 것은 이상과 현실의 모순, 그 배반에 대한 울분을 상징하는 듯하다. 샬로가 살기 위해 사랑하는 아내를 배신하는 것 역시 정치적 격변 속에 변절을 강요당한 중국인의 삶을 상징하며, 항우의 보검을 불 속으로 던져 버리는 장면은 전통의 포기를 상징한다. 전통 속의 경극 '패왕별희'를 모티브로 문화대혁명의 파괴적 측면을 생생히 고발한 영화로서, 장예모(張藝謀)가 감독하고 공리(鞏莉)와 갈우(葛優)가 열연한 영화 '인생'과 함께 20세기 최고의 중국 영화일 것이다.

그러나 나는 20세기 최고의 중국 영화 한 편을 꼽으라면 '인생'을 꼽는 데 주저하지 않는다. '인생'은 나의 수업에서 자주 리포트 과제로 부과되는 영화이기도 하다. 사실이 아닌 허구이기는 하나 책에서는 좀체 느낄 수 없는 중국 현대사의 숨겨진 모습들을 절절히 보여주기 때문이다. 몇 해 전 피살된 여화(余華)가 쓴 소설 '인생', 혹은 '삶'으로 번역될 수 있는 '활착(活着)'이 원작으로, 중국 현대사의 격변기를 살아가는 한 가족의 40여 년에 걸친 인생 역정을 그렸다. 1994년 제 47회 칸 영화제 심사위원 대상과 남우주연상을 수상했다.

지주의 아들로 태어난 복귀(福貴, 갈우)는 도박으로 가산을 탕진한다. 집문서가 넘어가던 날, 아버지는 충격으로 숨을 거두고 아내 가진(家珍, 공리)은 집을 나가 버린다. 아내와 아이들이 돌아오자, 지주의 아들로서 할 수 있는 유일한 삶의 수단인 그림자극으로 고달픈 삶을 이어간다. 그러나 곧 국민당과 공산당 간에 내전이 시작되고, 복귀는 국민당 군대에 끌려가 그림자극으로 연명한다.

어느 날 추위에 떨며 잠들었다 일어나 보니 눈으로 뒤덮인 들판 위에 국민당 군인들의 가득한 시체 너머로 공산당 군인들이 새까맣게 밀어 닥친다. 국민당군을 위해 그림자극을 상연한 반동분자로 총살될 위기를 가까스로 넘기고 그림자극을 보여주며 겨우 목숨을 부지하던 복귀는 공산당의 승리로 내전이 종결되면서 '혁명열사' 증서를 받아들고 오랜만에 가족의 품으로 돌아온다.

물장수로 생계를 유지하던 아내를 도와 새벽에 물을 나르고 있던 딸 봉하(鳳霞)와 상봉한 복귀는 해맑게 웃는 딸을 부둥켜 안았지만, 딸은 벙어리가 되어 있었다. 힘겨운 삶을 견뎌 온 아내는 그와 상봉하여 하염없이 울다가 딸이 열병 때문에 벙어리가 되었다고 일러 준다.

얼마 후 공산 중국에는 모택동의 대약진운동이 전개된다. 강철 생산에 열을 올리면서 쇠 조각이 조금 붙어 있던 그림자극의 도구들도 용광로 속으로 들어갈 뻔했으나 대약진운동을 독려하는 수단으로 다시 상연되면서 위기를 모면한다. 온갖 동원에 시달리며 지쳐 자다 잠결에 학교에 불려간 아들은 담장에 기대 졸다가 후진하는 트럭에 부딪쳐 무너진 담벼락에 깔려 죽고 만다.

다시 세월이 흘러 중국은 문화대혁명을 맞이한다. 의사들이 반동분자로 몰려 쫓겨나고 새파란 홍위병들이 병원을 장악한 상황에서 절름발이 홍위병 노동자와 결혼한 딸 봉하는 아이를 낳다가 너무 많은 피를 흘리며 숨을 거둔다.

이 영화를 보면서 울지 않을 사람이 없다고 보이지만, 알고 보면 영화에는 상징들로 가득하다. 복귀의 도박은 국민당의 부패를 상징하고, 딸 봉하가 벙어리가 된 것은 공산당의 승리로 자유가 억압된 상황을 상징한다. 그림자극은 전통을 상징하고, 그것이 용광로 속에 들어 갈 뻔한 상황은 전통의 파괴를 상징한다. 아들의 죽음은 대약진 운동의 과도한 동원에 지친 민중의 피로와 수많은 사람들의 죽음을 상징하고, 딸이 많은 피를 흘리며 죽는 것은 문화대혁명의 집단 광기에 시달리며 흘린 수많은 사람들의 피와 죽음을 상징한다. 그러기에 이 영화 역시 중국에서는 상영될 수 없었다.

한(漢, 기원전 206-220) 왕조는 운이 좋았다. 진의 통일이 붕괴되지 않았다고 하면 한 왕조는 존재하지 못했을 것이다. 한 왕조로서 더욱 다행이었던 것은 실패한 진 왕조의 전사(前史)가 있었다는 것이다. 그보다 더 다행이었던 것은 한 왕조 전에 짧은 기간이었지만 진시황의 강력한 통합정책이 시행되었던 사실이다. 한은 그만큼 여유를 가질 수 있었다. 가혹한 진의 통치와 차별성을 부각시킬 수도 있었다.

한 고조 유방은 진시황의 군현제 대신 군국제(郡國制)를 채택했다. 제국의 일정 부분을 일가친척에게 봉건하고, 일정 부분을 군현제로 직접 통치하는 2중적, 절충적 통치체제였다. 여기서 '군(郡)'은 황제가 직접 통치하는 군현제 지역을, '국(國)'은 통치를 위임한 봉건 지역을 가리킨다.

이렇게 한 이유는 진시황의 군현제가 그 일사불란함에도 불구하고, 반란에 취약하여 왕조를 단명으로 끝나게 한 심각한 문제가 있다는 생각 때문이었다. 황실이 반란 등의 위기에 처했을 때 황실을 지켜줄 든든한 울타리로서 일가친척의 봉건 제후가 필요하다고 보았던 것이다. 주나라의 봉건 제후가 공후백자남의 5등 작위 중 하나를 받았다면, 이제 왕이 황제로 격상되었으므로 제후 중 일부는 왕으로 봉해졌다. 따라서 이때의 제후들은 '제후왕'이라 불렸다.

군현제의 문제점을 보완하여 왕조의 수명을 장구하게 가져가고자 한 군국제는 군현제의 문제점을 보완할 수 있었던가? 군국제는 기본적으로 봉건 제후에게 토지와 인민에 대한 통치를 위임하는 지방 분권 체제로서 분열적 요소를 안고 있었다. 하나의 제국 안에 군현제의 통일적 요소와 군국제의 분열적 요소가 공존하고 있었던 것이다.

통치이념 상에서도 법가적 요소를 팽개칠 수 없었지만, 진시황과 같은 지나친 법가 통치는 포기했다. 유방(劉邦)이 진의 수도 함양(咸陽)을 점령한 후 진의 가혹한 법률을 모조리 폐기하고 '법삼장(法三章)'만 남겨 둔 것은 비록 전쟁 상황 속에서 민심을 얻기 위한 기만술이었지만, 진의 가혹한 통치에 대한 대항 의식이자 자신의 왕조가 취할 정책의 단서를 보여주는 것이었다.

한은 진의 가혹한 통치와 오랜 전란에 시달린 민중을 휴식시키기 위해 도가적인 무위자연(無爲自然)의 자유방임적 통치를 구사했다. 물론 이러한 무위지치(無爲之治)는 백성들로 하여금 자신들이 도(道)를 체득한 군주로부터 통치당하고 있다는 사실조차 망각하게 함으로써 더 무서운 전제(專制)로 흐를 수도 있었다. 그러나 오랜 전란에 시달린 민중에게 국가의 간섭을 최대한 줄이는 이러한 정책은 주효했다.

세금을 대폭 경감하였지만 훨씬 많은 세금이 걷힌 '문경지치(文景之治)'의 태평 시대도 이러한 정책에 힘입은 바 컸다. 그러나 백성에 대한 통치를 방기한 것은 결코 아니었다. 진보다는 훨씬 약화되었지만, 법가적 통치가 여전히 존재하고 있었다.

군현과 봉건을 절충한 이중적 통치구조, 즉 군국제(郡國制)는 한 초기에 심각한 문제점을 노출시켰다. 오, 초를 비롯한 7개 제후국이 연합한 오초7국(吳楚七國)의 반란은 그러한 문제점이 극적으로 표출된 왕조 초기의 시련이었다. 태평성세로 간주되던 경제(景帝) 시대의 이러한 시련은 고조 사후 여후(呂后)의 찬탈 위험에 이은 2중적 통치구조가 빚은 허점의 표출이었다.

이 반란까지 한 왕조는 명목상 통일을 유지하고 있었지만, 봉건 지역을 포함함으로써 분열적 요소를 안고 있었다. 오초7국의 반란은 그 통치구조의 모순을 헤집고 나온 것으로, 한의 힘겨운 반란 진압은 비온 뒤에 땅이 굳어지듯이 어느 정도 통일성을 강화할 수 있었다.

7대 무제(武帝, 재위 기원전 141-기원전 87)는 이 반란 진압으로 분열적 요소가 줄어든 상황에서 즉위했다. 그러나 분열적 요소는 여전하였다. 필자는 이즈음에서 무제가 진시황이 처했던 상황과 유사한 상황에 처했다고 느낀다. 시간적 거리가 있으니 오초칠국을 전국 칠웅에 비견하는 것은 접어 두더라도 무제의 전반적 정책은 진시황의 그것과 아주 유사하였다.

무제는 진시황이 재림한 듯한 착각을 불러일으키게 하는 인물이다. 선조들의 자유방임적 통치를 배격하고, 진시황이 그렇게 힘들여 추진했던 정책을 다시 구사했기 때문이다. 그는 선조의 정책이 아니라 진시황의 정책으로 회귀했다.

우선 대외적으로 선조들의 소극적인 방어정책을 버리고 적극적인 공세정책으로 전환했다. 흉노(匈奴)의 묵특(冒頓) 선우(單于)가 궁정 최고 어른인 여후(呂后)를 희롱하는데도 정중한 거절의 편지와 함께 처녀와 공물을 바친 선조들의 소극적 태도를 내던졌다.

무제는 장군 위청(衛靑) 등으로 하여금 흉노를 무차별 공격하고, 흉노를 협공하기 위해 장건(張騫, ?-기원전 114)을 서역에 파견했다. 한의 공격에 흉노는 분열되고 상당수는 한에 귀순했다. 귀순자에게는 거금의 정착금이 주어졌다. 흉노를 완전 멸망시키지는 못했으나 서역으로 가는 통로를 확보하여 비단길을 열었다. 이때 무제의 공격에 쫓긴 흉노의 일부가 서쪽으로 진출하여 인도를 혼란에 빠뜨리고 서양의 민족 대이동을 초래하여 끝내 서로마제국의 멸망을 야기했다.

남쪽으로 방향을 바꾸어 베트남 북부를 정복하여 9개 군(郡)을 두었다. 베트남은 이로부터 1,000여 년 간 중국의 직접 지배를 받다 겨우 독립했다. 이 와중에 위만조선도 나가 떨어졌다. 약 400년간 우리나라의 북방에도 4개의 군(郡)이 설치되어 중국의 직접 지배를 받았다. 고구려는 이를 구축하면서 강성해졌다. 한 무제는 중국 고대의 정복 군주였다. 진시황을 연상시키고 마케도니아의 알렉산더 대왕을 연상시킨다.

물론 진시황과 차이도 있었다. 진시황은 내부의 6국을 정복했다. 정복을 끝낸 후 만리장성을 쌓아 울타리를 치고는 이민족으로 하여금 그 울타리를 넘지 못하게 하였다. 자신들도 만리장성이란 국경을 확정하고 그 밖으로 진출하지 않았다.

마치 미국과 러시아가 식민지를 만들지 않은 것이 식민지를 원하지 않아서가 아니라 광대한 서부와 시베리아 정복이 더 급했기 때문이듯이 그에게는 내부 정복이 더 급했고 그것만 해도 엄청난 과제였다. 외부 정복은 힘에 부친 과제였다. 더구나 흉노는 이때가 제일 강했다. 그것이 만리장성을 쌓은 이유이기도 했다. 진시황이 여력을 몰아 외부까지 진격했다면 흉노나 위만조선은 한 무제 시기가 아니라 진시황에 의해 망했을지 모른다.

흉노가 내부 분열로 약해진 탓도 있었지만, 무제는 진시황과 달리 자신의 할머니를 희롱한 흉노를 그냥 두지 않았다. 진시황이 중국과 오랑캐를 구별하여 1대 1의 세계를 용인하였다면 무제는 1대 1의 세계를 인정할 수 없었다. 싹쓸이하여 1대 1의 세계를 통합한 또 다른 하나의 세계를 구축하고자 한 것이다. 그는 진시황이 쌓은 장성을 돌파해 버렸다. 진시황이 중국 내의 7국 통일이 목표였다면 무제는 만리장성 바깥 세계까지 통일하려 한 것이다. 방향이 달랐을 뿐 그 역시 영토적 통일을 추구하였다. 정복과 통일이라는 점에서 그는 제 2의 진시황이었다.

그는 대내적 통일 정책을 추진한 점에서도 진시황과 너무나 유사하다. 그의 숙제는 여전히 분열적 요소로 작용하는 봉건 제후국을 약화시켜 궁극적으로 통일적 지배를 달성하는 일이었다.

우선 제후국에 대한 중앙의 감독권을 강화할 필요가 있었다. 제후들이 황실 선조 제사 비용으로 내는 황금의 함량이 미달할 경우 이를 명분으로 영토를 몰수하는 '주금률(酎金律)'과 제후 사망 시 봉건 영토를 장자가 아니라 모든 아들이 다 같이 분배 받도록 하는 '추은령(推恩令)' 등 갖가지 방법을 동원하여 봉건 제후의 영토를 몰수, 혹은 세분하여 봉건 제후국의 힘을 약화시킴으로써 궁극적으로 통일된 중앙 집권국가를 만들었다.

왕조 초기 민간의 자유방임적 화폐 주조권을 국가가 장악하려는 집요한 노력도 그렇다. 그래서 나온 것이 '오수전(五銖錢)'으로의 통일이었다. 진 왕조의 '반량전(半兩錢)'으로의 화폐 통일과 같았다.

상홍양(桑弘羊), 장탕(張湯) 등에 의한 신경제 정책은 대외정복과 귀순한 흉노에 대한 거금의 정착금 지급으로 바닥난 국고를 충당하려는 정책이었다. 이 과정에서 나온 염철 전매는 대상인의 이익을 탈취하려는 목적이었지만, 경제의 동맥을 국가가 장악함으로써 경제 또한 국가가 통일적으로 지배하려는 통일 작업의 일환이기도 했다.

중농억상 정책 역시 마찬가지였다. 상인의 농간을 차단함은 물론 백성을 농토에 붙들어 두는 경제 정책상 통일 작업의 일환이었다. 진시황 통일 전 상앙이 농업의 중요성을 말하며 '앞으로의 전쟁은 무기가 아니라 농사 전쟁(農戰)'이라 말하며 시작된 중농억상의 기본방침이 다시 한 번 확인되는 순간이었다. 이렇게 해서 나온 중농억상과 거기에 따른 사농공상의 이념이 이윤 추구를 악으로 보는 유가와 결합하여 중국과 그 이념을 수용한 우리나라로 하여금 농업국가에 머무르게 하면서 자본주의를 지연시킨 중요한 요인이었다.

이러한 중농억상은 2차례의 아편전쟁(1840-1842, 1856-1860)과 태평천국(太平天國)의 반란(1850-1864), 청일전쟁(1894)에서 패배한 중국의 일부 지식인이 '앞으로의 전쟁은 무기가 아니라 상업전쟁(商戰)'이라고 부르짖을 때까지 거의 2천년 간 무서운 위력으로 중국과 우리의 자본주의 발생을 억눌렀다. 이윤 추구를 악으로 보는 윤리 관념이나 상공업을 경시한 경제관념에서 자본주의는 발생하기 어려웠다.

무제와 진시황의 유사성이 가장 드러나는 것은 사상 통일이었다. 무제는 선조들의 도가적인 자유방임적 통치 이념에서 벗어나 유가에 의한 사상 통일을 기도하였다. 중앙과 지방에 국립학교로서 태학(太學)과 군현학(郡縣學)을 세우고, 오경박사(五經博士)로 하여금 유교의 5경을 가르치게 한 후 그 졸업생을 관료로 뽑아 썼다. 유교에 의한 사상 통일, 유교의 국교화를 시도한 것이다.

사상 통일의 측면에서 무제와 진시황은 너무 닮았지만 방향은 극과 극이었다. 무제는 왜 진시황과 달리 유교에 의한 사상 통일로 나아갔던가? 진시황의 법가에 의한 사상 통일과 왕조 단명의 역사에서 큰 교훈을 얻었음이 분명하다. 그가 '나라를 말 위에서 얻을 수는 있어도 말 위에서 다스릴 수는 없다'고 한 것은 법가 일변도 통치의 허약성을 간파했기 때문이었다.

이 역시 진시황이 들으면 억울할 것이다. 이미 보았듯이 진시황은 6국을 쳐야 했고, 통일 후에도 오랜 분열로 차별성이 심화된 여러 분야의 통합을 단기간에 완수해야 하는 절대 난제와 마주해야 했다. 무제는 훨씬 여유가 있었다. 진시황이 그 십자가를 대신 져 주었던 것이다. 무제 시에도 봉건국이 존재하여 내부적 분열이 있었으나 그 분열은 말하자면 진시황 통일 후의 내부 분열 정도도 못되는 분열이었다.

진시황은 창업의 군주였고, 무제는 한이 건립된 지 100여년이 경과한 시점에 통치했다. 훨씬 더 여유를 가지고 국가 통치 이념을 고려했을 것이다. 진시황의 실패도 좋은 사례가 될 수 있었다.

그는 법가 신봉자임에도 불구하고 유가로 사상을 통일하고, 국가 통치이념으로 삼았다. 이는 중국과 우리나라 역사의 가장 중요한 순간이기도 했다. 중국과 우리나라가 이로써 유교국가가 된 것이다.

진시황의 실패에서 드러나듯이 법과 형벌에 의한 국가는 강한 듯해도 그렇지 못했고 이상적이지도 않았다. 법은 윤리 도덕의 보조적 장치로서 필요악적 존재였다. 법에 의한 규제는 강제력의 과다한 행사를 동반할 수밖에 없으며, 이를 구사하는 쪽이나 당하는 쪽이나 서로 피곤할 따름이었다. 선한 본성에 따라 법이 아니라 윤리와 도덕에 의해 가정처럼 자율적으로 규제되는 국가는 강제력의 행사를 최소한으로 줄일 수 있었으며, 바로 그러한 국가가 이상적이었다.

법의 강제적 집행에 의해 타율적으로 규제되는 것이 아니라 하나의 가정처럼 서로 사랑하고 배려하여 자율적으로 규제되는 국가가 이상적이었다. 국가라는 말 자체가 이러한 지향의 산물이었다. 국(國)은 가(家)의 확대로서 거대한 가정과 같은 국가(國家)가 이상적 국가였다. 백성들이 유교에서 가르치듯이 윤리 도덕심에 충만하여 스스로 국가에 충성하고, 어버이에 효도하며, 모든 사람을 어질게 대한다면 국가가 법으로 처단해야 할 일은 최소화될 것이다. 도저히 안 될 경우 국가가 나서서 법으로 처단하면 되고 처음부터 국가가 나서서 모든 것을 규제하는 것은 너무 피곤하고 소모적이다.

인간 스스로의 윤리 도덕적 책무를 강조하고 가르치는 유교적 가치를 가능한 한 많은 백성들로 하여금 받아들이게 할 수 있다면, 백성 스스로 알아서 윤리 도덕적으로 살아가는 이상적 국가를 만들 수 있었다. 무제가 유교를 존숭하여 사상통일을 기하고 국교화하려 한 것은 바로 이러한 이유 때문이었다.

전통시대에 국가마다 국교를 둔 것도 이러한 맥락에서 이해할 수 있다. 종교에서 가르치는 윤리 도덕으로써 백성들이 자기 스스로를 규제해 준다면 법의 사용을 최대한 줄일 수 있었다. 종교가 국가를 대신해, 법이 아니라 도덕적 규범으로 규제해 준다면 국가로서는 마다할 필요가 없었다. 그러나 이에 따라 발생하는 정교(政敎) 유착 역시 피해갈 수 없었다.

무제의 통일정책으로 한은 강력한 전제국가를 형성하였다. 봉건 제후는 거의 힘을 쓰지 못하는 존재가 되었다. 유교에 의한 사상 통일로 중국은 기본적으로 유교적 가치로 민간의 자율적 질서를 유지하며, 그것이 파괴될 경우 불가피하게 법을 사용하는 국가를 이상으로 했다. 진시황이 그토록 집요하게 추진한 통일정책은 그의 시대가 아니라 반동의 시기를 거쳐 충실한 계승자 한 무제에 의해 상당한 결실을 거둘 수 있었다. 오늘날 중국이 누리는 광대한 영토와 통일성은 이 두 걸출한 인물을 빼고 설명할 수 없다.

4. 통일에서 분열로: 위진남북조(魏晋南北朝)의 분열

한 무제의 통일정책에 의한 일원적 지배는 불행하게도 유력한 외척이 실권을 행사하는 보정제(輔政制)와 지방 호족이 세력화되면서 파탄되어 갔다. 지방 호족의 세력화는 통일을 무너뜨리는 원심력의 핵심이었다.

호족 세력의 지방 할거를 종식시키려는 조조(曹操, 155-220)의 통일 야망은 제갈량(諸葛良, 181-234)의 계책으로 유비(劉備, 161-223)와 손권(孫權, 182-252)의 연합에 의한 적벽대전(208)의 패배로 무너졌다. 모두 이 분열과 지루한 전쟁을 끝내는 통일을 염원하였지만, 누구도 성취할 수 없었다. 천하는 제갈량의 계책대로 3분되었다.

220년 조조의 아들 조비(曹丕, 재위 220-226)가 전후 400여 년 간 존속한 한 제국을 찬탈하고 위(魏)를 수립하고 이어 유비가 촉한(蜀漢), 손권이 오(吳)를 수립하여 중국은 3국으로 분열되었다 위나라는 유비가 세운 촉한(蜀漢)을 멸하였지만, 부하 장군 사마염(司馬炎, 재위 265-290)에 의해 찬탈되었다. 사마염이 세운 진(晉)이 남방의 오(吳)까지 병합하여 삼국을 통일(280)할 수 있었다.

그러나 그것도 잠시, 다시 대분열이 기다리고 있었다. 따라서 이때의 진(晉)에 의한 짧은 통일 기간(280-311)을 제외하면 220년 후한(後漢) 멸망으로부터 589년 수(隋)의 통일까지 370여 년 간 분열에 빠졌다. 후한의 멸망으로 역사의 물결은 진시황 이래의 통일 지향에서 분열 지향으로 넘어갔던 것이다. 다시 말해 후한 멸망 후 370여 년 간 진한과 같은 강력한 제국이 나타나지 못했던 것이다. 370여 년 만에 진한과 같은 강력한 제국으로 출현한 것이 수당이었다. 이렇듯 역사의 도도한 물결에 휩쓸리면 웬만해서는 빠져 나오기 어려운 법이니, 진(晉)에 의한 3국의 통일이 잠시 뿐이었던 것도 그러했다.

후한 멸망으로부터 수의 통일에 이르기까지의 분열은 이전의 분열보다 질적으로 더 안 좋은 분열일 수도 있었다. 370년의 분열 중 280여년은 북쪽의 이민족 오랑캐 왕조와 남쪽의 한족 왕조로 분열되었던 것이다. 흉노가 삼국을 통일한 진(晉)의 수도 낙양(洛陽)을 점령한 이른바 영가의 난(永嘉의 亂, 311) 이래 이민족들은 280여년(311-589)간 한족(漢族)과 중국을 양분하면서 중국 땅을 차지했다. 한족을 남쪽으로 밀어내고 중국의 원 고향 땅을 280여년이나 통치한 것이다.

흉노를 필두로 한 이들 오호(五胡: 匈奴, 鮮卑, 葛, 氐, 羌)는 이때 중국 역사에 본격적으로 등장하여 5호 16국(5胡 16國) 시대(304-439)를 열었다. 중국의 고향 땅인 북방 중원은 처음으로 이들 이민족들 차지가 되었다.

북방의 혼란은 선비족 탁발부(拓跋部)의 북위(北魏, 386-534)가 통일하여 어느 정도 수습되었다. 그러나 북위(北魏)는 곧 동위(東魏)와 서위(西魏)로 분열되었다가 곧 또 찬탈되어 북제(北齊)와 북주(北周)로 교체되었다.

남방은 남방대로 연이은 찬탈에 의해 동진(東晋)-송(宋)-제(齊)-양(梁)-진(陳)으로 빠르게 교체되어 갔다. 북방에는 오랑캐와 한족이 공존하는 호한체제(胡漢體制)가, 남방에는 북방에서 내려온 교민과 토착민이 공존하는 교토체제(僑土體制)가 성립되었다.

크게 오랑캐의 북방과 한족의 남방으로, 다시 북방은 호한으로, 남방은 교토로 분열된 상태가 280여 년 간 지속된 것이 남북조(南北朝) 시대였다. 내부적으로도 남북 공히 호족(귀족)으로 불리는 존재가 끊임없이 분열을 조장하며 반(半)독립적 세력을 구축하고 있었다. 춘추전국 시대에 못 지 않은 분열이라고 할 만 했다.

5. 분열에서 재통일로: 수당(隋唐)의 재통일

위진 남북조의 대분열을 청산한 수 왕조(581-618)와 그를 잇는 당 왕조(618-907)는 앞서의 진한 왕조와 너무 유사하다. 수는 589년 통일을 이룩하였지만 30년을 견디지 못하고 진과 같이 빨리 망하였고(618년), 다음의 당은 한과 같이 장기간 존속(618-907)하였다. 수당은 진한의 순환처럼 보이는데 이는 역사의 우연인가?

이들 왕조 사이에 너무 많은 유사점이 발견된다는 점에서 이 순환은 우연이 아니었다. 가장 중요한 유사성은 영토적 통일이었다. 수는 위진남북조 370여년의 분열 끝에 남북을 통일했다. 370년의 기간은 결코 짧은 기간이 아니었다. 더구나 분열의 질도 좋지 않아 한족만의 분열이 아니라 이민족이 끼어든 분열이었다. 이민족 문화의 유입으로 문화적 차별성도 심화되었다. 이러한 분열을 극복하고 통일한 것이 수였다.

이러한 점을 고려하면 수와 진 사이에는 또 하나의 유사성을 유추할 수 있다. 수 역시 진이 직면하였던 문제, 즉 사회 각 분야의 통합 과제에 직면했다는 점이다. 영토가 통합된 마당에 사회 각 분야의 통합은 당연하였다.

장기간에 걸친 이민족의 북방 점령으로 형성된 종족주의가 진시황 통일 이전 보다 더욱 강화된 상황을 감안하면, 사회 각 분야의 통합 작업의 필요성과 시급성은 진시황 때 보다 더 강했을 수도 있다. 진시황 때의 한족 내의 차별성이 아니라 한족과 이민족이라는 민족적 차별성까지 가미되어 있었기 때문이다.

수 문제(文帝) 양견(楊堅, 재위 581-404)과 그의 아들 양제(煬帝, 재위 604-

618) 역시 영토적 통일에 따른 사회 각 분야의 통합을 시급하게 추진해야 한다고 보았을 것이다. 따라서 이들의 정책도 진시황의 그것처럼 사회 각 분야에서의 통합이라는 측면에서 바라보아야 한다.

수당을 율령제(律令制) 국가라고 하는 것은 이때 율령이 새로 제정되었기 때문이 아니라 율령제가 대폭 정비되었기 때문이다. 율령은 이전에도 많았다. 그런데 수당이 왜 이때 율령제를 대폭 정비했는가에 눈을 돌릴 필요가 있다. 율령제의 대폭 정비는 오랜 분열로 남북 간 심화되어 온 율령 상의 차이, 행정 상의 차이를 극복해야 할 필요성과 무관할 수 없다. 그렇다면 이 역시 행정 상의 중요한 통일 정책의 일환이라 할 수 밖에 없다.

남북이 통일된 마당에 법률의 대폭적인 정비와 통일은 당연하였다. 그러나 이 역시 진시황이 겪었던 것처럼 민중들에게 심한 이질감과 불편을 주면서 불만을 야기했을 가능성이 크다.

수 양제 때의 대운하 건설은 무리한 토목공사라는 점에서 원성을 사고 반란의 요인으로 작용한 점에서 진시황의 토목공사와 유사하다. 그러나 이 역시 남북으로 분단된 경제권의 통일에서 무엇보다 중요했다. 양제의 토목공사는 시황제에 못잖았고, 폭군으로서의 양제 상(像)도 진시황의 그것과 같이 여기서 연유한 바 크다.

그러나 자신의 왕조를 단명으로 끝나게 한 하나의 요인이었던 대운하 공사는 전통 시대는 물론이고 오늘날까지 중국의 대동맥으로서 엄청난 역할을 수행했다. 그것은 '하나의 중국'을 상징했다.

수와 진의 이러한 유사성에 주목하면 수 왕조 단명의 원인도 진 왕조 단명의 원인에서 찾을 수 있다. 수 왕조가 단명으로 끝난 것은 수 양제의 도덕적 결함이나 폭군성, 무리한 토목공사나 대외원정 탓만이 아니었다.

진의 경우처럼 수가 370여 년 만의 분열을 종식시킨 첫 번째 통일 왕조임을 상기할 필요가 있다. 분열의 기간이 너무 길었을 뿐 아니라, 분열의 질 또한 좋지 않았다. 370여 년의 분열 중 한족과 오랑캐의 분열이 280여 년 간 존재했다. 물론 이때 오랑캐가 상당히 한화(漢化)되고, 남북 분단 상황에서도 교통이 두절된 상황은 아니었다고 보면 분열의 질이 나빴음을 강조하는 것은 무리일지 모른다.

그러나 후한 붕괴 이래 분열의 기간이 370여년이나 되어 장기간이었던 것은 사실이다. 따라서 그 긴 분열기간 동안 심화되어 온 사회 각 분야의 차별성을 없애고 통합해야 하는 과제를 수행해야 했다.

수의 비극도 여기에 있었다. 굳이 양제의 잘못을 거론할 필요 없이 단명의 가장 중요한 원인은 장기간의 분열 그 자체에 있었다. 수의 멸망은 내부 반란에 기인하지만 반란은 양제의 폭정에 대한 불만만이 아니라 오랜 분열에 따른 차별성의 심화, 사회 각 분야의 차별성을 단기간에 통합해야 하는 불가피성, 그 과정에서 파생한 이질감과 불만도 작용했다. 수 역시 진의 전철을 밟은 셈이다.

수를 이은 당은 진을 이은 한이 누린 것과 같은 혜택을 누렸다. 수의 단명과 당의 장기 존속은 진의 단명과 한의 장기 존속에서 그 배경을 찾을 수 있다. 수와 당의 역사는 진과 한의 역사에서 볼 때 더 잘 볼 수 있다. 그 역도 마찬가지로 성립한다. 이에 대해서는 진한을 설명하면서 이미 한 바 있으므로 생략한다.

수당과 진한의 차별성도 놓칠 수 없다. 수의 빠른 붕괴 배경으로 무모하리라 할 정도로 집착하였던 고구려 원정을 빼놓을 수 없는 것이다. 수 문제와 양제의 고구려 침략은 우리의 역사와 관련하여 비난의 대상이다. 당시 중국의 수많은 민중들 역시 이 전쟁으로 죽어갔다. 실패하면서도 무리하게 계속된 원정은 수나라를 넘어뜨리는 원성의 진원지이기도 했다.

수 문제와 양제는 거듭되는 패배에도 불구하고 고구려 정복을 단념하지 않았다. 그것은 당으로도 이어져 근 100년간 중국은 고구려 문제에 집착하였다. 수당 역사에서 가장 이해하기 어려운 부분이다. 문제는 수당의 고구려 침략 자체가 아니라 수당이 왜 그토록 100여 년간 고구려 원정에 집착하였던가 하는 것이다.

수 양제의 무모한 고구려 원정은 그의 병적인 전쟁 집착증 때문이 아니라 남북통일 후의 사회 각 분야의 통일 정책 집행과 그에 따른 민중의 불만을 대외 전쟁을 통하여 희석시키려 한 것일지 모른다. 또 부친을 살해하고 획득한 정권의 정당성 문제라든가 고구려와 돌궐의 연합에 의한 침략 가능성 때문일 수도 있다.

이와 함께 수당이 갖는 세계제국적 성격을 무시할 수 없다. 진한도 거대한 통일 제국이었지만 세계제국이라 하지 아니하고 수당을 유독 세계제국이라 하는 이유는 무엇인가? 진시황의 통일로 중국은 거대한 영토를 가진 통일 제국이 되었다. 그 후 다시 한 무제 때 흉노, 베트남, 서역, 위만조선을 격파해 영토를 더욱 확장했다. 그러나 이를 세계제국이라 하지는 않는다.

그런데 흉노가 삼국을 통일한 진(晉)의 수도 낙양(洛陽)을 점령한 이래 5호가 16개 나라를 세우면서 280여 년 간 한족과 중국을 양분하면서 북방을 차지했다. 수는 이렇게 하여 중국 역사에 본격적으로 등장한 북방 오랑캐 왕조인 북주에서 나왔다.

북방 오랑캐 왕조인 북주에 나온 수가 남방의 한족 왕조인 진(陳)끼지 통일(589)한 것은 이들 북방민족과 그 거주지까지 중국에 귀속되는 결과를 낳았다. 이로써 중국은 한 무제 시기의 한족과 호족(오랑캐) 양 세계의 1차 통합에 이어, 다시 한 번 한족과 호족 두 세계를 아우른 세계제국이 된 것이다. 진시황의 중국 내부 통합에 이어 한 무제가 그 외부까지 통합하여 '확대된 중국'을 만들고, 수당은 다시 그 외곽에 형성된 이민족 세계를 통합한 '더욱 확대된 중국'을 만든 것이다. '더욱 확대된 중국'이 바로 수당 세계제국이었다.

이러한 점에서 수의 통일이 가지는 의미는 진의 통일과 달랐다. 진은 장성을 쌓았지만 한 무제가 그것을 돌파해 확대된 중국을 건설했다. 수당은 다시 그 외곽까지 돌파하고 세계 제국을 형성했다. 그러기에 수당을 '세계 제국'이라 하는 것이다.

그것은 진의 통일과 수의 통일이 가진 성격 차이를 반영한다. 진의 통일과 수의 통일 사이에는 통일 이전의 상황이 달랐다. 진의 통일이 한족 내의 통일인데 반해 수의 통일은 한족만이 아니라 오랑캐(胡族) 세계와 한족 세계의 통일이었다. 종족적, 문화적 차별성까지 끼어든 호한(胡漢) 두 세계를 280여년(311-589)만에 통일한 수는 따라서 장성을 고수하지 않았다.

장성은 흉노가 국가를 건설하여 중국 정통 왕조 진(晉)의 수도를 점령한 이래 5호가 16개국을 건설하면서 의미를 잃었다. 장성이란 울타리를 넘어 오랑캐가 중국

땅까지 점령하여 호한 양 세계가 성립되어 280여 년 간 계속되었다. 이 두 세계를 통합한 통일제국 수는 다분히 세계제국적 성격과 동시에 오랑캐적 성격을 가지게 되었던 것이다.

당 태종(太宗, 재위 626-649)이 '황제'가 아니라 오랑캐 세계의 최고 자리를 지칭하는 '천하 가칸(天下 可汗)'으로 불리기를 좋아하였음을 생각하면 수 양제 역시 중국을 넘어서 오랑캐 세계까지 아우르는 천하의 통치자란 생각에 젖었을 것이다.

당은 수와 뿌리를 같이 하는 집단이 세운 왕조였다. 서위-북주-수-당의 지배집단이 모두 동일한 하나의 집단, 즉 관농(關隴: 오늘날 중국의 섬서와 산서성) 지역의 무천진(武川鎭) 군벌 출신이었다. 이들은 한족과 오랑캐로 구성된 당시의 지배집단이었다.

북쪽 호족계(胡族系)에 뿌리를 두고 남쪽 한족 세계까지 아우른 수당은 호족 세계를 내치지 않고 그것마저 아우르는 세계제국을 이룩하였다. 수당이 호족적 성격을 갖는 것은 당연했다.

다양한 이민족이 수당에서 고위직을 역임하고 다양한 문화가 이 시기에 유입된 배경도 여기에 있었다. 신라의 최치원(崔致遠, 857-?)이 비록 외국인을 위해 설치한 것이긴 해도 과거(科擧)의 빈공과(賓貢科)에 합격할 수 있었던 것도 수당이 가진 오랑캐적 세계제국의 성격에서 가능했다. 수도 장안에 서역 상인이 득실대고 네스토리우스파 기독교가 들어와 전도한 것도 수당이 가진 오랑캐적 세계제국의 성격에서 가능했다. 수당이 그 전의 진한이나 이후의 송명 왕조와 달리 이민족과 그 문화에 유독 관대했던 것도 여기에 말미암은 결과였다.

고구려를 멸망시킨 당 고종이 아버지 태종의 후궁을 자신의 후궁으로 삼았다가 황후를 내쫓고 황후로 책봉한 사실이나, 그 황후가 측천무후(則天武后, 624-705)로서 중국 역사상 전무후무하게 여자로서 황제가 되었던 사실이나, 당 현종이 아들의 부인을 자신의 귀비(楊貴妃, 719-756)로 삼은 사실 역시 수당이 가진 오랑캐적 세계제국의 성격과 연관되어 있었다. 수당은 확실히 그전의 진한이나 뒷날의 송명 왕조와 달리 오랑캐 세계를 아우른 세계제국으로서 오랑캐적 요소가 다분했다. 그러기에 수당에서는 그러한 일들이 특별히 반인륜적, 반유교적 불륜으로 간주되지 않았다.

호한 양 세계를 아우른 수당의 세계제국적 성격을 고려하면 수 문제나 양제, 당 태종이나 고종(高宗)의 세계제국은 고구려와 돌궐의 경우 반드시 넘고 가야 할 과제였다. 당 태종이 '천하 가칸'의 칭호를 좋아한 심리상태에서 미루어 짐작하면 수 양제 역시 고구려와 돌궐을 손아귀에 넣든가, 적어도 그들을 자신의 발아래 두지 않고는 진정한 천하의 주인이 될 수 없다는 심리가 작용했을 것이다. 이들의 고구려 침략도 이러한 맥락에서 이해될 수는 있는 것이다.

그 당시 수당이 가진 세계제국적 심리를 염두에 두고 볼 때, 고구려는 반드시 정복해야 할 대상이었다. 그 집착은 수나라를 망친 또 하나의 요인이 되었고, 당 태종에게 전염되어 그를 괴롭히다가 그의 아들 고종에 의해 마침내 결실을 볼 수 있었다.

오랜 분열 후의 통일, 통일 정책의 추진, 빠른 붕괴의 측면에서 수는 진과 유사하다. 대외 정책으로 본다면 수 문제와 양제는 한 무제와 유사했지만, 수당은 한 무제 이후의 중국과도 또 달랐다. 진시황이 다시 태어났다면 자신이 통일해 놓은 중국이라 하지 않았을지 모른다. 훨씬 넓어진 영토와 훨씬 다양해진 민족들이 어우러진 확대된 통일 세계, 세계제국이었던 것이다. 운 없게도 고구려도 거기에 포함되고 말았다.

6. 당의 멸망과 5대10국(五代十國)의 대분열

호족적(胡族的) 세계제국으로서 당은 바로 그 성격으로 인해 호되게 당했다. 이란계 소그드인 부친과 돌궐족 어머니 사이에서 태어나 중국인의 피가 조금도 없는 안록산(安祿山, 703?-757)에게 수도 장안 주위 요충지 3곳의 절도사를 겸임시켰다가 큰 화를 입었던 것이다. 오랑캐에게 요충지를 3곳이나 맡기는 것과 같은 일은 이전의 진한이나 이후의 송명 왕조에서는 있을 수 없었다. 그만큼 수당은 오랑캐적 세계제국으로 이민족에 관대했다.

그러나 믿었던 안록산의 반란(755) 후 당은 분열 상황이 되었다. 전국이 절도사들의 할거체제에 들어갔다. 반중앙집권적인 이들은 통일을 해체하는 원심력으로 한대(漢代) 후기의 호족과 유사했다. 이 원심력이 강력하게 작용하여 당 왕조가 해체(907)되는 격변이 일어났다. 거대 제국 당의 멸망 이후 들어선 중국 정통 왕조는 더 이상 당과 같은 권위를 가지지 못하고 빠르게 교체되었다. 53년(907-960)간 후량(後梁)-후당(後唐)-후진(後晋)-후한(後漢)-후주(後周)의 5개 왕조가 나타났다 사라졌다. 이 중 후당과 후진은 오랑캐가 세운 왕조였다. 후한 왕조는 불과 3년 만에 찬탈되어 사라졌다.

이 상황에서 중앙집권력이 형편없이 약화된 것은 말할 필요도 없다. 허약한 중앙 정권이 빠르게 교체되는 상황에서 그 주변에 한족과 오랑캐의 10여개 국가가 건설되었다. 중국 역사상 최대의 분열이었다. 이른바 5대 10국(五代十國, 907-960) 시대였다. 이 대분열은 5호 16국의 대분열과 유사했다. 그러나 5호 16국의 분열이 280여년 만에 수습된데 반해 이 대분열은 53년 만에 수습되었다. 960년 송(宋, 960-1279)이 5대의 최후 왕조인 후주를 찬탈하고, 지방의 10국 중 잔존한 정권들을 없애고 다시 통일한 것이다.

이렇듯 이때의 대분열이 단기간에 수습된 배경은 무엇일까? 여러 측면에서 고려해야 할 문제지만, 진한과 수당을 거치며 중국의 통일성이 그만큼 확고해진 상황이 고려되어야 할 것이다.

5대 10국을 통일한 송이 진이나 수처럼 통일 이후에도 단명으로 끝나지 않고 장기간 존속한 배경은 또 무엇일까? 진한과 수당을 거치면서 그만큼 통일성이 강화된 덕도 있었겠지만, 분열 기간이 짧았다는 점에 주목할 필요가 있다. 송은 진이나 수의 통일 때와 달리 통일 이전의 분열이 극히 짧았다는 것이다.

가령 5대 10국의 분열이 춘추전국 시대의 분열이나 삼국 이래 5호 16국과 그를 이은 남북조의 분열처럼 장기간 지속되었다면 송 역시 빨리 붕괴되었을 가능성이 크다. 송 역시 진이나 수가 통일 이후 마주친 엄청난 문제, 즉 차별성이 심화된 각 분야의 통합이라는 문제에 봉착할 수밖에 없었을 것이기 때문이다. 다행히 송 통일 이전의 분열은 53년에 불과했고, 차별성이 깊어지지 않은 상황에서 통일을 이룩한 것이다.

물론 송이 진이나 수처럼 빨리 붕괴되지 않고 장기간 존속한 배경에는 황제 전제권의 강화라는 정치적 측면과 생산력의 발전, 귀족층의 몰락과 사대부층의 성장 등 여러 측면에서도 설명되어야 할 것이다. 그러나 53년에 불과한 분열의 기간 자체가 중요했던 것이다.

7. 맺음말

이상에서 송 왕조 이전까지 중국의 분열과 통일의 역사를 거시적으로 살펴보았다. 무리한 해석도 많을 것이다. 그런데 5대 10국 시대를 마지막으로 중국에는 더 이상 이러한 분열이 일어나지 않았다. 왕조 교체는 물론 있었다. 두 번이나 이민족에게 전 중국이 점령당하는 수모도 겪었다. 그러나 송 이후 수립된 원(元, 1271-1368), 명(明, 1368-1644), 청(淸, 1636-1912) 4개 왕조는 모두 장기 왕조였다.

이러한 현상은 거대한 물길에 휩쓸리면 그 어떤 것도 쉽게 빠져 나올 수 없듯이, 분열과 통일이라는 역사의 거대한 물길 역시 그 속에 휩쓸리면 그 누구도 쉽게 빠져 나올 수 없는 게 아닌가 하는 상상을 불러일으키게 한다. 220년 시작된 삼국시대에서 5대 10국 시대까지의 약 700년간은 말하자면 분열 지향의 물길이었다. 삼국을 통일한 진(晋)이 곧 5호 16국과 남북조로 분열하고, 이를 통일한 수 역시 곧 분열하여 당으로 넘어갔으며, 장기적으로 통일을 유지한 듯 보이는 당 역시 안록산의 난 이후 절도사의 지방 할거로 사실상 분열 상태였고, 5대 10국은 그 마지막을 화려하게 장식한 대분열로 분열이 계속 이어졌기 때문이다. 분열 지향의 거대한 물길에 휩쓸리면 통일은 잠시일 뿐, 곧 그 분열의 거대한 물길 속으로 사라져 버렸던 것이다.

5대 10국의 분열을 종식시키고 960년 송이 통일한 이후 별다른 분열 없이 4개의 장기 왕조가 이어진 것은 이때부터 역사의 거대한 물길이 분열 지향에서 통일 지향으로 바뀌었음을 의미한다. 통일 지향으로 역사의 물길이 바뀌면서 분열은 잠시일 뿐, 곧 통일의 거대한 물길 속으로 사라져 버렸던 것이다.

중국의 분열과 통일의 역사를 보면서, 우리의 지상과제인 남북 분단의 종식과 통일을 위해 얻을 수 있는 시사점은 무엇일까? 당연한 결론이지만 통일이 무력에 의해 강제된 것일수록 재분열의 가능성이 높아진다는 시사이다. 무력 통일에 의할 경우 승리한 쪽에 대한 패배자의 적대감은 또 다른 분열의 방아쇠가 될 것이다. 평화적 통일이 그리 쉽게 달성될 문제는 아니라 하더라도, 그 뒤의 재분열 가능성까지 고려하면 가능한 한 평화적 통일이어야 한다는 것이 역사의 교훈이다.

또 하나의 중요한 시사는 통일 이후 통일을 그리던 민중의 염원과 통일이 가져다 준 현실 사이의 괴리를 최대한 줄이는 일이 무엇보다 중요하다는 점이다. 그 괴리가 크면 클수록 또 다른 분열로 이어질 가능성이 그만큼 커지기 때문이다. 분단에 의한 소모적 군비경쟁과 재화 낭비를 극복하고 질서와 조화, 그리고 평화를 염원하던 민중의 통일 이후에 대한 희망이 통일로 나타나는 현실과 조화를 이루어야 한다는 것이다.

중국 역사의 분열과 통일에서 얻을 수 있는 가장 중요한 시사는 분열의 기간이 길면 길수록 통일이 어려워질 뿐만 아니라, 설혹 통일을 달성한다고 하더라도 엄청난 어려움에 직면하여 통일 이후 첫 정권이 무너지거나 또 다시 분열될 수 있다는 점이다. 오랜 분열 후의 통일을 달성한 진(秦)과 수(隨)가 금방 무너진 반면 53년간의 짧은 분열 기간을 수습하고 통일한 송(宋)이 장기 왕조로 갈 수 있었던 데서도 볼 수 있듯이 분열의 기간이 매우 중요하다는 것이다. 통일의 달성은 물론이고 통일이 단명으로 끝날 것인가, 장기적 안정으로 이어질 것인가 하는 것은 분열의 기간에 크게 좌우된다는 것이다.

이 중요한 교훈을 우리의 통일에 대입해 보면 분단의 기간이 길면 길수록 통일의 가능성이 줄어들어 영영 남이 되거나, 설혹 통일이 되더라도 남북 양측의 차별성이 심화되어 사회 각 분야의 통합 작업이 그만큼 어려워짐으로써 통일 이후 첫 정권이 곧 무너지거나 또 다시 분열될 수 있다는 것이다.

따라서 통일의 가능성을 높이고, 통일 이후 봉착할 어려움을 최대한 줄이는 관건은 분열의 기간을 최소한으로 줄이는 것이다. 그러나 그것이 현실적으로 해결 불가능한 일이라면 어떻게 해야 할 것인가? 통일 이전에라도 남북 양측의 차별성을 최대한 줄여 나가는 일이 무엇보다 중요하다. 그 자체가 통일의 가능성을 높여 줄 뿐 아니라, 영토적 통합 이후 그동안 심화되어 온 사회 각 분야의 차별성을 해소하고 통합하는데 크게 도움을 줄 것이기 때문이다. 또한 그것이 분열 지향의 물길을 통일 지향의 물길로 바꾸는 가장 유력한 길이 될 수 있기 때문이다.

통일은 곧 서로 다른 스탠더드를 하나의 스탠더드로 만들어 나가는 과정이고, 그 과정에는 상당한 불만과 반발이 뒤따를 수밖에 없다. 그러한 불만과 반발을 최대한 줄이기 위해서는 통일 이전에 그 차별성을 최대한 줄여 놓아야 한다. 차별성이 크면 클수록 통일 이후 사회 각 분야의 통합이 그만큼 어려워지고 불만과 반발도 커질 것이다. 그리고 그것이 또 다른 분단으로 이어질 수 있기 때문이다.

또 하나의 시사는 어렵사리 통일이 이루어져 사회 각 분야의 통합을 추진하게 될 경우 그 기준과 속도, 타당성과 적절성을 신중하게 고려해야 한다는 점이다. 정책적 여유를 갖는 것도 중요하다. 무리한 통합 정책이 진과 수가 달성한 통일의 빛나는 성취를 순식간에 앗아 가버린 과오를 되풀이 하지 않아야 한다는 것이다.

찾아보기

12·12 사태 35
25사(二十五史) 259
4 · 19 혁명 221
5·16 군사 34
5·4 운동 157
6·29선언 37
6월 항쟁 37

NL 158
PD 158

(ㄱ)
가마쿠라 바쿠후(鎌倉幕府) 178
갈리아(Gaul) 186
갈릴레이 66
갑골(甲骨) 88, 92, 290
갑골문 290
강유위(康有爲) 321
강화도 41, 104, 335
거울 32
거칠부 102
격물치지(格物致知) 336
경영형 부농(富農) 278
계로(季路) 299
계몽주의 231, 239, 262, 265, 284
고문학파(古文學派) 321
고염무(顧炎武) 108
고증학(考證學) 208
고지끼(古事記) 95
고집멸도(苦集滅道) 296
고흐(Vincent van Gogh) 256
고흥(高興) 102
공맹자(公孟子) 303
공자(孔子) 98, 193, 224, 258, 298, 317
광작(廣作) 278
광주민주화운동 37
광해군(光海君) 107
광효사(光孝寺) 235
괴테(Johann Wolfgang von Goethe) 175
교육과정 135
교토학파 272
굽타 왕조 313
근대성(modernity) 277
근초고왕 102
금강경(金剛經) 233
금문학파(今文學派) 321
금위고용론(今爲古用論) 211
기(氣) 332

기일원론(氣一元論) 333
기전체(紀傳體) 100, 101, 181, 182
길재(吉再) 225
김부식(金富植) 105
김옥균(金玉均) 321

(ㄴ)
낙양(洛陽) 232
남경 대학살 210
남돈북점(南頓北漸) 328
남종선(南宗禪) 328
내물왕 32
네안데르탈인(Neanderthal man) 73
노예제 19, 263
노자(老子) 302
노자화호설(老子化胡說) 325
논어(論語) 299
농노제 19, 121
누루하치(奴兒哈赤) 106
뉴턴 66
니혼쇼기(日本書記) 95, 179

(ㄷ)
다윈(Charles R. Darwin) 238
단대사 259
달마(達磨) 232
대승불교(大乘佛敎) 311
데모크리투스 304
도교(道敎) 303
도덕경(道德經) 303
도쿄(東京)학파 272
돈오(頓悟) 328
돈황(敦煌)석굴 315
동국 이상국집(東國 李相國集) 181
동북공정(東北工程) 211
듀이(John Dewey) 217
디오니시우스 27

(ㄹ)
랑케 212, 213, 220
레오폴드 폰 랑케(Leopold von Ranke) 212
루터(Martin Luther) 201, 338
르네상스 257, 262, 279

(ㅁ)
마가렛 미첼(Margaret Mitchell) 276
마광수 237
마르크 블로흐 26
마르크스 238, 240, 266
마야 293
마젤란 49
마키아벨리 27
마테오리치(Matted Ricci) 339
마호메트 307
막스 베버(Max Weber) 315
만주사변 210
맹자(孟子) 300
메로빙 왕조 272

메이지(明治)유신 277
명사(明史) 109
명예혁명 38
무신정권 41
무왕(武王) 195
묵자(墨子) 303
문익점(文益漸) 130
문·사·철(文史哲) 172
미시간 대학 7, 201

(ㅂ)
바쿠후(幕府) 178
박경리 275
박은식(朴殷植) 210
박정희 32
반(反)절대주의 243
반고(班固) 60, 259
백이열전 193, 197, 222, 223, 225
법신(法身) 312
법흥왕 32
보림사(寶林寺) 234
보불전쟁(普佛戰爭) 219
보살 311
보신(報身) 312
본기(本紀) 100
봉건제 120
부루투스(Marcus Julius Brutus) 186
부르크하르트(Jacob Burckhardt) 276
부마사태 35
북위(北魏) 232
분류사 284
불립문자(不立文字) 201, 330
불성(佛性) 314
불입권 121
블랙박스 49
비비안 리(Vivien Leigh) 276
비코(G. Vico) 239, 270
빅뱅 67

(ㅅ)
사관 203
사기(史記) 88, 98, 105, 182, 193, 222, 258, 260
사단 300
사마광 32
사마천(司馬遷) 88, 98, 181, 197, 220, 259
사성제(四誠諦) 296
사회적 존재 266
삭가모니(化身) 312
살조살불(殺祖殺佛) 201, 330
삼국사기(三國史記) 32, 105, 181, 259
삼국유사(三國遺事) 181, 260
삼법인(三法印) 295
삼신론(三身論) 312
삼전도비(三田渡碑) 107
상대주의 242
상부구조 266
생산관계(relation of production) 267

생산력 266
생산양식 267
서(書) 100
서기(書記) 102
서유기(西遊記) 316
선불교(禪佛敎) 232, 265, 327
선지후행(先知後行) 165, 336
성(性) 332
성리학(性理學) 6, 41, 208, 279, 332
성선설 347
세가(世家) 100
소림사(少林寺) 232
소승불교(小乘佛敎) 311, 313, 326
소크라테스 305
소하(蕭何) 89
손오공 316
쇼토쿠 태자(聖德太子) 309
수양산(首陽山) 196, 197
숭산(嵩山) 232
스칼렛 276
시저(Gaius Julius Caesar) 184, 198
신수(神秀) 328
신정(神政) 289
신채호(辛采浩) 210
신해혁명(辛亥革命) 282
실증주의 208, 270
실학(實學) 278
심즉리(心卽理) 335
쌍계사(雙溪寺) 235

(ㅇ)
아담 샤프 4
아담 샬(Adam Schall) 339
아라한(阿羅漢) 311
아마데라스 오미까미(天照大神) 95
아비뇽의 유수 338
아소카 대왕 310
아우구스투스(Augustus) 187
아우구스티누스(St. Augustinus) 261
아즈텍 293
아트반 59
아편전쟁 282
악티움 해전 187
안연(顔淵) 193, 224
안토니우스(Marcus Antonius) 187
양 무제(梁 武帝) 232
양적 확대 76, 77, 263
에드워드 카아(Edward. H. Carr) 132
엥겔스(Friedrich Engels) 213, 266
역사란 무엇인가(What is History) 132
역사의식 92
역사적 사실 110, 198, 199, 203, 205
역사주의 230, 242
연대기(年代記) 258
열전(列傳) 100, 222
영락제(永樂帝) 201
예수 306
오로시우스(Orosius) 260
오리엔탈리즘(orientalism) 277

오스트랄로피테쿠스 69
오제본기(五帝本紀) 182
옥타비아누스 187
왕건(王建) 178
왕양명(王陽明) 335
용문(龍門)석굴 315
운강(雲崗)석굴 315
원수정 188
원인 70
원인류 69
원초적 역사 14, 58, 87
유기(留記) 102
유물론(唯物論) 266, 272, 295, 304
유물론 철학자 304
유방(劉邦) 89, 318
유신 33
유인원 69
육조 328
육조단경(六祖壇經) 235
육조정상동래탑(六祖頂相東來塔) 235
의궤 104
의현(義玄) 330
이(理) 301, 332
이광리(李廣利) 223
이규보(李圭報) 181
이기이원론(理氣二元論) 333
이릉(李陵) 223
이문진(李文眞) 102
이사(李斯) 303
이성계(李成桂) 178
이승만 32
이승휴(李承休) 181
이일원론(理一元論) 333
이자성(李自成) 108
이차돈(異次頓) 309
이탁오(李卓吾) 336
이탈리아 르네상스의 문화 276
이퇴계(李退溪) 334
인민 민주주의 158
일연(一然) 181
일체개고(一切皆苦) 295
임제(臨濟) 330
입헌군주제 38
잉카 83, 293

(ㅈ)

자치통감(資治通鑑) 32
장개석 21
장자(莊子) 302
전방후원분 180
정(情) 332
정조(正祖) 104
정화 44
제법무아(諸法無我) 295
제왕운기(帝王韻紀) 181
제왕학(帝王學) 32
제행무상(諸行無常) 295
조계산(曹溪山) 234

조선왕조실록 105
조오몽(繩文) 토기 178
종법관계 122
종북 158
주(紂) 195
주공(周公) 299
주관주의 204, 205, 218
주기론(主氣論) 270, 286, 333
주리론(主理論) 286, 333
주자(朱子) 334
죽림칠현(竹林七賢) 315
중일전쟁 210
지난행이(知難行易) 165, 336
진시황(秦始皇) 89, 318
진흥왕 102
질적 전환 76, 78, 253, 263
짐무(神武) 95
징키스칸(成吉思汗) 106

(ㅊ)

찰스 베어드(Charles A. Beard) 219
창조설 3, 58, 291
채미정(採薇亭) 225
천명(天命) 300
천상천하 유아독존(天上天下 唯我獨尊) 294
청(淸) 태종 107
청교도혁명 38
춘추(春秋) 98, 100, 258, 304
춘추 공양전(春秋公洋傳) 260
춘추삼전(春秋三傳) 260
치양지(致良知) 335

(ㅋ)

카니슈카 313
카로링 왕조 272
카아 204, 207
칸트 239, 269
칼 베커(Carl Becker) 199, 220
칼빈(Jean Calvin) 339
커리큘럼 135
케플러 66
코니어스 리드(C. Read) 221
코페르니쿠스 65
콘스탄티누스(Constantinus) 271, 326
콜럼버스(Christopher Columbus) 200
콜링우드(C. Collingwood) 217, 257
콩트(Comte) 270
크로체(Benedetto Croce) 96, 217, 257
클레오파트라(Cleopatra) 187

(ㅌ)

테오도시우스 326
토지 275
통사(通史) 258
통일적 다민족 국가론 211
통합 '사회' 155

(ㅍ)

파리 강화회의 156
파우스트(Faust) 175
팔정도(八正道) 296
편년체(編年體) 100
표(表) 100
프랑스대혁명 280
프로이드(Sigmund Freud) 171

(ㅎ)

하부구조 266
하휴(何休) 260
한국통사(韓國痛史) 259
한비자(韓非子) 303
한서(漢書) 259
항우(項羽) 89, 318
헤겔(Georg Wilhelm Friedrich Hegel) 238
헤시오도스(Hesiodos) 260
현장(玄奘) 316
현재주의 208
혜가(慧可) 233
혜능(慧能) 233
호모 사피엔스 사피엔스
(Homo Sapiens Sapiens) 73
호모 사피엔스(Homo Sapiens) 73
호모 에렉투스(Homo Erectus) 72
호모 하빌리스(Homo Habilis) 72
홍인(弘忍) 233
황종희(黃宗羲) 108
히에로니무스(Hieronymus) 260
히타이트(Hittite) 85